그 자체로 한 시대의 사회를 상징하는 문화이며, 사회와 삶이라는 영역의 교차점을 가늠할 수 있는 총체적이자 일상적인 사회적 사실이다.

2020
서울생활사
조사연구

패션으로 보는

서울의
문화지형도

총괄 서울역사박물관 관장 김용석
서울역사박물관 관장 배현숙(전)
서울역사박물관 관장 송인호(전)

기획 박현욱, 서울역사박물관 학예부장
박상빈, 서울생활사박물관 관장
박혜림, 서울생활사박물관 학예연구사
조경은, 서울생활사박물관 연구원

공동연구진 최샛별, 이화여자대학교 사회학과 교수
조현아, 이화여자대학교 사회학과 박사수료
오지현, 이화여자대학교 사회학과 박사수료
김서현, 이화여자대학교 사회학과 박사수료
박 봄, 이화여자대학교 사회학과 박사과정
차영화, 이화여자대학교 사회학과 석사
박해란, 이화여자대학교 사회학과 석사
이유진, 이화여자대학교 사회학과 석사
이지원, 이화여자대학교 사회학과 석사

원고작성 1장 최샛별, 조현아, 오지현
2장 최샛별, 조현아, 오지현, 박해란
3장 최샛별, 조현아, 오지현
4장 최샛별, 조현아, 오지현, 차영화
5장 최샛별, 조현아, 오지현

일러스트 이채린, 이화여자대학교 디자인학부 영상디자인과 석사과정
시각화 작업 조현아, 이화여자대학교 사회학과 박사수료

자료제공 국가기록원
국립중앙도서관
대통령기록관
국립민속박물관
대한민국역사박물관
한국정책방송원
서울시립대학교 박물관
이화여자대학교 이화미디어센터
이화여자대학교 중앙도서관
현대백화점
경향신문
동아일보
조선일보
김규희(고바우 유족회)
신혜순(전 한국현대의상박물관 관장)

일러두기

- 이 보고서는 2020년 서울생활사조사연구 〈패션으로 보는 서울의 문화지형도〉 조사의 일환으로 제작되었다.
- 보고서에 인용된 단행본, 논문, 신문자료, 잡지의 내용은 최대한 원문의 뜻을 살려 표기하였다.
- 책에 실린 사진의 저작권은 해당 소유자에게 있으며, 출처가 표시 되지 않은 사진은 서울역사박물관 소장 자료이다.
- 심층면접 참여자의 인터뷰 내용을 그대로 살리기 위해 일부 문법에 따른 교정을 하지 않았다.
- 본문 가운데 책은『 』, 신문·잡지는《 》, 영화·드라마·음악 〈 〉으로 표시한다.
- 그림과 사진은 최대한 소장처와 출처를 밝히고 저작권자의 허락을 얻었으나, 일부 저작권자를 찾지 못한 경우에는 확인되는대로 통상 기준에 따른 허가 절차를 받기로 한다.

2020 서울생활사조사연구

패션으로 보는 서울의 문화지형도

Through the Lens of Fashion:
The Cultural Topography of Seoul

서울생활사박물관

발간사

서울생활사박물관은 서울을 삶의 터전으로 일구고 살아온 서울사람들의 일상과 삶을 다루는 현대사박물관입니다. 2019년 9월에 개관한 박물관은 2020년 처음으로 현대 서울사람들의 일상생활을 '의·식·주'를 중심으로 기록하고, 그 속에 투영된 일상과 삶을 이해하고자 서울생활사조사연구 사업을 시작하였습니다.

서울생활사조사연구의 첫 주제는 '서울사람의 패션'입니다. 가장 먼저 패션을 다룬 것은 패션이 그 사회의 취향과 정체성을 담고 있기 때문입니다. 사람들이 자신의 스타일을 결정할 때 개인적인 취향만이 아니라 유행과 TPO(Time, Place, Occasion)를 고려하기에, 그들이 처한 사회의 요소가 반영됩니다.

조사 연구는 크게 광복 이후 지금까지 서울사람이 가지고 있는 〈패션의 역사〉와 2020년 서울사람의 옷 입기를 사회학적 관점에서 바라본 〈2020년 패션으로 보는 서울의 문화지형도〉로 나누어집니다.

〈패션의 역사〉에서는 서울사람의 옷차림에 담긴 역사성을 확인하였습니다. 광복 이후 서울사람의 패션은 한국사회의 주요 변곡점에 따라 급격하게 변화하였습니다. 광복과 한국전쟁을 겪으며 보잘것없는 의생활을 이어갔습니다. 전후 복구 작업으로 활기를 되찾은 명동에 양장점들이 개업하면서 일명 '명동 뽀이'와 '명동 걸'들이 등장하였습니다. 그리고 이들이 활보하던 명동에서 서울패션이 시작되었습니다.

이후, 경제 성장의 기조 아래 섬유 및 의류산업이 육성되었으며, 수출용 의류를 생산하는 대기업들의 주도로 맞춤복 시대를 지나 기성복 시대를 맞이하였습니다. 1970년대부터는 생활수준이 향상되면서 대중매체의 발달과 여가생활문화 확대, 해외 유명 브랜드의 직수입 등으로 의생활문화의 다변화가 이루어졌습니다. 서울에는 이러한 사회문화적 흐름에 맞추어 시기별로 명동, 동대문 패션 타운, 대학가, 강남 패션의 거리 등 패션의 중심지가 형성되었습니다.

〈2020년 패션으로 보는 서울의 문화지형도〉에서는 사회학적 관점으로 서울이 가지고 있는 패션의 역사 속에서 현재 서울시민이 패션에 부여하는 의미는 무엇이고, 유행을 비롯하여 어떤 의식 속에서 패션을 소비하였는지를 파악해 보았습니다. 그 결과, 서울시민이 성별, 연령, 직업, 장소와 상황, 수행하는 역할에 따라 원활한 사회관계를 위해 각각의 생활영역에서 그에 걸맞은 다양한 패션을 소비하고 있다는 사실을 확인하였습니다.

특히 이번 조사 연구에서는 뜻하지 않게 발생한 코로나바이러스감염증-19(COVID-19)상황으로 많은 어려움이 있었습니다. 하지만 이는 또 다른 서울사람의 옷 입기에 나타난 변화의 양상을 확인하는 계기를 제공해 주었습니다. 코로나바이러스감염증-19로 확산한 재택근무, 온라인 회의와 온라인 수업 등의 언택트(Untact) 문화가 일상화되면서 비대면 생활문화가 만들어낸 새로운 패션이 형성되었습니다. 이번 조사결과들은 2020년 시간대에서 생활하고 있는 서울시민의 일상생활을 기록·연구하는 서울생활사 조사 연구의 목적과 가치를 더해 주었으며, 나중을 위한 중요한 기초자료로 활용될 것으로 기대합니다.

서울생활사조사연구의 첫걸음을 위해 열정과 사명감으로 조사를 수행해 주신 이화여자대학교 사회학과 최샛별 교수님, 조현아 연구원, 오지현 연구원 등 여러 연구진의 노고에 다시 한번 감사드립니다.

2021년 8월

서울역사박물관 관장 김용석

서울은 대한민국의 수도로서 전국 각 지방의 문화와 해외문화가

빠르게 유입, 수용되는 도시로서,

서울패션이 한국사회의 패션발전과 유행을 이끌어왔다.

I

왜 '서울'의 '패션'을 연구해야 하는가?

왜 '패션'에 주목해야 하는가?　# 왜 '서울'의 패션을 연구해야 하는가?

왜 '패션'에 주목해야 하는가?

패션은 현대 사회를 설명하는 중요한 문화 현상이자, 현대 사회를 이해하기 위한 필수적인 주제이다(스벤젠, 2013; Farnie and Jeremy, 2004). 일찍이 사회학자 짐멜(1904)은 패션에 대해 "모든 사회적 영역에 적용될 수 있는 넓은 의미의 사회적 현상"이라고 정의하기도 하였다. 실제로 과거 사람의 체온을 유지하고 외부 환경으로부터 신체를 보호하는 기능을 수행하였던 의복은 시간의 흐름에 따라 점차 그 의미가 변화해왔다. 단순히 추위나 더위로부터 몸을 보호하는 기능을 하였던 원시사회의 단순한 형태의 의복은 점차 이를 착용한 사람의 사회적 지위를 가시적으로 보여주는 '복잡한 형태'를 띠게 되었고, 이후 현대사회로 들어서면서 개인의 취향과 정체성을 내포한 하나의 '상징'으로까지 발전하게 되었다. 사람들은 특정한 유형의 의복에 열광하고 이를 모방함으로써 '유행'을 만들었고, 기술과 사회의 발전은 매번 이전에는 없었던 새로운 트렌드(trend), 즉 '패션(fashion)'을 창조하였다.

패션은 사회적인 성격을 가지고 있음에도 불구하고 일반적으로 개인적인 것으로 여겨진다. 이는 사람들이 패션을 통해 자신을 표현하고, 의복을 선택함에 있어 개인적인 취향이 영향을 미치기 때문이다. 하지만 사람들은 저마다의 스타일대로 옷을 입는 듯하면서도, 일정한 사회적인 '규칙'에 따르는 모습을 보인다. 이는 특히 사람들이 옷을 고를 때 저마다의 취향이나 자신의 체형, 옷의 색이나 재질, 그리고 브랜드나 스타일에 대한 선호를 고려하는 동시에, 당시의 유행 아이템이나 자신의 개인적·사회적 정체성, 또는 그들이 수행하는 사회적 역할과 그들이 처하는 사회적 상황을 함께 생각한다는 점에서 보다 명확하게 확인할 수 있다. 사람들은 자신의 스타일을 결정하는 데 있어 '유행'과 소위 말하는 'TPO(Time, Place, Occasion)[1]'를 따르고, 행위자들의 옷차림에는 그들이 처한 당시의 사회적 요소가 반영될 수밖에 없다. 그렇기 때문에 패션은 본질적으로 사회적인 현상이라고 말할 수 있다.

뿐만 아니라 패션은 그 자체로 상징적인 의미를 가진(Rocamora, 2001) 하나의 문화적 의미 체계로, 사회적 관계와 맥락이 내재되어 있고(Davis, 1992), 삶의 다양한 영역의 교차점에 뿌리를 내리고 있는 총체적인 사회적 사실(Aspers and Godart, 2013)이다. 그렇다면 '패션'은 의상(costume), 의복(clothing), 복식(dress)과는 어떠한 차이점이 있으며 또 어떻게 정의할 수 있을까? 패션의 사전적 의미는 '특정한 시기에 유행하는 복식이나 두발의 일정한 형식'이라는 것으로, 뜻에서 유추할 수 있듯 패션은 단순히 '옷'이나 '헤어스타일' 자체를 의미하지 않는다. 무엇보다 가장 큰 차이점은 패션은 '변화'를 전제로 한 개념이라는 점이다. 패션이라는 용어는 '유행'이라는 개념을 함께 내포하고 있기 때문에 의복이나 의상과 다르고 "변화를 전제로 특정한 스타일이 소개되고 대중에 의해 수용되며, 유행의 소멸이라는 전파의 과정으로 언급되는 용어(김민자, 2013)"로 복식과 구분된다.

패션은 계급이나 민족성, 젠더 등과 같

1
TPO란 시간, 장소, 상황이라는 영어 단어의 앞 글자를 딴 것으로, 사전적인 뜻은 '소비자의 행동에 영향을 미치는 상황 요인인 시간, 장소, 계기'를 의미한다. 하지만 이는 사회적 상황에서 행위자들이 지켜야 할 규칙이라는 의미로 이해되는 경우가 많은데, 주로 '옷차림'과 관련하여 신경 써야 할 준거로 여겨진다.

은 사회적 경계를 보여주는 주요 메커니즘으로써 기능한다. 뿐만 아니라 패션은 특정한 형태의 의복을 '수용'하고 '모방'하는 과정을 수반하기 때문에 모방과 구별의 메커니즘, 정체성 형성에 이르는 일반적인 사회관계를 이해하는데 도움을 주는 핵심적 사회 과정을 보여준다(Erner, 2006). 일찍이 사회학자 짐멜은 패션의 유행에 대해 설명하면서 계층적 지위에 따라 유행하는 아이템이 낙수효과를 보인다고 설명하였다. 그에 따르면 유행은 상층 계층의 행위자로부터 시작하여 시간의 흐름에 따라 점차 그 아래의 계층으로 퍼져나간다. 이는 지위가 낮은 계층의 사람들이 자신보다 지위가 높은 계층에서 유행하는 의복이나 스타일을 따라잡고자 끊임없이 노력하기 때문인데, 어느 순간 이러한 아이템들이 하층에 유행을 하게 되면 상층 계층은 더 이상 이를 향유하지 않고 이전에는 없었던 새로운 아이템을 만들어낸다. 같은 맥락에서 프랑스의 사회학자 부르디외는 대부분의 사회에서 의복이 계급에 기반한 정체성을 명확히 드러내는 역할, 즉 계급 구별(class distinction)의 지표가 된다고 주장하였다(Bourdieu, 1984). 부르디외는 광범위한 조사자료에 근거하여 단순히 취향으로 보여지는 것들이 사실 계급적 요소를 내포하고 있음을 주장하였다. 그의 이론적 틀 안에서는 패션에 대한 취향 역시 행위자의 계급과 대응하여 나타나는 하나의 지위 표식자로 기능한다. 상층계급의 경우 클래식하고 고급스러우며 세련된 스타일을 선호하는 반면, 노동계급의 경우 수수하고 단정한 스타일을 선호하며, 의상의 아름다움이나 장식성보다는 그 자체의 실용성을 따져 옷을 구매하는 것으로 조사되었다.

마지막으로 패션은 그 자체로 개인이 사회 정체성을 표현하고 형성할 수 있도록 하는 수단인 동시에 특정 시기의 사회상이나 시대상을 반영하고 있는 대상이기도 하다(최샛별·진기남, 2007). 군대에서의 제복이나 단체의 유니폼은 사회화와 통제를 위한 수단으로 사용되며(Craik, 2005; McVeigh, 2000), 하위 문화적(sub-cultural) 의복 스타일(De La Haye and Dingwall, 1996; Polhemus, 1994)은 문화적 제약으로부터 개인을 자유롭게 하는 저항의 수단이 되기도 한다(Crane and Bovone, 2006). 대표적인 사례로 1970년대 유행하였던 펑크(punk) 스타일을 들 수 있다. 펑크 스타일은 당시 영국 청년 노동자들의 정체성을 대표하였는데, 이러한 스타일을 즐겨 입었던 '펑크 족' 들은 사회와 기성세대에 대한 분노와 증오를 표출하기 위해 몸에 피어싱을 달고 '공격적인 금속 징, 검정색 가죽 재킷, 찢어진 티셔츠, 안전핀' 등을 옷에 활용함으로써 자신들의 저항의식을 표출하기도 하였다(임은혁, 2003). 또한 과거 청년 세대를 대표하는 패션 아이템이었던 '청바지'는 시간의 흐름에 따라 모든 계층에서 수용되었는데, 이는 청바지가 1930년대 당시 미국사회가 당면하였던 정치·경제적 위기를 벗어나기 위해 사용되었기 때문이었다(밀러·우드워드, 2017). 경제대공황으로 인해 소비를 촉진시켜야 했던 기업인들과 자본주의에 대한 대중의 불신을 감소시켜야 했던 개혁 성향의 지식인 및 정부 관료들은 사회 전 계층에게 널리 받아들여질 수 있는 상징물을 찾고자 하였고, 이러한 상징물 가운데 하나로 '청바지'가 활용되었다.

왜 '서울'의 패션을 연구해야 하는가?

지금까지 살펴본 바와 같이 패션은 사회적 현상으로써 시대의 흐름과 사회적 조건의 변화에 영향을 받을 수밖에 없고, 패션을 연구하는 것은 특정 시기의 사회를 이해하고 그 이면의 내재된 의미를 파악하는 데 도움을 줄 수 있다. 시간의 흐름에 따라 상층의 계급을 상징하던 의복이 그 명맥을 잃기도 하고, 반대로 하층민의 패션으로 간주되었던 것들이 상층 계급으로 수용되기도 하며, 소수 집단의 하위문화를 대표하던 아이템이 전 세대와 계층을 아울러 유행하기도 한다. 과거 성별에 따라 명확하게 구분되었던 의복도 최근의 젠더리스와 같은 트렌드에 따라 그 경계가 모호해지고 있다. 이처럼 패션은 사회의 여러 변곡점을 지나며 이를 반영하여 변화한다. 그렇기 때문에 사회적 변화의 폭이 큰 사회일수록 패션의 변동이 더 클 수 있다.

한국사회는 해방 이후 한국전쟁을 경험하였고, 그 결과로 발생한 분단국가의 상황을 딛고 놀라운 경제 발전을 이룩해 통칭 '한강의 기적'을 이루어 내는 등, 이례적일 정도로 역동적인 현대사를 경험해왔다. 그렇기에 한국의 패션 변화는 매력 있는 연구 대상이다. 학계에서는 우리나라의 의류 산업이 형성된 시기를 1950년대로 보는 것이 일반적이다. 1960년대가 되면서 모직과 나일론 생산의 국산화에 성공하였고, 맞춤복의 전성기를 지나 기성복 시대로의 전환을 경험하기도 하였다. 한국은 성장을 거듭하여 저렴한 인건비와 풍부한 노동력을 기반으로 섬유와 의복을 단순히 대량으로 생산하는 국가에서 벗어나 한국만의 독자적이고 독특한 패션 스타일을 형성하기에 이르렀다. 이러한 변화의 과정에서 한국 사회는 일본과 서구, 특히 미국의 문화와 가치관을 수용하는 모습을 보이기도 하였다. 다양한 문화와 가치관들이 하나로 융화되는 과정에서 한국의 패션은 독특한 특성을 담지하게 되었다.

역사적 맥락을 기반으로 현재의 모습과 위상을 가지게 된 한국의 패션, 그 중에서도 한국 사회를 대표하면서, 한국 사회의 변화를 가장 먼저 이끄는 도시 "서울"의 패션은 매우 흥미로운 문화적 대상물이다. 무엇보다 근현대 한국 사회의 패션 발전과 유행의 흐름에서도 서울이라는 공간은 중요한 위치와 역할을 점하여 왔다. 서울은 오랜 기간 동안 국가의 수도로서 한국의 중심지라는 역사적 정통성을 지닌 공간이다. 그렇기 때문에 전국 각 지방의 문화와 해외 문화가 가장 빠르게 유입되고 수용되는 도시였으며, 현시점에 이르러서는 서울은 경제인구학적 측면은 물론 문화적인 측면에서도 손꼽히는 세계적인 대도시로 발돋움하였다. 2021년 5월을 기준으로 서울에는 한국인 959만 8,484명, 등록 외국인 22만 9,610명, 총 982만 8,094명이 거주하고 있고(서울특별시 공공데이터 제공, 2021), 서울을 생활 중심지로 삼고 있는 사람들을 더하면 그 규모는 더욱 커진다.[2] 2021년 5월 24일을 기준으로 서울에서 생활하고 있는 생활인구는 일일 평균 1,094만 9천여 명에 이르는데, 이 중 내국인은 1049만 7천 명, 외국인은 45만 2천 명(장기 체류 외국인 37만 7천 명, 단기 체류 외국인 7만 5

2
서울시와 KT가 공공빅데이터와 통신데이터를 이용하여 추계한 서울의 특정지역, 특정시점에 존재하는 모든 인구 https://data.seoul.go.kr/dataVisual/seoul/seoulLivingPopulation.do

천 명)으로 구성되어 있다. 이처럼 다양한 배경을 가진 사람들이 모이는 대도시는 다채로운 패션과 문화를 살펴볼 수 있는 공간이다. 특히 드라마나 K-Pop 등 한류 문화의 세계적 확산과 열풍은, 서울의 위상을 세계 문화의 트렌드를 선도하는 대표적인 도시로 높여놓았다. 한국의 패션의 중심지로 한국의 패션을 선도해왔던 서울의 명동, 동대문, 강남 등의 지역은 오늘날에는 전 세계적으로 관심을 받고 있는 한국의 패션, 즉 K-Fashion과 K-Style의 발원지가 되었다.

한국 문화에 대한 세계적인 관심이 고조되고 있는 현시점에 한국 패션의 중심 무대인 도시 서울의 패션이 형성되어 온 과정과 현시점의 도시 서울에서 살아가고 있는 사람들의 패션에 대한 연구는 필수적이다. 그러나 패션의 역사를 다룬 연구 중에 서울이라는 도시를 중심으로 서술된 것은 매우 희소하며, 현대의 패션이 형성되기 이전의 고대, 삼국시대, 고려시대, 조선시대의 복식사에 집중되어 있다. 또한 서울의 패션을 다루고 있는 연구와 조사 역시 양적으로도 많지 않다. 수행된 소수의 선행 연구들도 패션의 산업적 가치와 패션산업 지원 정책에 초점을 맞추고 있어 서울의 패션을 통해 읽어낼 수 있는 서울이라는 도시 풍경과 서울사람들의 패션과 관련된 일상, 정체성, 의식 등의 문화 지형을 포착해 내고 있지 못한 한계점을 가지고 있다.

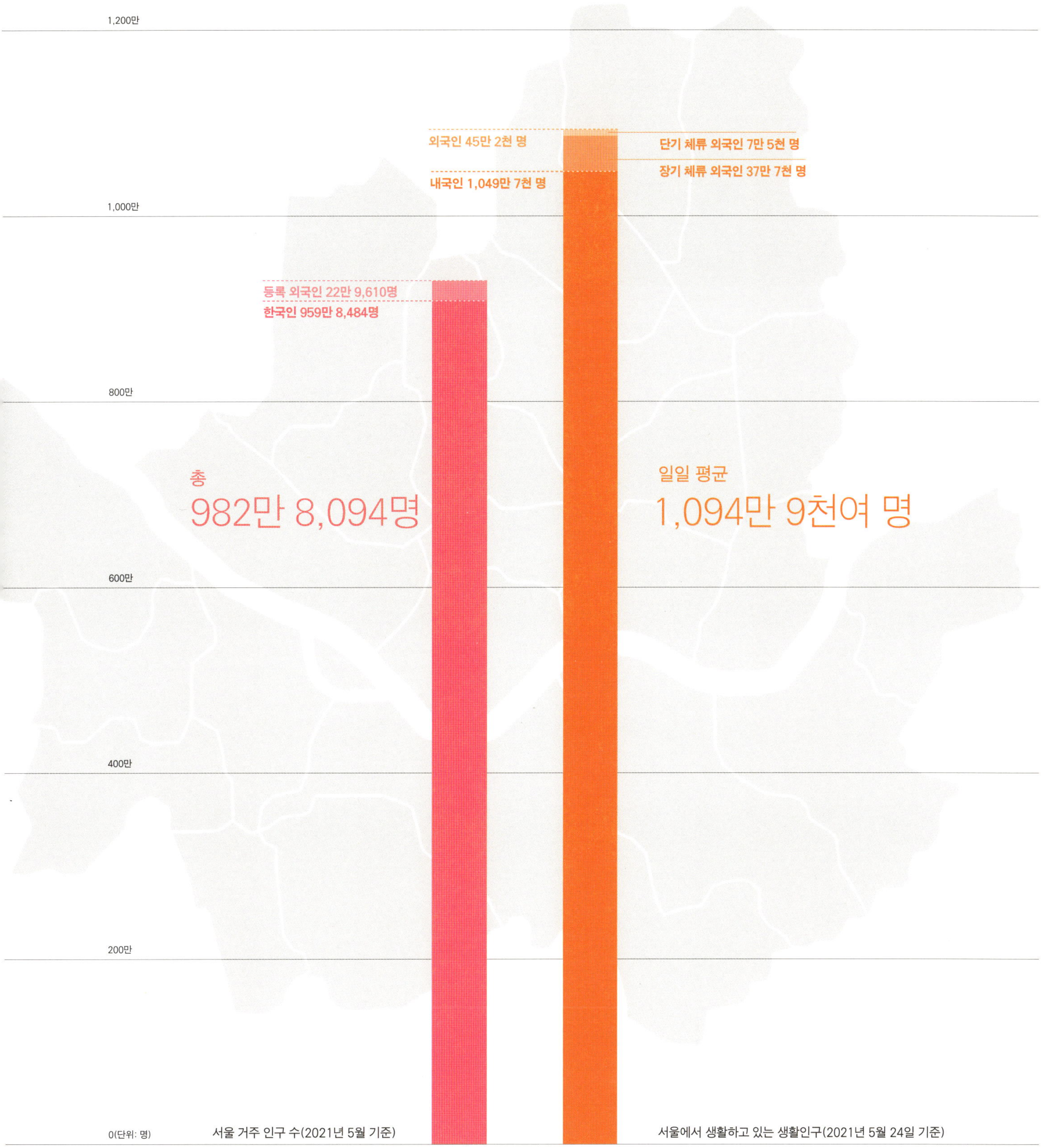
1,200만
외국인 45만 2천 명
단기 체류 외국인 7만 5천 명
장기 체류 외국인 37만 7천 명
내국인 1,049만 7천 명
1,000만
등록 외국인 22만 9,610명
한국인 959만 8,484명
800만
총
982만 8,094명
일일 평균
1,094만 9천여 명
600만
400만
200만
0(단위: 명)
서울 거주 인구 수(2021년 5월 기준)
서울에서 생활하고 있는 생활인구(2021년 5월 24일 기준)

서울패션을 통시적(通時的) 관점과 공시적(共時的) 관점에서 접근하였다.

서울패션의 형성과정은 역사적 흐름과 연계하여 문화사적으로 조망하였고, 오늘날 서울시민의 일상 패션은 사회과학적인 방법론을 기반으로 조사분석하여

서울시민의 내재된 인식과 삶의 방식까지 읽어내고자 하였다.

Ⅱ

'서울'의 '패션'을 어떻게 연구했는가?

① 1단계: 선행연구와 2차 자료를 바탕으로 한국사회 근현대사, 서울, 그리고 패션의 주요 교차점 찾아내기
② 2단계: 서울사람들의 일상적인 패션 탐구 ③ 3단계: 오늘날 서울의 패션 시각화 및 종합 분석

본 연구는 의복으로써의 패션에 초점을 맞추어 한국, 그 중에서도 도시 서울의 근현대사의 주요 사건과 변화, 서울사람들의 일상생활 및 의식을 분석하는 것을 목적으로 한다. 연구는 2020년 6월 25일부터 12월 15일까지 수행되었으며, 2020년 서울의 패션을 입체적으로 포착하기 위하여 통시적 관점과 공시적 관점이라는 두 측면에서 접근하였다. 통시적 관점에서는 서울의 패션이 형성되어 온 역사적 과정을 패션과 연계하여 문화사적으로 조망하였다. 시간적인 범위는 본격적으로 한국 사회에 '패션'이 형성되기 시작한 시기를 근현대적 국가의 기틀이 형성되기 시작한 광복 이후로 보고, 이 시기부터 현재까지로 상정하였다. 공시적인 관점에서는 사회과학적인 방법론에 기반하여 2020년 현재 서울이라는 도시공간에서 삶의 뿌리를 내리고 살아가고 있는 다양한 서울시민의 일상의 패션을 조사하여 분석하였다. 더 나아가 내재된 의미를 분석함으로써 서울시민의 인식과 가치, 삶의 방식을 읽어 내고자 하였다.

본 연구에서는 패션 중에서도 특히 의복이라는 물질적 측면에 초점을 맞추었다. 의복은 일반적으로 사람들이 입고 있는 옷, "인체를 감싸는 옷의 형태(김민자, 2013:22)"이다. 의상(costume), 복식(dress)은 의복과 비슷한 의미로 사용되긴 하지만 각각 다른 의미를 가지고 있다. 의상은 의복 중에 특정한 한 형태로, 연극 의상이나 민속복, 제례복과 같이 의복 가운데 특정한 사회적 역할이나 활동과 관련한 옷들이다. 마지막으로 복식은 의상이나 의복보다 큰 개념으로, 어떠한 특정 '스타일'을 지칭한다. 옷뿐만 아니라 액세서리나 가방과 같은 부차적인 아이템과 문신, 화장, 향수 등과 같이 신체에 더한 신체적 변형 또한 복식에 포함된다(김민자, 2013). 미술사학자 앤 홀랜더(Anne Hollander)는 패션은 의복을 소재나 대상으로 여기지만 보다 총체적인 개념으로써 그 기저에 '변화'라는 개념과 가치판단이 내재되어 있다고 규정한다(스벤젠, 2013). 본 연구 역시 의복을 중심으로 서울이라는 도시공간과 구성원들의 가치의 변화 등을 포착하는 것을 목적으로 한다.

연구 자료는 광범위한 선행연구 고찰과 다양한 2차 자료 조사, 의복일지를 포함하는 질문지와 심층면접을 기반으로 수집되었다. 연구 자료의 수집과 분석은 서울의 패션사의 재구성을 위한 자료 수집과 분석의 주요 축 도출 및 연구대상자 선정, 서울시민의 패션에 대한 의복일지 및 심층면접 수행 및 분석, 시각화의 3단계로 진행되었다. 1단계에서는 서적과 학술논문, 신문기사 등 다양한 문헌에 대한 광범위한 문헌고찰을 통해 서울의 패션 형성 과정과 그에 영향을 미쳤던 다양한 사회적, 역사적, 문화적 조건들을 조사하였다. 이에 기반하여 패션의 상징적 경계에 영향을 미치는 인구사회학적 변인을 도출하고 서울이라는 지역을 잘 대표할 수 있는 연구 대상자 선정 기준을 확립하였다. 2단계에서는 확립된 기준에 의해 할당표집된 연구대상자들에게 '의복일지'를 포함하는 질문지 조사를 실시하여 실제로 이들이 각각의 사회적 상황에서 어떠한 스타일의 옷을 입고 어떤 의미를 부여하는지 등에 대한 자료를 집적하였다. 의복일지는 중요한 10가지 사회적 상황에서 연구

대상자가 실제로 입었던 옷의 사진을 부착하고 그 옷을 입은 이유를 기술하도록 구성된 일종의 열린 질문 문항이다. 면접 대상자들의 의생활 전반에 대한 보다 심도 있는 응답을 얻기 위하여, 취합된 의복일지를 일차적으로 분석, 이를 바탕으로 면접대상자에게 개별화된 질문을 생성하여 심층면접에 활용하였다. 마지막 단계에서는 의복일지와 심층면접 자료를 종합 분석하여 2020년 서울사람들의 패션에서 드러나는 공통적인 패션의 특성과 각각의 대상자별로 주목할 만한 패션 스타일의 속성을 도출하여, 일러스트의 형태로 시각화하였다. 일러스트 작업은 2020년 현재 서울사람들의 의생활 특징을 시각적으로 명확하게 인지할 수 있어 연구결과에 보다 용이하게 접근할 수 있다는 장점을 가진다.

개괄적인 연구의 단계 및 자료수집 방법은 〈표 1〉에 정리되어 있다. 보다 구체적인 연구 진행과 자료 분석 틀의 도출 과정은 각 단계별로 제시하고자 한다.

〈표 1〉 연구 단계 및 내용

연구 단계	연구 영역	연구 내용
1단계	한국사회 근현대사, 서울, 그리고 패션의 주요 교차점 찾아내기	1. 광범위한 문헌고찰(서적, 학술논문, 연구 보고서 등)을 바탕으로 문화사적 경험으로써의 한국의 패션에 대해 분석 • 패션사와 관련하여 주목할 만한 근현대사적 사건들을 중심으로 한국의 패션 발전 이면에 내재된 경제적, 물적 토대와 그에 대한 사회문화적 경험을 분석
		2. 서울의 패션을 대표할 수 있는 연구대상 선정 • 선행 연구들을 토대로 패션의 상징적 경계에 영향을 미치는 인구사회학적 변인(교육, 성별, 소득, 연령, 종교, 직업 등) 탐색 및 주요 변수 선정 • 선정된 변수를 바탕으로 연구대상 할당 표집
2단계	서울사람들의 일상적인 패션 탐구	1. 서울사람들의 패션에 대한 조사 수행 및 자료 수집: 연구대상자 별 '의복일지' 조사 • 선정된 연구대상들이 직접 작성한 '의복일지'를 통해, 다양한 상황에서 이들이 어떠한 스타일의 옷을 입는지 파악
		2. 서울사람들의 의생활 전반에 대한 이해: 의생활에 대한 심층면접 진행 • 대상자들이 제출한 의복일지에 대한 분석을 토대로 개인 맞춤화된 심층면접을 진행하여 서울사람들의 의생활 전반에 대한 분석 진행
3단계	오늘날 서울의 패션 시각화 및 종합 분석	1. 서울사람들의 상황별 패션 스타일에 대한 시각화 작업 • 의복일지와 심층면접을 통해 수집된 자료를 바탕으로 상황에 따른 서울사람들의 패션 스타일을 시각화
		2. 서울사람들의 패션에 대한 종합 분석 • 2020년 서울사람들의 패션에서 드러나는 공통적인 의생활 특성 및 연령별 패션 스타일 특성 분석

1 1단계: 선행연구와 2차 자료를 바탕으로 한국사회 근현대사, 서울, 그리고 패션의 주요 교차점 찾아내기

본 연구는 한국 사회의 문화사적 경험으로써 패션이 갖는 의미를 파악하는 것을 목적으로 역사적인 맥락에서 서울을 중심으로 하는 패션사의 흐름과 변화를 살펴봄으로써 서울패션의 형성 과정과 그 특성을 개괄해보고자 한다. 연구를 시작하는 첫 단계로, 선행연구들과 다양한 2차자료를 수집, 분석하여 서울패션의 형성 과정에 작용하였던 역사적, 문화적, 사회적 맥락과 서울, 서울사람, 그리고 패션의 교차점을 밝혀보고자 하였다. 이를 위해, 신문 기사, 서적과 보고서 등 다양한 자료를 기반으로 하는 문헌 고찰을 수행하였고, 이를 통해 의생활을 중심으로 한국 사회와 서울의 문화사적 경험을 파악하고자 하였다.

1.	광범위한 문헌고찰을 바탕으로 문화사적 경험으로써의 한국의 패션 분석하기
2.	누가 서울의 의생활을 대표할 수 있을까

1. 광범위한 문헌고찰을 바탕으로 문화사적 경험으로써의 한국의 패션 분석하기

한국의 복식사에 대한 선행연구와 문헌고찰 결과, 한국의 복식사에 대한 선행연구들은 대부분 근현대 이전 시기인 조선왕조 시기와 개화기에 집중되어 있으며, 근현대의 한국의 복식사에 주목한 연구는 미비한 상황이다. 특히 '서울'이라는 도시의 복식사를 다루고 있는 선행연구는 더욱 희소하다. 이는 '서울'이라는 특정 도시만의 복식사를 한국사회의 복식사와 차별화 하여 도출하는 것이 어렵다(『근현대 서울의 복식』(서울역사편찬원, 2016a), 『서울 20세기 생활문화변천사』(서울시정개발연구원2001))는 지적과 맥을 같이 한다. 본 연구는 기존 한국의 복식사에 대한 연구들 가운데 "광복 이후부터 현재에 이르기까지 서울의 복식사" 관련 주요 참고 문헌으로 『근현대 서울의 복식』(서울역사편찬원, 2016a), 『서울 2천년사 40. 현대 서울시민의 생활』(서울역사편찬원, 2016b), 그리고 『서울 20세기 생활문화변천사』(서울시정개발연구원, 2001)를 선정하였고, 이를 근간으로 근현대 시기 서울의 의생활에 대한 자료들을 수집하였다.

서울패션사의 변곡점이 되는 핵심적인 사건을 파악하고 보충자료를 찾는 작업은 핵심 키워드를 중심으로 진행되었다. 키워드의 도출과 선정은 일차적으로 선행연구들에서 각 시기별로 변화를 관찰하는데 있어 주요하다고 선정한 키워드 – 군복, 구호물품과 밀수품, 명동 양장점, 미니스커트와 판탈롱, 청바지와 장발, 기성복과 패션산업, 압구정 오렌지족, X세대와 영패션, 청담동 럭셔리 브랜드, 제화 산업 변천과 성수동 수제화 타운 등 – 를 포함하였다. 이차적으로 서울의 패션 발전 과정을 보다 상세하게 설명할 수 있도록 패션의 변화에 영향을 줄 수 있는 사회적 조건들 – 성별, 연령, 계급, 지역 특성, 상권 형성 과정, 대중문화의 발전, 사회적인 규제와 산업 및 정책에 대한 국가적 지원 등 – 을 고려하여 최종적으로 한국전쟁, 명동의 양장점, 패션 디자이너의 등장, 기성복의 정착, 합성 섬유 발달, 미니스커트의 유행으로 대표되는 청년 문화, 패션 브랜드, 동대문시장, 압구정 로데오 거리, 청담동 명품 거리, 한류를 서울패션과 관련된 핵심 키워드로 결정하였다. 키워드를 중심으로 서울의 패션과 관련된 광복 이후 한국 근현대사와 서울사의 주요 정치, 경제, 사회, 문화적 자료들을 검색, 보완 자료로 집적하였다.

서울의 패션사를 재구성하는 주요 변수로는 성별과 연령, 계급, 지역을, 주요 축으로는 첫 번째, 양장화(또는 의복의 서구화)와 한국 패션의 세계화 두 번째, 패션의 주도적인 행위자로서 청년 세대의 등장과 활약 세 번째, 패션 중심지의 형성과 이동을 상정하였다. 시간의 단위는 기존 선행연구들이 10년 단위로 의생활의 변화과정을 추적한 것을 참고하여 광복 이후부터 현재에 이르기까지의 시기를 10년 단위로 구분하였다. 도시 서울의 의생활에 있어서의 서구화의 발아과정은 개화기의 의생활의 특성에 담아내었으며, 그 이후 의복의 서구화 과정은 한복이 일상복에서 의례복으로 변화해온 과정과 상호교차적인 시각에서 조망하였다. 특히 의복의 서구화 과정에서 성별과 연령, 계급에 따라 양장의 수용에 차이가 나타나는 것에 주목하면서 역사적인 흐름 속에서 사람들의 의생활이 성별, 연령, 계급이 교차되면서 어떠한 양상을 보이는지 파악하고자 하였다. 1970년대 이후 서울의 패션은 특정 지역을 중심으로 형성된 청년 세대 패션의 특징과 그 역할에 초점을 맞춰 서술되었다. 청년 세대가 주도한 패션은 자연스럽게 대학가 등 특정지역과 연계하여 그 정체성을 형성하였고, 시간의 흐름에 따라 패션의 중심지가 이동하는 양태를 나타낸다. 이는 서울의 공간과 패션의 접합점이라는 점에서 흥미로운 분석대상이라 할 수 있다.

2. 누가 서울의 의생활을 대표할 수 있을까

본 연구는 2020년 서울의 패션에 대한 문화지형도를 그리기 위해, 서울을 대표할 수 있는 다양한 사람들의 의복 스타일을 조사해보고자 하였다. 패션에 대한 서울의 문화지형도를 그리기 위해선 어떤 대상의 패션을 볼 것인지를 결정하는 것이 매우 중요하다. 이는 모든 서울사람을 대상으로 전수조사를 하지 않는 이상, 어떠한 대상자를 선정하느냐에 따라 패션 스타일이 매우 달라지기 때문이다. 대상자를 선정함에 있어 체계적인 기준을 확정하지 않으면, 특정한 유형의 대상자들의 사례로 결과가 일반화될 가능성이 높아 표본의 대표성에 문제가 있을 수 있다. 실제로 패션에 매우 관심이 많은 대상자들을 선정하게 되면 평범한 사람들의 의생활을 확인하기 어렵다. 같은 맥락에서 패션에 너무 관심이 없거나 특정 연령대 혹은 특정 지역 출신의 사람들을 연구 대상자로 선정하게 되면 조사 결과를 일반화하는 데 문제가 있을 수 있다.

서울 지역을 대표할 수 있는 대상자를 선정하기 위해 본 연구는 먼저 2020년 기준 서울에 거주하는 20세 이상의 성인 남녀를 연구 대상으로 삼고, 이들의 생활지역을 고려하여 지역별 할당 표집을 진행함으로써 보다 일반적인 서울의 패션 경향을 파악하고자 하였다. 본 연구는 총 3단계의 과정을 거쳐 조사 대상자를 선정하였는데, 이러한 과정은 지역별, 인구사회학적 변인에 따라 나타나는 패션의 특징 파악과 그에 대한 시각화를 위한 중요한 기초 작업으로, 서울 전 지역을 대표할 수 있는 일반인들의 패션 스타일을 도출하도록 하는데 필수적이었다.

보다 구체적인 조사 대상 선정 과정은 다음과 같다. 조사 대상을 선정하는 첫 번째 단계로 본 연구는 의생활의 차이를 보여줄 수 있는 지표를 바탕으로 대상 집단을 선정하는 작업을 진행하였다. 앞서 문헌 고찰을 통해 사람들의 의생활은 성별, 연령, 계급과 지역에 따라 다르게 구성된다는 점을 확인하였다. 뿐만 아니라 패션의 사회적 기능과 전략적 사용에 대한 분석을 자세히 살펴보면, 경제자본과 문화자본이 많은 사람들일수록 패션의 사회적 기능을 보다 높게 인식하고 패션을 사회생활에서 전략적으로 사용하고 있는 모습을 보였다. 실제로 인구사회학적 특성에 따라 패션의 사회적 기능에 대한 인식[3] 에 대한 조사 결과, '성별, 지역, 소득수준, 아버지의 교육수준'에 따라 인식에 차이가 있는 것으로 나타났는데, 남성보다는 여성이, 중소 도시보다는 대도시에서, 소득 수준과 아버지의 교육 수준이 높은 경우 낮은 경우에 비해 패션의 사회적 기능을 높게 평가하였다(최샛별·진기남, 2007). 이를 바탕으로 본 연구는 패션에 차이를 가져올 것으로 예상되는 지표로 '1)성별, 2)연령, 3)직업, 4)자녀유무 및 자녀의 연령대, 5)지역'을 선정하였다.

연령과 성별은 가장 유의미하게 의생활의 차이를 볼 수 있는 지표이다. 특히 대학생으로 대표되는 청년 세대는 일반적으로 패션을 선도하는 집단으로 여겨져 왔기 때문에 매우 중요한 집단이다. 또한 일반적으로 연령에 따라 생애주기를 비롯하여 사회적 역할과 지위가 변화하고 체형이 변화하면서 패션이 다르게 나타나며, 여성의 경우 남성에 비해 좀 더 다양한 스타일의 패션이 보여진다. 두 번째로 '직업'에 따라 의생활의 변화가 나타날 수 있다. 직장인의 의복은 대체로 직종별로 유사하다는 특징이 있지만, 직종에 따라 제복이나 유니폼을 입는 등 사회적 지위와 경제적 능력에 따라 차이가 나타난다. 이처럼 직업 및 직군을 고려할 때에는 연령 또한 함께 살펴볼 수 있다. 20대에 속하더라도 직업적 상태에 따라, 학생과 취업준비생, 직장인의 패션에는 조금씩 패션에 차이가 나타나기 때문이다. 또한 사회생활을 시작한 청년기의 신입 사원과 중년기의 중간 관리자나 임원의 의복에는 차이가 있다. 이에 더해 '은퇴자'들의 경우도 직장생활을 할 때와 다른 의복을 입게 되기 때문에 의생활에서 변화가 나타날 수 있다.

세 번째 지표인 '자녀유무 및 자녀의 연령대' 또한 의복이 달라지게 하는 기준이 된다. 특히 이러한 지표는 혼인 여부보다 패션의 특색을 결정하는 데 더 큰 영향을 미치는 것으로 보여진다. 실제로 전업주부의 경우 혼인여부에 따라서 옷차림이 크게 달라지지는 않지만 자녀의 유무나 연령대에 따라 스타일이 달라지는데,

3
한국 사회에서 패션이 개인의 이미지 관리나 사회적 성공, 사회적 지위나 부의 과시, 그리고 자신의 개성을 표현하는 데 있어서 중요하다고 생각하는 정도

〈그림 1〉 서울의 25개 거점 지역(2018) | 《시사IN》

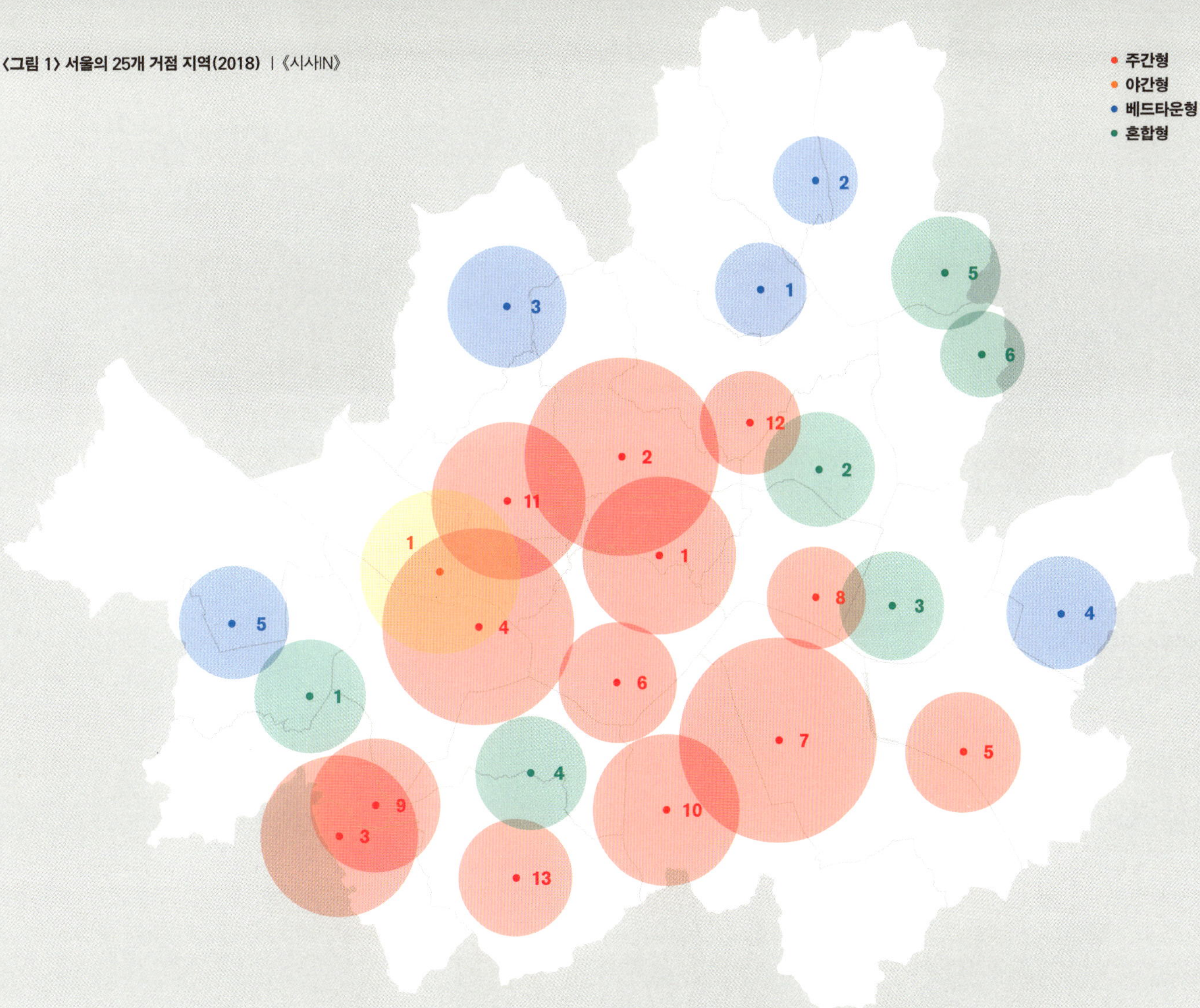

		지역	인구수
주간형	1	중구 명동	11만 9,740명
	2	종로구 종로1~4가동	18만 504명
	3	금천구 가산동	11만 7,484명
	4	영등포구 여의도동	17만 6,071명
	5	송파구 잠실6동	6만 5,003명
	6	용산구 한강로동	6만 9,314명
	7	강남구 역삼1동	18만 7,934명
	8	성동구 성구2가3동	4만 6,420명
	9	구로구 구로3동	8만 2,757명
	10	서초구 서초3동	10만 6,800명
	11	서대문구 신촌동	11만 2,215명
	12	성북구 안암동	4만 9,193명
	13	관악구 대학동	6만 1,611명

		지역	인구수
야간형	1	마포구 서교동	11만 3,490명
베드타운형	1	강북구 송중동	3만 9,617명
	2	도봉구 창4동	3만 5,413명
	3	은평구 진관동	6만 5,849명
	4	강동구 길동	5만 8,675명
	5	강서구 화곡1동	5만 8,175명
혼합형	1	양천구 목1동	5만 8,479명
	2	동대문구 용신동	5만 7,371명
	3	광진구 화양동	5만 2,057명
	4	동작구 노량진1동	5만 8,557명
	5	노원구 공릉2동	5만 6,935명
	6	중랑구 망우본동	3만 3,747명

*인구수 = 하루 중 피크 시점 인구

〈그림 2〉 대학생 및 취업준비생 집단의 주요 생활 지역

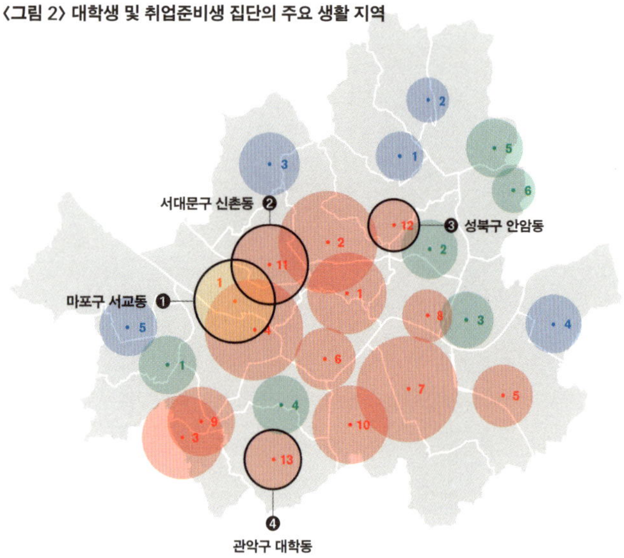

〈그림 3〉 직장인 집단의 주요 생활 지역

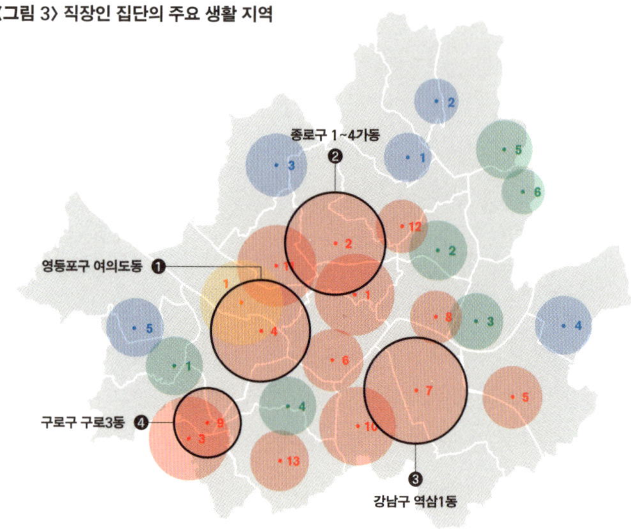

〈그림 4〉 전업 주부 집단의 주 생활 지역

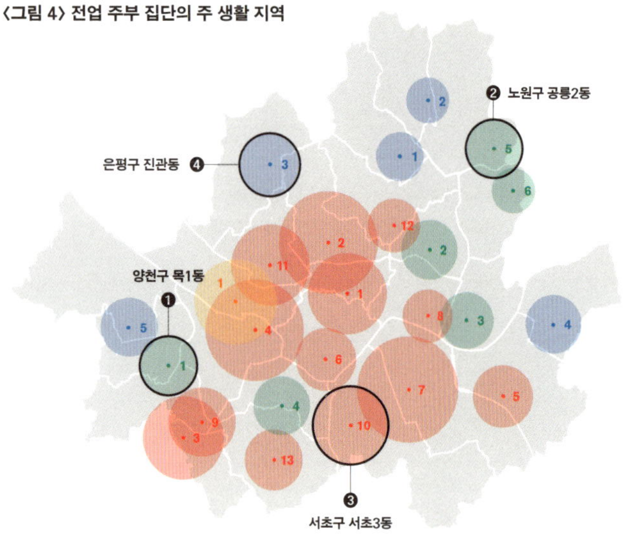

- 주간형
- 야간형
- 베드타운형
- 혼합형

〈그림 5〉 서울시 직장인 금융 지도(2019) | 신한은행

소득(급여) Top3

1. 중구 407만 원
2. 종로구 403만 원
3. 영등포구 393만 원

서울시 전체
358만 원

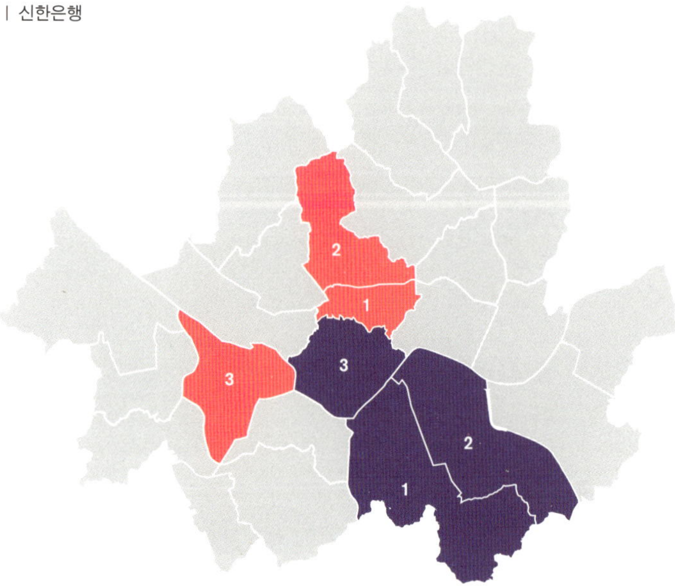

소비 Top3

1. 서초구 330만 원
2. 강남구 326만 원
3. 용산구 287만 원

서울시 전체
246만 원

어린 연령의 자녀를 양육하는 주부의 경우 육아를 위해 입을 수 있는 옷의 종류가 제한적인 반면, 성인 자녀를 둔 주부는 양육활동으로 인한 옷의 제약이 없다. 마지막으로 지역에 따라 유행하는 패션이 달라질 수 있다. 실제로 같은 도시 내의 지역이라고 하더라도 직장인들이 많이 밀집해 있는 지역과 대학생들이 주로 생활하는 지역, 그리고 일반 생활 지역과 쇼핑 및 관광 지역의 패션 특색은 다르게 나타날 수 있다. 뿐만 아니라 몇몇 패션 생산과 소비를 담당한다고 여겨지는 지역들은 다른 지역에 비해 패션 트렌드에 민감하여 보다 최신 유행이 나타날 가능성이 높다.

본 연구는 지금까지 살펴본 네 가지 지표를 바탕으로 '1)대학생 및 취업준비생 집단, 2)직장인 집단, 3)전업주부 집단, 4)은퇴자 집단'의 패션을 살펴보기로 결정하였다. 이에 더해 직장인의 경우 직급에 따라, 전업주부의 경우 자녀의 연령에 따라 구분하여 조사대상을 모집하였다. 이때 워킹맘의 경우, 일상적으로 입는 의류가 자녀 양육과 관련되기 보다는 직장생활에 초점이 맞춰져 있을 것이므로 주부로 보기보다는 직장인 그룹으로 보는 것이 보다 적절하다고 판단하였다. 또한 자영업과 전문직의 경우 일반 직장인의 범주에서 제외되어 있기 때문에 이들을 조사 범주에 추가하였다.

연구 집단을 선정한 뒤, 본 연구는 대상자 최종 선정에 참고할 지역별 변수를 결정하였다. 앞서 언급하였던 것처럼 같은 도시 내의 지역이라 할지라도 어떤 유형의 행위자들이 주로 활동하는지, 해당 지역이 패션 생산 및 소비의 중심지인지, 나아가 많은 사람들이 밀집한 '힙한' 지역인지에 따라서 패션의 특색이 달라질 수 있기 때문이다. 이에 따라 본 연구는 앞서 결정된 대상자 집단들이 주로 활동하는 지역과 장소적 특성을 고려하여 대상자를 선정하고자 하였다. 이를 위해 먼저 〈서울 생활인구 통계지표〉[4] 를 활용하여 서울의 대표 거주지역과 생활지역 등을 파악함으로써 서울의 각 지역이 어떠한 특성을 지니고 있는지를 파악하였다.[5] 본 연구는 〈서울 생활인구 통계지표〉를 활용한 다양한 자료들 가운데 특히《시사IN》에서 제시한 인구지형도를 사용하였다.《시사IN》의 인구지형도는 서울의 각 구별, 시간대별 생활 인구의 변화 양상을 바탕으로 서울 25개의 구의 거점을 선정, 이를 네 가지 유형(주간형, 야간형, 베드타운형, 혼합형)으로 분류, 제시한 것으로 이 자료를 활용하면 서울의 대표적인 거주지역 및 생활지역을 파악할 수 있다.[6] 〈그림 1〉은《시사IN》에서 제공한 자료로, 원의 크기는 피크 시간대의 인구수를 나타내며 원이 클수록 사람이 많이 모이는 거점을 의미하고 그 색은 거점 지구의 유형을 보여준다.

〈그림 1〉에서 확인할 수 있듯 주간형과 야간형 지역은 각각 빨간색 원과 노란색 원으로 표현되어 있다. 그림에서 유일한 야간형 지역(노란색 원)으로 표시된 마포구 서교동은 특이한 인구 변화 패턴을 보이는데, 이 지역은 저녁 7시 이후 인구가 증가하는 등 낮이 아닌 밤의 거점이라는 특성을 보인다. 베드타운형 지역은 파란색 원으로, 이러한 특성이 혼합된 '혼합형' 지형은 초록색 원으로 표현되어 있다.

마지막으로 본 연구는 앞서 결정한 연구대상 집단과 서울 각 지역의 특성을 함께 고려하여 연구 대상 집단별 생활지역을 보다 면밀하게 선정하는 작업을 거쳤다. 연구 대상 집단별 생활지역을 파악하면, 대상자 집단이 보이는 패션 특성뿐만 아니라 각 지역의 패션 특색을 확인할 수 있기 때문이다. 이에 앞서 살펴본《시사IN》의 서울 인구지형도 자료를 바탕으로 1차로 선정된 대학생 및 취업준비생 집단, 직장인 집단, 전업주부 집단, 은퇴자 집단의 거주지역 및 주요 생활권을 파악하였고, 필요한 경우 신한은행(2019)에서 발행한 〈보통사람 금융생활 보고서〉[7] 의 '서울시 직장인 금융지도'와 서울시 통계자료(서울열린데이터광장, 2019) 가운데 2018년 〈사설학원 및 독서실

4
KT와 서울시가 2017년 5월부터 약 10개월에 걸쳐 공동개발한 서울 생활인구 통계지표는 통신사 KT가 보유한 LTE 시그널 데이터와 서울시 공공데이터와 결합하여 특정 시점, 특정 공간에 존재하는 사람의 숫자를 포괄적이고 정밀하게 포착한 데이터를 기반으로 한다. 수집된 데이터는 개인정보 비식별화 조치를 거친 후 사용되며, 시장점유율, 가입자 중 LTE 서비스 가입자 비율, 휴대전화를 켜놓은 비율, 성별·연령별 이용자 특성 등을 보정해 생활인구를 추계하는 방식으로 표집되었다(천관율·최예린, 시사IN, 2018). 이와 같이 LTE 데이터를 이용해 인구를 추정하는 방식은 세계 최초로 시도된 방식이며, 연구 완성도를 높이기 위해 국내 학계와 민간·공공기관의 인구통계 분야 전문가 9인이 자문단으로 참여하였다고 한다(강인효, 소선비스, 2018).

5
이와 같은 자료는 서울의 '주민등록인구'가 2010년 정점을 찍은 이후 지속적으로 감소하고 있는 반면, '경제활동인구', '주거인구' 등 생산성과 도시 활력을 나타내는 지표는 증가하고 있다는 점에 착안한 것이다. 실제로 이와 같은 이유로 정책적으로도 '실제 생활하는 인구'를 중심으로 행정 서비스를 제공하는 등의 패러다임 전환이 필요하다는 문제제기가 있기도 하였다.

6
《시사IN》은 서울의 일상을 가장 보편적으로 볼 수 있는 날로 2017년 10월 17일 화요일을 제시하고 이 날의 자료를 분석 대상으로 사용하였는데, 이 날은 주말, 공휴일, 월요일 등 인구의 편향이 나타날 수 있는 요일을 제외하고, 이벤트가 없고, 춥지도 덥지도 않은 전형적인 가을날로 소개되었다(시사IN, 2018).

7
2019년 신한은행에서 발간한 〈보통사람 금융생활 보고서〉는 전국 만 20~64세의 경제활동자 10,000명을 대상으로 이메일 조사한 내용을 분석한 조사로, 2018년 9월에서 10월까지 한 달간, 성별, 연령, 지역의 모집단 구성비를 고려하여 층화추출 표본을 대상으로 수행되었다.

통계자료〉 중 '사설학원(입시검정 및 보습, 국제화, 예능, 특수교육, 종합, 기타)' 등과 같이 연구 대상 집단의 생활지역을 가늠할 수 있도록 해주는 추가 자료를 활용하여 지역과 직업을 함께 고려한 기준을 도출하였다.

해당 자료를 바탕으로 대학생 및 취업준비생 집단은 특히 야간 인구 밀도가 높은 대학생 밀집 예상 지역인 야간형 (1)마포구 서교동에 많이 분포할 것으로 판단하였으며, 연세대를 중심으로 이화여대, 서강대, 명지대 등 많은 대학이 밀집되어 있는 주간형 (11)서대문구 신촌동을 주간 대학생들이 주로 생활하는 지역으로 파악하였다(페이지 28 〈그림 2〉 참고).

이어 직장인 집단의 경우, 《시사IN》의 인구지형도와 더불어 신한은행의 〈보통사람 금융생활 보고서〉 중 '서울시 직장인 금융지도'를 함께 살펴보았다(페이지 28 〈그림 3〉, 〈그림5〉 참고). 이를 통해 선정된 지역은 주간형 지역 가운데 '(4)영등포구 여의도동, (2)종로구 종로1가~4가, (7)강남구 역삼1동, (9)구로구 구로3동'이다. 먼저 (4)영등포구 여의도동은 일대에 금융 및 방송 등 특수 직업군의 직장이 밀집되어 있고, (3)종로구 종로1가~4가의 지역은 광화문역 일대 관공서 및 대기업 밀집 지역으로 알려져 있다. (7)강남구 역삼1동은 강남역에서 역삼역 일대의 관공서 및 대기업이 밀집된 지역이며, (9)구로구 구로3동은 구로 공단 및 구로 디지털 단지가 소속되어 있어 IT 유관 업종이 밀집되어 있다. 선정된 지역들은 두 자료 모두에서 직장인이 밀집된 지역이며, 소득 곧 급여가 높은 지역 또는 소비 수준이 높은 지역으로 꼽힌 곳이다. 이에 더해 특히 여의도의 '방송 및 금융' 직군이나 구로의 'IT' 업종과 같이 업종에 영향을 받는 직장인 의복의 특성을 보다 명확히 보여줄 수 있는 지역을 선정함으로써 직장인들의 의생활을 보다 면밀히 확인할 수 있도록 대상을 구성하였다.

세 번째로, 전업주부의 경우 이들을 많이 관찰할 수 있는 지역으로《시사IN》의 인구지형도에서 '주간형'과 '야간형' 지역과 이 둘의 특성이 결합된 '혼합형' 지역을 함께 고려하여 선정하였고, 이에 2018년 기준 '서울시 사설학원 및 독서실 통계자료' 중 '사설학원(입시검정 및 보습, 국제화, 예능, 특수교육, 종합, 기타)'의 수를 더해 최종적으로 지역을 선정하였다. 전업주부의 경우 다른 직군에 비해 집에 머무는 시간이 길기 때문에 '주간형'과 '야간형' 지역 모두에서 쉽게 관찰될 수 있을 뿐만 아니라, 직장과 주거 지역이 함께 포진되어 있는 '혼합형' 지역의 경우에서도 주부의 생활양상을 포착하는데 적합하기 때문에 이 지역 또한 연구 대상으로 포함하였다. 게다가, 전업 주부들의 경우 자녀들의 교육을 전담하는 경우가 많고, 자녀들을 데리고 학원에 가거나 관련 설명회를 들으러 다니는 등 사설학원가에 자주 방문할 가능성이 높기 때문에 '사설학원'이

〈그림 6〉 2018년 기준 서울시 구별 사설 학원 수
서울시 사설학원 및 독서실 통계 자료

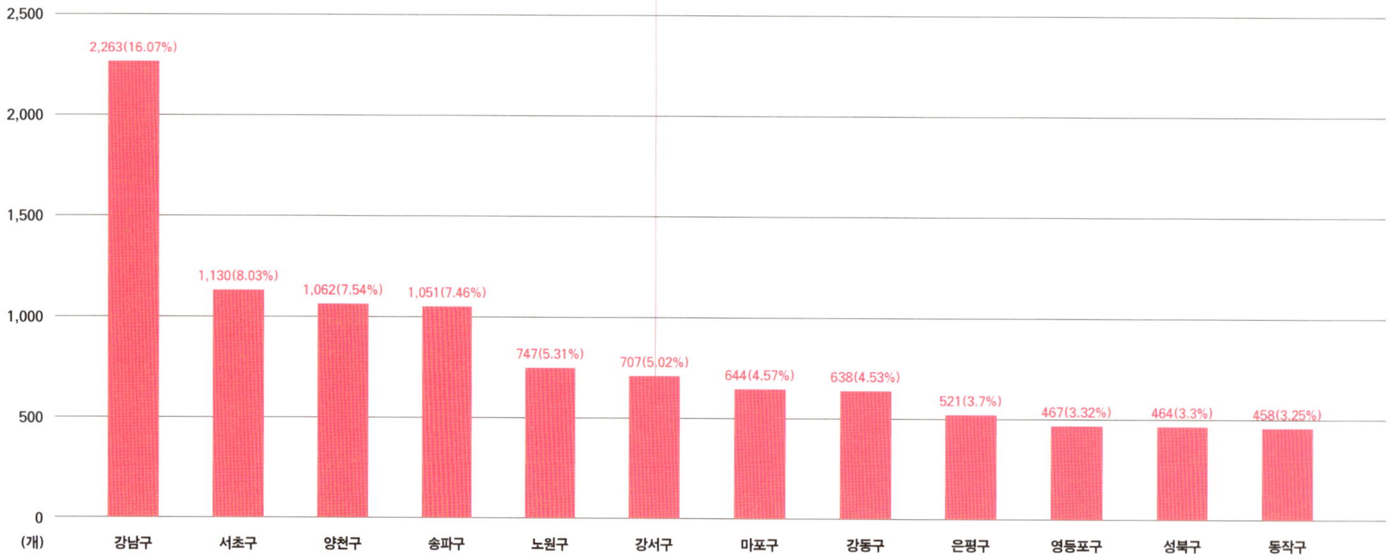

밀집된 지역에 대한 자료 또한 분석에 포함하였다. 이러한 기준에 따라 가장 대표적인 주·야간 혼합형 인구 지역인 (1)양천구 목1동과 (5)노원구 공릉2동, 본래 주간형 지역인 동시에 서초, 대치, 도곡 등 강남의 학원가 일대를 포함하고 있는 주간형 (10)서초구 서초3동, 베드타운 중 인구 수가 가장 많은 지역으로 낮 시간대 전업주부의 활동이 가장 활발할 것으로 예상되는 베드타운형 (3)은평구 진관동이 대표적인 전업주부의 생활지역이라고 볼 수 있다.

마지막으로 자영업, 전문직, 은퇴자 집단과 같은 일부 집단의 경우 다른 직군들과 다르게 대상을 선정함에 있어 지역별 요소를 크게 고려하지 않았다. 이는 다른 직업군들과 달리 이 3개의 직군들은 지역에 따른 차이보다 '직업'과 관련된 특성이 의복 스타일의 변화에 더 큰 영향을 미쳤을 것으로 판단하였기 때문이다. 은퇴자 집단의 경우 또한 자신들이 거주하는 지역이나 주로 생활하는 지역의 특성보다는 행위자의 이전 직업이 의복 선택에 영향을 미쳤을 가능성이 높다. 이러한 이유로, 이들 집단의 경우 특별히 지역을 고려하지 않고 대상을 선정하였다. 〈표 2〉는 1차적으로 결정한 연구 대상 집단별 생활 지역에 대해 정리한 내용이다(페이지 32 참고).

본 연구는 이와 같이 도출된 연구 대상 집단에 따라 선정한 생활 지역 정보에 더해 패션과 관련한 보다 다양한 요소를 추가적으로 고려하여 최종 연구 대상 기준을 결정하였다. 각 연구 대상 집단별 생활 지역을 살펴볼 때, 대표적으로 서울의 패션 생산 및 소비를 담당하고 있는 명동, 동대문, 압구정, 청담 등의 지역이 생활권인 경우 그 장소적 특성을 고려해야 할 필요가 있다. 뿐만 아니라 본 연구는 2차 자료 분석과 문헌 리뷰를 통해 도출된 의복의 결정에 영향을 미치는 주요 특성들을 대표하는 연구 대상과 함께 이들과 차별적인 의생활을 하고 있다고 판단되는 대상을 고려함으로써 일상적인 서울의 패션 경향을 보다 다양하게 확인하고자 하였다. 이러한 맥락에서 본 연구는 먼저 거주 지역, 성별, 연령을 기준으로 구분한 뒤, 직업(직군) 및 취업 상태, 혼인 상태, 자녀 유무, 생활권 등을 종합적으로 참고하여 〈표 3〉, 〈표 4〉와 같이 연구 대상 할당표를 확정하였다(페이지 32 참고).

이와 같이 확정된 연구대상 할당표에 따라 최종적으로 의복일지 조사 및 심층면접 대상자로 총 27명(남성 10명, 여성 17명)의 대상자를 선정하였다. 앞에서 언급하였던 바와 같이 일부 직업군(자영업 및 전문직)이나 은퇴자 집단의 경우 이들의 패션 스타일 변화에 있어 해당 직군이 갖는 직업적 특성이 이들이 거주하는 생활지역보다 더 큰 영향을 미쳤을 것으로 판단하였기 때문에 대상자를 모집함에 있어 특별히 지역을 구분하지 않았다. 보다 구체적인 응답자의 특성은 〈표 5〉와 같다(페이지 33 참고).

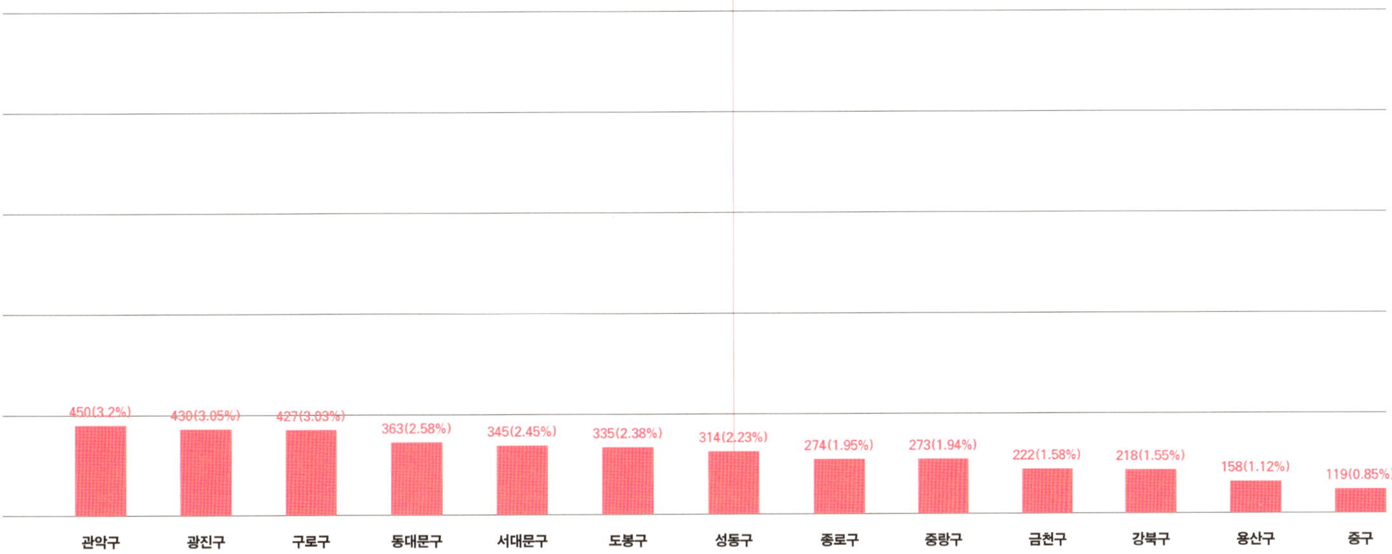

〈표 2〉 연구 대상 집단별로 선정한 생활 지역 및 선정 이유

<table>
<tr><th>NO</th><th>연구 대상 집단</th><th colspan="2">선정한 생활 지역</th><th>선정 이유</th></tr>
<tr><td rowspan="2">1</td><td rowspan="2">대학생 및 취업준비생</td><td>주간형</td><td>서대문구 신촌동</td><td>대학교 밀집 지역</td></tr>
<tr><td>야간형</td><td>마포구 서교동</td><td>야간 인구밀도가 높은 지역</td></tr>
<tr><td rowspan="4">2</td><td rowspan="4">직장인</td><td rowspan="4">주간형</td><td>영등포구 여의도동</td><td>금융 및 방송 등 특수 직업군의 직장 밀집 지역</td></tr>
<tr><td>종로구 종로1가~4가</td><td>관공서 및 대기업 밀집 지역</td></tr>
<tr><td>강남구 역삼1동</td><td>강남역에서 역삼역 일대 기업 밀집 지역</td></tr>
<tr><td>구로구 구로3동</td><td>IT 유관 업종 밀집 지역</td></tr>
<tr><td rowspan="4">3</td><td rowspan="4">전업주부</td><td>주간형</td><td>서초구 서초3동</td><td>서초, 대치, 도곡 등 강남의 학원가 일대를 포함한 지역</td></tr>
<tr><td>야간형</td><td>은평구 진관동</td><td>베드타운 중 인구수가 가장 많은 지역</td></tr>
<tr><td rowspan="2">혼합형</td><td>양천구 목1동</td><td rowspan="2">직장과 주거지역 모두가 포진되어 있는 지역</td></tr>
<tr><td>노원구 공릉2동</td></tr>
<tr><td rowspan="2">4</td><td rowspan="2">은퇴자</td><td>주간형</td><td>–</td><td rowspan="2">은퇴자의 경우, 특별히 지역을 고려하지 않음</td></tr>
<tr><td>야간형</td><td>–</td></tr>
</table>

〈표 3〉 연령, 직업, 거주지역을 고려한 연구 대상 할당표(남성)

<table>
<tr><th rowspan="2"></th><th rowspan="2">대학생</th><th colspan="3">직장인</th><th rowspan="2">자영업 및 전문직</th><th rowspan="2">은퇴자</th></tr>
<tr><th>사회초년생</th><th>관리자</th><th>임원진</th></tr>
<tr><td>20대</td><td>① 강북
② 강남</td><td rowspan="2">③ 강북
④ 강남</td><td></td><td></td><td></td><td></td></tr>
<tr><td>30대</td><td></td><td rowspan="2">⑤ 강북
⑥ 강남</td><td></td><td rowspan="3">⑧ 자영업
⑨ 전문직</td><td></td></tr>
<tr><td>40대</td><td></td><td></td><td rowspan="2">⑦</td><td></td></tr>
<tr><td>50대</td><td></td><td></td><td></td><td></td></tr>
<tr><td>60대</td><td></td><td></td><td></td><td></td><td></td><td>⑩</td></tr>
</table>

〈표 4〉 연령, 직업, 거주지역을 고려한 연구 대상 할당표(여성)

<table>
<tr><th rowspan="2"></th><th rowspan="2">대학생</th><th colspan="3">직장인</th><th colspan="2">전업주부</th><th rowspan="2">자영업 및 전문직</th><th rowspan="2">은퇴자</th></tr>
<tr><th>사회초년생</th><th>관리자</th><th>임원진</th><th>유치원 이전 자녀</th><th>유치원생 ~ 고등학생 자녀</th></tr>
<tr><td>20대</td><td>① 강북
② 강남</td><td rowspan="2">③ 강북
④ 강남</td><td></td><td></td><td rowspan="2">⑧ 강북
⑨ 강남</td><td></td><td></td><td></td></tr>
<tr><td>30대</td><td></td><td rowspan="2">⑤ 강북
⑥ 강남</td><td></td><td rowspan="3">⑩ 강북
⑪ 강남</td><td rowspan="3">⑫ 자영업
⑬ 전문직</td><td></td></tr>
<tr><td>40대</td><td></td><td></td><td rowspan="2">⑦</td><td></td><td></td></tr>
<tr><td>50대</td><td></td><td></td><td></td><td></td><td></td></tr>
<tr><td>60대</td><td></td><td></td><td></td><td></td><td></td><td></td><td></td><td>⑭</td></tr>
</table>

〈표 5〉 연구 대상자의 일반적인 특성

연령	직업	거주 지역	연구 참여자 정보 남성(10명)	여성(17명)
20대	대학생, 취업준비생	강북	① 서대문구 거주, 대학생	① 서대문구 거주, 대학원생
		강남	② 서초구 거주, 대학생	② 서초구 거주, 취업준비생 ③ 서초구 거주, 대학생
20~30대	직장인(사회초년생)	강북	③ 마포구 거주, 금융권(강남구 출근)	④ 성북구 거주, 공기업(중구 출근)
		강남	④ 강남구 거주, 게임회사(강남구 출근)	⑤ 송파구 거주, 패션회사(강남구 출근)
30~40대	직장인(관리직)	강북	⑤ 마포구 거주, 금융권(영등포구 출근)	⑥ 마포구 거주, 금융권(영등포구 출근)
		강남	⑥ 서초구 거주, 외국계 회사(용산구 출근)	⑦ 송파구 거주, 금융권(강남구 출근) ⑧ 강남구 거주, 금융권(서초구 출근)
	전업주부 (유치원 이전 자녀)	강북	-	⑨ 성동구 거주, 전업주부(파트타임 연주가)
		강남	-	⑩ 영등포구 거주, 전업주부(예술가) ⑪ 서초구 거주, 전업주부
30~50대	자영업	강북	-	⑫ 마포구 거주, 자영업(프리랜서 번역가)
		강남	⑦ 강남구 거주, 자영업(개인 사업, 송파구 출근)	-
	전문직	강북	-	⑬ 은평구 거주, 약사
		강남	⑧ 서초구 거주, 치과 의사	
	전업주부 (유치원~ 고등학생 자녀)	강북	-	⑭ 성동구 거주, 전업주부(파트타임 번역가)
		강남	-	⑮ 서초구 거주, 전업주부
40~50대	직장인(임원)	강북	-	⑯ 은평구 거주, 사회적기업 대표
		강남	⑨ 송파구 거주, 호텔숙박업 대표	-
60대 이상	은퇴자	강북	⑩ 마포구 거주, 은퇴자(전직교수)	⑰ 마포구 거주, 은퇴자(전직교사)
		강남	-	-

2 2단계: 서울사람들의 일상적인 패션 탐구

1.	서울사람들의 패션에 대한 조사 수행 및 자료 수집: 대상자별 '의복일지' 작성
2.	서울사람들의 의생활 전반에 대한 이해: 의생활에 대한 심층면접 진행

두 번째 단계로 본 연구는 서울사람들의 일상적인 패션을 탐구해보기 위해 선정된 연구 대상자들에게 '의복일지'를 제공하여 작성하도록 함으로써 이들이 일상적으로 경험할 수 있는 여러 상황에 따라 어떠한 옷차림을 하고 있는지에 대한 관련 자료를 수집하였다. 나아가 이와 같은 의복일지를 통해 수집된 자료를 바탕으로 대상자들과 심층면접을 진행함으로써 이들의 의생활 전반에 대한 이해를 통해 특성에 따른 의복 스타일을 도출할 수 있도록 하였다. 이러한 조사를 바탕으로 서울사람들의 패션, 의생활에 대한 폭넓은 질적 자료를 수집하고, 향후 추가적인 연구와 분석의 토대로 활용할 수 있도록 체계적인 자료를 구축하였다. 보다 구체적인 조사 내용은 다음과 같다.

1. 서울사람들의 패션에 대한 조사 수행 및 자료 수집: 대상자별 '의복일지' 작성

본 연구는 연구 대상자들의 옷차림을 확인하기 위해 '의복일지'를 구성하여 배부하였다. 의복일지는 연구 대상자들이 일상에서 입는 옷차림에서부터 공식적인 상황에서의 착장까지 실제 생활에서 입고 있는 일상적인 패션 스타일에 대해 응답자들이 직접 기록한 자료이다. 당시 의상 착장 사진과 함께 옷을 입은 이유와 상황에 대한 배경을 설명할 수 있도록 함으로써, 그 자체로 서울사람들의 패션을 확인해볼 수 있을 뿐 아니라 이후 심층면접의 자료로 활용될 수 있다.

의복일지의 구체적인 형식과 틀, 작성 예시 등은 2020년 8월 파일럿 스터디를 진행한 뒤 확정하였다. 의복일지의 문항은 상황에 따른 대상자들의 '옷차림'을 살펴보는 것을 목적으로 구성되었다. 옷차림은 흔히 말하는 TPO(Time, Place, Occasion)에 따라 달라지기 때문에 어떠한 '상황'의 옷차림을 분석할 것인지를 선정하는 것이 매우 중요하다. 이에 따라 먼저 본 연구는 TPO 가운데 '상황'이 크게 "공식적(Official)", "사적(Private)", "사회적(Social)" 상황으로 나뉜다는 점에 주목하였다. 이어 연구팀 내 회의를 통해 각각의 상황에 대한 구체적인 예시를 모았고 이를 바탕으로 파일럿 스터디를 진행하여 TPO를 구성하는 3가지 상황에 적합한 예시들을 선정하였다. 이에 더해 연령, 직업, 생활 반경을 고려하여 총 10가지의 상황(① 직장/학교에 갈 때, ② 중요한 발표나 회의, ③ 휴식(집에 있을 때), ④ 운동, ⑤ 코로나 상황(재택 근무, 온라인 강의 수강 등), ⑥ 친구와의 모임, ⑦ 공연 및 전시 관람, ⑧ 가족 모임(생일, 환갑, 돌잔치 등 중요한 가족 모임과 일상적인 가족 모임), ⑨ 결혼식, ⑩ 데이트)을 도출하였고 이에 따른 옷차림을 기입하도록 하였다. 아래의 〈표 6〉은 TPO에 따라 본 연구에서 선정한 10가지 상황을 배치한 것이다.

〈표 6〉 본 연구에서 선정한 10가지 상황

'상황'의 종류	공식적(Official)	사회적(Social)	사적(Private)
10가지 상황	① 직장/학교에 갈 때 ② 중요한 발표나 회의	⑧ 가족 모임 ⑨ 결혼식 ⑩ 데이트	③ 휴식(집에 있을 때) ④ 운동
		⑤ 코로나 상황 ⑥ 친구와의 모임 ⑦ 공연 및 전시관람	

본 연구는 응답자들에게 10가지 상황을 제시하고, "2020년 한 해 동안 다음의 상황에서 착용하였던 '가장 최근의' 옷차림의 사진을 찾아 첨부하거나 해당 상황에 맞는 옷을 입고 사진을 찍은 뒤, 일지를 작성해주세요."라는 질문에 따라 답을 기입하도록 하였다. 일지는 각 상황에 따라 응답자들이 의상 선택 시 고려하였던 세부적인 준거들을 파악하기 위한 문항들로, 상황별 TPO를 묻는 문항(목적지 및 장소, 외출 목적, 의상 선택 이유)과 당시 상황을 좀 더 이해할 수 있는 맥락적 정보를 확인할 수 있는 문항(날씨, 착용 의복에 대한 묘사)으로 구성되었고, 옷차림뿐만 아니라 액세서리, 신발, 가방 등에 대해서도 이야기할 수 있도록 하였다.

다음 〈표 7〉, 〈표 8〉, 〈표 9〉는 실제 응답자들에게 제시되었던 의복일지의 일부분이다. 본 연구는 먼저 특정 상황에 대한 의복일지 작성 상세 요령을 통해 의복일지를 작성하는 방법에 대해 숙지할 수 있도록 하였고(페이지 36 〈표 7〉 참고), 이어 연구원이 작성한 의복일지 예시를 첨부하여 응답자들의 이해를 도왔다(페이지 36 〈표 8〉 참고). 〈표 9〉는 응답자들이 작성해야 하였던 10가지 상황 중 하나에 대한 일지로, 전체 의복일지의 내용은 부록 파일을 통해 확인할 수 있다.

의복일지 조사는 2020년 10월 14일부터 11월 14일까지 약 1개월간 진행되었고, 구글 프레젠테이션 문서나 한글 문서의 형식으로 제공되어 응답자들이 문항을 읽고 스스로 기입하는 방식으로 작성되었다. 응답자들의 직업적 상태에 따라 구체적인 작성 안내와 작성 예시가 제시되었는데, 일례로 전업주부, 프리랜서, 은퇴자와 같이 정기적으로 직장이나 학교에 가지 않는 경우 "직장/학교에 갈 때"의 옷차림이 아니라 "거래처 방문과 같이 중요한 거래처 미팅", "자녀의 등/하원(등/하교)시", "정기적인 일정(문화센터, 평생학습센터 등) 시" 입는 옷차림을 적어달라고 하는 등 각각 응답자의 사회적 지위나 상황에 따른 상세한 지침을 안내하였다. 나아가 작성 시 잘 이해되지 않거나 관련하여 문의사항이 있는 경우 의복일지 조사 방법을 숙지한 조사원들에게 질문할 수 있도록 함으로써 보다 자세하게 일지를 작성할 수 있도록 하였다. 대상자들이 의복일지를 제출하면 조사원들이 이를 1차적으로 확인하였고, 내용이 불명확하거나 관련하여 추가적인 설명이 필요한 경우 응답자들에게 연락하여 관련 사항을 보충하는 과정을 거쳤다.

〈표 7〉 의복일지 작성 상세 요령

6	친구와의 모임
목적지 및 장소	○○시 ○○구 ○○동 또는 구체적으로 기입(가로수길 카페) 친구집(서울시 마포구 성산동)
외출 목적(누구를 왜 만나는지 포함)	어디에서 누구를 만나 무엇을 하는지 위주로 자세히 기입 친구 집에서, 친구들과 독서 모임
날씨	기억나는 대로 작성 비가 조금 오고 눅눅한 날씨
의상 선택 이유	목적지, 외출목적, 날씨를 고려하여 자유롭고 상세하게 작성 덥고 습한 날씨에 대중교통을 이용했기 때문에, 편안하면서도 몸에 붙지 않는 옷을 입음. 한동안 계속 비가 와서 우중충했기 때문에 색이 있는 옷을 입음. 책을 넣을 수 있는 가벼운 에코백을 들었고, 여름에 잘 신는 샌들을 신음.
착용한 의복을 묘사한다면?	자유롭게 작성 예) 옷에 대한 설명: 소재, 색상, 품목, 브랜드 등 예) 옷에 대한 형용사 표현: 단정한, 편안한, 포멀한, 스포티한 등 **옷에 대한 설명:** 대조적인 색상과 소재(자연적 소재, 기계적 주름), 유니클로 마 소재 블라우스와 인터넷 쇼핑몰에서 구매한 파란색 플리츠 스커트 **옷에 대한 형용사 표현:** 편안하고 쾌적한 착용감, 화려한, 눈에 띄는 패턴과 색상의 상의

〈표 8〉 의복일지에 첨부된 실제 작성예시

2	중요한 공식적 발표나 회의, 모임
목적지 및 장소	서울시 서초구 서초동
외출 목적(누구를 왜 만나는지 포함)	나보다 연배가 있으신 교수님들과 미팅
날씨	선선함
의상 선택 이유	너무 캐주얼하게 입을 수 없으나, 장시간 앉아있어야 해서 내가 가진 옷 중에서 차분하면서도 스판이 들어 있는 편안한 복장으로 선택함
착용한 의복을 묘사한다면?	너무 나이 들어 보이지 않는 세미정장, 그에 잘 어울리고 튀지 않는 스킨톤 힐을 신음. 천 소재로 가볍지만 포멀하게 보이는 서류용 가방 착용(롱샴). 평소 좋아하는 액세서리 숍에서 구매한 가는 팔찌와 반지 여러 개를 착용함.

〈표 9〉 의복일지 일부 문항

2	중요한 공식적 발표나 회의, 모임	
목적지 및 장소	작성해 주세요	사진을 추가해 주세요
외출 목적(누구를 왜 만나는지 포함)	작성해 주세요	
날씨	작성해 주세요	
의상 선택 이유	작성해 주세요	
착용한 의복을 묘사한다면?	작성해 주세요	

→ **사진 촬영 요령**

1) 거울을 깨끗이 닦고 전신 거울 앞에서 코 끝부터 발끝까지,
   전체 의복이 잘 나오도록 촬영(얼굴은 나와도, 안나와도 무방)
   다른 사람이 찍어줄 경우에도 마찬가지
2) 의복의 일부가 찍힌 사진의 경우, 여러 장의 사진을 추가로 첨부
3) 악세서리, 신발, 가방 등 포함되도록

2. 서울사람들의 의생활 전반에 대한 이해: 의생활에 대한 심층면접 진행

본 연구는 의복일지 조사에 더해 심층인터뷰를 진행함으로써, 의복일지에 대한 이해를 높이고 나아가 2020년 서울의 전반적인 패션 경향과 이에 대한 인식을 조사해보고자 하였다. 심층면접법이란 연구자와 연구 참여자가 일대일로 만나 연구 질문에 대한 소주제를 토대로 대화를 통해 답을 찾아가는 과정을 의미한다(최종렬 외, 2018). 이러한 심층면접법을 사용하면 일반적인 설문조사법에 비해 연구 주제에 대한 연구 참여자의 생각을 보다 면밀히 들을 수 있을 뿐만 아니라 이들과의 상호작용을 통해 이들의 발화 맥락과 그 이면에 자리 잡은 생각을 확인할 수 있다. 나아가 연구 주제와 관련된 참여자들의 경험과 이들이 관찰한 현상에 대해 부여하는 심층적인 의미를 파악할 수 있어 현상에 대한 다차원적인 이해가 가능하다는 점에서 장점이 있다. 특히 본 연구는 사전에 취합한 의복일지를 통해 나타난 패션 스타일을 선택한 이유와 그에 부여하는 의미가 무엇인지 등을 분석해보고자 하였기 때문에 심층면접법을 활용하였다.

이에 따라 본 연구는 의복일지 작성을 위해 선정된 연구 대상자 27명(남성 10명, 여성 17명)에 대한 심층면접을 진행하였고, 의복일지 작성이 완료된 연구 대상부터 순차적으로 심층면접을 진행하였다. 면접은 2020년 10월 18일부터 2020년 11월 13일까지 약 1개월 동안 진행되었으며, 코로나바이러스감염증-19 방역 지침에 따라 대면 면접 방식 혹은 Zoom을 활용한 온라인 면접 방식을 활용하였다. 응답자 당 1시간에서 2시간 정도의 시간이 소요되었고, 인터뷰 전 사전 동의를 얻어 인터뷰 전 과정을 녹음하였다. 전체 인터뷰 내용은 모두 녹취하여 분석에 활용하였는데, 녹취 과정에서 답변이 모호하거나 설명이 명확하지 않은 부분은 전화를 통해 추가 인터뷰를 진행함으로써 내용을 보완하였다. 심층면접에는 의복일지 분석 결과를 바탕으로 응답자 개개인별로 차별화된 조사 문항과 의생활 전반에 대한 공통 조사 영역으로 구성된 반구조화된 질문지를 활용하였다.

보다 구체적인 문항 구성은 다음과 같다. 먼저 응답자별 문항의 경우 이들이 제출한 의복일지를 분석하고 이에 대한 전문가 FGI(표적집단면접법 Focus Group Interview)를 진행함으로써 응답자 개인에게 맞춰진 의복생활 질문을 생성하였다. 이와 같은 개별화된 질문은 응답자가 기입한 의복일지에 대한 이해를 돕고 대상의 특성에 따른 의복 스타일을 도출하기 위한 목적으로 구성되었다. 이어 의복생활 전반에 대한 일반적인 인식을 묻는 문항을 구성하기 위해서 먼저 본 연구는 최근 서울사람들의 패션 소비와 관련하여 조사된 기존 통계 자료 중 전국 만 13세에서 64세의 남녀 5,000명을 대상으로 한 2019년 〈소비자행태조사(MCR)〉 데이터 가운데 서울 거주 응답자 940명에 대한 패션 관련 문항을 토대로 의생활의 최근 경향을 파악하였다. 해당 데이터 내에는 의류(외출복) 구매 기준, 본인 패션 감각 평가, 의류 구매 패턴, 가장 자주 이용하는 의류(외출복) 구매 기준, 1년간 의류 구매 비용에 대한 자료가 있어, 서울시민들의 전반적인 의생활 경향을 파악하는 데 참고 자료로 활용하였다.

본 연구는 이와 같은 기존 통계 자료와 선행연구에서 다룬 요소와 의복일지를 통해 드러난 패션 경향을 바탕으로 연구 대상의 기본 의생활에 대한 질문을 구성하였다. 응답자 개개인에게 맞춘 질문과 마찬가지로 이러한 기본 질문 또한 전문가 FGI를 거쳐 수정, 보완하는 작업을 거쳤다. 이를 통해 결정된 의생활에 대한 질문 내용은 대상자의 의복 착용 및 구입 방식(구매 장소 및 경로, 구입 브랜드, 구매 시 고려사항 등)에 대한 내용, 유행에 대한 인식(유행에 대한 관심과 정보원 등), 한복에 대한 인식(한복을 가지고 있는지, 언제 마지막으로 한복을 입었는지, 어떤 경우에 한복을 입는지, 한복에 대한 이미지 등)과 관련된 문항들이다.

〈표 10〉 심층면접 대상자 일반적인 특성

NO	이름(가명)	성별	나이	직업	거주지	혼인 여부
1	응답자 101	남	20대	대학생	서대문구	미혼
2	응답자 102	남	20대	대학생	서초구	미혼
3	응답자 103	남	30대	직장인	마포구	기혼
4	응답자 104	남	20대	직장인	강남구	미혼
5	응답자 105	남	30대	직장인 관리직	마포구	기혼
6	응답자 106	남	30대	직장인 관리직	서초구	기혼
7	응답자 107	남	40대	임원	송파구	기혼
8	응답자 108	남	30대	자영업(사업)	강남구	기혼
9	응답자 109	남	50대	전문직	서초구	기혼
10	응답자 110	남	60대	은퇴자	마포구	기혼
11	응답자 201	여	20대	대학원생	서대문구	미혼
12	응답자 202	여	20대	취업준비생	서초구	미혼
13	응답자 203	여	20대	대학생	서초구	미혼
14	응답자 204	여	30대	직장인	성북구	미혼
15	응답자 205	여	30대	직장인 관리직	강남구	기혼
16	응답자 206	여	30대	직장인	송파구	미혼
17	응답자 207	여	30대	직장인 관리직	마포구	기혼
18	응답자 208	여	30대	직장인 관리직	송파구	기혼
19	응답자 209	여	40대	사회적 기업 임원	은평구	미혼
20	응답자 210	여	30대	전업주부(파트타임 연주자)	성동구	기혼
21	응답자 211	여	30대	전업주부(예술가)	영등포구	기혼
22	응답자 212	여	30대	전업주부	서초구	기혼
23	응답자 213	여	30대	전업주부(파트타임 번역가)	성동구	기혼
24	응답자 214	여	40대	전업주부	서초구	기혼
25	응답자 215	여	30대	자영업(프리랜서 번역가)	마포구	미혼
26	응답자 216	여	40대	전문직	은평구	기혼
27	응답자 217	여	60대	은퇴자	마포구	기혼

3 3단계: 오늘날 서울의 패션 시각화 및 종합 분석

마지막 단계에서는 의복일지와 심층면접을 통해 수집된 자료를 분석하여 서울사람들의 패션 스타일에 대한 시각화 작업을 수행하였다. 수집한 자료들은 의복의 형태, 색상, 재질뿐만 아니라 의복을 입은 상황에 대한 상세한 내용을 포함한다. 1단계로 응답자별 의복 일지를 상세히 분석하였다. 2단계로 의복일지를 토대로 실시한 심층 면접의 주요 결과와 1단계 검토 결과를 함께 결합하여 응답자의 의생활 전반에 대한 이해를 시도하였다. 이후 3단계로 응답자의 성별, 연령, 직업, 생활 반경에 따라 다르게 나타나는 패션의 특징을 심도있게 분석하였다. 첫 번째로 성별과 연령에 따라 나타나는 주요 특징을 파악하였다. 두 번째로 패션에서 연령과 직업적 특성이 드러나는 부분을 확인하였다. 그 다음으로 각 상황별 특성을 전형적으로 보여주는 패션을 확인하고, 성별,

연령, 직업에 따라 옷차림에 차이가 있는지 확인하였다. 이러한 단계를 거쳐 응답자의 개인적인 패션 특성과 연령대별, 직업별 특성을 파악하여 대표적인 패션 스타일과 공통적인 패션 스타일을 선정하였다.
이 과정에서 연구단의 연구책임자와 연구보조원, 보조원이 교차 검증하였으며, 전문가 FGI와 일반인 FGI를 진행하여 일러스트로 시각화할 옷차림 사진의 최종 선정 과정에 참고하였다. 분석 결과를 토대로 사진 자료를 최종 선정하고, 시각화 작업을 수행하였다. 시각화 작업 과정에서 의복의 형태뿐 아니라, 색상과 질감을 최대한 살려 표현하였다. 또한 연구 결과에서 응답자들이 체형의 장점을 살리고 단점을 최소화하는 의생활이 관찰되었으므로, 시각화 과정에서 개별 응답자의 연령과 체형의 특성을 고려하여 작업하였다. 수집된 전체 사진 자료 292개 중 총 58개의 사진이 최종 결과물로 선정되었다. 〈그림 7〉과 〈그림 8〉은 의복일지에 첨부된 연구 대상자의 의복 사진과 시각화 작업을 통해 도출된 결과물의 예시이다.

〈그림 7〉 수집된 자료를 바탕으로 한 시각화 과정의 예시

102 #20대 #대학생

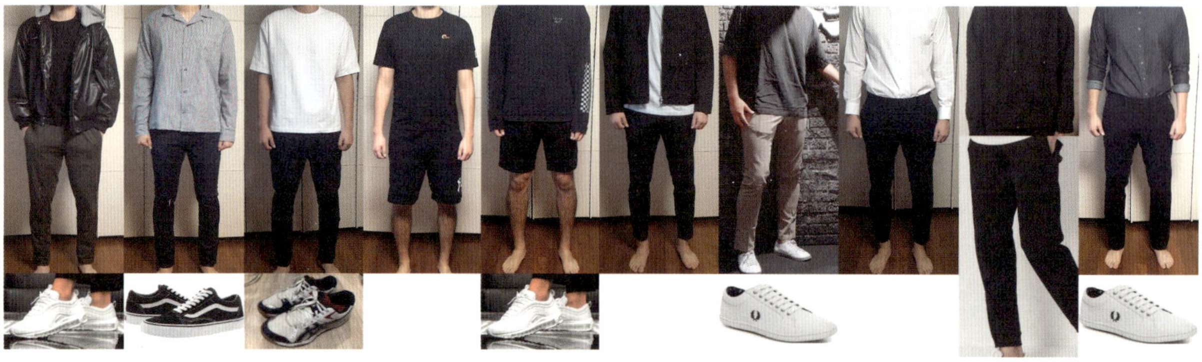

104 #20대 #직장인

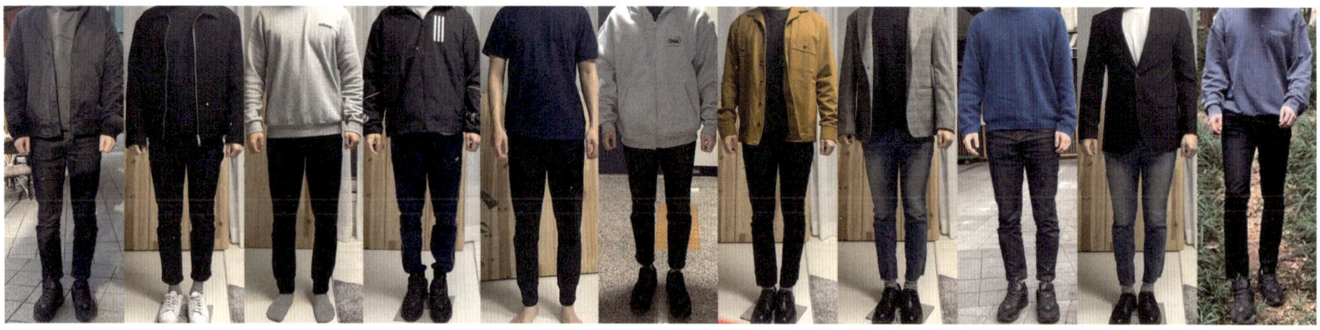

106 #30대 #직장인 관리직

108 #자영업

110 #은퇴자

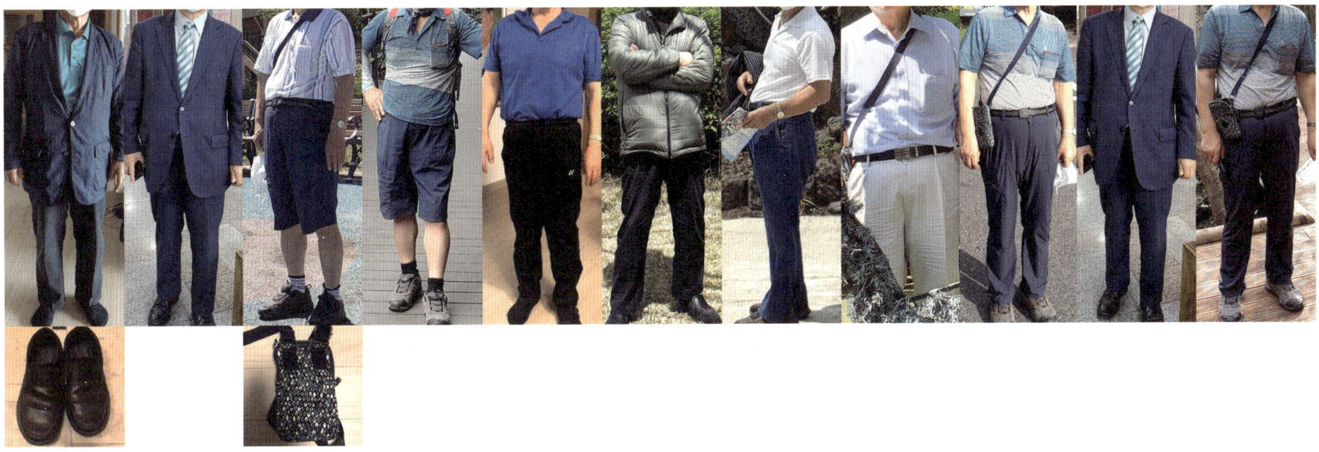

〈그림 8〉 의복 사진 자료와 일러스트 작업 결과

서울패션사를 한국 근현대사의 주요 사건과 연결지어

광복 이후 양복과 양장이 한국사회에 뿌리내리기, 경제발전에 따른 청년 세대들의 패션 유행 주도,

서울패션을 대표하는 패션 중심지의 형성과 변화 등으로 바라보았다.

III

한국 근현대사, 서울, 패션의 교차점

① 개화기부터 광복 이전까지의 서울: 의생활의 서구화가 시작되다
② 광복 이후 ~ 1960년대의 서울: 거스를 수 없는 양장화, 성별과 계급을 가르다
③ 1970년대 ~ 1990년대의 서울: 패션을 주도하는 청년층의 부상과 함께 서울패션의 지역적 특성이 형성되다
④ 2000년대 이후의 서울: OOTD 놀이 문화, 한류에서 K-Fashion으로 진화하다

서울패션의 변화 과정을 이해하기 위해 그 시대의 사회적, 맥락적 조건을 알아야 할 필요가 있다. 김순영(2017)의 연구에 따르면 오늘날 양복은 서양식의 의복으로 남성의 서양식 정장을 의미하며, 양장은 서양식 옷과 옷차림, 머리 모양, 몸단장으로 주로 여성의 서양식 의복을 의미한다. 하지만 이와 같은 용어의 의미는 시간의 흐름에 따라 변화해왔다. 양복이 도입되던 20세기 초에는 양복과 양장의 의미가 분리되지 않고 남성복과 여성복 모두에 사용되었기 때문에 1925년 신문 기사에서 '양장 신사'라는 표현을 찾아볼 수 있다. 이처럼 성별의 구분 없이 쓰이던 단어인 양복과 양장이라는 표현은 의복의 서구화가 진행됨에 따라 각각 남성의 의복과 여성의 의복을 지칭하는 용어로 분리되었다. 이처럼 다른 사회적 현상들과 마찬가지로 패션에서의 변화는 일상생활과 사회의 변화를 모두 담고 있다.

이 장에서는 서울의 역사적 맥락을 함께 고려하여 서울패션의 형성 과정을 각 시기별로 살펴보고자 한다. 특히 양복과 양장이 한국 사회에 수용되면서 점차 우리의 일상에 뿌리내리는 과정, 서울패션 중심지의 변화, 청년 세대의 패션이 형성되고 발전되는 과정을 중심으로 서울패션에 대한 전반적인 특성을 다루고자 하였고, 이를 당시 사회적 조건들과 연결지어 분석하였다. 이를 위해 본 연구는 먼저 기존 문헌과 연구 자료를 토대로 패션과 관련된 한국 근현대사 및 서울사의 정치·경제·사회·문화적 조건을 확인하였다. 이어서 서울패션사의 변곡점이 되는 핵심적인 사건을 중심으로 패션의 문화사적 경험과 서울사람들의 패션 변화를 살펴봄으로써 서울의 역사와 서울사람들의 패션이 교차하는 지점을 파악하고 오늘날의 서울패션에 이르는 흐름을 읽어내보고자 시도하였다. 개화기부터 2000년대에 이르기까지 각 시기별 서울패션의 특성은 다음과 같다.

1 개화기부터 광복 이전까지의 서울: 의생활의 서구화가 시작되다

한국의 의생활에서 변화의 핵심은 서구화로 압축할 수 있다. 서양 복식은 어느 한순간 우리의 일상에 도입되어 수용되지 않았다. 오히려 서양 복식은 도입 및 수용의 전 과정에 걸쳐 당시의 시대적·정치적 상황과 영향을 주고 받았고, 우리 일상에 변화를 가져오면서 서서히 정착해왔다. 의복의 서구화는 개화기부터 관찰되는데 특히 갑신(1884), 갑오(1894), 을미(1895)년에 이루어진 의복 제도 개혁에 따라 한복의 간소화, 서구 복식의 수용이 이루어졌다. 이 과정에서 신분에 따라 입을 수 있는 옷에 대한 개념이 사라졌다. 1884년 5월 갑신 의제 개혁은 한복 변화의 필요성을 촉구하며 한복의 불편함을 줄이고 간편함을 추구하는 방향으로 이루어졌으나, 개화파가 일으킨 갑신정변이 실패로 끝남으로써 갑신 의제 개혁 또한 철회되었다. 이후 1894년 갑오 의제 개혁에서 의복 간소화가 다시 추진되었고, 이어지는 1895년 을미 의제 개혁에서 단발령과 함께 서구 복식인 양복의 착용이 공인되었다. 이에 따라 1896년에는 군복이 구미식으로 바뀌었으며, 1899년에는 외교관의 복식 그리고 1900년에는 문관 복식이 서양화되었다. 이처럼 양복의 수용은 정부의 제도 개혁에 따라 왕실과 상층 그리고 특히 남성을 중심으로 시작되었다.

서울(경성)에 생긴 최초의 양복점은 1889년 일본인이 현재 광화문 우체국 부근에 열었던 '하마다 양복점'이며, 한국인이 최초로 만든 '한흥양복점'은 1903년에 문을 열었다(서울역사편찬원, 2016a; 김순영, 2017). 1900년에서 1910년대에는 관복의 양복화에 따라 상류층이 양복을 입기 시작하였다. 이어서 1920년대에는 양복이 유행하면서 그 수요가 늘어나 서울에서 일본인뿐 아니라 조선인 관리와 상인까지 양복을 입은 모습을 볼 수 있었다(국사편찬위원회, 2006). 종로 일대에 조선인이 경영하는 양복점이 50여 개가 넘었으며, 1938년 무렵에는 한국인이 운영하는 양복점이 서울 시내에 200여 개가 넘었다(김순영, 2017). 이처럼 근대화에 대한 욕구에 따라 양복을 착용하는 사람들이 점차 늘어갔으나 1930년대까지만 해도 직·간접적으로 서구문물을 접하였거나 수용했던 사람들, 즉 관리나 유학생을 비롯한 상층만이 양복을 착용하였으며 대부분의 일반 남성들은 여전히 전통적인 한복을 착용하였다(서울시정개발연구원, 2001; 서울역사편찬원, 2016a; 이재정·박신미, 2011). 1934년 신문 기사는 "어떤 가정에서든지 가족 전체는 아니지만 반수 이상은 어쨌든 양복

고종황제 가족사진(20세기 초)
고종황제의 가족사진으로 왼쪽 아래 순정효황후를 제외하고 모두 '양장'을 하고 있다.

대한제국 군부대신 윤웅렬과 아들 윤치호(1904)
《런던타임즈》에 실린 사진으로 윤웅렬은 서양식 군복을 착용하고 있다. 남자아이들이 서양식 군모를 쓰고 있는 것이 인상적이다.

서양식 군복을 입고 훈련하는 군인들(1904)

을 입게 되었다(서울시정개발연구원, 2001: 298).”라고 하였으나, 실상 양복은 회사, 은행, 관청, 학교에 다니는 교육받은 엘리트들의 의복이었으며, 양복은 이러한 엘리트들을 상징한다는 사회적 인식이 공유되고 있었다(어효선, 1990).

여성의 서양 복식인 양장은 양복보다 비교적 느리게 확산되었다. 당시까지만 해도 양장한 외국인의 모습을 보기 위해 서양인 거리인 정동에 구경꾼이 몰려들었을 정도로 여성의 양장 차림을 찾아보기 어려웠다(국사편찬위원회, 2006). 양장의 초기 수용은 서구 문화와 접촉이 빨랐던 왕실 여성, 외교관 부인 등의 상층 여성과 해외 유학을 마치고 귀국한 신여성들을 중심으로 이루어졌다. 처음 양장을 착용한 여성은 순헌황귀비와 외국에서 유학한 윤치오의 부인 윤고려로 알려져 있다. 서구에서 유행하는 스타일의 양장을 그대로 착용하여 크리놀린, 버슬 스타일의 드레스를 착용하는 경우도 있었다. 초기의 양장은 외교관이나 유학생이 외국에서 직접 들여오거나 직접 만드는 방식으로 확산되었다. 특히 양장을 그대로 입기보다는 한복에 서양식 장갑, 검은색 우산, 구두 등 서구의 패션 아이템을 가미하는 방식으로 착용하였는데, 이러한 차림은 개화기 상층의 상징처럼 여겨지기도 하였다(현대패션100년편찬위원회, 2002). 1910년대까지도 양장 차림의 여성이 드물었으나, 양장이 서서히 확산되면서 1920년대에는 양재를 가르치는 학교와 학원이 문을 열었다(서울역사편찬원, 2016a). 남성복과 여성복을 모두 취급했던 양복점과 달리 여성의 양장만을 취급한 양장점은 양복점에 비하여 늦은 1937년, 함흥에 ‘은좌옥’이라는 이름으로 처음 문을 열었다(현대패션100년편찬위원회, 2002).

‘Latest style’ 최신 남녀 정장 광고지(일제강점기)
당시 유행한 클로슈 모자를 쓴 플래퍼 스타일의 여성과 클래식한 더블브레스트 양복을 입은 남성을 볼 수 있다.

남성의 양복 착용이 정부의 제도 개혁에 따라 이루어졌다면, 여성의 양장 착용은 자발적으로 이루어진 측면이 있다. 일부 상층 여성들을 중심으로 도입된 양장 차림은 일반인들 사이에서 양장의 유행을 불러일으켰다기보다는, 신여성을 중심으로 전통 한복을 개량하는 방향으로 발전하였다(국사편찬위원회, 2006). 상류층 여성과 신여성을 제외한 대부분의 여성들은 한복을 착용하였는데, 이들은 뿌리 깊은 유교적 관습과 사치에 대한 경계 때문에 양장을 착용하기보다는 전통 한복 차림을 고수하거나 한복을 개량하여 착용하였다(서울시정개발연구원, 2001; 서울역사편찬원, 2016a). 당시 여성복은 의제 개혁의 대상이 아니었으나, 여성들이 먼저 정부에 의복의 개량을 요구하였다. 여성 계몽 단체들은 "여자 교육을 하는 일 중 급선무는 여자의 의관을 개량하여 행동을 자유롭게 함이라"는 내용을 포함하는 건의서를 정부에 냈고, "쓰개치마를 벗고 의복에 물을 들여 입고, 다듬이질을 폐지하자"고 주장하였다(국사편찬위원회, 2006; 서울시정개발연구원, 2001). 특히 1900년대 초 일부 고위 관료의 부인이나 해외 유학을 다녀온 여성들을 시작으로 상층 여성들은 장옷을, 서민 여성은 쓰개치마를 벗었다. 1911년 이화학당을 선두로 학생들의 장옷과 쓰개치마의 착용을 금지하였으며, 이후에는 학생들을 중심으로 장옷과 쓰개치마를 벗고 대신 검은색 서양식 양산을 사용하는 흐름이 이어졌다(서울시정개발연구원, 2001; 서울역사편찬원, 2016a). 이러한 흐름 속에서 길어진 저고리와 짧아진 통치마로 이루어진 개량복이 신여성과 학생을 중심으로 확산되었다(국사편찬위원회, 2006). 이화학당의 외국인 선교사들의 주도로 한복의 치마허리가 조끼허리 혹은 어깨허리로 부르는 형태로 개량되기도 하였다.

새로운 의복 형태가 등장하여 기존 의복이 대체되는 과정에서, 개화기의 한복은 검소와 간편함을 추구하는 방향으로 변화하였다. 동시에 신분에 따라 차별적으로 허용되던 복식 제도가 폐지되면서 한복은 신분 상징성을 상실하였으며, 양반 계층에서만 입을 수 있었던 의복 형태들이 모든 계층이 입는 의복으로 확대되었다. 기존 양반들만이 착용할 수 있는 의례복이자 방한복이었던 '포(袍)'는 갑신정변 이후 이루어진 의제 개혁을 통해 한 가지의 형태(옆트임 없이 두루 막힌 '두루마기')로 통일되어 성별과 신분의 구별 없이 널리 착용 가능하게 되면서 '만민 평등의 옷'이라고 불렸고, 양반 계층이 집안에서 평상복으로 착용하던 마고자 또한 모든 계층에서 유행하게 되었다(국사편찬위원회, 2006). 나아가 서구화의 영향으로 새로운 의복 형태가 생기기도 하였는데, 대표적으로 한복 조끼와 고무신이 새로운 형태의 의복으로 등장하였다(서울시정개발연구원, 2001). 동시에 이와는 반대로 서구 복식이 우리의 복식을 대체하면서 우리의 의복이 사라지기도 하였다. 1920년대를 전후로 간편한 서양식 속옷이 유입되면서 속적삼 등의 전통 속옷이 사라지기 시작하였으며, 장갑이 들어오면서 토시가, 양말이 등장하면서 버선도 점차 사라지기 시작하였다(국사편찬위원회, 2006). 갓은 실크 햇으로, 마른신과 비단신은 양화, 구두로 대체되었다.

이처럼 의복이 새로 등장하고 사라지는 근대의 의생활 속에서 반(半) 양복 차림이 관찰되었다(서울시정개발연구원, 2001). 거리를 거닐다 보면 치마 저고리

일상 외출복이 된 두루마기(1904)
갑신의제개혁 이후 나이와 계급에 상관없이 겉옷으로 두루마기를 착용하였다.

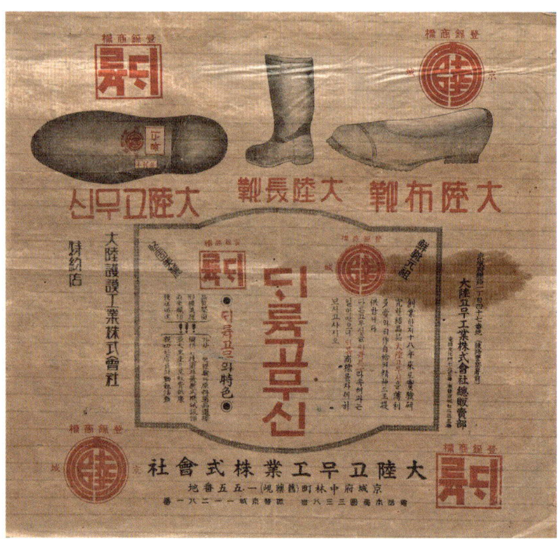

우리나라 최초의 고무신회사 '대륙고무신' 광고지(1920년대 이후)

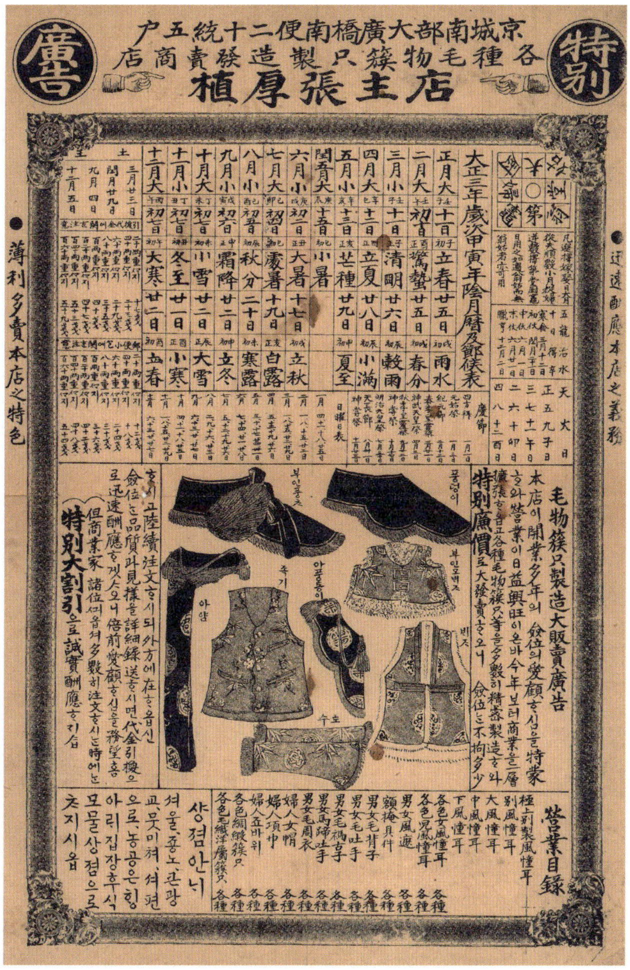

경성의 의류 상점 홍보물(1914)
양복 조끼의 영향으로 한복에서도 주머니가 있는 조끼가 등장하였다.

와 바지 저고리로 대표되는 전통 한복이나 통치마로 대표되는 개량 한복뿐만 아니라 서양 복식인 블라우스와 스커트, 숄, 재킷 차림의 양복, 인버네스, 스타킹, 하이힐, 양화, 맥고모자(麥藁帽子), 양산, 핸드백 등을 동시에 볼 수 있었다. 1920년대에는 전통에서 벗어난 획기적인 차림으로 서울의 종로 거리를 누비며 유행을 선도하는 '모던 뽀이'와 '모던 껄'이 등장하여 사회적 관심을 불러일으키기도 하였다(서울역사편찬원, 2016a). 모던 껄이 양장을 입고 양산을 쓰고 걸어가면 사람들이 그 모습을 구경하였다. 시간이 조금 흐른 1930년대 서울에서는 개량 한복에 하이힐을 신은 단발머리 여성을 흔히 볼 수 있었다(서울역사편찬원, 2016a). 1930년대에 이르러 유행을 따르는 것이 보편화되면서, 오늘날과 같이 유행이 현대적인 삶의 풍속으로 자리 잡았으며, 계층을 구분하는 패션의 특성이 나타나기 시작하였다(서울시정개발연구원, 2001; 서울역사편찬원, 2016a). 예를 들어 1930년대 양장, 맥고모자와 하이힐은 신여성 계층을 대표하는 옷차림이었으며, 화려한 양장, 길게 끌리는 비단 치마와 인력거는 기생을 상징하였고, 양복, 비단 양말 그리고 자동차는 상층의 신사를 상징하였다. 이러한 가운데 하급 노동자 또한 한복, 일본 옷, 양복의 상의와 하의를 아무렇게나 섞어 입기도 하였는데, 이는 유행을 따랐다기보다는 옷차림에 신경 쓸 여력이 없었기 때문이었다(서울시정개발연구원, 2001). 이러한 절충적인 스타일에 대해 우리의 전통도 아니고 서구의 신문물도 아닌, 즉 조선 옷도 아니고 서양 옷도 아닌 옷차림이라는 비판도 존재하였다(서울역사편찬원, 2016a).

광복 이전의 일제강점기 말에는 우리 민족의 의생활이 매우 궁핍한 실정이었다. 1940년대 경성제국대학에서 실시한 〈토착민의 생활과 위생〉의 조사 결과, 조사 대상이었던 가족 평균 1인당 여름 의복류를 한 벌 이하로 소유하고 있는 경우가 전체의 54.7%, 겨울 의복류를 한 벌 이하로 소유하고 있는 경우가 전체의 58.1%로 나타났다(서울역사편찬원, 2016a). 뿐만 아니라 생계비 중에서 피복비의 비중은 여름은 14%, 겨울은 8%로 나타났는데(현대패션100년편찬위원회, 2002), 이러한 조사 결과를 참고하였을 때 일반인의 경우, 의생활의 질적 수준을 논하는 것은 고사하고 가지고 있는 의복조차도 얼마 되지 않았던 것으로 보인다.

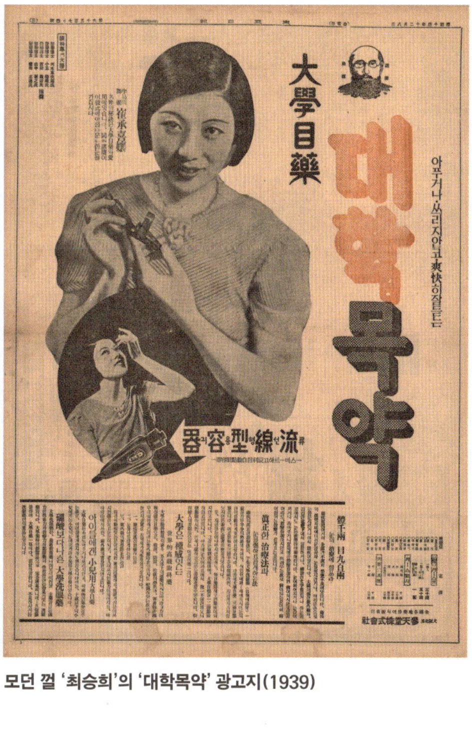

모던 껄 '최승희'의 '대학목약' 광고지(1939)

게다가 이 시기에는 직업과 성별에 따라 착용할 수 있는 의복 형태가 점차 제한되고 획일화되어 있었다. 1935년, 식민 당국은 공무원과 교원에게 '국민복'을 입도록 하였다(서울시정개발연구원, 2001). 뿐만 아니라 1938년 '국가총동원법', '군수산업 총동원법', 1941년 '생활필수품 통제령' 등 1940년대 전시 상황이 고조되면서 물자를 절약하고 심리적 일체감을 조성하기 위한 목적으로 의복에 대한 통제가 강화되었다. 남성의 의복은 유사시 군복의 역할을 할 수 있는 국민복이 대표적이었다. 국민복은 양쪽 가슴에 큰 주머니가 달린 스탠드 칼라의 카키색 상의와 당고 바지를 함께 입은 옷차림으로, 일본 육군 복장과 유사하였다(현대패션100년편찬위원회, 2002). 국민복을 입지 않으면 '비국민'이라는 명목으로 일본 순사에게 취조당하기도 하였다(신혜순, 2008). 교사는 양복에 국방색 모자와 각반을 착용한 전투복 차림을 하였고, 남학생들은 학교의 상징이 표시된 배지와 모자를 착용하였으며, 단추에만 차이가 있는 획일적인 형태의 교복을 착용하였다(현대패션100년편찬위원회, 2002).

정구대회 학생들과 교사(1940년대)
오른쪽 국민복을 착용한 교사의 모습

이화학당의 학생들(일제강점기)
세일러 칼라가 달린 상의, 주름 스커트를 교복으로 입고 있는 이화학당의 학생들

일제강점기 이후 흰 저고리와 검정 통치마는 여학생을 상징하는 옷이면서 동시에 대중적인 의복으로 정착되었다(서울시정개발연구원, 2001). 그러나 1939년 봄, 일제의 강압으로 한복 교복이 양장 교복으로 바뀌게 되면서 여학생들은 흰 블라우스, 세일러 칼라의 검은색 겹 자락 상의 그리고 타이트한 검은색 스커트를 교복으로 입게 되었다. 남학생 교복보다 10년 정도 늦게 이루어진 여학생 교복의 양장화는 일반 여성들이 양장을 입는 계기가 되었다(현대패션100년편찬위원회, 2002). 일제강점기 조선총독부는 여학생들에게 바지 교복을 강요하며 슬랙스나 몸뻬를 착용하게 하였으며, 일반 여성들에게도 '앗빠빠'라고 부르던 간단복이나 몸뻬를 입을 것을 강요하였다(서울시정개발연구원, 2001; 현대패션100년편찬위원회, 2002). 앗빠빠(簡單服, アッパッパ), 간단복이라고도 부르던 옷은 양옆에 주머니가 있고 허리에 벨트가 있는 양장 원피스였다(신혜순, 2008; 현대패션100년편찬위원회, 2002). 일본 여성들의 노동복 바지인 몸뻬는 통 넓은 바지의 바짓단에 고무줄을 넣어 발목을 조인 형태의 옷이었는데, 여성들은 외출 시에도 방공활동을 할 수 있도록 몸뻬를 착용해야 하였다. 이는 1944년 '부인결정 복장', '부인 국민복'으로 칭해지기도 하였다(서울역사편찬원, 2016a). 하지만 우리의 전통적인 복식에서 여성들은 바지를 겉옷으로 입지 않고 겉옷 아래 '속옷'으로 착용하였기 때문에 일부 여성들은 몸뻬 착용을 거부하기도 하였으며 집에서는 여전히 치마를 입기도 하였다. 그러나 여성이 몸뻬를 입지 않으면 대중교통 이용이 제한되거나, 관공서 출입이 금지되는 등 여러 제약으로 인해 여성들은 몸뻬를 입을 수밖에 없는 상황에 놓이게 되었다(윤주리, 2011). 이처럼 일률적으로 몸뻬 착용이 강요되는 상황에서도 일부 경성의 지식인 여성들은 나름의 패션을 추구하였다. 서양 옷감이나 고급 옷감 등 서구 스타일을 활용하여 제작한 고급 몸뻬를 블라우스와 함께 맞추어 입으며 패션으로 승화시키기도 하였다(서울역사편찬원, 2016a).

신분에 알맞은 옷을 입었던 과거와 현대 사회의 패션에 대한 개념에는 차이가 있다. 패션은 유행과 변화라는 의미를 가지고 있을 뿐만 아니라 현대 사회의 속성을 가지고 있는 문화 현상이다. 특히 개화기부터 시작된 의복의 서구화 과정을 살펴보면, 시간의 흐름에 따라 우리의 일상복은 전통 복식인 한복에서부터 서양 복식인 양장, 양복으로 점차적으로 변화하는 것을 확인할 수 있

배화여자 보통학교 졸업사진(1929)
흰 저고리와 검정 치마를 입은 학생들

'부인 국민복'을 입고 동원 훈련을 하는 여성들(1944)

바지교복을 입은 경기여고 학생들(1940년대)

다. 한복과 양복의 패션 스타일이 함께 나타나는 반(半) 양복 차림과 한복과 양복이 서로 영향을 주고 받으면서 색상이나 소재, 스타일에서 변화가 나타나는 것도 흥미로운 양상이다. 이처럼 점차 의복이 변화하고 발전함에 따라 사람들의 의복에 대한 인식 또한 변화해나갔다. 또한 개화기부터 광복에 이르기까지 남성이 여성보다, 도시가 농촌보다, 상층이 하층보다 빠르게 서양 복식을 수용하는 모습을 보이지만 그 세부 양상은 복잡하게 얽혀있다.

2 광복 이후 ~ 1960년대의 서울: 거스를 수 없는 양장화, 성별과 계급을 가르다

1.	광복 이후~1949년: 서울사람들의 옷차림, 사회적 혼란을 반영하다
2.	1950년대: 실용복이 된 양장과 서울패션 1번지 명동
3.	1960년대: 국가 주도의 양장 보편화와 경제 발전에 따른 패션에 대한 관심 증가
4.	성별과 계급에 따라 차별적 양장화의 진행

1. 광복 이후~1949년: 서울사람들의 옷차림, 사회적 혼란을 반영하다

❶ 되찾은 '한복'과 옷에 대한 인식 변화

사람들은 광복과 함께 의생활의 자유를 되찾았다. 광복 이후 대부분의 사람들은 그동안 착용이 금지되다시피 했던 한복을 다시 입기 시작하였다(서울시정개발연구원, 2001; 신혜순, 2008). 남성들은 제복이나 국민복을 수선해서 입거나 그대로 입는 경우가 많았다(이재정·박신미, 2011). 몸뻬를 그대로 착용하는 경우도 있었지만 여성들은 전통 한복 혹은 통치마와 저고리 차림의 개량 한복을 다시 꺼내 입었으며, 일부 사람들은 양장을 한복과 함께 착용하거나 양장만을 착용하기도 하였다. 특히 여유가 있는 여성들은 몸뻬를 벗고 전통 한복을 다시 입었다(이재정·박신미, 2011). 1945년 당시 서울의 18세에서 45세 사이의 여성 1,716명의 옷차림에 대한

《LE MONDE ILLUSTRÉ》 사진화보(1948)
광복 이후에도 대부분의 서울사람들은 한복을 입었다.

기록에서(이경자, 1982; 신혜순, 2008에서 재인용; 현대패션100년편찬위원회, 2002), 양장만을 입는 경우는 34.6%로 나타났지만, 한복과 양복을 함께 입는 경우가 40%로 가장 많았고 한복만을 입는 경우는 24.5%로 나타남을 확인할 수 있다. 이런 조사 결과에 비추어 보았을 때, 거리에서 양장을 입은 모습보다 한복을 입은 옷차림을 더 많이 볼 수 있었을 것이다. 해방 이전까지도 양장은 일반인들이 보편적으로 입는 옷차림이 아니었으며, 고위 관리직과 상층 지식인, 예술가, 연예인과 같은 소수의 사람들만이 착용하는 옷이었다. 그러나 해방 이후 미군이 주둔하게 되면서 서울을 중심으로 미국 문화가 점차 퍼져나가게 되었고 이에 따라 서양식 옷차림이 늘어났다(서울역사편찬원, 2016a).

한복, 양장과 관련하여 1947년 서울시가 "관청의 위신이 없어지니 특별한 사정이 아니면 조선 옷을 입지 말고 양복을 입으라"고 직원들에게 전달하여 사람들 사이에서 논란이 되기도 하였다(조희진 외, 2017). 한복을 입으면 관청의 위신이 없어진다는 표현에서 당시 한복과 양복에 대한 인식이 점차 변해가고 있었음을 엿볼 수 있다. 나아가 1948년에는 불편한 것을 고치고 폐로운 것을 고쳐나가자는 구호 아래 '생활 개선 운동'이 펼쳐졌다. 정부는 무엇보다도 의복을 기준으로 생활 문화가 개선되어야 한다고 주장하며 의생활에서의 변화를 추진하였다. 이들은 집안에서 입는 의복, 외출용의 간략한 의복, 정중한 때 입는 옷을 구별해서 입을 것을 강조하였다(경향신문, 1948/11/28). 해방 이후 근대적인 의식을 고취시키고자 하는 노력들이 이루어지며 옷에 대한 인식이 서서히 변화해갔다.

구제, 중고의류를 판매하는 시장(1950년대) | 서울시립대학교 박물관

❷ 서구화와 빈곤으로 인한 급격한 양장화

해방 이후 미군정이 실시되고 해외 동포들이 귀국하면서 한국의 패션은 본격적으로 변화되기 시작하였다(현대패션100년편찬위원회, 2002). 가장 먼저 주목할 만한 변화는 일본인이 남기고 간 생필품, 미국으로부터 지원받은 군수품과 구호품, 해외에서 수입한 양복 원단 등을 통하여 의생활의 양적, 질적 측면 모두 이전보다 크게 향상되었다는 점이다. 일제강점하에 전시체제를 겪으며 국민복이나 몸뻬 등과 같이 획일적인 형식의 의복만 입을 수 있었던 과거와 달리, 서구의 의류, 스타킹, 군복, 군화 등이 구제품의 형태로 일반인에게 배급되면서 의생활의 서구화가 급격히 이루어졌다(현대패션100년편찬위원회, 2002; 이재정·박신미, 2011). 뿐만 아니라 귀국한 해외동포들을 중심으로 아이비 스타일, 유럽 스타일이 유행하기도 하였는데 이러한 유행 또한 서구의 옷차림이 보급되는데 영향을 미쳤다.

특히 1945년 당시 우리나라의 20세에서 50세 사이 전체 성인 여성 중 단 1%만이 양장을 착용하는 반면, 서울의 18세에서 45세 사이의 여성(1,716명)의 34.6%가 양장만을 입고, 40%가 한복과 양복을 함께 입는다는 기록을 통해(이경자, 1982; 신혜순, 2008에서 재인용; 현대패션100년편찬위원회, 2002) 서울 지역의 여성들이 다른 지역 여성들에

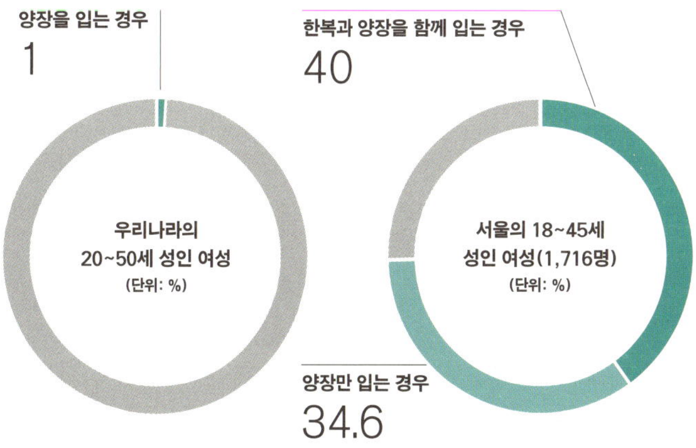

서울 여성의 양장화 비율(1945)

흥콩 양단 저고리와 비로드(velvet) 치마를 입은 여성들 | 서울역사편찬원

비해 빠르게 양장을 수용하였음을 확인할 수 있다. 당시 서울을 비롯한 도시를 중심으로 한복과 양복을 절충한 옷차림이 꾸준히 유행하였으며 한복 위에 오버코트나 망토, 인버네스를 입은 차림들이 눈에 띄었다는 기록이 남아있다. 또한 전통 소재가 아닌 수입 옷감으로 한복을 만들기도 하여 벨벳이나 양복감으로 만든 두루마기가 유행하였으며, 전통적인 고름 대신 단추를 달기도 하였다(현대패션100년편찬위원회, 2002).

의생활의 서구화와 동시에 일제의 잔재를 몰아내기 위한 움직임도 있었다. 1946년에는 여학교들이 새로운 교복을 제청하기도 하였으며, 몸뻬를 벗자는 운동이 전개되기도 하였다(유수경, 1989). 뿐만 아니라 일본인이 운영하던 양복점을 중심으로 발전해온 양복 시장에도 변화의 바람이 불어 전선복장연구회, 조선양복상조합 연합회가 발족하기도 하였으며(현대패션100년편찬위원회, 2002), 남성 양복 제작 기술이 향상되고 국산 원단 시장 또한 성장하였다(이재정·박신미, 2011). 이때 당시 양복 옷감을 파는 도매상인 '라사점'은 옷감을 팔 뿐만 아니라 직접 양복을 만들어주기도 하여 양복점과 같은 뜻으로 쓰이기도 하였으며, '라사' 간판을 단 양복점이 많이 생기기도 하였다(서울시정개발연구원, 2001). 또한 과거와 달리 기성복이 어느 정도 생산되었다는 점도 이 시기의 특징으로 볼 수 있다(현대패션100년편찬위원회, 2002).

나아가 여성들의 의복에 활동성과 실용성이 강조되기 시작하였다. 젊은 여성들과 대학생들은 이전부터 유행했던 개량 한복에 흰 스타킹과 구두를 함께 착용하였다. 이러한 스타일은 여성들의 일상적인 옷이 되었으며, 1949년 '신생활 장려 추진위원회'는 전통적인 동정과 깃이 생략된 적삼의 형태에 종아리까지 오는 길이의 통치마로 이루어진 개량 한복인 '간단복'의 실용성을 강조하면서 간단복의 착용을 제안하였다(이재정·박신미, 2011). 한편 일제의 잔재를 몰아내자는 사회적 분위기에도 불구하고, 생계유지를 위한 여성들의 사회활동이 증가함에 따라 활동성과 실용성을 이유로 여전히 몸뻬를 입는 경우도 있었다(이재정·박신미, 2011; 신혜순, 2008; 현대패션100년편찬위원회, 2002). 더욱이 몸뻬에 사용되는 옷감의 종류, 색상 그리고 무늬가 다양해지면서 여성들의 일반적인 노동복으로 정착되어갔다(서울역사편찬원, 2016b). 이처럼 몸뻬를 입음으로써 스커트의 착용이 줄어들어 성별에 따른 의복 차이가 과거보다 줄어들기도 하였다(현대패션100년편찬위원회, 2002).

일부 계층은 밀수로 들여온 고가의 직물로 만든 양장이나 한복을 입으며 패션을 추구하기도 하였다. 또한 당시 서양의 유행에 맞추어 빅 코트, 퍼프 슬리브에 허리가 강조된 재킷, 폭이 넓은 플레어드 스커트와 비로드(velvet) 스커트를 입은 여성들도 있었다(현대패션100년편찬위원회, 2002). 1949년 10월을 기준으로 3배 인상된 공무원 봉급과 양복의 가격을 비교해보면 고가의 양복을 입을 수 있었던 사람이 매우 소수였음을 알 수 있다. 5급 공무원은 1만 8천 원, 장관은 9만 원, 대통령은 15만 원의 봉급을 받고 있을 때, 양복의 가격은 기성복이 1만 8천원에서 5만 원, 맞춤복이 12만 원이었다(현대패션100년편찬위원회, 2002). 따라서 주로 부유층 남성들이 양복을 입을 수 있었는데, 그 당시 양복용 옷감은 국내에서 생산되고 있지 않아 미군 부대로부터 나오는 서지(serge) 직물이나 마카오나 홍콩, 상하이에서 밀수로 들여온 영국산 직물을 사용하였다. 특히 중국 속의 유럽으로 여겨졌던 마카오에서 밀수된 옷감으로 양복을 맞추어 입은 신사들을 '마카오 신사'라고 불렀다(서울역사편찬원, 2016a; 신혜순, 2008; 현대패션100년편찬위원회, 2002). 마카오에서 수입되던 양복을 만드는 옷감은 영국제 고급 직물로, 1948년 당시 백화점에서 판매하는 일반 양복 옷감의 가격보다 2배에서 4배까지 높은 가격의 사치품이었다는 신문 기사가 존재한다(서울역사편찬원, 2016b). 포마드를 바른 헤어 스타일에 파나마 모자를 착용하고, 마카오 옷감으로 만든 양복, 금테 안경과 백구두, 긴 스틱을 들고 있는 모습이 소공동에 있는 반도호텔에서 주로 볼 수 있는 전형적인 마카오 신사의 스타일이었으며, 국내에서 양복 옷감을 생산한 1950년대 말을 기점으로 마카오 신사라는 표현이 점차 사라졌다(서울역사편찬원, 2016b).

이처럼 여유 있는 계층에서는 밀수품으로 외국에서 유행하는 스타일의 의복을 착용하였지만, 대다수는 물자 부족으로 인하여 미군 부대에서 흘러나온 군복과 군용 담요를 개조한 의복을 통해 겨우 의생활을 이어나가고 있었다. 이 시기는 옷감과 옷의 부족 시대라 표현할 수 있는데, 대부분의 사람들이 구호물자나 낙하산과 같은 군용품, 군복을 이용하여 옷을 만들거나 수선해서 입었다. 옷감뿐만 아니라 군복을 비롯한 군수품과 구호품 중에서 낙하산처럼 옷으로 만들 수 있는 소재라면 가리지 않고 옷으로 만들어 입었다. 이에 많은 스타일들이 간단한 밀리터리 룩을 기본으로 하고 있다. 이렇게 혼란스러운 상황에서 우리 의생활에서의 양장의 수용, 즉 서구화는 "선택의 여지가 없었다"(서울역사편찬원, 2016b)고 평가되기도 한다.

해방십년의 특산물(완) - 사치 | 《동아일보》, 1955년 8월 26일
해방이 되자 전쟁때문에 물자에 극도로 주렸던 반등으로 "무역풍"이 불어와 "벼락부자"가 된 사람들이 연달아나서게 되고 이바람에 소위 "마카오" 행세라는 특산물이 거리에 범람하게 되었고, 나일론 옷감이 새로 들어온 이래 여자들은 거의 속살을 드러내다시피 거리를 횡행하게 되었다.

추위는 닥쳐오고 돈은 없어 그림떡의 겨울 양복 | 《동아일보》, 1949년 10월 17일
양복점마다 마카오 양복지, 외국 수입 고급 양복 등 눈을 흡족히 하는 양복천은 있으나 선뜻 가격을 묻는 사람이 없다. 월급쟁이로는 생각도 못할 가격이다. 중고 양복도 5, 6만 원, 기성복으로 3만 원부터 7만 원 정도로 누가 입을 양복인지 진열된 양복 위에 먼지가 앉을 정도이다.

2. 1950년대: 실용복이 된 양장과 서울패션 1번지 명동

❶ 한복에 대한 부정적 인식과 일상복 기능의 약화

1950년대에는 양복과 양장의 착용이 널리 퍼지면서 일상복으로 입던 한복에 대한 개념이 조금씩 변화하기 시작하였다. 간단복이라 부르는 개량 한복이 여성의 보편적인 일상복일 정도로 한복은 대다수 사람들의 일상복이었지만(이재정·박신미, 2011), 1950년대 한복에 관한 신문 기사를 분석한 연구에 따르면(조우현·박민재, 2020), 한복과 관련하여 크게 세 가지의 부정적 주제가 나타난다. 첫 번째 주제는, 국내에서 생산되지 않아 전량을 수입에 의존하는 고급 직물을 사용하여 만든 벨벳 저고리, 벨벳 치마 그리고 양단 두루마기와 같은 한복의 사치성에 대해 논하고 있다. 두 번째 주제는, 서구의 입식 생활로 변해가는 상황에서 한복의 불편함과 원단의 낭비, 의복 제작과 관리에 드는 시간과 노력을 절약해야 할 필요성에 대한 것이다. 마지막으로 한복이 시골, 노인, 구식이라는 고루한 이미지와 연관되면서 한복이 가지고 있는 전근대적인 이미지에 대해 지적하는 것이 50년대 한복에 대한 기사의 중심을 이룬다. 이처럼 50년대에는 한복이 사치스럽고 불편한, 고루한 과거의 옷이라는 사회적 인식이 나타났다.

특히 비로드라고 불렸던 벨벳이 한복에 사용되면서 한복의 사치성이 두드러지기 시작하였다. 일본에서 밀수를 통해 들여오던 벨벳은 해방 이전부터 부유층의 한복 옷감으로 사용되며 인기를 끌었다. 더욱이 1954년 서울 신문에 연재되었던 정비석의 소설 『자유부인』이 1956년 영화로 개봉되면서, 여자 주인공이 입은 벨벳 통치마와 벨벳 한복이 여성들 사이에서 크게 유행하였다. 하지만 벨벳은 사치성이 강해 과거에 사용이 제한되기도 하였으며 전시 중에는 벨벳 의상을 제한한다는 내용을 포함하는 '전시생활개선법 시행령'이 1952년 공포되기도 하였다. 사치스러운 옷감으로 여겨지는 벨벳으로 만든 한복이 유행하면서, 한복에 대한 부정적인 이미지가 한층 더 더해졌다. 〈자유부인〉은 벨벳뿐만 아니라 나일론 한복

파고다 공원에서 두 여인(1953) | 임인식 촬영

가족 산책(1953) | 임인식 촬영

광장에서(1950년대) | 한영수 촬영
한복 위에 오버코트를 입은 여성

의 유행에 대해서도 다루고 있다. 당시 나일론으로 만든 한복의 한 벌 가격이 1만 5천 원이었는데, 대학 교수의 월급이 3만 원이었다는 점을 고려해본다면 상당히 고가품이었다는 사실을 유추해볼 수 있다(매일신문, 1995/01/13). 벨벳과 마찬가지로 나일론 또한 당시 국내에서 생산이 되지 않았기 때문에 밀수로 들여온 사치품으로 여겨져 1954년 정부 부처인 상공부와 사회부 사이에서 나일론의 사치품 여부를 두고 논쟁이 벌어지기도 하였다(서울역사편찬원, 2016b). 이처럼 벨벳, 나일론 같은 사치스러운 밀수 원단이 한복에 사용되는 데다, 옷감이 많이 들고 관리에도 시간과 노동력이 많이 투입된다는 점이 더해지면서 한복에 대한 부정적인 인식이 강화되었다.

1955년 7월 8일, 남성과 여성 모두 의무적으로 신생활복(재건복)을 입도록 하는 '신생활복 착용안' 법안이 통과되며 양장을 일상화시키고자 하는 시도가 있었다. 이는 한복 대신 양장을 착용하여 편한 옷차림으로 일상적인 활동을 하고, 의복을 손질하는 시간과 노력을 절약하자는 경제적 관점에서 계획된 것이었다. 그러나 일제가 강요했던 국민복과 크게 다르지 않다는 점에서 반대의 목소리가 커 엄격하게 시행되지는 않았다(서울시정개발연구원, 2001; 현대패션100년편찬위원회, 2002). 이러한 과정에서 한복은 급변하는 시대적 상황과 맞지 않는 옷차림이라는 시각이 사회 전반에 확산되었으며, 대조적으로 양복과 양장은 관리가 쉬울뿐더러 현대적 생활에 어울리는 활동적인 의복으로 인식되었다. 사치 규제와 실용성 추구라는 큰 축에서 한복은 점차 지양해야 할 옷차림으로, 양장은 지향해야 할 옷차림이 되며 일상복으로써의 한복의 위치가 크게 위축되면서 양장에게 그 자리를 조금씩 내어주기 시작하였다.

그럼에도 여전히 한복과 양복의 이중 복식 구조가 지속되고 있었는데, 1950년대 후반에는 한복과 양장이 비슷한 비율로 착용되었다. 서울역사박물관이 소장하고 있는 1953년 임인식 작가가 촬영한 '가족 산책'과 '파고다 공원에서 두 여인'이라는 사진을 살펴보면, 양장 차림의 여성과 한복 차림의 여성을 함께 볼 수 있다.

한편 한복이 서양 복식과 서로 영향을 주고받으면서 조금씩 변화하는 모습도 관찰된다. 앞서 살펴보았듯 일상적으로 입는 한복에서 의복의 간소화와 같은 변화뿐 아니라, 벨벳과 나일론, 수입 양복 소재로 만들어 입는 한복과 같이 소재의 다양화도 발견된다. 반대로 한복을 만드는 옷감인 '뉴똥'으로 만든 블라우스가 인기를 끌기도 하였다(현대패션100년편찬위원회, 2002). '뉴똥'은 유똥 혹은 뉴텐이라고도 불렸는데, 이는 원단의 겉면에 크레이프 효과를 주어 질감을 부여한 견직물로 여성들의 한복을 만드는 옷감으로 인기 있었다. 이 시기에는 한복과 양복의 소재와 색상, 형태가 서로 영향을 주고받으며 다양하게 변화해가는 모습을 관찰할 수 있다.

노라노의 적색 양단 아리랑 드레스(1959) | 신혜순
디자이너 노라노의 작품으로 한복의 치마저고리 유형을 서양복 드레스화한 디자인으로 그 가치가 있다.

미스 유니버스에 참가한 오현주(1959) | 국가기록원

1950년대의 후반이 되면 디자이너 노라노가 디자인한 '아리랑 드레스'(1959)와 디자이너 최경자가 디자인한 '아랑'처럼 한복이 이브닝 드레스처럼 특별한 날을 위한 예복으로 착용 범위가 다소 좁아지는 경향을 보인다(조우현·박민재, 2020). 아리랑 드레스는 1959년 미국

폐허가 된 서울(1953) | 김한용 촬영

블라우스를 입은 여자(1950년대) | 서울시립대학교 박물관

캘리포니아 롱비치에서 개최되었던 미스 유니버스 대회에서 한국 대표로 참가한 미스코리아 오현주가 입었는데, 신라의 화랑복에서 영감을 받아 한복과 양장을 결합되어 디자인되었다. 이는 한복과 서양 복식이 서로 영향을 주고받은 대표적인 예로, 외국인들에게 좋은 반응을 얻었다. 동정을 떼어내 목선이 깊게 파인 형태의 아리랑 드레스는 서양식으로 변형된 한복을 대표하면서 개량 한복 드레스의 전형으로 여겨졌다. 이러한 스타일의 옷은 외국인들에게 한국적 이미지를 전달할 수 있는 고궁 안내원, 비행기 승무원, 고급 식당의 종업원이 착용하기도 하였으며, 외국인들이 한국에 방문한 기념품으로 구입해가기도 하였다(서울역사편찬원, 2016b). 그러나 한편으로는 한복의 고유한 아름다움을 훼손시켰다고 평가되기도 하였으며, 한복도 아니고, 한복이 아닌 옷도 아니라는 비판적 목소리도 존재하였다(현대패션100년편찬위원회, 2002).

❷ 빈곤 시대의 구호품, 기상천외한 양장이 되다

1950년 6월 25일 발발하여 1953년 7월 27일 휴전된 한국전쟁은 우리의 의생활에도 지대한 영향을 미쳤다. 해방 당시 방직회사 11개, 공장 13개였던 섬유 산업의 규모는 한국전쟁 발발 직전까지 각각 14개, 16개로 조금 늘어났으나 한국전쟁을 거치면서 섬유 공장 3개만이 남을 정도로 의복 산업의 기반 자체가 거의 파괴되었다(서울시정개발연구원, 2001). 전시 상황에서 사람들은 가지고 있던 양복, 코트뿐만 아니라 한복까지 팔아 삶을 이어갔으며, 간단한 옷차림으로 의생활을 유지하였다(신혜순, 2008). 피난지인 부산이나 대구에는 양장점들이 다시 문을 열어 간단한 형태의 옷들을 만들어 팔기도 하였다(현대패션100년편찬위원회, 2002). 1952년 '전시생활개선법 시행령'이 발표되면서 옷감 중에서 양단, 벨벳, 하부다에, 레스죠셋, 나일론으로 된 사치성 의류의 착용이 금지되었다. 당시 임시중앙청이었던 경남도청 정문입구에는 '당신의 옷차림은 전쟁하는 국민으로서 부끄러움이 없습니까?'라고 쓰여진 선전판이 놓여있었으며, 양복을 차려입고 넥타이를 맨 사람들을 조롱하기도 하였다(조선일보, 1952/06/20).

전시생활개선법 시행령(1952)	1. 외국산 복지 2. 외국산 모자, 양산, 핸드백 3. 외국산 화장품, 주류, 음료수, 과자 및 청과물 4. 외국담배, 권연용품, 완구 5. 십사금 이상 귀금속 착용, 판매, 수입을 일체 금지하게 되었으며, 만약 이를 위반하면 전시생활개선법 7조 내지 9조에 의해 엄중한 처단을 한다.

이러한 상황에서도 패션을 추구하는 열망도 엿보였다. 전쟁의 부산물인 낙하산으로 블라우스나 머플러를 만들어 착용한 것이다. 특히 서울 여성들 사이에서 낙하산으로 만든 나일론 블라우스가 크게 유행하였다. 이 낙하산지는 나일론 소재로 질기고 가벼운 특성을 가지고 있어 큰 인기를 끌었다. 이들은 양장점에서 맞춘 속이 들여다보이는 반투명한 시스루(see through) 낙하산지 블라우스 상의 안에 속살이 드러나지 않도록 안쪽에 다른 옷을 겹쳐 입고, 몸에 꼭 맞는 타이트한 스커트를 함께 입었다. 나일론은 속옷과 속살이 비치기도 하며 흡습성이 부족하여 땀이 나거나 비를 맞으면 몸에 들러붙는 등 옷의 단점들이 확연하였으나, 세탁이 쉬우며 오래 입을 수 있어 1953년 일본에서 수입된 이후로 크게 인기를 얻었다(유수경, 1989). 나일론은 한복과 양장 블라우스, 속옷과 양말, 스카프, 핸드백에 이르기까지 널리 사용되었으며, 1959년에는 화학 섬유 시설의 도입으로 나일론의 국내 생산이 가능해지기 시작하였다(서울시정개발연구원, 2001).

이 시기에는 옷을 맞춰 입을 형편이 되는 사람들이 드물었다. 대부분의 사람들이 오버코트 한 벌로 동절기를 보내야 하였고, 이런 탓에 오버코트는 누구나 가지고 있는 필수품처럼 여겨질 만큼 크게 유행하였다(서울시정개발연구원, 2001). 뿐만 아니라 서구의 유행을 받아들인 일부 부유층을 중심으로 후드가 달린 롱 플레어 코트와 망토, 짧은 상의와 넓은 플레어 스커트로 이루어진 뉴룩 스타일, 에이치 라인과 에이 라인의 드레스, 자루 형태의 색(sack) 드레스가 유행하기도 하였다(신혜순, 2008; 현대패션100년편찬위원회, 2002; 서울시정개발연구원, 2001). 주로 미군과 접촉하는 기회가 많았던 접대부들과 보따리장수가 유행을 선도하는 역할을 하였다.

전쟁 중 멋을 내는 사람들도 있었지만, 대다수의 사람들에게는 옷이나 옷감을 구하는 것,

미국 민간인 한국 구호품 전달 홍보 포스터(1954)
미국 민간인의 구호품목에 의류도 있다.

그리고 옷을 수선해서 입는 것조차 어려운 시기였다. 모든 것이 부족한 상황에서 사람들은 해외에서 들어온 군수물자와 구호물자를 활용하여 의생활을 꾸려나갔다. 구호물자가 늘어나면서 사람들 사이에서 서구식 옷차림이 급속히 확산되었다. 사람들은 구호물자로 들어온 서구의 의복을 수선하여 입거나 혹은 그대로 입었다. 미군의 털양말은 아동용 스웨터가 되기도 하였고, 군복 바지는 몸뻬로 만들어지기도 하는 등(이재정·박신미, 2011; 서울역사편찬원, 2016b) 연령, 성별 그리고 상황에 맞지 않는 옷차림을 한 사람들을 쉽게 볼 수 있었다. 또한 미군의 군복을 염색해서 그대로 입거나, UN에서 나온 구호물자인 담요를 염색하여 코트를 만들어 입기도 하였다(신혜순, 2008). 한국전쟁 발발 이전부터 군복을 입고 군인을 사칭하는 경우가 발생하여 군정청에서는 군복을 염색하여 입도록 하였다(조희진 외, 2017). 당시에는 군복감이나 그 밖의 국방색 직물이 영세한 시민들 사이에서 상당히 많이 이용되었으며, 이를 염색하거나 변형해서 입는 것이 일부 용인되었다(조선일보, 1956/12/05). 이러한 상황 속에서 남대문과 청계천 주변에는 군복을 염색하는 사람들이 끊이지 않았고 염색 업소들은 때아닌 호황을 누리게 되었다. 한국전쟁이 발발하며 일반인들의 군복 착용은 강력히 제한 및 단속되었지만(조희진 외, 2017). 그럼에도 군복을 그대로 입는 일반인이 여전히 많았고 대다수 남성은 제대 후에도 군복을 일상복이나 작업복으로 착용하였다(서울역사편찬원, 2016a).

1953년 휴전 이후에도 사람들은 구호품을 위주로 의생활을 이어갔다. 구제, 중고 의류를 판매하는 상점이 많이 늘어났으며, 남대문과 동대문에서 이러한 상점을 흔히 볼 수 있었다(이재정·박신미, 2011). 1905년부터 형성되었던 광장 시장은 전쟁 이후 구호물자나 미군 부대에서 유출된 외래품, 밀수품 등의 거래로 활기를 띠었다(서울역사편찬원, 2016b). 광장시장을 모태로 하는 동대문시장은 '구호물자시장'이라 불릴 정도로 구호물자가 많이 거래되었다(서울시정개발연구원, 2001). 평화시장은 광장시장에 자리 잡을 수 없었던 실향민들의 노점을 중심으로 1950년대 초부터 생겨났는데, 군용 물품과 구호물자로 옷을 만들어 팔거나 군복을 염색하는 의류업 위주의 상권으로 성장하여 1955년 국내에서 생산되는 의류의 60%가 평화시장에서 생산되었다(이호정, 1996; 현대패션100년편찬위원회, 2002; 신혜순, 2008). 남대문시장은 우리나라 최초의 근대적 상설시장으로, 어떤 수입품이라도 구할 수 있어 '양키시장'으로 불렸으며, 불법 제품 단속반을 피해 도깨비처럼 사라진다 해서 '도깨비시장'이라고도 불렸다. 봉제업 중심의 소규모 업체들이 남대문시장에도 자리를 잡기 시작하였다(현대패션100년편찬위원회, 2002; 신혜순, 2008). 이때까지만 해도 치수의 표준화가 이루어지지 않아 기성복의 크기가 제각각이었으며(서울역사편찬원, 2016b) 이러한 이유로 많은 이들이 저가 기성복을 꺼렸다. 게다가 당시에는 인건비가 저렴하여 큰돈을 주지 않고도 맞춤복을 구매할 수 있었기 때문에 기성복보다 맞춤복을 입는 경우가 많았다. 뿐만 아니라 재봉틀이 1950년대 혼수 품목의 첫 줄에 오를 만큼 가정에서 옷을 직접 만들어 입는 경우가 많았다(서울시정개발연구원, 2001). 이러한 상황에서 의복의 대량 생산이 시작되면서 기성복 시장이 점차 발달하기 시작하였다(현대패션100년편찬위원회, 2002).

군복 입은 아이들(1950년대) | 서울시립대학교 박물관

청계천변의 군복 염색 가공 작업장(1950~60년대) | 한영수 촬영

1953년 7월 27일 휴전 협정이 체결된 후 사람들이 서울로 돌아오기 시작하면서 명동에 양장점들이 자리를 잡기 시작하였다. 처음 명동에 문을 연 양장점은 '한 양장점'이었으며, 이어서 '국제양장사[8]', '아리사', '송옥양장점[9]', '버그 양장점', '엘리제' 등이 문을 열었다. 명동을 중심으로 하는 양장업계 사람들은 우리나라 패션 스타일의 중심점에 있었다. 최경자는 본인의 양장점인 '국제양장사' 옆에 '최경자 복장 연구소'를 설립하고 후진을 양성하기 시작하여 앙드레 김, 이신우, 오은환, 이상봉 등 많은 패션 디자이너들을 배출해냈다(서울역사편찬원, 2016b).

많은 사람들이 옷을 맞추어 입기 위해 명동의 양장점을 찾았다. 이 시기에는 패션 디자이너라는 개념이 명확히 존재하지 않았고, 사람들도 패션에 대해 아는 것이 거의 없는 시기였다. 따라서 사람들은 양장점의 쇼윈도우에 걸려있는 옷을 그대로 맞추어 가는 것이 보통이었으며, 양장점의 주인이 스케치한 몇 가지 디자인이나 외국 잡지에서 고른 사진으로 디자인을 결정하고, 옷감을 직접 고른 후 가봉을 거쳐 옷을 맞추어 입었다(현대패션100년편찬위원회, 2002). 1955년 당시 패션디자이너로 인식되던 사람들은 노라노, 최경자, 서수정, 서수연, 김경애, 석주선 등이 있었다(이재정·박신미, 2011)[10]. 1950년대까지도 여성 양장을 전문으로 하는 양장점이 많지 않아, 양복점이 양장점을 겸하는 경우도 많았다. 여성 의복도 취급하지만 남성 의복을 주로 만들던 양복점은 지금의 충무로에 주로 몰려있었다.

8
최경자(1911년생)는 1937년 함흥에 '은좌옥' 양장점 개점, 1938년 우리나라 사람이 운영하는 최초의 양재학원 '함흥 양재학원'을 설립, 해방 이후 1949년 서울 마포구 아현동에 '국제양재전문학원' 설립, 전쟁 후 대구에서 양장점 운영, 명동에 '국제양장사'를 열었다(서울역사편찬원, 2016b).

9
'송옥양장점'은 1970년대 중반까지 대한민국 최대 양장점으로, 종로에서 양장점을 시작하였다가 전쟁 이후 부산을 거쳐 명동으로 진출하였다(서울역사편찬원, 2016b).

10
1957년에는 디자이너들의 친목 단체로 대한복식연우회가 조직되었으며, 1958년에는 대한복식디자이너 협회 모임이 만들어지고 이후 1961년 대한복식디자이너 협회가 창설되었다(신혜순, 2008).

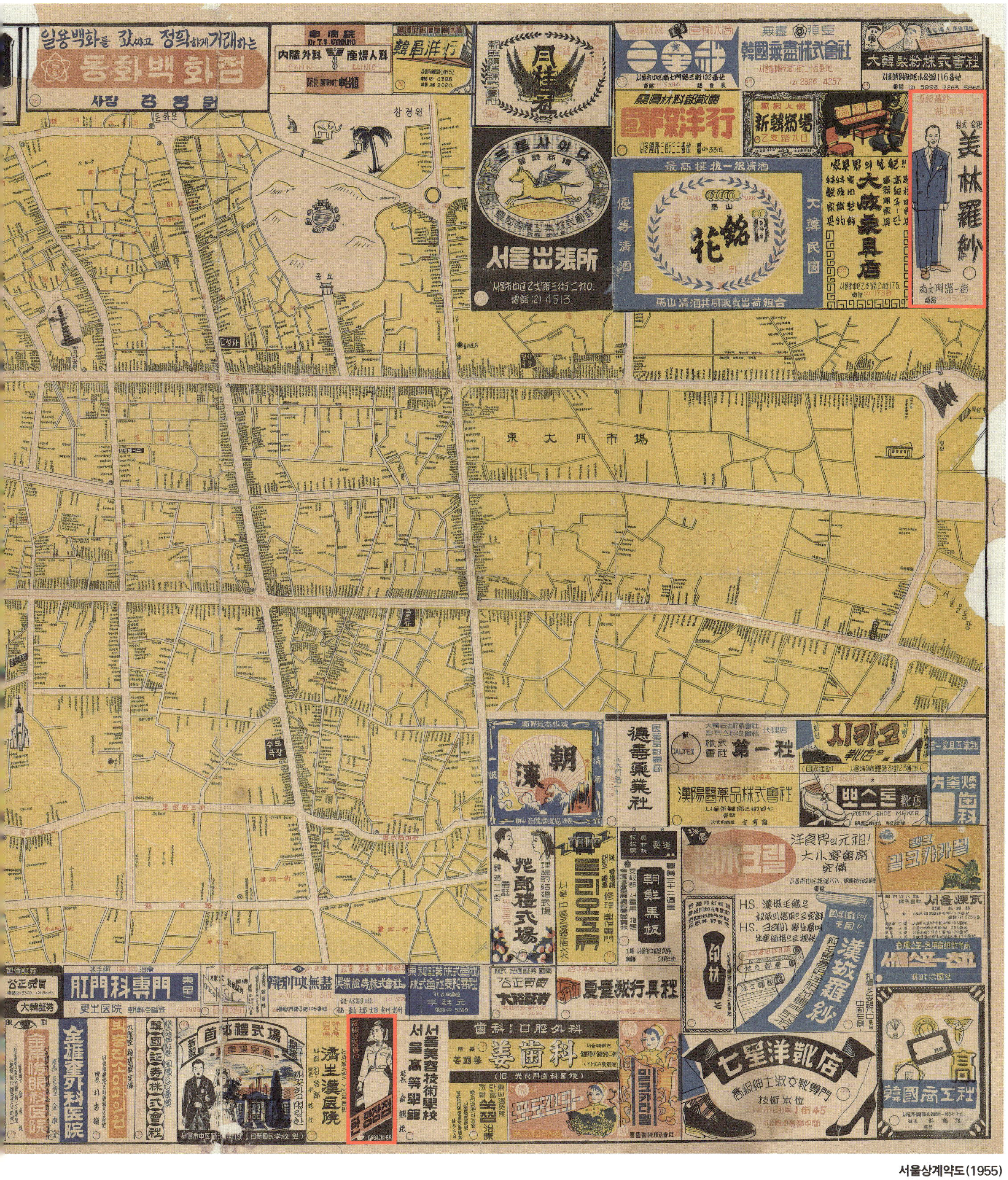

서울상계약도(1955)

국제양장점에서 디자이너 최경자의 모습(1950년대) | 신상우 촬영

명동 양지다방의 여인(1958) | 임인식 촬영

1950년대에는 유행과 패션에 대한 새로운 차원의 개념이 싹트기 시작하였다. 전쟁 이후 고등 교육을 받은 여성들이 증가하고 이들의 사회 진출이 늘어남에 따라 양복과 양장을 착용하는 사람들도 늘어났다. 여성들 사이에서 원피스, 드레스, 셔츠, 블라우스와 플레어 스커트, 타이트 스커트가 유행하였으며 실용성을 이유로 바지도 많이 착용하였다(이재정·박신미, 2011). 이처럼 의상에 대한 사람들의 관심이 조금씩 높아졌으며, 특히 개성적인 옷차림의 사람들이 시선을 끌었다(현대패션100년편찬위원회, 2002). 이 시기부터 명동은 서울 패션뿐 아니라, 한국 패션의 메카로 부상하게 되었고 명동에서 최신 유행 의상을 입고 있는 남녀를 '명동 뽀이', '명동 껄'이라고 불렀다(서울역사편찬원, 2016a). 명동은 양장점뿐 아니라 당시 문화의 중심지라 할 수 있는 다방이 많이 위치하여 문인, 화가, 음악가와 같은 예술가들이 이곳에 많이 모여들었다. 전쟁 이후 다시 활기를 띄는 명동 거리의 모습을 두고 "허영과 환락이 소생하였다"고 평가하기도 하였다(경향신문, 1953/04/19). 1957년 한 신문 기사에서는 파리, 뉴욕, 동경의 패션 중심지와 비교하면서 "한국의 유행은 서울에서 퍼지고 서울의 유행은 명동에서 시작된다"고 썼을 정도로 명동은 우리나라 패션의 유행을 주도하는 중심지였다(동아일보, 1957/11/25).

1950년대에는 우리나라에도 패션쇼가 열리기 시작하였다. 패션쇼를 어떻게 정의하냐에 따라 조금씩 달라지지만[11], 일반적으로 노라노의 패션쇼가 한국 최초의 패션쇼로 여겨진다. 1956년 10월 29일 소공동 반도호텔의 다이너스티 룸에서 미국에서 귀국한 디자이너 노라노의 패션쇼가 개최되었다. 1957년 10월 12일에는 디자이너 최경자가 반도호텔에서 패션쇼를 진행하였다. 당시에는 패션모델이라는 개념이 없어 배우, 미스코리아, 가수, 무용수들이 전문적인 패션모델 대신 패션쇼에 섰다. 패션쇼에 섰던 모델들도 양장에 익숙하지 않아 옷의 앞뒤를 바꾸어 입는 실수도 더러 있었다. 패션쇼는 의복과 유행을 새로운 시각으로 바라보도록 하는 데 영향을 미쳤다. 그뿐만 아니라 1955년《여원》,《여성계》,《주부생활》등 국내 여성 잡지들이 창간되면서 현대 여성을 위한 패션이 소개되기 시작하였다(이재정·박신미, 2011).《여원》의 창간호인 1955년 11월호에서는 국내 최초로 패션 화보가 기획되어 디자이너 최경자의 옷이 실리기도 하였다(신혜순, 2008). 나아가 외국 패션 잡지를 통해 해외 패션이 사람들에게 알려지면서 사람들은 국내 잡지와 해외 잡지를 모두 접하며 패션에 대한 정보를 얻게 되었다(현대패션100년편찬위원회, 2002).

11
1952년 우리나라에서 제1회 신사복 패션쇼가 개최되었으며(한국패션산업협회, 2020), 1953년 7월 12일 시공관에서 패션쇼(서울시정개발연구원, 2001: 312, 89), 1956년 5월 서라벌 양재전문학원의 커스튬 쇼가 동화백화점(현 신세계백화점 본점)에서 열려 강사와 학생의 패션 작품 36점을 전시하고 이틀간 패션쇼를 진행하였다(서울역사편찬원, 2016b).

반도호텔에서 개최된 디자이너 노라노의 패션쇼(1950년대) | 신상우 촬영

전경

메인 로비

1층 응접실

반도호텔의 전경 및 내부사진 엽서(일제강점기)

반도호텔(현 을지로 입구 롯데호텔 위치)(1965) | Bill Smothers

영화 〈자유부인〉 포스터(1956년 개봉)

영화 〈자유부인〉의 주인공이 벨벳 한복치마를 입는 모습

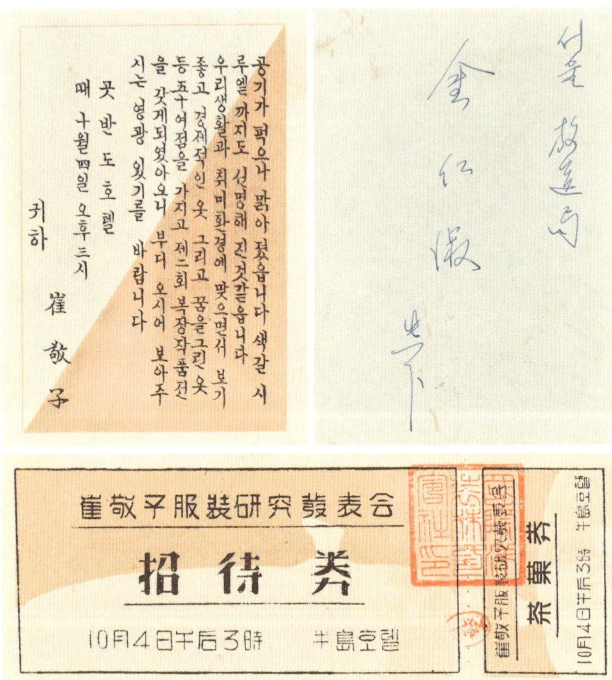

최경자 복장연구발표회 초청장 및 초대권(1958)
1958년 10월 4일 반도호텔에서 열린 최경자 복장연구발표회 초청장으로 이 발표회에서 총 34점의 의상을 선보였다.

뿐만 아니라 해외 영화와 국내 영화의 주인공들이 입은 패션이 크게 유행하기도 하였다. 영화 〈모정〉에서 나타났던 차이니스 드레스가 유행하기도 하였고, 〈로마의 휴일〉에서 짧은 헤어 스타일에 페티코트로 부풀린 폭넓은 플레어 스커트를 입은 오드리 헵번 스타일, 〈사브리나〉에서 오드리 헵번이 입었던 타이트한 맘보 바지도 트위스트 춤과 함께 유행하였다(서울시정개발연구원, 2001; 현대패션100년편찬위원회, 2002; 신혜순, 2008; 이재정·박신미, 2011). 앞서 살펴보았던 국내 영화 〈자유부인〉의 여주인공이 입었던 벨벳 한복치마도 선망의 대상이 되었으며, 〈별아 내 가슴에!〉에서 이화여대생으로 등장하는 여주인공의 의상도 대학생들의 패션에 영향을 미쳤다(한국패션산업협회, 2020).

1950년대 후반에 들어서며 저렴하면서도 상대적으로 관리가 편한 화학 섬유가 생산되기 시작하였다. 더욱이 제일모직이 1956년 최초로 국산 양복 옷감을 생산하게 되며 양장이 대중적으로 확산하게 되는 등 폭넓은 변화들이 이어졌다(서울시정개발연구원, 2001), 여전히 한복과 양장이 공존하고 있었지만 1951년 "부쩍 늘은 양장, 여름에 60%, 겨울엔 40%"라는 《조선일보》의 신문 기사를 통해(조선일보, 1951/01/11) 여성의 양장 스타일이 점차 늘어나고 있었음을 엿볼 수 있다. 1956년부터 명동에는 한복 차림의 여성보다 양장 차림의 여성이 더 많았으며, 같은 해 명동의 미도파백화점 앞에서 찍은 임응식 작가의 '초여름'이라는 사진을 살펴보면 한복 차림의 여성과 양장 차림의 여성이 함께 지나가고 있는 모습을 확인할 수 있다(현대패션100년편찬위원회, 2002; 이재정·박신미, 2011).

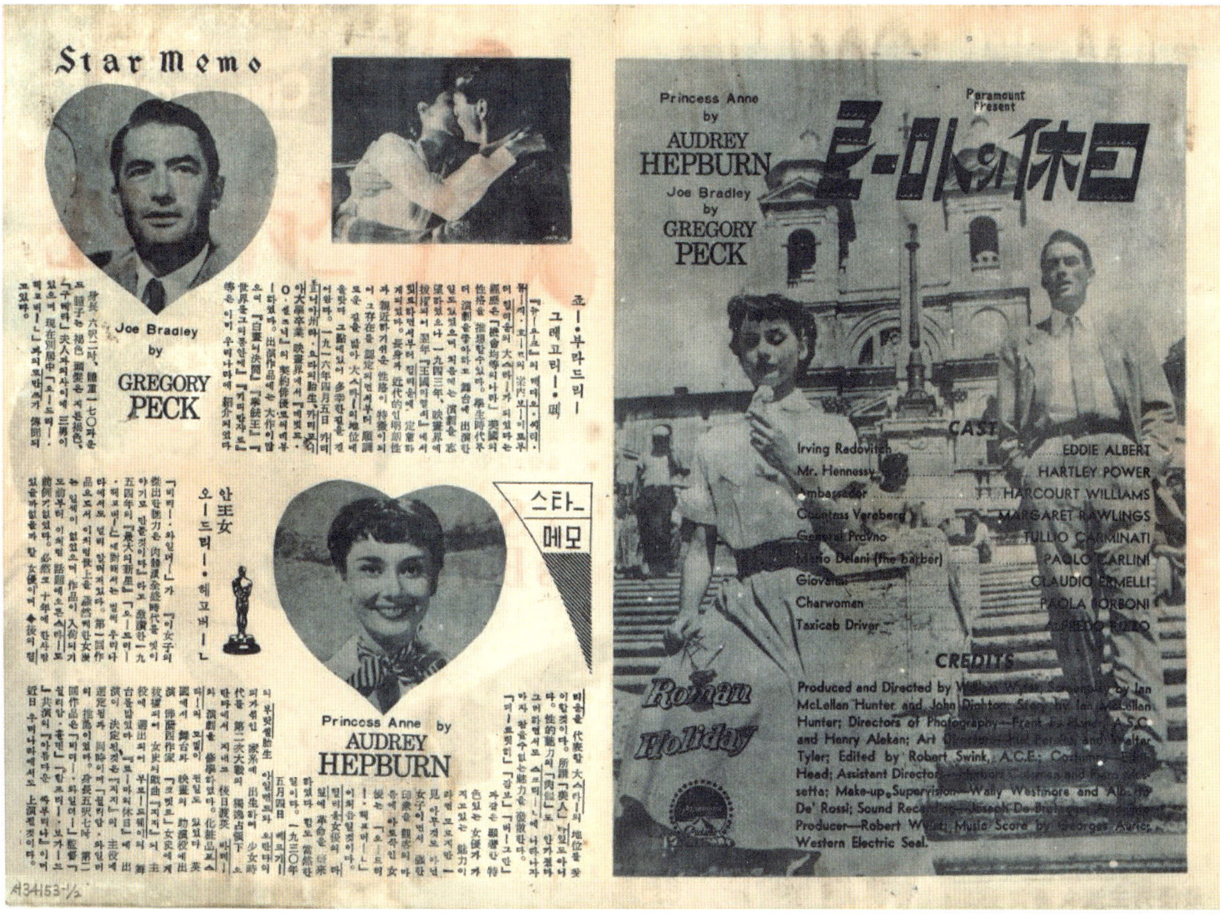

영화 (상)〈로마의 휴일〉과 (하)〈사브리나〉 광고 전단지(1950년대)
두 영화의 영향으로 한국 여성들에게도 '오드리 헵번 스타일'이 크게 유행하였다.

1950년대 패션 유행스타일

신상우 촬영

1 2 3 겨울 오버코트

1	2
3	4

1 넓은 플레어 스커트
2 색(Sack) 드레스
3 4 A라인 원피스

1	2
3	4

1 H라인 원피스
2 차이니스 드레스
3 4 남성 양복과 여성 슈트

1	2
3	4

1 2 바지정장
3 4 한복

3. 1960년대: 국가 주도의 양장 보편화와 경제 발전에 따른 패션에 대한 관심 증가

❶ 군사정권의 등장과 섬유 산업 중심의 경제 발전

군사정권은 국민 계도를 위한 '신생활 재건 운동'을 전개하였다. 1960년대 초 재건국민운동본부는 외국산 의류의 수입을 금지하고, 의복 간소화를 목표로 실용적이고 검소한 국민복인 '재건복'과 '신생활복'을 입을 것을 제안하였다(서울시정개발연구원, 2001). 1961년에는 재건 국민복 콘테스트를 실시하였으며 표준 간소복이 정해졌다(현대패션100년편찬위원회, 2002). 국가기록원의 기록을 살펴보면, 1961년 공무원과 정부가 관리하는 기업체들의 직원은 "5·16 군사정변 이후 국민의 신생활 체제를 확립하고 재건의식을 고취하고자 사치한 옷차림을 없이하는 뜻에서 신생활복장을 제정하여 널리 국민에게 보급시키려는 재건국민운동본부의 권장에 호응"하여 의복 착용 그림과 도안, 규격 등을 제안하였음을 확인할 수 있다(국가기록원, 1961a).

남성의 복장으로는 넥타이를 매지 않는 작업복 스타일의 재건복, 작은 칼라가 세워진 형태의 하이넥의 옷이 제안되었는데 일본의 국민복과 미국의 군복을 뒤섞은 스타일에 불과하다는 비난을 받고 일반적으로 착용 되지는 않았다. 여성의 양장 복장으로는 투피스 차림의 신생활복이 제시되었다(서울시정개발연구원, 2001; 현대패션100년편찬위원회, 2002). 뿐만 아니라 당시 문교부(文敎部)는 남녀 대학생 또한 값이 싼 국산 제품을 사용하도록 지시하였으며, 특히 사치스러워보일 수 있는 여학생들의 하이힐 착용이나 매니큐어 사용을 금지하기도 하였다(경향신문, 1961/06/20). 정부 주도로 생활 간소복 패션쇼가 열리기도 하였으며(국가기록원, 1961c), 새살림 이룩하기 시가행진에서는 검소한 복장을 입은 여배우들을 볼 수 있다(국가기록원, 1961b). 이러한 움직임의 배경에는 의복 제작과 관리에 들어가는 시간과 비용을 절약하려는 의도가 있었다. 정부는 실용적이고 질긴 옷감으로 의상을 만들도록 하였고, 여성들에게는 옷감이 적게 소요되는 짧은 치마를 입도록 권장하며 농촌 사람들을 모아두고 종래의 긴 치마 대신 짧은 치마 입기 운동을 촉구하기도 하였다. 작업복 차림의 점퍼 등 캐주얼한 의복이 등장하기도 하였다(서울시정개발연구원, 2001). 이처럼 1960년대에는 국가 주도로 양장의 일상복화가 이루어졌다.

5·16 군사정변 당시(1961) | 정범태 촬영

1960년대 중반에 들어서며 국가 주도의 경제개발계획에 따라 노동력을 중심으로 하는 경공업인 섬유 산업이 발달하기 시작하였고, 1967년에는 섬유 수출액이 1억 불을 넘어설 정도로 크게 성장하였다(현대패션100년편찬위원회, 2002; 서울시정개발연구원, 2001). 화학 섬유 공업이 발달하면서 국내에서도 나일론과 아크릴, 폴리프로필렌, 아세테이트, 폴리에스테르 등 다양한 화학 섬유가 생산되었다. 섬유 산업의 발달은 국가 경제 발전에 도움이 되었을 뿐만 아니라 사람들의 의생활에도 변화를 가져왔다. 1인당 섬유 소비량이 매년 증가하였고, 합성 섬유의 발달로 신축성 있는 폴리에스테르와 저지 소재가 유행하기도 하였으며, 이러한 소재로 만든 의상들은 내구성이 좋고 구김이 적기 때문에 보관 및 관리가 쉬워 많은 이들이 선호하였다. 기성복이 발달하기 시작하면서 패션 산업의 발달도 함께 이루어졌다(서울시정개발연구원, 2001; 서울역사편찬원, 2016b). 이처럼 한국의 패션은 서구화, 산업화와 함께 맞물리며 발전과 성장을 거듭해나갔다.

경제 상황이 나아짐에 따라 패션과 유행에 관심을 가지는 사람들이 더욱 늘어났다. 특히 대중 매체가 급속하게 발달하며 해외에서 유행하는 것들이 국내에서도 유행하게 되었으며, 소매가 없는 슬리브리스 드레스, 양단 드레스, 리버서블 양단 코트, 핫팬츠와 미니스커트 등 다양한 의복들이 유행하였다(신혜순, 2008; 이재정·

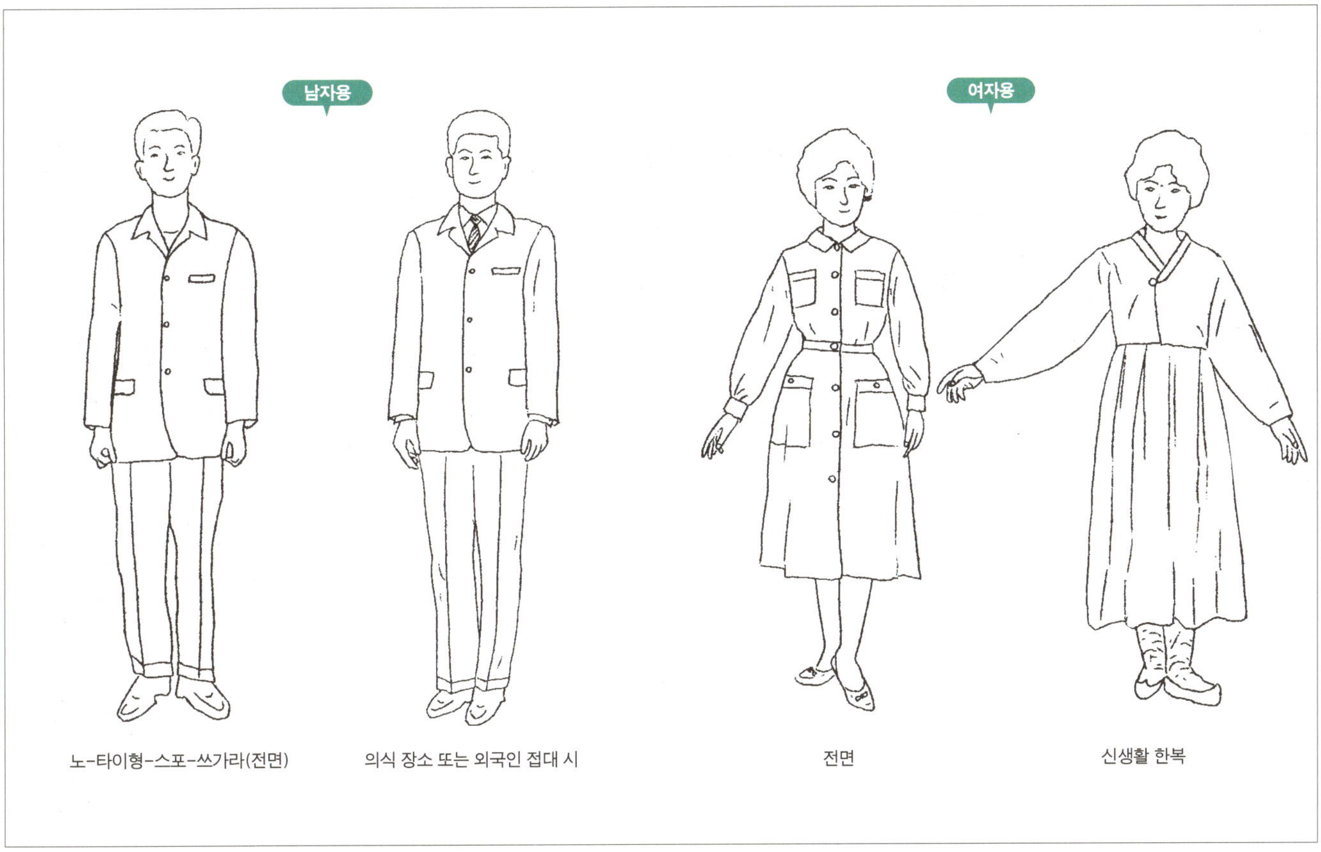

공무원 신생활복 도안(1961) | 국가기록원

재건운동본부주최 신생활 간소복 패션쇼(1961.8.11.) | 국가기록원
1961년에 개최된 재건운동본부주최의 신생활 간소복 패션쇼장에서 모델이 포즈를 취하고 있다.

한국전쟁 제11주년 기념 퍼레이드(1961) | 국가기록원
여배우들이 검소한 복장으로 새살림 이룩하기를 홍보하기 위해 시가행진을 벌이고 있다.

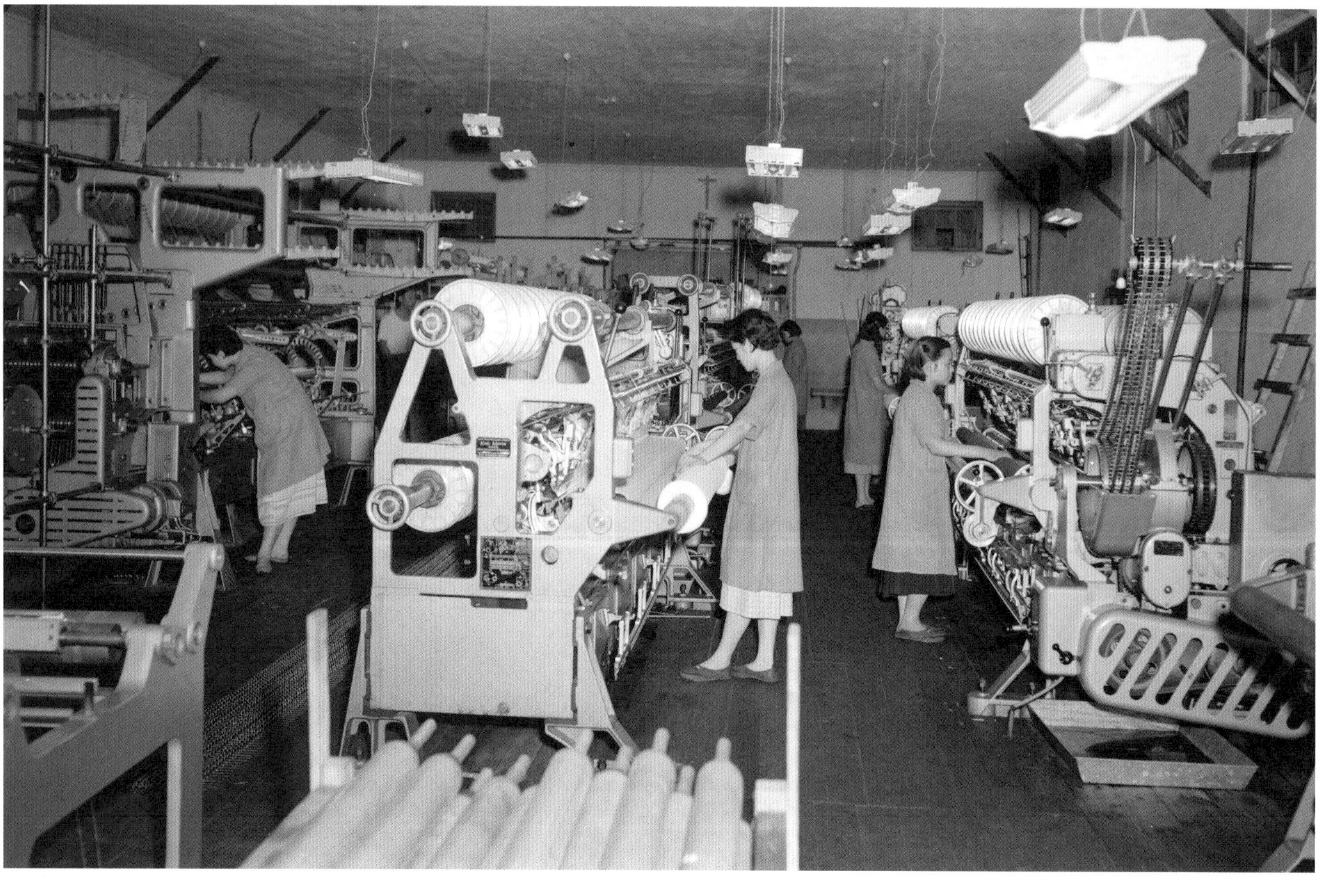

국산 나일론 공장(1961) | 국가기록원
동대문구 전농동에 위치한 국산 나일론 공장 내부

여학생들의 등교 패션(1966) | 이대학보사

박신미, 2011). 이처럼 1960년대 중반 이후로 양장에 대한 선호가 꾸준히 증가하였다. 1967년 신문 기사를 통해 1960년대 후반에 전국 여성의 60% 이상이 집안에서나 외출할 때 모두 통상적으로 양장을 하게 되었음을 알 수 있다(경향신문, 1967/03/27). 특히 이 시기에 자신의 개성과 정체성을 표현하는 수단으로써의 의복에 대한 개념이 강해지면서 의복의 사회문화적 기능의 측면이 중요해지기 시작하였다(서울시정개발연구원, 2001). 그러나 대부분의 사람들은 TPO를 고려하는 정도까지 의생활을 다양하게 꾸렸던 것은 아니며, 관혼상제 등의 대소사나 직장 등의 사회적 관계에서 예의를 갖추어야 할 때 새 옷을 구매하는 정도였다(이재정·박신미, 2011).

장식성이 더해지는 한복(1969) | 김한용 촬영

아리랑 드레스를 입고 퍼레이드하는 여성들(1961.3.1.) | 한영수 촬영

❷ 전통 한복의 의례복화와 개량 한복의 등장

물론 여전히 한복을 입는 사람도 있었지만, 경제 발전과 생활의 안정에 따라 의생활이 여유로워지고 서구화와 국가 주도의 노력으로 양장이 서서히 일상에 자리 잡게 되었다. 한복은 자연스럽게 예복화되어 기존의 역할인 일상복보다는 의례복으로써의 역할을 하게 되었다. 경제적으로 유복한 소수의 가정 주부들만이 한복을 일상복으로 입을 수 있었으며, 명절 풍습인 설빔과 추석빔을 장만할 때도 이전처럼 한복이 아니라 서양 의복류로 장만하게 되었다(이재정·박신미, 2011). 게다가 1961년 가정 의례 준칙에는 장례식을 위한 상복으로 양복을 입어도 된다는 점이 처음으로 명시되기도 하였다(조희진 외, 2017).

한복의 실용화를 위하여 짧은 치마의 개량 한복이 만들어졌고, 한복 이미지를 접목시킨 양장도 나타났다. 1960년대 말에는 전통 의상인 한복의 불편함을 보완하고 양장의 실용성을 더한 개량 한복이 출시되었다. 관리가 어렵고 값비싼 견직물 대신 관리가 쉽고 저렴

짧게 개량된 한복 치마를 입은 여인(1965)
구와바라 시세이 촬영

한 합성섬유를 사용하여 개량된 한복은 교사와 소수 전문직 여성들을 중심으로 확산되었지만 일반적으로 착용되지는 않았다(현대패션100년편찬위원회, 2002; 이재정·박신미, 2011). 1950년대 후반부터 등장한 아리랑 드레스도 개량 한복의 일종으로 여겨졌으나 사회적으로 인정받지는 못하였다(현대패션100년편찬위원회, 2002).

1966년 디자이너 앙드레 김은 파리의 패션쇼와 워싱턴 한국대사관의 패션쇼에서 한복에서 영감을 받아 제작한 드레스 38점을 선보였다. 우리나라의 비단을 사용하여 한국적인 정취를 담아낸 디자인을 두고 '조용한 아침의 나라에서 온 옷'이라는 제목의 보도가 프랑스 일간지《르 피가로》에 실리기도 하였다(서울역사편찬원, 2016b). 이렇듯 한국의 전통 복식에서 영감을 받아 서양 복식의 형태로 제작된 의상들이 해외에 소개되며 우리의 한복과 문화, 디자인, 디자이너가 국제적으로 알려지기도 하였다. 이처럼 한복은 일상복의 역할이 조금씩 약화되어가면서 점차 국가와 민족, 계급과 관련 있는 복식이 되어갔다.

❸ 명동 양장점 VS 평화시장: 디자이너 맞춤복과 저가 기성복 시장의 성장

1950년대 중반 형성된 명동거리는 1960년대에 이르러 전성기를 맞이하였다. 맞춤 양복점과 양장점 등 고급 의상실들이 밀집된 명동은 유행을 선도하는 거리로 확실하게 자리매김하였다(서울시정개발연구원, 2001). 특히 남성들의 양복에 대한 수요가 1950년대 중반부터 꾸준히 증가함에 따라 1960년대 중반 양복점은 호황을 이루었다(현대패션100년편찬위원회, 2002). 1960년에는 대한복장연구회의 주관으로 명동 YMCA에서 우리나라 최초의 신사복 패션쇼가 열렸으며, 1966년에는 반도호텔에서 신사복 국제 패션쇼가 개최되었다. 특히 1967년 스페인 마드리드에서 개최된 국제 기능 올림픽의 양복 부문에서 금메달을 획득하면서 남성 맞춤복 시장이 주목받게 되었고, 소공동은 한국의 '새빌 로(Saville Row) 거리'라 할 만큼 수많은 양복점이 들어섰다(현대패션100년편찬위원회, 2002; 이재정·박신미, 2011). 명동과 종로, 남대문을 비롯한 서울 시내 중심가에는 양복점과 양장점이 상권의 중심을 장악하였다(서울시정개발연구원, 2001). 1960년대에는 양복점과 양장점이 분리되었을 뿐만 아니라, 1960년대 중반이 되면 양장점도 세분화되어 고급 의상을 만드는 하이패션 양장점, 직업이 있는 비즈니스 우먼들을 상대로 하는 중류 패션 양장점으로 나뉘어지게 되었다는 1967년의 신문 기사를 확인할 수 있다(경향신문, 1967/03/27).

이 시기는 또한 한국 패션 디자이너 컬렉션의 기반이 마련된 시기라고 할 수 있다(이재정·박신미, 2011). 디자이너 협회뿐만 아니라 패션 관련 행사들, 교육 과정 등이 새로 도입되었다. 또한 패션 디자이너가 전문적인 직업으로 인식되었으며, 조세핀 조, 한희도, 앙드레 김, 이용렬, 김비함, 한계석, 박문자, 김청, 배천범, 허준, 진태옥, 오은환, 손일광, 신혜순 등 국내와 해외에서 교육받은 새로운 세대의 디자이너들이 등장하여 명동을 중심으로 정착하였다(서울시정개발연구원, 2001). 1961년 국제복장학원에 국내 최초로 일러스트레이션 학과가 개설되었고, 1963년 같은 학원에 국내 최초로 전문 패션 모델을 양성하는 차밍 스쿨이 만들어졌다(신혜순, 2008). 1961년에는 '대한 복식디자이너 협회'가 결성되었고, 다음해에는 협회 주최로 국내 최초의 디자인 콘테스트가 시행되었고, 5·16 군사정변 1주년을 기념하는 산업박람회 행사에서 국내 최초로 국제적 규모의 패션쇼도 정부의 지원을 받아 개최되었다(현대패션100년편찬위원회, 2002). 미국, 프랑스, 영국, 서독, 이탈리아, 스웨덴, 덴마크, 인도, 태국, 인도네시아, 월남, 필리핀, 중국, 일본, 한국 15개국이 참가한 이 패션쇼에서는 각국의 민속 의상과 선진국 디자이너들의 패션들을 선보였다(신혜순, 2008; 한국패션산업협회, 2020).

그뿐만 아니라 평화시장, 동대문시장, 남대문시장을 중심으로 저가 기성복이 성장하였다. 평화시장의 2층과 3층에 있는 영세한 형태의 공장에서 저가 기성복을 생산 및 판매하기 시작하였다. 그러나 이렇게 만들어진 저가 기성복의 경우, 품질과 사이즈가 일정하지 않다는 단점 때문에 선호도가 낮았다(서울시정개발연구원, 2001). 이런 상황에서 기성복 시장에 디자이너가 진출하게 되면서 기성복 시장의 고급화가 이루어졌다. 대한복식연우회에 속한 디자이너들이 1960년 가을 명동 미도파백화점 4층에 고급 맞춤복보다 30~40% 정도 저렴한 가격으로 판매하는 고급 기성복 매장을 열었다(서울시정개발연구원, 2001; 현

플레어 스커트를 입은 여성들(1950~60년대) | 한영수 촬영

한복과 양장을 입은 여인들(1950~60년대) | 한영수 촬영

양복을 입은 남성(1950~60년대) | 한영수 촬영

트렌치코트를 입은 남성(1950~60년대) | 한영수 촬영

명동 미도파백화점 전경(1965) | 국가기록원

남대문 기성복 판매점(1962) | 서울역사편찬원

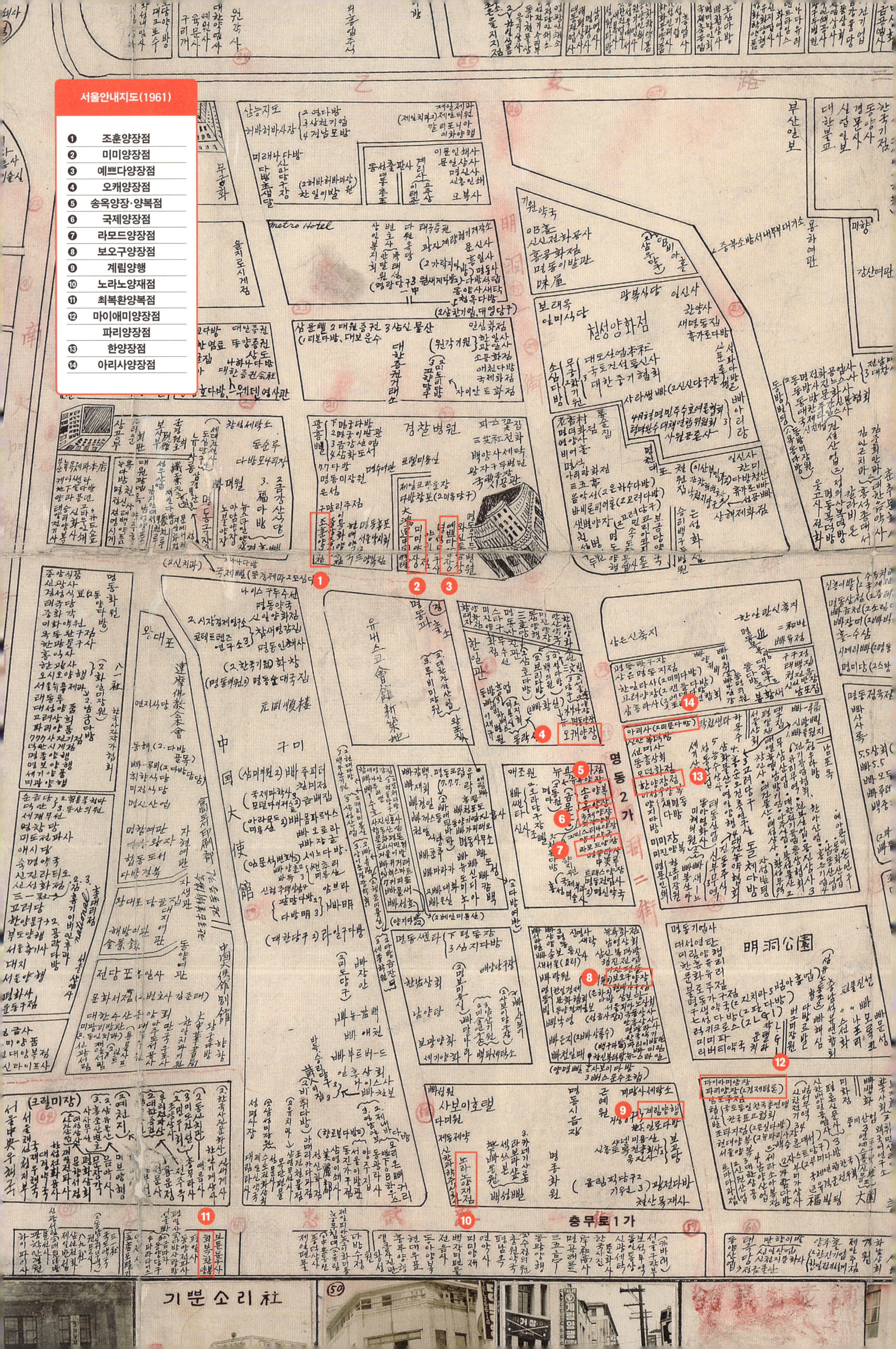
서울안내지도(1961)
❶ 조흔양장점
❷ 미미양장점
❸ 예쁘다양장점
❹ 오캐양장점
❺ 송옥양장·양복점
❻ 국제양장점
❼ 라모드양장점
❽ 보오구양장점
❾ 계림양행
❿ 노라노양재점
⓫ 최복환양복점
⓬ 마이애미양장점
파리양장점
⓭ 한양장점
⓮ 아리사양장점
충무로1가
명동2가

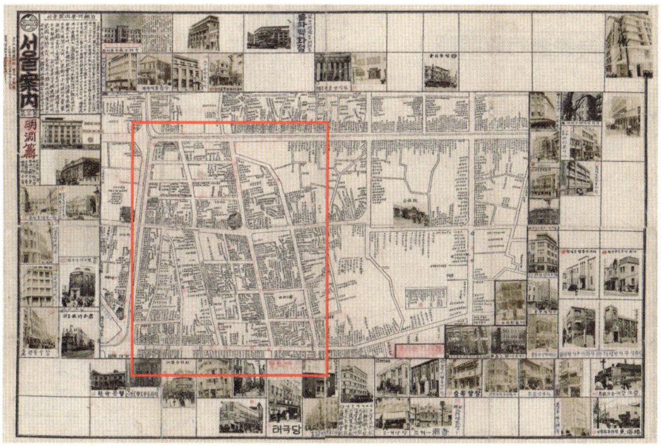

서울안내지도(1961)

❺ 송옥양장·양복점 | 한영수 촬영

❶ 조흔양장점

❾ 계림양행 ⓬ 마이애미양장점, 파리양장점 | 김한용 촬영

❷ 미미양장점 | 한영수 촬영

⓫ 최복환양복점 | 한영수 촬영

❸ 예쁘다양장점 | 한영수 촬영

⓮ 아리사양장점 | 한영수 촬영

대패션100년편찬위원회, 2002; 서울역사편찬원, 2016b). 디자이너 기성복 브랜드들은 정기적으로 기성복 발표회를 열어 기존의 기성복으로부터 차별화를 꾀하였으며 이러한 흐름 속에서 양장점을 운영하던 디자이너들이 백화점을 통해 고급 기성복으로 진출할 수 있는 길이 만들어졌다. 1960년대 후반에는 유행을 반영한 '메이커' 기성복이 대중적인 가격으로 등장하였는데, 이를 계기로 기성복 시장이 분화되기 시작하며 기성복 시장이 크게 성장하는 계기가 되었다(현대패션100년편찬위원회, 2002; 한국패션산업협회, 2020).

특히 기성복 시장의 형성에서 주목할 만한 점은 남성 기성복과 여성 기성복의 차이이다. 남성복이 여성복보다 기성복 생산 체제를 먼저 구축하였으나, 남성 소비자들은 품질이 떨어지는 기성복을 착용함으로써 품위가 손상될 것을 걱정하여 기성복을 구매하기보다는 맞춤복을 선호하였다(서울시정개발연구원, 2001). 그와 달리 여성 소비자들은 저렴하면서도 유행을 따르는 다양한 디자인의 옷을 원하였다(현대패션100년편찬위원회, 2002). 뿐만 아니라 여성들은 편리하게 관리할 수 있으며 착용법도 간편한 복장을 선호하였다. 여성의 사회 진출이 증가하고, 여성지가 창간되면서 새롭고 다양한 스타일의 기성복이 소개되었고, 다양한 패션 스타일이 확산되었다(서울시정개발연구원, 2001). 이뿐만 아니라 주부들 사이에서도 기성복이 큰 인기를 끌었는데, 1967년 신문기사는 집에서 간단하게 옷을 만들어 자녀에게 입히는 엄마가 46%, 반면 전부 사입히는 엄마가 43%임을 밝히며, 우리나라 주부들이 기성복을 너무 좋아하는 것이 탈이라고 보도하기도 하였다(동아일보, 1967/03/11). 이러한 흐름 속에서 남성 기성복보다 여성 기성복 시장이 크게 성장하였다. 명동거리를 중심으로 양복점과 양장점, 시장과 백화점을 중심으로 이루어진 기성복 시장은 다양한 가격대와 스타일의 옷을 제공함으로써 양장의 일상화에 큰 역할을 하였다.

패션쇼에 등장한 미니스커트(1967) | 국가기록원
디자이너 도재은의 패션쇼에서 미니스커트를 선보이고 있다.

❹ 미니스커트의 유행

1960년대에는 경제 발전에 따라 생활에 여유가 생기면서 패션에 대한 관심이 높아졌을 뿐만 아니라, 베이비붐의 영향으로 젊은 청년 세대들이 수적으로 증가하면서 새로운 소비층이 등장하게 된다. 바로 여성들의 교육 기회 확대와 사회 진출에 따라 여성이 소비의 새로운 주체로 주목받게 된 것이다. 특히 사회가 급격히 변화함에 따라 이전과는 다른 변화가 목격되었다. 대중 매체의 발달로 해외 디자인뿐만 아니라 국내 유행에 대한 정보가 보다 빠르게 확산되었다. 특히 패션을 전문적으로 다루는 다양한 잡지들이 발간되었는데 1967년에는 여성 잡지《여성동아》가 창간되었고, 1968년에는 우리나라 최초의 패션 전문지인《의상》, 1969년《여성중앙》등이 창간되었다. 또한 1961년에는 'KBS', 1964년에는 'TBC', 1969년에는 'MBC'가 개국하면서 유행하는 패션에 대한 정보가 실시간으로 전달되었다. 이에 따라 외국의 유행에 대한 정보가 서울에 보다 빠르게 전달되었다. 특히 해외의 유행이 TV와 같은 대중매체를 통해 소개되고 그에 따라 서울의 수많은 젊은 여성들 사이에서 미니스커트가 빠르게 퍼진 것은 한국복식사에 있어 획기적인 사건으로 평가된다(한국패션산업협회, 2020).

1960년대 초반 영국 디자이너 메리 퀀트와 프랑스 디자이너 앙드레 쿠레주가 발표하고 이후 모델 트위기가 착용하면서 미니스커트가 전 세계적으로 유행하기 시작하였다. 특히 1967년 1월 미국에서 귀국한 가수 윤복희가 미니스커트를 착용하였다고 알려지면서 엄청난 사회적 반향을 불러일으켰다. 1967년 2월의 서울에서 미니스커트를 입은 여성들이 눈에 띄기 시작하였고(서울역사편찬원, 2016b: 37), 7월의 신문 기사는 '최근 서울 거리에는 미니스커트를 입은 여성들이 무척 많아졌다'고 소개하면서 양말의 색깔도 변하고 있으며 다리의 화장이 유행하고 있음을 알렸다(매일경제, 1967/07/19). 최경자 여사가 창간한《의상계》의 창간호인 1968년 가을호 표지에는 당시의 패션 아이콘이었던 가수 윤복희가 미니스커트를 입은 모습이 실렸다. 미니스커트의 유행은 1968년에 이르러 절정에 달하였고, 무릎 위 30cm까지 올라간 마이크로 미니스커트와 핫팬츠가 등장하기도 하였다(현대패션100년편찬위원회, 2002). 국내뿐만 아니라 해외에서도 미니스커트의 유행에 대한 뜨거운 논란이 있었는데, 미니스커트는 혁신, 자유와 여성해방, 금기를 깨는 것으로 해석되기도 하였다(서울역사편찬원, 2016b).

나아가 세계적인 트렌드인 옵아트와 팝아트가 패션에 직간접적으로 반영되면서 의복에 프린트된 패턴과 의복의 색상이 강렬해진 것도 이 시기 미디어 발달로 인해 나타나는 특징이라 할 수 있다(서울시정개발연구원, 2001; 현대패션100년편찬위원회, 2002; 이재정·박신미, 2011). 또한 이 시기에는 유니섹스 패션의 특징이 나타난다. 여성들도 남성들과 비슷한 옷을 입기 시작하면서 복식에서의 성차가 줄어들었다. 캐주얼한 티셔츠나 블라우스에 미니스커트, 또는 팬츠를 입은 옷차림이 젊은 여성들 사이에서 유행하였다(이재정·박신미, 2011). 1960년대 후반에는 스커트, 핫팬츠와 함께 팬츠, 특히 통이 넓은 바지인 판탈롱이 유행하였다(현대패션100년편찬위원회, 2002). 한편 남성복의 경우에는 해외의 유행이 직접적으로 반영되지는 않았다. 하지만 남성들도 영화나 잡지에서 소개되는 패션들을 접하면서 옷을 다양하게 코디하거나 연출하기 시작하였다. 기존에는 남성의 양복을 소재 혹은 바느질 상태로 평가해왔다면, 양복의 실루엣과 핏, 색상과 코디네이션 등이 옷을 평가하는 새로운 기준으로 대두되었다(현대패션100년편찬위원회, 2002). 전형적인 남성복은 군청색의 양복과 흰색 와이셔츠, 넥타이, 검은색 구두였으나(서울시정개발연구원, 2001), 젊은이들 사이에서 티셔츠나 재킷 같은 캐주얼한 의상이 인기를 얻으면서 남성의 옷차림에도 밝은색이 등장하였다(현대패션100년편찬위원회, 2002). 섬유를 비롯한 의류 산업의 발달에 힘입어 사람들의 의생활은 전과 다르게 풍성해졌고 파급력과 속도의 면에서도 이전과는 다른 양상으로 유행이 전개되었다. 특히 이 시기부터 청년 세대가 패션을 주도하는 집단으로 등장하게 되었다는 점이 특기할 만하다.

늘어나는 미니·스커트派

脚線美돋운다는 化粧藥 수요도…

女性과 流行

최근 서울거리는「미니·스커트」를입은 여성들이 무척 많아졌다。「미니·스커트」가 유행됨으로써「미니·슬리퍼」의 수요도 따라 많아졌고、양말의 색깔도변해졌으며、다리의 화장이라는 새로운유행어가 나돌아 소비경향의 변화에 따른 업자들의 상술도큰 변화를 가져오고있는 과정에서있다。

약삭빠른장사치들은 이 기회를 놓칠세라、다리의 화장약을 팔기시작했다。

우리나라에서 가장 거리가가까운 日本은『「미니·스커트」시대에아름다운각선미를 즐기십시오』라는 약광고를 낼정도로 다리의 화장이 유행되고 있다고 한다。

우리나라에서도 요즘여성들은 짙고얇은「파운데이션」을 다리에발라 다리가 가늘고 조화가잡힌 것같이 인공적으로 이를 화장하고다니는것을 간혹 볼수가 있다。

「미니·스커트」를입는여성들은「미니·스커트」가 유행이 아니라、치마의길이가 짧아졌을뿐이라고해명할지모르나 여하튼 다리화장약도 언제인가는「붐」을 일으킬것이라는 것이 남자들의추념이다。

미니·스커트바람

미니스커트 바람 – 늘어나는 미니스커트파, 각선미 돋운다는 화장약 수요도…
《매일경제》, 1967년 7월 19일

4. 성별과 계급에 따라 차별적 양장화의 진행

❶ 남성 의복의 양장화

상층 관리직 엘리트 지식인 남성

광복 이전 개화기에는 상층 남성을 중심으로 서양 패션의 수용이 시작되었다. 왕실, 외교관, 군인, 관리, 지식인과 유학생 등 상층을 중심으로 양복을 착용하기 시작하였는데, 남성 복식의 양장화는 정부 주도의 제도 개혁에 따라 이루어진 측면이 크다. 신분에 따라 착용에 제약이 따르던 의복 제도가 소멸하면서 양반만이 착용할 수 있었던 포가 두루마기의 형태로 변화하기도 하였으며, 마고자도 모든 계층에 퍼지기도 하였다. 또한 서양의 의복들이 도입되면서 우리의 전통적인 토시, 버선, 갓, 마른신과 비단신이 서구의 장갑, 양말, 실크 햇, 파나마 모자, 양화와 구두로 대체되었다. 이처럼 복식의 양장화가 진행되었지만 1930년대까지도 양복은 서구 문물을 접할 수 있는 상층 지식인, 교육받은 엘리트들의 의복이라는 사회적 인식이 공유되었다.

광복 이후에도 양복 원단이 국내에서 생산되지 않아 해외에서 들여왔으므로 기본적으로 상층이 양복을 주로 착용하였다. 1947년 서울시는 관청의 위신을 위해 양복을 입으라는 지침을 내리기도 하였는데, 여기에서 당시 양복에 대한 사회적 인식을 확인할 수 있다. 부유층은 당시 무역 중심지인 마카오에서 밀수된 옷감으로 양복을 맞추어 입어 마카오 신사라고 불리는 옷차림이 생겨났다. 마카오 밀수 옷감으로 만든 양복, 파나마 모자와 백구두, 금테 안경과 긴 스틱을 든 것이 마카오 신사의 전형적인 모습이었다. 개화기에 이어 양복만을 그대로 착용하기보다는, 한복 위에 오버코트나 망토, 인버네스를 함께 착용하는 경우도 많이 관찰되었다. 1950년대 중반 이후, 명동을 중심으로 양복점이 들어서면서 당시 최신 유행하는 옷을 입은 '명동 뽀이'들이 등장하기도 하였다. 특히 소공동을 중심으로 고급 맞춤복을 취급하는 양복점이 들어서면서, 품질이나 사이즈가 일정하지 않은 기성복보다는 고급 맞춤복을 선호하는 경향이 나타나기도 하였다.

일반 사람들과 학생

1930년대까지 대부분의 일반 남성들은 주로 전통 한복을 착용하였다. 1940년대 전시 상황이 고조되면서 학생뿐 아니라 일반인들도 국민복 착용을 강요당하였다. 또한 패션에 신경을 쓸 여력이 없는 계층의 사람들은 한복, 일본 복식, 양복의 상·하의를 되는대로 착용하여 국적 없는 옷차림을 보이기도 하였다. 광복 이후에도 전쟁 때 입었던 군복이나 국민복을 그대로 입는 경우가 많았으며, 한복을 입는 경우도 있었다. 많은 사람들이 미군 부대에서 흘러나온 군복과 군용 담요, 구호물자들로 의생활을 이어나갔다. 구호물자로 유입된 서구식 의복은 우리 의생활의 서구화에 영향을 미쳤다.

1950년대 중반 이후, 정부의 주도로 성장과 절약, 실용성을 중시하는 분위기가 형성되면서 간단한 재건복과 신생활복을 착용하자는 사회적 흐름도 나타났다. 양복을 입는 것이 사람들 사이에서도 일반화되면서 양복에 대한 수요도 늘어났다. 뿐만 아니라 상대적으로 고가의 맞춤복뿐만 아니라 저가 기성복을 통하여 사람들의 의생활이 조금씩 풍요로워지기 시작하였다. 정장뿐 아니라 점퍼와 같은 캐주얼한 의복 종류가 다양하게 등장하였으며, 다양한 색상과 소재가 남성복에도 사용되면서 남성 복식에도 새로운 변화가 나타나기 시작하였다. 일반 남성들도 조금씩 패션에 관심을 가지면서 다양한 옷을 입기 시작하였다.

❷ 여성 의복의 양장화

상층 유학생, 지식인 여성

여성 복식의 양장화는 남성에 비해 상대적으로 자발적으로 이루어졌다. 초기에는 서구 문화를 보다 빠르게 접할 수 있었던 왕실의 여성, 외교관의 부인과 해외 유학을 마치고 귀국한 신여성들이 양장을 착용하였다. 서양식 장갑, 검은 우산, 구두를 신은 모습이 1930년대 상층의 상징으로 여겨졌다. 이처럼 초기에는 양장을 입는 경우보다, 한복과 함께 서양식 액세서리를 착용하는 경우가 많았다. 상층 여성들은 장옷을 벗고 검은색 서양식 양산을 들기 시작하였는데, 이러한 흐름은 모든 계층의 여성으로 확대되어 여성들은 쓰개치마를 벗고 검은색 우산을 들었다. 1930년대 일제의 강압으로 모두가 몸뻬를 착용하였을 때도 일부 지식인 여성들은 몸뻬를 패션화하여 착용하였다. 당시 양복점에서는 남성복뿐 아니라 여성복을 취급하였는데, 여성의 양장만을 다루는 양장점은 다소 늦게 등장하였다.

광복 이후 여유있는 계층은 고가의 수입 소재로 만든 전통 한복을 다시 입기 시작하였다. 특히 벨벳과 나일론으로 만든 한복과 양장이 유행하였으며, 여성들의 이러한 의생활을 두고 사치성 소비라며 사회적으로 비판이 가해지기도 하였다. 당시 패션의 중심 거리인 명동에서는 최신 유행을 선도하는 '명동 껄'을 볼 수 있었는데, 이들은 주로 영어를 자유롭게 구사하는 지식인 계층의 여성이었다. 또한 외국 영화의 주인공이 착용하는 뉴룩 스타일의 플레어 드레스, 맘보 바지와 헤어 스타일 등이 유행하기도 하였다. 시간이 지나면서 한복은 점차 일상복의 기능을 잃었지만, 한복을 일상에서 입을 수 있는 여유로운 소수의 사람들만이 한복을 여전히 착용하였다. 전문직 여성들을 중심으로 개량 한복이 퍼졌으나 일반적으로 널리 착용되지는 않았다. 양장의 착용이 확대되면서 양장점이 성장세를 이어갔고 고급 양장점과 일반 양장점으로 분리되면서 디자이너의 고급 맞춤 의상과 일반적인 맞춤 의상이 분리되었다.

일반 사람들과 학생

상층 여성들 사이에서 나타난 양장화의 흐름과는 달리, 일반 여성들의 복식에서의 변화는 한복을 중심으로 옷차림을 간소화하는 방향으로 이루어졌다. 특히 이러한 의상의 간소화는 정부 주도의 개혁에 따른 것이 아닌 여성들의 자발적인 요구로 이루어졌다. 신여성들은 전통 한복을 개량하여 이전보다 짧아진 통치마와 길어진 저고리를 입었다. 또한 외국인 선교사들의 주도로 허리치마라고 불렀던 기존의 한복 치마 형태가 조끼허리, 어깨허리로 변형되기도 하면서 착용성이 개선되기도 하였다. 일제강점기 이후 흰 저고리와 검정 통치마는 여학생의 상징이면서 동시에 일반인의 대중적인 의복이었다. 1930년대 서울에서는 개량 한복에 하이힐을 신은 단발머리 여성을 흔히 볼 수 있었다고 한다. 일제 강점기 여학생 교복의 양복화는 남성보다 10년 정도 늦게 일제의 강압을 계기로 진행되었는데, 세일러 칼라의 블라우스와 타이트한 검은 스커트가 여학생들의 교복 차림이었다. 이러한 여학생 교복의 양장화는 일반 여성들의 양장화에도 영향을 미쳤다. 이후 전시 일제의 강압으로 여성들은 간단복이나 슬랙스, 몸뻬를 착용하였다.

해방 이후 사람들은 다시 통치마 저고리 형태의 개량 한복을 입거나, 전통 한복을 입었다. 일제의 잔재를 벗자는 움직임도 있었지만, 활동성과 실용성을 이유로 몸뻬를 그대로 착용하는 사람들도 많았다. 남성들과 마찬가지로 일반인 여성들도 구호물자를 통해 접하는 서양식 의복을 그대로 착용하면서 의생활이 자연스럽게 서구화되었다. 전쟁의 부산물인 낙하산지로 만든 블라우스와 미군 담요로 만든 겨울 코트가 유행하기도 하였다. 신생활복 착용론이 대두되는 등 정부 주도로 의생활에서의 실용성이 강조되면서 양장이 일상 속에 자리 잡았다. 또한 경제 발전에 따라 사람들의 의생활이 보다 여유로워졌으며, 패션에 대한 관심이 늘어났다. 특히 여성들의 사회 진출이 늘어나면서 관리와 착용이 간편한 양장, 비즈니스 룩에 대한 수요가 늘어났다. 중저가의 기성복이 대량 생산을 통해 대량으로 공급되면서 다양한 디자인과 품목을 가진 의복들이 늘어나 의생활이 더욱 풍요로워졌다. 1960년대가 되면서 캐주얼한 유니섹스 룩이 등장하면서 유행하였고, 당시 전세계적으로 유행하는 미니스커트도 서울에서 크게 유행하였다.

〈표 11〉 성별과 계급에 따른 양장화 과정

광복 이전

성별	계층	양장화 과정
남성	상층·지식인	• 정부의 제도 개혁에 의해 왕실, 외교관, 군인, 관리, 지식인 등 상층 남성 중심으로 서양 패션 수용 • 계층에 따른 의복 제도 소멸: 양반만 착용하던 마고자, 포에서 변형된 두루마기가 모든 계층에게 퍼짐 • 전통 복식인 토시, 버선, 갓, 마른신, 비단신 → 장갑, 양말, 실크햇, 파나마 모자, 양화, 구두로 대체
	일반 사람·학생	• 1930년대까지 주로 전통 한복 착용 • 빈곤층의 경우 한복, 일본 복식, 양복 등 입을 수 있는 것은 아무거나 착용함 • 1940년대 전시 상황이 고조되며 학생뿐 아니라 일반인들도 국민복 착용 강요
여성	상층·지식인	• 왕실, 외교관 부인, 해외 유학 신여성 등 상층을 중심으로 남성에 비해 자발적인 형태로 양장화가 이루어짐 • 양복점에서 남성복뿐 아니라 여성복까지 다루었으며, 여성복 전문의 양장점은 다소 늦게 등장함 • 1930년대에는 장갑, 검은 우산, 구두와 같은 서양식 아이템을 한복과 함께 착용하는 형태가 상층의 상징으로 여겨지고, 신여성의 경우 양장에 맥고모자 착용 • 장옷, 쓰개치마를 벗고 검은색 서양식 양산을 대신 사용하는 형태가 모든 계층으로 확대 • 전시 체제로 인해 몸뻬가 강요되었을 때, 일부 지식인은 몸뻬를 패션화하여 착용함
	일반 사람·학생	• 양장화보다는 여성들의 요구에 의해 한복을 위주로 복식 간소화가 이루어짐 • 저고리는 길어졌으며, 치마는 길이가 짧아지고 어깨허리 치마('조끼허리'라고도 함) 형태로 개량화 됨 • 흰 저고리와 검정 통치마 차림이 일반적이었으며, 1930년대 서울에서는 개량 한복에 하이힐을 신은 단발머리 스타일이 흔해짐 • 전시 체제로 들어서며 일제에 의해 여학생의 교복이 세일러 칼라 블라우스와 타이트한 검은 스커트 형태로 양장화 되고, 일반 여성들은 슬랙스나 몸뻬를 강요당함

- 양복 원단을 수입해야 하였기 때문에 양복은 여전히 상층의 의복으로 남아있음
- 마카오 신사: 마카오에서 밀수된 옷감으로 양복, 파나마 모자에 백구두, 금테 안경, 긴 스틱을 들고 다니는 모습을 일컫던 말
- 한복 위에 오버코트나 망토 같은 양복 겉옷을 입기도 함
- 1950년대 중반 이후 명동을 중심으로 양복점, 양장점이 들어서면서 최신 유행 옷을 입는 명동 뽀이 등장
- 기성복보다는 맞춤복 선호

- 일반사람들은 궁핍하였기 때문에 광복 이전에 입던 군복, 국민복, 한복 등 그대로 착용
- 의생활의 서구화 과정
- 미군 부대에서 나온 군복, 군용 담요, 구호물자 활용
- 1950년대 중반 이후 실용적인 신생활복(재건복) 착용 장려
- 양복이 일반화 되면서 수요 증가
- 저가 기성복의 등장, 캐주얼 의복과 색상의 다양화가 이루어지며 의복 생활이 풍요로워짐
- 남성의 패션에 대한 관심 증대

광복 이후

- 광복 직후에 부유한 계층을 중심으로 벨벳, 나일론과 같은 고급 수입 원단으로 만든 전통 한복이나 양장이 유행한 것이 사회적 비판을 받기도 함
- 명동이 패션 중심지로 떠오르면서 최신 유행을 선도하는 사람을 '명동 껄'이라고 부르기 시작함
- 외국 영화 주인공이 착용하는 뉴 룩 스타일의 플레어 드레스, 맘보 바지, 헤어 스타일 등이 유행
- 일상생활을 하는 데 불편한 한복의 착용이 점점 줄어들고 양장의 착용이 확대됨
- 고급 양장점과 일반 양장점의 분화가 생겨남

- 해방 이후 다시 개량 한복이나 전통 한복 착용하기 시작함
- 실용성이 높았던 몸뻬는 여성의 노동복으로 정착됨
- 구호물자를 그대로 착용하면서 서양식 의복 보편화
- 낙하산지를 사용한 블라우스나 미군 담요를 사용한 코트 유행
- 1950년대 중반 이후 실용적인 신생활복 착용 장려
- 저가 기성복과 캐주얼한 유니섹스 룩이 등장하며 의복 생활이 풍요로워짐
- 여성의 사회 진출이 증가하면서 비즈니스 룩에 대한 수요 증가
- 1960년대 미니스커트 유행

3 1970년대 ~ 1990년대의 서울: 패션을 주도하는 청년층의 부상과 함께 서울패션의 지역적 특성이 형성되다

1 1970년대: 기성복을 통한 패션의 대중화와 청년 세대 패션의 등장

❶ 일상과 분리된 한복: 맞춤 한복집, 백화점 기성복 코너

1970년대는 한국 사회가 급격하게 발전하기 시작한 시기였다. 이 시기를 기점으로 한국 사회는 현대 사회로 이행하는 모습을 보였다. 우선 1970년대가 되면서 경제적 여유를 경험하였다. 1960년대부터 정부의 전략적인 경제개발 계획에 따라 1977년에는 수출 100억 달러를 달성하였고, 섬유 산업이 수출을 주도하면서 1979년에는 우리나라의 면방직 산업이 세계 10위권에 진입할 정도로 섬유 산업이 호황을 맞았다(서울역사편찬원, 2016b). 섬유 산업뿐만 아니라 풍부한 노동력을 바탕으로 의류 산업 또한 성장하면서 한국 경제 발전의 기반이 되었다. 사람들의 경제적 수준이 향상됨에 따라서 패션에 대한 의식도 변화하였다(이재정·박신미, 2011).

뿐만 아니라 모든 사회 영역에 걸쳐 일어난 변화는 사람들의 생활양식 전반에 변화를 가져왔다. 이 시기 전국에 고속도로가 건설되기 시작하면서 유통 체계도 빠르게 발전하였다. 1974년에는 지하철 1호선이 개통되면서 도시화의 속도도 더욱 빨라졌다. 서울의 인구 규모가 늘어나고 밀집도가 높아짐에 따라서 1970년대 초반 도시 인구 분산을 목적으로 하는 서울 도시 개발 계획에 따라 여의도와 강남 일대에 아파트 단지가 형성되기 시작하였다(동아일보, 1970/02/07). 새로운 주거 형태로 등장

반포주공아파트 1단지 전경(1977)

한 아파트와 하루가 다르게 변화하는 도시적 풍경은 사람들의 생활 양식을 서구화된 형태로 변화시켰다. 이처럼 경제적 풍요, 생활 양식의 서구화, 패션에 대한 새로운 의식 변화를 바탕으로 한복을 입는 사람들보다 양장을 입는 서울사람들이 많아졌다.

앞서 살펴보았던 것처럼 1960년대 중반 이래로 사람들이 양장을 더 선호하기 시작하면서, 한복은 일상복의 기능을 서서히 잃고 점차 의례복화되는 경향이 나타났다. 1970년대에 들어서면서 전반적인 생활 양식의 서구화와 함께 양장이 평범한 일상복으로 사람들의 일상 생활에 자리 잡았다. 한복을 일상에서 입는 경우는 급격히 줄어들었다. 외출복이나 일상복으로 한복을 착용하던 기혼 여성들과 노인들도 한복 대신 양장을 입기 시작하였다(서울역사편찬원, 2016b; 서울특별시사편집위원회, 1983). 이 시기를 기점으로 한복은 명절이나 관혼상제와 같은 상황에서 입는 전통 복식으로 인식되었다.

더 이상 일상복이 아닌 한복을 마련하는 방식도 변화하였다. 사람들은 이전처럼 집에서 만들어 입던 가내 봉제 생산의 형태에서 벗어나, 한복집에서 맞추어 입거나 기업화된 한복점에서 기성복 한복을 구입하여 입게 되었다(서울시정개발연구원, 2001). 한복의 생산과 유통이 기업화되어 한복 전문점에서 한복을 맞추어 입는 것을 한복의 맞춤복화라 하는데, 백화점에서도 기성복 한복을 구입할 수 있었으며, 1970년대 말 서울의 거리에는 양장을 맞출 수 있는 양장점뿐만 아니라 한복을 맞출 수 있는 한복집도 즐비하였다(서울시정개발연구원, 2001; 서울역사편찬원, 2016b).

당시 한복을 취급하는 한복집 중에서 '고전의상실'이라고 불리는 한복 전문점들도 생겨났다(서울역사편찬원, 2016b). 고전의상실은 옷감을 다른 곳에서 사서 한복 제작만을 의뢰할 수도 있고, 양장점처럼 옷감과 한복 제작 모두를 맡길 수도 있었다. 당시 옷감을 팔던 주단점에서도 한복을 지어주기도 하였지만, 그곳에서 옷감을 산 경우에 한하여 옷을 만들어주었기 때문에 고전의상실과 운영 방식에 차이가 있었다. 주단점이 모여있던 종로를 중심으로 고전의상실이 들어섰으며, 당시 여대생들이 사은회 때 한복을 입었기 때문에 이화여자대학교 등 여대 앞에도 고전의상실이 들어서기도 하였다고 한다. 1964년 광화문에 디자이너 이리자가 처음으로 고전의상실을 열었고,

고급화 되어가는 한복 | 김한용 촬영
짧아진 저고리와 금박, 은박의 화려한 장식이 특징이다.

이후 1970년대에 들어서면서 그 수가 늘어나 1978년에는 서울에 100여 개가 넘는 고전의상실이 있었다.

이처럼 한복이 주로 특별한 상황을 위한 예복으로 사용되면서 한복에 화려한 수와 금박, 은박 장식을 더하면서 한복이 고급화되었다(서울역사편찬원, 2016b). 한복이 집에서 만들어 입는 옷이 아니라 한복 전문점에서 맞추어 입는 옷이 되고, 일상적으로 입는 옷이 아니라 예복으로 입는 옷이 됨에 따라서 한복의 장식화와 패션화의 흐름도 더욱 강해졌다. 넓게 퍼지는 풍성한 실루엣의 한복 치마가 유행하기도 하였다. 무엇보다도 한복과 함께 하이힐을 신는 차림이 늘어나면서 한복 치마는 발목을 가릴 정도로 길어졌고, 이에 맞추어 저고리 길이는 짧아지고, 깃, 섶, 동정도 좁아진 스타일이 나타나기도 하였다(서울시정개발연구원, 2001). 이러한 변화들은 한복이 일상복의 기능을 잃고 의례를 위한 전통 복식으로 기능하게 되었음을 보여준다.

❷ 청바지와 미니스커트를 입은 청년 세대

1970년대는 세계 경기침체와 1972년 10월 유신과 같은 한국 사회의 정치적 상황으로 인해 사회 분위기가 다소 경직되기도 하였으나, 이전보다 나아진 경제적 상황을 바탕으로 사람들의 패션에 대한 관념에 변화가 생겨났다. 섬유 산업과 의류 산업이 성장하고, 발전하면서 사람들이 선택할 수 있는 의복의 종류와 범위도 확대되었다. 특히 언론 통제

통기타를 멘 청년(1975) | 홍순태 촬영

커플티를 입은 남녀(1973) | 홍순태 촬영

와 해외 여행 규제 등 폐쇄적인 사회 분위기 속에서도 국제 교류가 늘어나고 대중 매체가 발달하면서 서구의 유행이 빠르게 국내로 전파되었다. 신문과 잡지, 영화를 통해 패션에 대한 정보를 얻었던 것 뿐 아니라 흑백 TV를 통해 패션에 대한 정보가 전달되면서 서울에서 외국의 유행을 더 빠르게 알 수 있었다(서울시정개발연구원, 2001; 현대패션100년편찬위원회, 2002). 1970년대가 되면서 TV 수상기를 가지고 있는 사람들이 늘어났는데, 주한 미군을 시청 대상으로 하던 방송인 AFKN(American Forces Korea Network)을 통해 청년들이 미국 팝송을 듣기도 하고, 해외의 패션을 모방하기도 하였다(박용규, 2014; 이재정·박신미, 2011). 이러한 변화들은 사람들의 의생활 폭을 넓히는 데 영향을 미쳤다.

이러한 상황에서 해방 이후 태어난 해방 세대와 한국전쟁 이후 태어난 베이비붐 세대들을 중심으로 독특한 형태의 청년 문화가 출현하였다(서울시정개발연구원, 2001). 청바지와 통기타, 포크송, 고고음악, 장발, 생맥주로 요약되는 그들만의 청년 문화는 대학생들을 주축으로 형성되었다. 이들의 문화를 대중 문화와 패션, 문화의 중심 지역을 통해 살펴볼 수 있다. 청년 문화의 형성 배경에는 새로운 사회문화적 변화가 있다. 청년 문화는 공동체 중심의 문화에서 개인의 개성이 강조되는 방향으로 변화한 시대적인 가치에도 영향을 받았다. 또한 새로운 문화를 만들어 기성 사회에 대항하고자 하였던 히피 문화는 장발, 청바지, 캐주얼한 의상 등 전반적인 청년 문화에 영향을 주었다. 이 가운데 특히 청바지는 기성 사회에 반항적이고 야성적인 이미지를 가진 청년 세대의 문화를 상징하는 패션이 되었다.

초기 청바지에 대한 인식은 부정적이었으며, 불량배들이 입는 옷으로 여겨졌다. 1960년대까지 이태원 등 미군 부대 인근에서 볼 수 있는 옷차림이었다(서울역사편찬원, 2016b). 청바지가 대중적으로 알려진 것은 1964년 영화 〈맨발의 청춘〉에서 트위스트 김이 청바지와 청재킷을 입고 나오면서부터였다. 여기에 반항적인 이미지를 가진 영화배우 제임스 딘이 영화에서 청바지를 입고 나오면서 젊은이들 사이에서 큰 인기를 끌기 시작하였다(서울역사편찬원, 2016b). 뿐만 아니라 당시 전 세계적인 인기를 끌었던 비틀즈, 엘비스 프레슬리, 롤링 스톤스와 같은 팝 뮤직 스타의 음악이 우리나라 청년들 사이에서 유행하였다.

양희은 LP음반 고운노래 모음 2집 〈서울로 가는길〉(1973)
1971년 〈아침이슬〉로 데뷔한 양희은은 무대에서 청바지를 입은 최초의 여가수이다.

펄 씨스터즈 음반 〈나만을 사랑해줘요〉(1971)
1970년대에 빼어난 패션으로 주목받은 가수 펄 씨스터즈도 미니스커트 유행을 선도하였다.

패티김 스트레오 히트앨범 〈장미와 빤따롱〉(1971)
패티김이 부른 〈장미와 빤따롱〉은 70년대 판탈롱의 인기에 일조하였다.

판탈롱을 입은 여성 | 《여성동아》, 1974년 7월호

비틀즈의 헤어 스타일이 더벅머리, 장발의 형태로 크게 유행하였다. 그리고 청바지는 록큰롤 뮤직, 팝 뮤직 스타들의 대표적인 패션이었다(서울역사편찬원, 2016b; 현대패션100년편찬위원회, 2002; 서울시정연구개발원, 2001). 청바지는 1970년대 경직되고 억압된 사회 분위기 속에서, 미국의 대중 문화, 자유, 저항을 상징하는 청년들의 문화적 상징이 되었다.

당대 문화의 반향을 이끌었던 청년 세대가 자리 잡았던 곳은 무교동, 명동, 신촌, 종로 등이었다. 무교동에는 1960년대 문을 연 음악 감상실이자 통기타 음악의 본거지인 '세시봉'을 중심으로 청년들의 독특한 패션이 나타났다(이재정·박신미, 2011). 뿐만 아니라 당시 패션의 중심지였던 명동과 대학 밀집 지역인 신촌 일대, 종로 관철동 뒷골목 학사주점촌도 청년 문화의 주요 공간으로 유행을 선도하였다(서울시정개발연구원, 2001). 신촌과 종로는 1980년대 중반까지 청년 문화의 중심지로 기능하였지만, 강남 지역 개발 이후에는 동숭동에 대학로가 조성되면서 유행의 중심지가 변화하였다(서울시정개발연구원, 2001). 이 지역들을 중심으로 청년들만의 다양하고 독특한 패션 스타일이 나타났다.

대학생과 청년 세대를 상징하는 옷차림이 될 정도로 크게 유행한 청바지는 '대학생들의 제복'으로 여겨졌으며, 청바지가 유행했던 1970년대는 '청바지 시대'라고 불리기도 하였다(서울역사편찬원, 2016b; 서울시정연구개발원, 2001). 1970년대 중반부터는 고급을 표방하는 '진숍'이 대학가에 들어섰다(한국패션산업협회, 2020). 이처럼 큰 인기에 국산 청바지에 '보스톤', '리바이스'같은 미국 청바지 상표를 가짜로 붙여 3배에서 4배 가량 비싸게 파는 경우도 있었다(서울역사편찬원, 2016b). 자연 그대로를 소중히 여기는 심플라이프, 히피문화의 영향으로 청바지뿐만 아니라 카프탄 스타일 상의와 통기타 또한 젊음의 상징으로 여겨졌고, 장발에 '빽바지'라 부른 흰색 청바지와 티셔츠를 입고 통기타를 든 모습을 거리에서 어렵지 않게 볼 수 있었다(이재정·박신미, 2011; 서울시정개발연구원, 2001).

또한 1960년대까지는 유행을 따르는 것이 패셔너블한 것으로 여겨졌으나, 1970년대부터는 자신의 개성을 중시하는 자유로운 패션이 유행하였다. 이러한 가운데 기성복이 본격적으로 발달하기 시작하면서 캐주얼한 옷이 다양하게 나타났다. 청바지가 유행하자 의류 업체들이 청바지를 집중적으로 생산하면서 생산 업체들이 크게 성장하기도 하였다. 뿐만 아니라 청바지와 잘 어울리는 티셔츠가 큰 인기를 끌었다(한국패션산업협회, 2020; 서울역사편찬원, 2016b). 티셔츠는 다른 옷에 비하여 저렴하였으며, 실용적이고 활동적일 뿐만 아니라 착용감 또한 편안하였기 때문에 청년들 사이에서 인기가 컸다. 이처럼 남녀 구분 없이 입은 청바지와 티셔츠의 패션은 1960년대부터 나타난 유니섹스 문화의 연장선에 있다고 볼 수 있다. 남성복의 스타일이 여성복에도 도입되어 여성용 바지 정장, 테일러드 팬츠 수트가 등장하기도 하였다(이재정·박신미, 2011; 현대패션100년편찬위원회, 2002)[12]. 나팔바지라고도 불리던 밑단이 넓은 판탈롱, 바지폭이 좁고 긴 힙 허거즈 팬츠, 핫팬츠 등 다양한 형태의 바지, 미니, 미디, 맥시로 길이가 다양해진 스커트, 월남 치마, 빅 라펠, 블루종 재킷, 레이어드 룩

12
이러한 옷들은 전통적인 남성의 권위와 우월감에 대한 도전, 여성의 지위 향상, 남성과의 동등함을 의미하기도 하였다(신혜순, 2008; 현대패션100년편찬위원회, 2002; 서울시정연구개발연구원, 2001).

판탈롱, 롱스커트 등의 다양한 유행을 보여주는 명동거리(1977) | 서울역사편찬원

과 니트 조끼가 유행하였다(이재정·박신미, 2011; 신혜순, 2008; 현대패션100년편찬위원회, 2002). 섬유 산업의 발전으로 값싼 합성 섬유의 생산이 가능해지면서 신축성이 뛰어난 저지 소재의 옷이 많이 만들어졌고(신혜순, 2008), 건강과 여가에 대한 관심이 높아지면서 스포츠 웨어와 레저 웨어에 대한 관심도 커졌다(서울시정개발연구원, 2001).

이처럼 자유롭고 개성적인 청년 문화가 형성되고 확산되었던 것과 달리 당시 사회적 분위기는 매우 경직되어 있었으며 억압적이었다. 특히 1972년 유신체제와 함께 10월 비상계엄령이 선포되고 제4공화국이 수립되며 한국 사회는 위축되어 갔다(서울시정개발연구원, 2001). 당시 패션도 문화적 검열에서 자유로울 수 없었다.

마이크로 미니스커트를 입은 여성 | 《여성중앙》, 1970년 3월호

超미니 아가씨 울상

10~19日까지는 覺書받고 訓放키로

새輕犯法 단속첫날

개정된 경범죄처벌법이 발효된 첫날인 十일오전 서울시내에서 초미니아가씨가 경찰에 적발되어 울상을짓다가 주의를받고 훈방되는가하면 명동의 장발청년과 무심코 담배꽁초를 길에버리던 시민이 경찰에 적발되는등 몇건의 경범법위반사범이 있었으나 시민들이 모두 조심하는바람에 위반사범은 비교적적었다.

서울시경은 오는二十일부터의 본격적인 단속에앞서 十일부터 十四일까지 五일간은 위반사범을 파출소까지연행, 각서를 쓰게한후 훈방하고 十五일부터 十九일까지 五일간은 본서까지 연행, 각서를쓰게한후 훈방키로했다.

경찰은 이기간중이라도 비밀댄스, 피해를주는 술주정, 유언비어등 三개항목은 훈방대상에서 제외, 적발되면 즉심에 넘길방침이다.

이날 적발된 사례중에는 오전九시경 중구소공동 N다방레지 姜모양(二三)이 무릎에서 한뼘이상 올라간 초미니 스커트차림으로 다방근처 빌딩에 코피배달을 나갔다가 경찰에 적발돼 경범죄처벌법의 취지와 벌칙을 설명받고 훈방됐는데 姜양은 『마춰놓은옷이라 버릴수도 없고 새옷을 해입을 돈도없어 고민』이라고 울상을 지었다.

또 오전九시반경 명동입구에서 귀밑까지 덮는 장발로 적발된 申모군(二三)·서대문區홍은洞)은 경찰에서 『장발이 처벌대상인줄은 알고 있지만 기르던 머리라 아까와서 차마깎지를 못했는데 깎겠다』고 말하기도했다.

초 미니 아가씨 울상 새 경범법 단속 첫날 10~19일까지는 각서받고 훈방키로
《동아일보》, 1973년 3월 10일

1971년 박정희 대통령은 장발족의 텔레비전 방송 출연을 금지하도록 지시하였고, 1972년 10월 유신 이후에는 텔레비전 방송에서 패션쇼의 중계도 허용되지 않았으며, 호텔에서 열리는 패션쇼도 규제받았다(현대패션100년편찬위원회, 2002). 1973년에는 남성들의 장발과 맨살이 심하게 노출되는 옷차림, 지나친 노출으로 규정되는 여성들의 짧은 미니스커트도 경범죄 처벌의 대상이 되었다(서울시정개발연구원, 2001; 서울역사편찬원, 2016b). 기성세대는 청년 세대에서 유행하는 남성의 장발을 두고 망국의 풍조라 비난하기도 하였다. 성별을 구분할 수 없을 정도로 긴 머리, 귀를 덮을 정도로 긴 옆 머리, 옷깃을 덮을 정도로 긴 뒷머리를 한 남성의 머리를 경찰이 단속하였다. 또한 1960년대부터 크게 유행한 미니스커트는 1970년대에 이르러 더욱 짧아지면서 마이크로 미니스커트가 등장하였다. 무릎 위로 30cm 이상 올라간 짧은 미니스커트는 과도한 신체 노출로 인해 사회 문제로 여겨졌다. 이에 경찰이 자를 들고 다니면서 무릎 위에서 20cm 이상 올라갈 정도로 짧은 미니스커트를 단속하기도 하였다.

❸ 패션 대중화의 시작: 맞춤 의상점 성행과 대량 생산 기성복의 정착

앞서 살펴보았듯 새마을 운동과 경제개발 계획의 실현으로 국민의 경제적 수준이 전반적으로 향상되어 패션에 대한 대중의 관심이 크게 높아지고, 소비 성향이 고급화되는 등 의식의 변화가 나타났다. 특히 여성들의 교육 수준이 높아지고 이들이 사회에 진출하면서 직장에 다니는 여성들을 위한 패션이 '커리어 우먼 룩'이라는 이름으로 등장하였다. 이들의 구매력을 바탕으로 유행의 속도가 빨라지면서 패션이 다양해졌다(서울시정연구개발연구원, 2001; 신혜순, 2008). 때에 따라 바꾸어 입을 수 있는 실용적인 의복에 대한 수요가 높아지면서 기성복 업체들이 셔츠, 블라우스, 재킷과 같은 단품을 생산하기도 하였다(서울시정개발연구원, 2001). 이 시기에 들어서면서 TPO(Time, Place, Occasion)에 대한 개념, 즉 때와 장소에 알맞은 옷을 입어야한다는 관념이 나타나기 시작하였다(신혜순, 2008).

산업과 기술의 발달도 의생활에 영향을 미쳤다. 레이온, 폴리에스테르 저지와 같은 합성 섬유, 스판텍스 같은 기능성 섬유가 개발되고 생산되었으며 면, 마, 순모, 실크와 같은 고급 천연 섬유도 사람들 사이에서 인기를 끌었다(이재정·박신미, 2011; 현대패션100년편찬위원회, 2002). 이처럼 원단이 다양해지고 품질이 우수해져 다양한 색상의 세련된 스타일의 옷을 만들어낼 수 있는 기반이 되었다. 1969년에 처음 보급되기 시작한 국산 세탁기도 필요에 의한 옷이 아닌 즐기는 대상으로서의 패션이라는 개념으로 변화하는 데 영향을 미쳤다(이재정·박신미, 2011). 삶을 구성하는 기본적 요소로서의 의복이 아니라, 문화라는 개념의 패션이 자리 잡기 시작한 것이다.

패션과 의복 스타일에 관심을 가지는 대중들이 늘어나자 패션 산업의 생산 구조에도 변화가 생겼다. 1970년대 초기만 하더라도 기성복을 입는 서

제일모직의 고급 여성복 <라보떼> 광고 | 《여성중앙》, 1978년 1월호

럭키그룹의 고급 여성복 '반도' 매장 전경(1979)

평화시장(1970년대) | 노무라 모토유키 촬영

울시민의 비율은 현저히 낮았다(서울시정개발연구원, 2001). 그러나 1970년대에 걸쳐서 맞춤복과 기성복 시장이 세분화되면서 성장하였다. 이 시기는 맞춤복과 브랜드 기성복이 처음으로 경쟁한 한국 패션 산업의 혁신기로 평가된다(이재정·박신미, 2011). 수많은 디자이너들이 기성복 시장에 진입하고, 대기업이 기성복을 생산하기 시작하고 중저가 브랜드 기성복이 등장하면서 기성복 시장이 크게 성장하였다. 대량생산된 기성복은 패션의 대중화에도 영향을 미쳤다(한국패션협회, 2020).

당시 패션은 크게 시장에서 판매하는 저가의 기성복, 그리고 양복점과 양장점을 중심으로 하는 고가의 맞춤복으로 양분되어 있었다. 1970년대 이전 일반인은 대부분 내재봉소(內裁縫所)나 재래시장에서 옷을 구매하였고, 부유층은 부티크형 양장점이나 양복점의 맞춤복을 선호하였다(이재정·박신미, 2011). 품질이 상대적으로 떨어지는 중저가의 기성복 시장은 남대문과 동대문시장을 중심으로 형성되었으며, 맞춤복을 비롯한 고가의 하이패션은 명동을 위주로 형성되었다(현대패션100년편찬위원회, 2002). 맞춤복 시장은 1960년대부터 계속해서 성장하면서 다양하게 시장이 분화되어왔다. 패션에 대한 대중의 관심이 늘어나면서 명동을 중심으로 하는 고급스럽고 세련된 맞춤복에서부터 종로나 이대 입구의 상대적으로 저렴한 맞춤복까지 다양한 가격대의 맞춤복이 있었다(서울시정개발연구원, 2001). 1960년대 말부터 이화여대 앞과 충무로 스카라 극장 주변에는 맞춤 부티크가 밀집되어 있었는데, 특히 이화여대 앞은 졸업과 맞선을 위한 단정하고 여성적인 포멀 웨어 디자인으로 젊은 여성들이 선호하였다. 물론 동대문 원단 시장에서 원단을 직접 사서 양장점에서 옷을 지어 입는 사람들도 많았다(이재정·박신미, 2011). 그러나 기성복이 급격한 기세로 성장하기 시작하고, 불황이 겹치면서 1979년 명동을 대표하던 양장점인 '송옥양장점'을 시작으로 다른 양장점들도 폐업하기 시작하였다(서울역사편찬원, 2016b). 이에 따라 맞춤복의 전성 시대에서 기성복 시대로의 전환이 일어났다.

평화시장 전경(1970년대) | 김한용 촬영

미도파백화점(1970) | 한치규 촬영

1970년대를 기점으로 의류 생산 기술과 설비의 자동화가 이루어지고, 대기업이 기성복 산업에 뛰어들면서 기성복의 품질이 상승하였다. 특히 맞춤복이 기성복으로 전환되는 과정에서 디자이너들은 기성복의 고급화에 기여하면서 기성복은 품질이 낮다는 기존의 이미지에서 벗어나게 하였다. 디자이너들은 1960년대부터 기성복 시장에 진입하여 소규모 부티크 형태로 기성복을 판매하였는데, 1970년대 초반에 이르면서 더 많은 디자이너들이 고급 기성복 시장에 본격적으로 뛰어들었다. 주로 백화점에 입점하여 디자이너 부티크 매장을 열고 패션쇼를 열어 디자이너의 감성으로 차별화되는 고급 기성복을 지향하였으며, 이를 통해 대량으로 생산되는 저가 기성복과는 다른 새로운 기성복 시장을 열었다. 미도파백화점이 '패션 스트리트'라는 이름으로 디자이너 시리즈 부티크를 설치하는 등 백화점이 유명 패션 디자이너들의 매장을 유치하고자 하였다(이재정·박신미, 2011). 백화점은 디자이너 기성복 시장의 성장에 큰 역할을 하였으며, 사람들은 백화점에서 유명 디자이너의 옷을 한눈에 살펴보면서 패션에 대한 정보를 빠르게 파악하였다.

1970년대 초부터 대기업이 기성복 시장에 진입하면서 패션 산업의 규모가 확대되고 경쟁이 치열해졌다. 품질 경쟁이 심화되면서 제품도 다양화되었고, 70년대 중반 이후 젊은 층을 겨냥한 중저가의 캐주얼 기성복 브랜드도 등장하였다(서울시정개발연구원, 2001). 이 시기에 오늘날 한국을 대표하는 패션 기업들이 생겨났다(한국패션협회, 2020). 기성복 업체들 또한 백화점에 매장을 내고 패션쇼를 진행하는 등 기성복의 이미지를 개선하기 위해 노력하였다. 이에 따라 사람들 사이에서 기성복에 대한 수요가 점차 늘어났고, 동시에 기성복이 보편적인 옷으로 자리 잡기 시작하였다. 1970년대 후반에는 기성복 할인 매장이 생길 정도로 기성복 시장이 커졌다(한국패션협회, 2020). 뿐만 아니라 해외 유명 브랜드의 라이선스 제품이 도입되어 판매되었고, 위조품도 등장하는 등 패션 시장의 변화가 관찰된다.

2 1980년대: 영 패션과 강남 고급 문화의 출현, 패션 브랜드에 따른 구별짓기

❶ 한국 전통을 잇는 상징재로서의 한복

한복 전문가에게 맞추어 입는 고급 한복과 시장에서 구입해 입던 한복으로 양분되어있던 한복은 1980년대가 되면서 기성복화가 심화되었다. 한복 디자이너들이 주축이 된 '우리옷협회'는 한복의 기성복화에 앞장섰다(서울역사편찬원, 2016b). 또한 패션 시장에서 브랜드라는 개념이 자연스러워지면서, 한복에도 한복 디자이너 캐릭터 브랜드(DC, designer character brand)가 등장하였다(서울시정개발연구원, 2001). 한복 디자이너들은 자신들의 한복에 디자이너의 감성을 부여하여 한복의 패션성을 강화하고 고급화시켰으며, 서울 주요 백화점에 매장을 열었다. 한편 한복에 사용되는 전통 소재나 디자인을 일상복이 된 서양식 옷에 더하는 경우도 있었다. 저고리의 선을 살려 옷의 실루엣을 만들고, 전통 문양과 전통 매듭, 전통 자수, 바느질법을 활용하여 양장을 만들었다. 전통적인 천연 염색 기법으로 우리 고유의 색상을 살리고, 모시 같은 전통 소재로 만든 재킷과 블라우스, 스커트, 원피스가 인기를 끌었다(서울역사편찬원, 2016b).

또한 한복은 이전보다 더 다양한 역할을 맡게 되었는데, 특히 한국 전통을 잇는 상징재로서 사회 곳곳에서 장려되었다. 당시 대학생들 사이에서는 탈춤, 민요 발표회, 한글 티셔츠 등 전통 문화에 대한 관심과 인기가 높았는데, 한복의 특색을 살리고 착용감을 개선한 개량 한복이 '생활한복'이라는 이름으로 유행하였다(서울시정연구개발원, 2001). 인사동을 중심으로 생활한복 시장이 형성되면서 '질경이', '여럿이 함께'와 같은 생활한복 브랜드들은 전통 한복을 개선하여 쉽고 편하게 입을 수 있는 생활한복을 소개하였다(현대패션100년편찬위원회, 2002). 시민단체가 '우리옷 발표회'를 열어 일상 생활에서도 입기 쉽도록 개량한 한복을 선보이기도 하였다(서울역사편찬원, 2016b). 생활한복은 활동성을 높이기 위해 저고리를 허리까지 내려오

88 서울 패럴림픽 입장식에서 한복을 입은 행사요원들(1988)

게 늘이고, 치마는 복숭아뼈까지 늘이기도 하였다. 전통적인 색상뿐만 아니라 현대적인 파스텔 색을 더하고, 컬러 매치가 쉽도록 흰색과 검은색을 활용하였다. 전통적인 한복 형태를 변형한 반팔 저고리, 폭이 넓은 바지가 젊은 여성들 사이에서 유행하였다. 이러한 생활한복을 두고 전통의 저속화인지, 아니면 전통의 생활화인지에 대한 논쟁이 있기도 하였지만, 그럼에도 불구하고 생활한복은 예복의 영역으로만 한정되어가던 한복의 착용 영역 확장에 기여하였다는 점에서 의의를 가진다(이재정·박신미, 2011).

뿐만 아니라 한국을 상징하는 전통적인 의복인 한복이 우리나라를 알리는 의복으로 활용되었다. 국제 행사에서 한복을 입기도 하고, 오방색 같은 전통 색상, 전통 문양, 한복에서 영감을 받아 현대적으로 디자인된 행사의 유니폼을 입었다. 특히 88 서울 올림픽의 입장식과 시상식에서 행사 요원들이 한복을 유니폼으로 착용한 것을 계기로 올림픽 유니폼을 디자인했던 디자이너 신난숙 뿐만 아니라 이영희, 이리자 등의 한복 디자이너들 또한 주목받았다(서울시정개발연구원, 2001).

❷ 스포츠 웨어, 라이선스 브랜드와 내셔널 브랜드의 성장으로 다양해진 패션

1980년대에는 저달러, 저유가, 저금리의 3저 현상에 힘입어 무역에서 큰 폭의 흑자를 내면서 국내 경제는 큰 호황을 맞이하였다(서울역사편찬원, 2016b). 새롭게 등장한 화이트 칼라 계층이 소비를 주도하면서 패션계도 호황을 맞이하였다(이재정·박신미, 2011). 여성들의 사회 진출로 인해 각 가정의 경제력이 향상되었을 뿐만 아니라 가정에서 재봉틀을 사용하는 경우가 줄어들고 세탁소와 수선집이 성황을 이루었다. 나아가 주거 공간이 현대적인 아파트로 변화하고, 승용차의 보급, 냉방 시설 등 전반적인 생활 환경의 변화에 따라 과거의 의생활과 달라진 모습을 보였다. 이로 인해 계절과 날씨에 따라 달라지던 옷차림의 차이가 흐려졌다.

1980년대는 다양하고 개성 있는 개인의 취향에 부응하는 고감도의 패션 산업이 발전한 시기이다(한국패션협회, 2020; 현대패션100년편찬위원회, 2002). 소비자들은 개성을 추구하였으며, 의복 소비에 있어 옷의 상표,

86 서울 아시안게임 개막식(1986)
국제적인 스포츠 행사가 연달아 개최되면서 스포츠 웨어 및 용품의 소비붐이 일어났다.

즉 브랜드가 중시되기 시작하였다. 1980년대 패션의 특징을 살펴볼 때 브랜드의 성장과 세분화에 주목할 만하다. 1984년에는 패션을 전문으로 다루는 국내 잡지《월간 멋》이 창간되었으며, 1980년에는 컬러 TV 방송이 시작되면서 더욱 생생하게 패션에 대한 정보가 확산되었다. 이에 따라 다양한 색상의 옷을 어떻게 조합하여 입는지에 대한 관심도 커졌다. 단순히 옷을 잘 입는 것에서 그치지 않고, 옷과 액세서리가 조화롭게 어우러지는 토탈 패션을 추구하면서 액세서리의 중요성도 커졌다(현대패션100년편찬위원회, 2002).

이러한 상황에서 한국은 86 서울 아시안게임, 88 서울 올림픽 등의 국제적 스포츠 행사를 유치하였다. 국제 교류 기회가 늘어나면서 해외 문화와의 접촉 기회가 증가함에 따라 한국이 경제적, 문화적으로 도약하는 계기가 되었다(현대패션100년편찬위원회, 2002). 이러한 국제 행사의 유치는 한국 사회에 다양한 변화를 가져왔으며 국내 패션 시장과 사람들의 패션에 영향을 미쳤다. 한국 패션의 국제화를 가속시켜 해외 브랜드의 국내 도입은 물론 독자적이고 국제적인 한국 브랜드의 성장에도 크게 기여하였다. 특히 스포츠에 대한 관심이 높아짐에 따라 스포츠 웨어 영역이 새로운 시장으로 주목받으면서 성장하였다. 이러한 흐름에 맞추어 해외 스포츠 브랜드의 생산을 맡았던 국내 신발 생산 공장들이 운동화 제조로 쌓은 노하우를 스포츠 의류 개발에 적용하여 기능적이면서도 세련된 제품을 출시하면서 스포츠 웨어 시장에 합류하였다(이재정·박신미, 2011; 현대패션100년편찬위원회, 2002).

이처럼 올림픽을 기점으로 캐주얼 시대가 도래하면서 스포츠 웨어를 일상복으로 입기도 하고, 스포츠 웨어의 디자인 요소들이 캐주얼한 일상복에도 활용되었다(신혜순, 2008; 이재정·박신미, 2011). 특히 개인을 중시하고 건강과 여가를 중시하는 가치가 확산되고, 여가 시간이 확대되면서 스포츠 웨어가 더욱 각광을 받았다. 에어로빅, 조깅, 헬스, 골프 등 건강을 위한 운동이 유행하면서 기능성 소재의 운동복, 골프 웨어, 레저용 캐주얼 웨어가 큰 인기를 얻었다(이재정·박신미, 2011; 현대패션100년편찬위원회, 2002; 서울시정개발연구원, 2001). 이 시기 '아놀드 파마', '슈페리어' 등 골프 웨어 브랜드는 당시 중장년층의 캐주얼 웨어로 자리 잡았다(현대패션100년편찬위원회, 2002). 신소재의 개발은 의복의 기능성뿐만 아니라 디자인적 측면에서도 새로운 동력을

「올림픽市場」 서울을 노린다

세계 유명스포츠메이커들 판촉경쟁 치열

대리점설치 서비스공세

코오롱등 국내기업들도 기술제휴 서둘러

브라우닝·버터플라이·나이키등 상륙

한국시장에 파고든 각종 외국스포츠메이커들.

올림픽 시장 서울을 노린다
《경향신문》, 1981년 11월 13일
88년 올림픽을 유치한 한국에 세계적인 스포츠 메이커들이 몰려오고 있다. 아디다스, 미즈노, 나이키 등은 서울에 대리점을 만들고 시장확보에 치열한 경쟁을 하고 있다.

제공하면서 패션 시장의 성장에 기여하였다. 대표적으로 1970년대 후반, 에너지 절약을 목적으로 개발된 오리털과 퀼팅 소재가 인기를 얻으면서 점퍼, 재킷, 코트 등에 다양하게 이용되었다(서울시정개발연구원, 2001). 특히 스키용 점퍼인 덕 다운 파카는 실용성과 모던한 디자인으로 전 세계적으로 인기를 얻으면서 80년대를 대표하는 패션 아이템이었다(한국패션산업협회, 2020; 이재정·박신미, 2011).

국제적 행사 유치의 경험뿐만 아니라 해외여행, 수입 자유화 등 국제적 교류가 증가하면서 국내 시장이 해외에 조금씩 개방되기 시작하였다. 1980년대 초 '피에르 가르뎅', '크리스챤 디올', '이브 생 로랑', '나이키', '아디다스' 등 해외 유명 브랜드가 라이선스 형태로 국내로 도입되기 시작하였다. 해외 브랜드가 국내로 직접 진출한 것은 아니었지만, 이같은 해외 브랜드의 국내 도입은

(상)중장년층을 위한 골프 웨어 | 《리빙골프》, 1990년 12월호
(하)골프 웨어 '슈페리어' 광고 | 《여성동아》, 1988년 5월호
골프가 대중화되면서 골프 웨어가 중장년의 캐주얼 웨어로 이용되기 시작한다.

해외 라이선스 청바지 브랜드 '세르지오 바렌테' 광고
《월간 멋》, 1984년 5월호

남성 캐주얼 브랜드 '리갈' 광고 | 《여성동아》, 1988년 6월호

그동안 국내 브랜드로만 구성되어있던 국내 패션 시장에 새로운 변화의 단초를 제공하였다(이재정·박신미, 2011). 의류 업체들은 해외 유명 브랜드와 기술 제휴를 맺거나, 해외 브랜드의 의류를 직수입하는 등 조금 더 적극적으로 패션에 투자하기 시작하였다(현대패션100년편찬위원회, 2002). 이에 따라 소비자의 선택권이 확대되었으며, 나날이 고급화되어가는 소비자들의 수요에 맞추어 백화점에는 고급 수입 의류 코너가 새롭게 들어서기도 하였다(서울시정개발연구원, 2001). 1988년 한 신문 기사에서는 백화점마다 수입 의류 코너가 증설되고 있음을 기록하고 있다(조선일보, 1988/10/13). 수입된 해외 유명 패션 브랜드의 의류가 국산품보다 2배에서 4배에 이르기까지 비싼 가격임에도 불구하고 꾸준한 신장세를 보였다.

해외 브랜드에 맞서 국내 패션 시장은 가격, 소비자의 연령대, 라이프 스타일에 따라 브랜드를 세분화하는 전략을 취하였으며, 1986년을 기점으로 브랜드의 세분화가 심화되었다(한국패션산업협회, 2020). 국내 브랜드들은 디자인에 집중하여 다양한 색상을 활용하거나 한국적인 요소를 가미하는 방식으로 새로운 브랜드 이미지를 만들어내고자 노력하였다. 특히 생활 수준의 향상에 따라 외국 아동복 브랜드가 국내에 도입되고, 수출 환경의 변화에 따라 국내 기업들이 내수 시장에 주목하면서 남성복 시장도 확대되었다(한국패션산업협회, 2020). 이에 따라 가장 변화가 없었던 남성복과 아동복 분야에서도 브랜드의 세분화가 이루어지면서 점차적으로 패션화가 진행되었다(서울시정개발연구원, 2001). 이처럼 각 패션 브랜드들이 다양한 소비자를 겨냥하면서 브랜드의 세분화가 이루어져 국내 패션 시장이 발전하였으며, 사람들이 선택할 수 있는 패션 스타일도 한층 더 다양해졌다.

한편 해외와의 접촉은 국내 디자이너 브랜드를 중심으로 한국의 패션이 해외에 진출하는 계기로 연결되었다. 국내 패션의 국제적인 경쟁력을 높이기 위해 디자이너 패션 브랜드들이 국제화를 꾀하면서, 국내 디자이너들이 해외 패션쇼에 참여하였을 뿐만 아니라 국내에서도 다양한 패션쇼를 개최하고자 노력하였다(이재정·박신미, 2011). 1985년부터 국내 디자이너들이 파리 여성 기성복 박람회인 '살롱 드 프레타포르테 페미닌' 등 해외 컬렉션에 참여하였고, 1986년 한국패션협회의 전신인 한국하이패션협회가 창립되어 서울에서 제1회 서울국제여자

'피에르 가르뎅' 남성복 매장(1983) | 국가기록원

백화점의 아동복매장(1983) | 국가기록원

기성복박람회(SIFF)가 개최되었다(현대패션100년편찬위원회, 2002). 컬렉션 시스템을 통해 우리나라 디자이너의 고급 기성복을 해외에 알리고 수출을 통해 패션 산업을 활성화 시키고자 하는 다양한 노력이 계속해서 이루어졌다.

또한 이 시기에는 국내 디자이너들의 패션에서 한국적인 요소들이 중요하게 나타난다. 올림픽에 맞추어 열린 패션쇼에서는 앙드레 김, 이신우, 진태옥 등 한국 패션 디자이너들이 한복의 선, 한국의 전통적인 소재를 사용하여 민족적 정서를 표현한 의상을 발표하였다. 이를 두고 자국 문화에 대한 정체성을 확립하고, 자긍심을 표현함으로써 한국의 독자적인 패션을 정립하고자 하는 시도라는 긍정적인 평가도 있었으나, 전통을 지나치게 강조하여 국제 감각이 결여되었다는 비판을 받기도 하였다(현대패션100년편찬위원회, 2002; 서울시정개발연구원, 2001).

❸ 중저가 영 캐주얼 브랜드의 성장과 강남 고급 문화권의 출현

당시 신세대들은 5·16 군사정변 이후 경제적 성장기에 태어나서 TV와 함께 자라난 세대를 의미하였다(염혜정, 1991; 한국패션산업협회, 2020). 다시 말해 빈곤과 전쟁을 경험하지 않은 세대들을 의미하는 것이다. 신세대들의 인구 규모가 클 뿐만 아니라, 기존 문화와 구별되는 독특한 문화를 소유하고 있기 때문에 중요하면서도 새로운 소비 계층으로 인식되었다(서울시정개발연구원, 2001). 특히 1983년 교복 자율화 정책의 시행을 기점으로 이 신세대 청소년들의 옷, 주니어 복이라고도 부르는 영 캐주얼 패션 시장이 급격히 성장하였다. 기존 캐주얼 시장이 대학생에 초점을 두었다면, 교복 자율화 정책 시행 이후로는 더 이상 교복을 입지 않는 중·고등학생들로 그 초점이 확대되었다. 70년대 청바지를 생산하던 브랜드를 중심으로 중저가 캐주얼 패션 시장이 활성화되었고, 이러한 흐름은 자연스럽게 중저가 캐주얼 브랜드의 성장으로 이어졌다(이재정·박신미, 2011; 신혜순, 2008).

여성 가정

幕오른「주니어 패션」시대

디자인 공모·體形연구 활발 의류업계

◇간편하고 실용적인 T셔츠와 치마나 청바지등 활동복이 10대가 관심을 갖는 옷차림이다. 주니어패션이 자리잡기위해 학생 자신과 학부모, 그리고 학교의 「의생활지도」가 무엇보다 필요하다고 전문가들은 지적한다.

유행 타지않는것을

"색상은 밝은 中間色 어울려"

綿·골덴類 제품 인기

어른 흉내는 곤란… 체크무늬를

"값싸고 발랄하게"

값싸고 발랄하게 幕오른 「주니어 패션」 시대 | 《조선일보》, 1982년 3월 13일
10대 청소년들을 위한 주니어 패션 시대가 열리고 있다. 스포티한 활동복 유행을 타고 간편한 모양의 옷을 주로 만들어온 여러 옷 회사들도 청소년 옷 개발에 신경을 쓰고 있다.

이같은 새로운 비즈니스 환경을 포착한 의류 업체들을 중심으로 다양한 스타일의 중저가 브랜드가 등장하면서 청소년 의류 시장이 새롭게 형성되었다. 국내 의류 전문 업체뿐 아니라 대기업도 중저가 의류 시장에 뛰어들었으며, 청바지를 생산하던 '뱅뱅'과 같은 국내 브랜드와 '리바이스', '게스' 등의 라이선스 진 브랜드들도 경쟁에 합류하였다(이재정·박신미, 2011; 서울시정개발연구원, 2001).

지하철 2호선 개통(1980)

국내 청바지 브랜드 '뱅뱅' 어패럴 광고(1983년 이후) | 김한용 촬영

편안한 캐주얼복을 입는 서울시민들(1986)
구와바라 시세이 촬영

명동 입구 - 미도파백화점(1988)
구와바라 시세이 촬영

과소비퇴폐풍조 추방 캠페인(1990) | 국가기록원

현대백화점 개점 당시 전경 | 현대백화점
(상)압구정 본점(1985), (하)무역센터점(1988)

남대문시장에도 캐주얼 브랜드가 대거 등장하였다. 대량으로 상품을 판매하는 대형 소매점인 양판점 형태의 패션전문점도 대학가를 중심으로 등장하였다(동아일보, 1986/10/24). 이 시기 성장한 대표적인 브랜드로는 '이랜드'가 있다. 당시 이랜드는 중간 유통 과정을 생략하고 본사와 대리점 간의 거래 체제를 취하면서 서울 전역에 매장이 급증하였다. 뿐만 아니라 높은 품질과 적절한 가격으로 시장의 틈새를 파고들어 국내 패션이 대중화되는 시기에 급성장하면서 대학생들의 대표적인 브랜드 중 하나로 자리 잡았다(서울시정개발연구원, 2001).

1985년 지하철 2, 3, 4호선이 개통되면서 신세대의 스트리트 패션의 중심지는 70년대 신촌과 종로에서 점차 대학로, 이대 입구, 성신여대 입구 등으로 이동하였다. 특히 이대 입구, 성신여대 입구 등에는 '빌리지', '포스트 카드', '키 스테이션' 등 독특한 감각을 특징으로 하는 새로운 디자인의 저렴한 가격의 패션전문점들도 등장하였다(동아일보, 1986/12/04). 옷뿐만 아니라 모자, 구두, 가방, 생활용품을 갖춘 패션전문점으로 고가의 고급 기성복과 저가의 기성복 사이의 중간 형태로 그 영역을 넓혀갔다. 이처럼 1980년대에는 기존의 캐주얼과 다른 독자적인 캐주얼 영역이 만들어졌다(이재정·박신미, 2011).

앞서 확인한 것처럼 1980년대의 경제 발전과 국제화 추세에 따라서 패션이 다양해졌으며, 특히 패션에서 양극화 현상이 두드러지게 나타나기 시작하였다. 재래시장과 변두리 지역의 상권이 약세를 보였다. 뿐만 아니라 1980년대에 들어서면서 우리나라의 무역 구조는 값싼 섬유를 중심으로 하는 수출에서부터 고부가 가치 상품을 수출하는 방향으로 전환되었다(서울시정개발연구원, 2001). 이러한 변화에 따라 보세 및 불량품이 내수 시장에 유통되면서 이태원과 평화시장에 거대한 보세 전문 상가가 형성되었다. 명동과 한남동, 이태원에도 소규모 보세 상가가 등장하였다. 특히 이태원은 86 서울 아시안게임 및 88 서울 올림픽과 같은 국제 행사를 계기로 관광해야 할 곳으로 떠오르면서 청바지와 티셔츠 같은 옷들을 파는 보세 전문 상가가 유명해지기도 하였다.

한편 1970년대 형성된 강남 지역의 거대한 아파트 단지에 거주하는 사람들은 1980년대에 이르러 새로운 소비 집단으로 부상하였다. 이들은 대규

1980년대 유행한 오버 사이즈 룩
《월간 멋》, 1984년 5월호

화려한 액세서리를 착용한 여성
《마리안느》, 1989년 9월호

모 인구층을 형성하였을 뿐만 아니라 다른 사람들과 구별되는 생활 패턴을 보이면서 대중 소비 사회에서 중요한 소비자 집단으로 주목받았다. 강남을 중심으로 고급 카페와 부티크, 헤어 살롱, 백화점이 들어서면서 새로운 소비 환경이 형성되었다(서울시정개발연구원, 2001). 무엇보다도 품질뿐만 아니라 값비싼 해외 유명 브랜드의 제품을 선호하는 소비 성향이 나타났다. 이러한 분위기에 사회적으로 무분별한 외래문화 추종을 지양하고, 한국 고유의 생활문화를 창출하고자 하는 분위기도 형성되었지만, 세계화의 추세는 막을 수 있는 것이 아니었다.

1970년대의 정부 규제로 수입하지 못하였던 록 음악이 뒤늦게 한국에 유입되면서 가죽 제품이 유행하였다(이재정·박신미, 2011). 당시 글로벌 패션 트렌드에 발맞추어 고가품에 속하였던 무스탕과 밍크도 크게 유행하였다(한국패션산업협회, 2020). 1985년에는 인조 모피로 옷의 밑단이나 커프스를 장식하기도 하였으며, 인조모피로 된 목도리와 모자도 인기있는 패션 아이템이었다. 한국과 해외의 패션 유행에서 시차가 줄어들면서 해외 트렌드가 반영된 과시적이고 화려한 액세서리와 과감한 실루엣의 오버 사이즈 의상뿐만 아니라 글래머스 룩, 노출 패션, 시스루 룩, 란제리 룩 같이 여성의 육체를 보여주는 과감한 패션도 볼 수 있었다(한국패션산업협회, 2020).

3 1990년대: 패션의 양극화, 동대문 패션 타운 VS 청담동 명품 거리

❶ '한복 입는 날'(1996)과 한복의 대외적 이미지

1990년대 예식용 한복은 이전보다 더 고급스러워지고 화려해졌다. 이처럼 일상복의 위치를 잃게 된 한복은 우리 민족의 문화와 정체성을 담고 있는 한국의 전통 의상이라는 상징적인 이미지가 강조되었다. 이에 따라 자연스럽게 한복에 대한 관심을 높이기 위한 국가기관의 노력이 시작되었는데, 한복의 날 지정이 바로 그것이었다. 1996년부터 문화체육부는 한복의 생활화를 위해서 매월 첫째 토요일을 한복 입는 날로 제정하였고, 공공기관이나 금융기관뿐만 아니라 일반 기업들도 이러한 한복 입는 날에 동참하였다. 이 시기부터 한복 입은 시민에게 고궁과 박물관을 무료로 개방하는 것이 시작되기도 하였다(서울역사편찬원, 2016b). 뿐만 아니라 이 시기부터 생활한복을 지원하는 정책들이 시행되었는데 이를 바탕으로 생활한복이 대중화되어 유치원복, 교복, 공무원 근무복, 서비스업의 단체복으로 활용되었다. 이러한 정부의 친한복 정책 기조를 바탕으로 TV 방송에도 생활한복이 빈번하게 등장하기도 하였다.

생활한복은 등장한 이래로 시간의 흐름에 따라 점차 인기를 끌었다. 초창기 실용성을 살린 생활한복은 성인 남성용과 어린이용을 중심으로 고가에서부터 중저가에 이르기까지 다양하게 생산되었고, 점차 일반인의 의복 아이템 중 하나로 인식되기 시작하였다(현대패션100년편찬위원회, 2002). 실제로 80년대에는 과거 학생운동가나 풍물패, 재야단체인과 같이 특정한 소수 집단의 사람들만이 생활한복을 입었지만, 생활한복이 조금씩 인기를 끌게 되면서 1990년에는 대중적 인기에 힘입어 생활한복 전문점이 증가하기도 하였다. 자연스럽게 이 시기 생활한복 시장규모도 1997년 9백억 원에서 1998년 2천억 원으로 급성장하였다(서울시정개발연구원, 2001). 당시 생활한복은 한복을 현대 생활에 맞게 변형시키면서 대님 대신 단추, 실크 대신 면을 사용하고 천연 염색법을 고수하는 특징을 가지고 있었는데, 시장규모가 성장하며 이러한 생활한복의

한복입는날 선포 2주년 기념식(1998) | 국립민속박물관

특징이 디자인과 색상 면에서 제한적이라는 비판을 받기도 하였다. 하지만 이러한 비판에도 불구하고 생활한복의 유행은 계속되었다. 1990년대 중반 이후에는 전통찻집, 황토방 등이 생활한복과 함께 유행하였는데, 특히 인사동이 관광명소로 새롭게 떠오르면서 생활한복점들이 인사동에 자리 잡기도 하였다.

1990년대부터 한복은 각종 패션쇼에 사용되기도 하였다(현대패션100년편찬위원회, 2002). 한복을 패션쇼에 활용한 대표적인 디자이너는 이영희로, 그녀는 1993년 파리 컬렉션에서 국내산 원단을 사용하여 한복의 색과 선, 깃과 매듭을 가미한 F/W 여성 의상 70여 점을 출품하였다. 당시 프랑스 잡지 《르 피가로》에서는 이영희에 대해 '한국 고전 의상의 여사제'라고 언급하면서 '전통적인 방법으로 염색한 자연 섬유'에 대해 호평하였다(서울역사편찬원, 2016b). 그 다음 해 그녀는 저고리 없는 한복을 활용하여 이브닝 드레스를 제작하였다. 그녀가 만든 드레스에는 얇은 비단의 일종인 노방이 활용되었는데, 드레스의 하늘거리면서 가볍게 날리기도 하고 풍부한 양감을 머금기도 하는 모습을 두고 프랑스 잡지 《르 몽드》의 패션 수석기자는 바람을 담아낸 것과 같이 자유롭고 기품이 있는 옷이라는 의미로 '바람의 옷'이라는 표현을 사용하기도 하였다. 세계인들의 갈채를 받은 '바람의 옷'은 그녀의 대표작이 되었지만, 국내에서는 한복의 정숙미와 전통을 망쳤다는 비난이 일기도 하였다(서울역사편찬원, 2016b). 하지만 이와 같은 부정적 평가에도 불구하고 이영희의 작품은 외국에서 기모노 꼬레(Kimono Coree)(한복을 기모노의 변형 정도로 생각하며 부르는 말)라고 칭해졌던 한복을 원래의 이름인 한국의 옷, '한복(Hanbok)'으로 불리게 하였다는 점에서 큰 의미가 있었다(서울역사편찬원, 2016b). 이러한 흐름 속에서 이신우, 설윤형과 같은 서양복을 디자인하는 국내 패션 디자이너들이 한국적 문양이나 색채를 사용한 디자인을 발표하기도 하였다(현대패션100년편찬위원회, 2002).

'질경이' 여성용 생활한복(1990년대)
한복을 현대생활에 맞게 개량하기 위해 면과 단추를 사용하였다.

❷ 스트리트 패션의 부상: 명동과 동대문, 그리고 홍대

1990년대에는 다양한 브랜드가 등장하고 패션이 세분화됨에 따라 자유로운 스트리트 패션이 나타났다. 이 시기는 포스트 모더니즘의 영향을 받은 '탈유행의 시대'로, 다양한 스타일이 혼합되어 여러 패션이 동시에 유행하였다. 이 시기부터 미니멀리즘, 복고풍 에스닉, 공주 패션이 유행하였으며, 이지 캐주얼 시장이 전반적으로 확대되었다. 미니멀리즘의 영향으로 블랙 팬츠 수트와 같이 간결한 스타일의 옷이 큰 인기를 끌었고, 길고 통이 넓은 바지에 높은 통굽의 검정 신발을 매치하는 것이 유행하였다(한국패션산업협회, 2020). 이전 시기에 비해 신체 노출이 많은 옷을 입는 경향이 나타났는데 허리나 배꼽이 드러나는 배꼽티를 입는 사

아방가르드 스타일
《레이디경향》, 1999년 2월호

힙합 스타일
《레이디경향》, 1999년 2월호

미니멀한 바지정장과 통굽 신발
(좌)《레이디경향》, 1999년 2월호 / (우)《마이웨딩》, 1999년 2월호

제13,816회 원화 배꼽티 유행 | 《문화일보》, '고바우 영감', 1999년 9월 2일
고바우 유족 김규희, 대한민국역사박물관

람들이 생겨났고, 슬립 드레스 형의 상의, 힙허거, 초미니 핫팬츠, 시스루 룩 등 어느 정도 몸을 드러내는 패션이 등장하기도 하였다. 1990년대 후반에는 아방가르드 룩과 더불어 스포티즘의 영향으로 '아디다스' 흰색 라인이 들어간 스포티 룩이 성행하였다. 이처럼 다양한 패션 스타일이 등장하고 옷을 입는 것에 있어 자유로운 분위기가 형성됨에 따라 이제 패션은 사회적 지위나 신분이 아니라 개인의 취향에 따라 선택할 수 있는 것이 되었고, 사람들은 옷을 통해 자신의 개성을 표출하기 시작하였다.

또한 1990년대는 서울 북부 및 주변 지역에 새로운 소비시장이 형성된 시기이기도 하였다. 1991년 상계동에 대형 아파트 타운이 건설됨과 동시에 한신코아 및 미도파백화점이 오픈하였으며, 서울 근교에 대형 아파트타운이 들어선 이후로 분당, 일산, 수서 또한 주요 소비시장으로 부상하였다. 뿐만 아니라 1990년대부터 시작된 인터넷과 케이블 TV 등이 보급되면서 유통시스템이 혁신을 맞이하며, 이전과 달리 보다 다양한 경로로 패션을 경험할 수 있게 되었다. 이를 통해 사람들은 패션에 대한 정보를 보다 쉽게 얻을 수 있게 되었는데, 1990년대 말에 이르러서는 케이블 TV의 쇼핑 채널과 인터넷 쇼핑몰을 통한 의류 판매도 시작되면서 사람들의 패션에 대한 경험이 점차 확대되었다. 이 시기의 의류 판매는 지금에 비하

분당 아파트 건설 현장(1991) | 국가기록원

면 턱없이 부족한 수준이었고, 향후 있을 유통시스템의 혁명을 예고하는 정도였지만, 그럼에도 불구하고 직접 매장에 가지 않아도 옷을 구매할 수 있게 되었다는 점에서 유행의 지역적 특수성이 사라질 수 있도록 하는 계기를 제공하여 주었다(서울시정개발연구원, 2001; 이재정·박신미, 2011). 이와 같은 개인용 호출기와 휴대전화의 발달, 컴퓨터의 보급과 인터넷의 확산은 중심 문화에 대한 젊은 층의 사회 내 파급력을 더욱 증대시키기는 기반이 되기도 하였다(현대패션100년편찬위원회, 2002). 뿐만 아니라 국내 백화점과 대형 할인점, 디자이너들이 공동으로 유통회사를 설립하는 경우, 케이블 TV의 쇼핑 채널 개설이나 인터넷 쇼핑이 가능하도록 하고 외국 대형 할인 유통점을 국내로 들여오는 등 의류상품의 유통 경로가 더욱 다각화될 수 있는 계기가 되기도 하였다(현대패션100년편찬위원회, 2002).

원래 서울패션의 중심지였던 명동은, 로데오 거리의 부상과 함께 압구정동과 청담동에 고급 패션 메카의 지위를 넘겨주게 되었다(이재정·박신미, 2011). 대신 명동은 10대와 20대의 패션 거리로 재편되어 중저가 캐주얼 패션의 본거지로 변모하였다(서울시정개발연구원, 2001). 명동이 대중적인 공간으로 변화하자 많은 패션업체들은 새상품에 대한 소비자의 반응을 파악하기 위한 시험적인 상점인 '안테나 숍'을 명동에 두기도 하였다. 또 보세상가, 아울렛 매장, 브랜드 대리점, 패션 멀티숍 등이 각각의 블록을 형성하면서 명동은 '패션의 바다'라는 별명을 얻게 되었다(동아일보, 1998/12/18). 뿐만 아니라 명동에는 수많은 복제품이 판매되기도 하였다(서울시정개발연구원, 2001).

한편, 동대문 지역 상가는 저가, 중저가 의류상가로 국내 의류 시장 판도를 크게 바꾸며 급부상하였다. 1997년 IMF의 영향으로 인해 국내 경기가 위축되었으나, 동대문을 중심으로 경제 불황이 조금씩 타개되며 재래 의류 시장의 부활과 의류 수출의 활성화가 이루어졌다(신혜순, 2008; 현대패션100년편찬위원회, 2002). 동대문시장이 활성화되게 된 배경에는 새롭게 지어진 현대식 상가들의 역할이 컸다. 기존에 있던 상권에 백화점형 거대 상가들이 들어오면서 동대문시장은 도매시장인 동시에 복합 문화공간으로써 입지를 다질 수 있었고, 이를 바탕으로 국제적인 쇼핑몰로 거듭날 수 있었다(이재정·박신미, 2011; 현대패션100년편찬위원회, 2002). 현재 동부도매상권인 '디자이너 클럽'이 1995년 총 700개의 점포가 입점한 쇼핑센터를 열면서, 동대문은 재래시장에서 현재의 모습으로 변화하였다. 또 IMF 이후 '밀리오레'와 '두산타워'와 같이 점포 수 2,000여 개 이상의 백화점 형 상가들이 들어서면서, 동대문은 외국 관광객들의 필수코스가 되었다(서울시정개발연구원, 2001; 한국패션산업협회, 2020).

동대문은 거대한 도매시장의 특성과 접근성까지 갖추며 관광객뿐 아니라, 해외 바이어들의 시선도 사로잡았다. 애초부터 동대문 상권은 저렴한

'패션 본고장'에 넘치는 '이브'들 웃음소리

거리·사람·문화 〈14〉 서울 명동

여성이 인파의 80% '성비 불균형' - 10~20대 물결
연말엔 캐럴 들으며 걷고싶은 '추억의 공간'

패션문화 '패션의 중심지'였던 명동. 90년대 들어 외제브랜드나 고가패션매장이 서울 강남으로 빠져나가면서 '중저가' '캐주얼' '10대, 20대'의 패션거리로 재편됐다. 명동상가번영회의 김재훈부장은 "IMF시대 들어 중저가화, 저연령화가 빨라졌지만 아직도 패션업체나 제화업체는 명동에 본사나 매장이 있느냐 없느냐에 따라 비중이 달라진다"고 설명.

많은 패션업체들은 '안테나숍'(새 상품에 대한 소비자의 반응을 파악하기 위한 매장)을 명동에 두고 있다. 최근에는 유투존과 브이익스체인지 등 패션전문점 외에 한 건물에 다양한 패션브랜드 액세서리점 화장품점 등이 집결된 '패션 멀티숍'도 늘어나는 추세.

명동을 자주 찾는다는 김자경씨(29·삼성물산 유통부문 대리). "'명동패션'은 '강남패션'과는 확연히 다르다. 언뜻 덜 세련된 듯하지만 복고적이면서 실용적이고 격식을 갖춘 스타일이다. 이곳만큼 여성의 '아이쇼핑 욕구'를 충족시키는 곳은 없다"고 예찬.

'패션 본고장'에 넘치는 '이브'들 웃음소리 | 《동아일보》, 1998년 12월 17일

10~20대의 패션거리 명동(1997) | 국가기록원

동대문 소매상권의 중심 '헬로apm', '밀리오레', '두타', '케레스타'
서울역사박물관, 『(불이 꺼지지 않는 패션 아이콘)동대문시장』, 2011년

홍대앞 클럽 | 서울역사박물관, 『홍대앞』, 2018년

가격과 다양한 디자인, 빠른 상품 회전력을 바탕으로 경쟁력을 보유하고 있었지만, 2,000개 이상의 점포가 백화점형 쇼핑몰에 밀집되게 되면서 접근성까지 갖추게 되었다(서울시정개발연구원, 2001; 현대패션100년편찬위원회, 2002). 동대문시장은 IMF 금융지원 이후의 원화환율 폭등에 힘입어 전체 매출의 10~50% 상당을 수출하여 경제에 기여하였다(서울시정개발연구원, 2001). 이에 더해 동대문시장은 늦은 시간까지 영업을 하는 것으로 유명하였는데, 이를 통해 동대문시장에서의 야간 쇼핑이 독특한 밤 문화로 정착하였다. 동대문시장은 이태원과 함께 쇼핑 명소로 급부상하며 관광객 유치에도 성공하였을 뿐만 아니라, '올빼미 쇼핑족'이라 불린 여대생, 직장인, 미시주부 등 국내 대중들의 발길을 사로잡았다(이재정·박신미, 2011).

명동, 동대문과 함께 대중들의 스트리트 패션을 이끌었던 또 다른 지역은 홍대였다. 지역적으로 '홍대'란 홍대 정문 앞에서 양화대로변까지 이어지는 거리로, 홍대입구와 극동방송국 사이에는 대규모의 카페거리가 형성되어 있었다. 이곳에는 주로 펑크와 테크노 음악 등이 라이브로 공연되었던 '클럽'들이 있을 뿐만 아니라 '인디 그룹(indie group)'이라 불리는 언더그라운드 록 그룹이 약 100개 정도 활동하여 '언더그라운드 문화의 산실'이라 불리기도 하였다(서울시정개발연구원, 2001). 이에 따라 이 지역에는 실험정신이 강한 젊은이들이 주로 모여 비주류의 소수문화를 형성하였으며 찢어진 청바지, 바랜 색의 늘어진 스웨터, 제멋대로 단 장신구 등 빈티지라 불리우는 중고풍 패션이 홍대만의 독특한 특징이 되어갔다(동아일보, 1998/10/30).

❸ 강남 중심의 고가 해외 패션 대두: 압구정 오렌지족과 청담동 명품 거리

1990년대에 있었던 우루과이 라운드(1993)와 OECD 가입(1996) 등은 해외 유명 브랜드의 국내 도입과 백화점의 고급화를 촉진시켰고, '국적과 상관없이 좋은 상품이면 된다'는 신소비 행태(현대패션100년편찬 위원회, 2002)와 맞물리며 강남 중심의 고가 해외 패션을 대두시켰다. 1990년대 들어 서울 시민의 생활에 전반적으로 국제화와 고급 경향이 뚜렷해졌는데, 1990년대 전반에 걸친 패스트푸드점과 패밀리 레스토랑의 급성장, 골프 붐 등은 이를 잘 보여준다(서울시정개발연구원, 2001). 하지만 IMF 이후 중산층이 몰락하면서, 풍요로운 소비 흐름 또한 큰 타격을 받게 되었다. 백화점에서도 중산층을 상징하던 브랜드는 사라지고 고가의 해외 유명브랜드와 저가 시장형 상품이 대신 그 자리를 메우는 등 의생활에서의 양극화 현상이 두드러지게 되었다(동아일보, 1998/06/30; 서울시정개발연구원, 2001에서 재인용). 1980년대에 등장한 신세대들에게 제기되었던 여러 비판들 가운데 외국 문화에 대한 무조건적인 수용에 대한 우려도 이 시기까지 이어져 사회적인 문제가 되기도 하였다(동아일보, 1990/08/12; 동아일보, 1991/08/19).

이러한 상황 속에서 강남 지역에는 해외 유명 브랜드가 직수입되거나 새로운 유통업체가 등장함에 따라 고가의 해외 브랜드가 입점하기 시작하였다. 1993년 7월 1일, 3단계 유통시장 개방조치 이후 '베네통', '라코스테', '피에르 가르뎅' 등 세계 유명 의류 브랜드 총수들이 내한하였고, 이들 브랜드의 직수입이나 라이선스 브랜드의 국내 런칭을 기념하여 이와 관련한 다양한 홍보가 진행되기도 하였다(현대패션100년편찬위원회, 2002). 초기 해외 유명 브랜드의 직수입품은 대부분 압구정동에 위치한 편집매장을 중심으로 유통되었는데, 보따리상 형태가 대부분이었다. 하지만 일부 사업에 성공한 편집매장은 1990년대 후반 해외 디자이너 브랜드와의 정식 계약을 통해 브랜드를 직수입할 만큼 성장하였다(이재정·박신미, 2011). 1995년 재정경제원에서 병행수입을 허용한 이후에는 의류 상품의 유통 경로가 더욱 다각화되었다. 한 상점에서 여러 브랜드를 비교, 구입할 수 있는 패션 전문점, 국내 백화점과 대형 할인점, 케이블 TV의 쇼핑 채널, 인터넷 쇼핑몰, 외국 대형 할인 유통점의 국내 상륙 등이 그것이다.

이와 같이 외국의 유명제품들이 백화점에 입점함에 따라 대표적으로 '휠라', '샤넬', '크리스찬 디올', '루이비통' 등의 명품 로고가 대중화되기 시작하였다(신혜순, 2008). 명품과 관련해서는 잡지명을 딴 '노블레스(Noblesse)족'이 등장하였으며 특정 브랜드 이미지를 선호하는 20~30대 초반의 직장여성과 주부를 일컫는 '샤넬족' 이라는 말도 새로이 떠올랐다(서울시정개발연구원, 2001). 경제력이 부유하지 못한 경우에도 액세서리나 핸드백, 안경, 구두 등을 명품으로 구입하는 소비 경향이 생겨나기도 하였다(이재정·박신미, 2011). 이러한 흐름 속에서 1990년대는 과소비, 사치 향락성 해외여행, 황금만능 풍조 등이 사회적인 문제로 대두되기도 하였다(동아일보, 1997/03/19).

이 시기 국내로 유입된 수입브랜드로 인해 일반 사람들의 의생활이 조금씩 고급화되었다. 이러한 수입 브랜드들은 갤러리아 명품관이 위치한 압구정동과 청담동 거리를 따라 차례로 문을 열었다(서울시정개발연구원, 2001; 현대패션100년편찬위원회, 2002). 1980년대부터 형성된 강남 백화점들 간 경쟁이 치열해지면서 수많은 고가 수입 브랜드들이 백화점에 입점하였다. 대규모 아파트 단지를 중심으로 소비력이 강남으로 집중되면서 명동에 있던 유명 디자이너들도 강남으로 함께 옮겨왔고, 이때부터 서울 고급 패션의 상징은 명동이 아닌 압구정동과 청담동이 되어갔다(서울역사편찬원, 2016b).

압구정 로데오거리와 청담동 명품거리는 수입의류 시장이 커지면서 형성된 상권이라 볼 수 있다. 한양아파트에서 학동 사거리에 이르는 로데오 거리는 1990년대 초반 형성되었는데, 한때 부유층 젊은이들

비난도 많은 한국의 新世代

무스탕에 미니스커트·긴부츠
독특한 소비양식 만들어

압구정族

서울 강남구 압구정동에는 항상 많은 젊은이들이 몰려든다. 그들의 의상과 노는 모습, 소비패턴은 독특한 양식을 만들어내고 있다.

남자들 머리엔 무스

여자는 토스카나나 무스탕으로 이름붙은 양털점퍼에 미니스커트와 부츠차림, 남자들은 블랙진에 뾰족하고 굽높은 구두, 머리엔 무스나 젤리를 발랐다.

압구정동 현대백화점에서 갤러리아백화점에 이르는 압구정로 건너편 카페골목. 언제부터인지 이곳이 한국의 신세대라는「압구정족」들의 놀이터가 되었다.

비슷비슷한 가운데서도 저마다 독특한 복장과 머리모양을 하고 있다.

이들 압구정동의 젊은이들은 스쿠프나 개조한 지프를 몰고 이곳을 찾는다. 한겨울이지만 선글라스를 많이 끼고있는 것도 특징이다. 로바다야끼, 카레전문요리, 피자를 즐기고 머러는 차를 몰고 지나다니며 마음에 맞는 상대와 즉석 미팅도 한다.

1일 오후 압구정동에서 만난 尹美貞양(19·서초구 방배동)은 일주일에 한두차례 이곳에서 친구들을만난다고 했다. 尹양은 늘어뜨린 긴머리에 토스카나와 청바지 차림.

한겨울에 선글라스

『특별한 이유는 없지만 친구들을 만날때는 으레 이곳에서 모여요. 이곳 분위기가 저희 나이에 맞는 것 같고…』

요즘 유행하는 것이무엇인지 자신은 잘 모른다고 했다. 그러나 같은 또래들의 대담한 패션과 헤어스타일, 그리고 모든것이 보기만해도 재미있다는 것이다.

『오렌지족이란 말 들어보셨어요. 오렌지를 들고 다니다가 마음에 맞는 여자애를 보면 오렌지를 준답니다.』

尹양과 함께 이곳에 놀러온 한 여자친구는 『남자애들 몇명이 하루에 1인당 10여만원씩을 거두어서는 그돈을 오렌지를 받아든 여자를 위해 몽땅 써버린다』고 덧붙였다.

70년대에는 생맥주와 청바지, 통기타로 표현되는 청년문화가 있었다. 그리고 80년대에는 운동권문화가 젊은이들을 지배했다.

외래문화 흉내낸 소비지향, 일부 비판

"왜색분위기 심해"

압구정족들이 만들어내는 풍경은 청년문화나 운동권문화와는 달리 외래문화를 흉내내고 지나치게 소비지향적이라는 지적을 받고있다.

『어른들이 그런 젊은애들을 곱게 보지않는다는 것도 다 알아요. 저도 이곳의 왜색분위기가 심하다고 생각해요.』한 압구정족은 젊었을때는 호기심이 많고 유행에도 민감한게 당연하지 않느냐고 항변하듯 말했다. 〈梁根晩기자〉

◇서울 강남구 압구정동의 한카페앞에서 이야기를 나누고 있는 압구정 젊은이. 토스카나와 미니스커트가 이곳 여성들의 전형적인 옷차림이다. 〈金振平기자〉

비난도 많은 한국의 신세대 | 《조선일보》, 1992년 2월 2일
여자들은 토스카나, 무스탕 점퍼에 미니스커트와 부츠차림이며, 남자들은 블랙진에 뾰족하고 굽높은 구두, 머리엔 무스나 젤리를 발랐다. 한겨울이지만 선글라스를 많이 끼고 있는 것도 특징이다.

을 중심으로 한 유흥거리라는 이미지를 가지고 있었으나, 얼마 지나지 않아 새로운 패션 중심지로 부상하였다. 1997년 5월 통산부는 상가 육성을 위해 이곳을 '패션의 거리'로 지정하기도 하였다(동아일보, 1997/07/05). 한편 청담동 명품거리는 1994년 '조르지오 아르마니' 단독 매장이 생긴 것을 시작으로, 갤러리아백화점에서부터 청담사거리를 따라 '구찌', '프라다', '미소니' 등 세계 최고급 유명 브랜드의 패션매장들이 집중적으로 입점하면서 조성되었다(서울시정개발연구원, 2001; 서울역사편찬원, 2016b). IMF 이후 계속되던 불경기에도 불구하고 청담동의 명품 매장들은 해마다 매출 신장세를 보였다(동아일보, 1999/05/27; 서울시정개발연구원, 2001에서 재인용). 현재까지도 청담동 사거리를 따라 형성된 국내 디자이너들의 매장과 작업실은 한국 고급 패션의 중심지로서 청담동의 현주소를 보여주고 있다.

압구정 오렌지족은 주로 20대로 성에 대해 개방적이고 고급 수입 의류와 승용차 등 고가의 소비를 즐겼으며 돈을 물 쓰듯이 사용하여 한국 사회를 떠들썩하게 만들었다. 이들을 소재로 한 문학 작품이나 영

세관에 압수된 여우목도리와 골프채(1997) | 국가기록원

화가 등장하기도 하였고, 강남 일대 유흥업소 집중 단속이 이루어지면서는 국정감사에서 이들의 부모들에 대한 세무 조사가 촉구되기도 하였다(서울역사편찬원, 2016b). 이들은 다른 사람들과는 차별되는 스타일을 가지고 있었는데, 주로 고가의 유명 브랜드, 무스탕 코트와 미니스커트, 대담한 헤어 스타일, 고가의 수입 스포츠카 등을 그들만의 문화적 기호로 사용하였다(서울시정개발연구원, 2001). 투박한 미제보다는 색감과 디자인이 뛰어난 유럽 디자이너의 옷을 선호하였고, 국내 디자이너에게 옷을 맞추는 경우에도 원단은 유럽산을 사용하였다(서울역사편찬원, 2016b). 남성의 경우 짧은 반바지, 야구모자와 그들끼리만 알아보는 해외 고가 청바지를 입었으며, 여성의 경우 몸매를 드러내는 타이트한 옷차림을 즐기거나 남색 스판으로 된 미니스커트를 주로 입었다. 겨울에는 남녀불문하고 무스탕을 선호하였다(서울역사편찬원, 2016b).

4 청년 세대의 패션과 지역별 특성 정리

1970년대에서 1990년대까지 패션 변화에서 주목할 만한 점은 '청년 세대'의 등장과 '패션산업'의 성장이라고 볼 수 있다. 앞서 살펴봤듯 1970년대부터 시작된 급격한 경제성장은 이전에 없었던 새로운 '청년 세대'를 등장시켰고, 이들은 기존에는 없었던 스타일을 시도함으로써 패션의 변혁을 불러왔다. 청바지나 미니스커트부터 캐주얼 웨어와 힙합 스타일의 옷까지 1970년대부터 1990년대의 청년들은 새로운 패션 아이템을 유행시켰다. 나아가 이 시기부터 시작된 국내 패션산업의 발전은 서울에 패션을 중심으로 하는 다양한 지역들이 발전하는데 영향을 미쳤다. 이에 따라 본 연구는 이 시기의 패션을 '청년 세대'와 '지역'을 중심으로 하여 분석해보았다.

❶ 각 시기별 청년 세대의 패션

1970년대부터 1990년대까지 청년 세대들이 등장하고, 이로 인해 청년 세대들만의 패션 스타일이 두드러진 시기이다. 〈표 12〉(페이지 122~123 참고)는 1970년대부터 1990년대까지의 시기적 특성과 청년 세대의 패션 특징만을 선정하여 새롭게 정리한 것이다.

1970년대

1970년대부터 한국의 급격한 경제발전이 시작되면서 그 이전 시기와 다르게 '청년 문화'라고 규정할 수 있는 새로운 문화들이 등장하기 시작하였다. 이 시기는 해방 이후 태어난 세대와 한국전쟁 이후 태어난 베이비붐 세대가 중심이 되어 청년 문화를 시작하였는데, 특히 베이비붐 세대들은 당시 청년 문화를 상징하던 '청바지'와 '통기타'로 인해 청바지 세대, 통기타 세대라고도 불리기도 하였다. 1970년

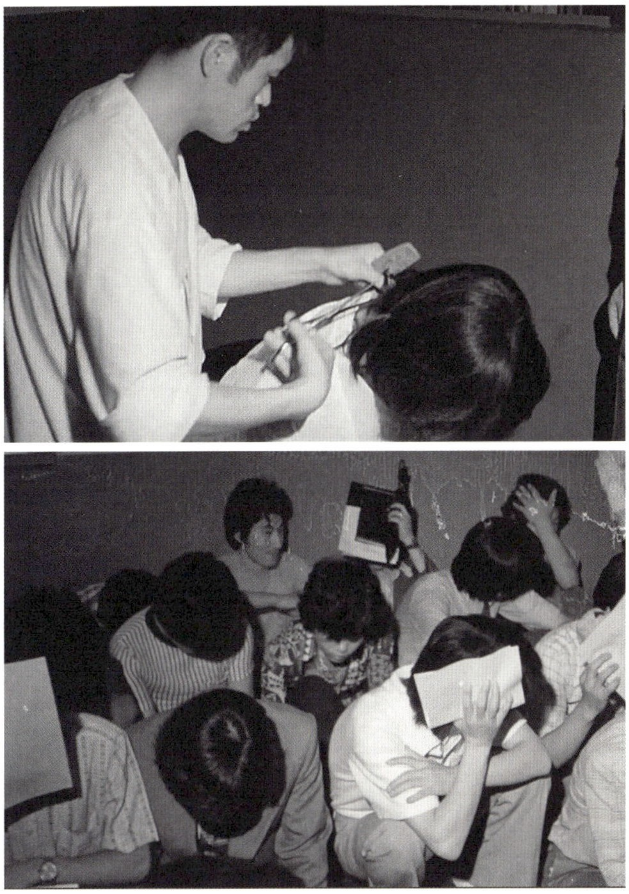

장발 단속(1975) | e영상역사관

대 청년 세대의 주요 패션은 청바지, 티셔츠, 미니스커트, 장발, 판탈롱 등으로 정리된다. 음악과 영화와 함께 팝뮤직 가수와 영화 배우들이 입은 청바지가 우리나라에 전달되면서 청바지가 본격적으로 수입되기 시작하였다. 청바지는 청년들에게 청바지 이상의 의미를 가지고 있었다. 당시의 청년들은 독재정권 하에서 기성세대의 통념과 제도에 저항하고 이들과 자신의 다름을 보여주고 싶어하였고, 청바지를 통해 이러한 정체성을 드러냈기 때문이다. 청바지는 그 자체로 이러한 청년들의 정체성을 발현할 수 있는 매개체로서 기능하였다(서울역사편찬원, 2016b). 처음 한국에 소개되었던 1960년대 초 소위 깡패들이나 입는 옷이라며 부정적으로 여겨졌던 청바지는 대중화 과정을 거쳐 1970년대 중반부터는 어느 거리를 가도 청바지를 입은 사람들을 볼 수 있었다.

미니스커트와 장발도 크게 유행하였으나, 이는 정부 단속의 주된 대상이었다. 1960년대부터 유행했던 미니스커트의 길이는 점차 짧아졌다. 이 시기 등장한 '마이크로 미니스커트'는 조금만 움직여도 속이 보여 사회적으로 문제가 되었고, 풍기문란을 이유로 단속되었다(서울역사편찬원, 2016b). 그럼에도 미니스커트는 당대의 청년 세대에게 새로운 패션으로 큰 사랑을 받았다. 장발 역시 경범죄 처벌법 조항에 들어가면서 단속되었는데(한국패션산업협회, 2020), 남자인지 여자인지 성별을 분간하기 어려운 모습이라는 점, 저항하는 히피문화의 영향 받았다는 점 등이 그 이유였다.

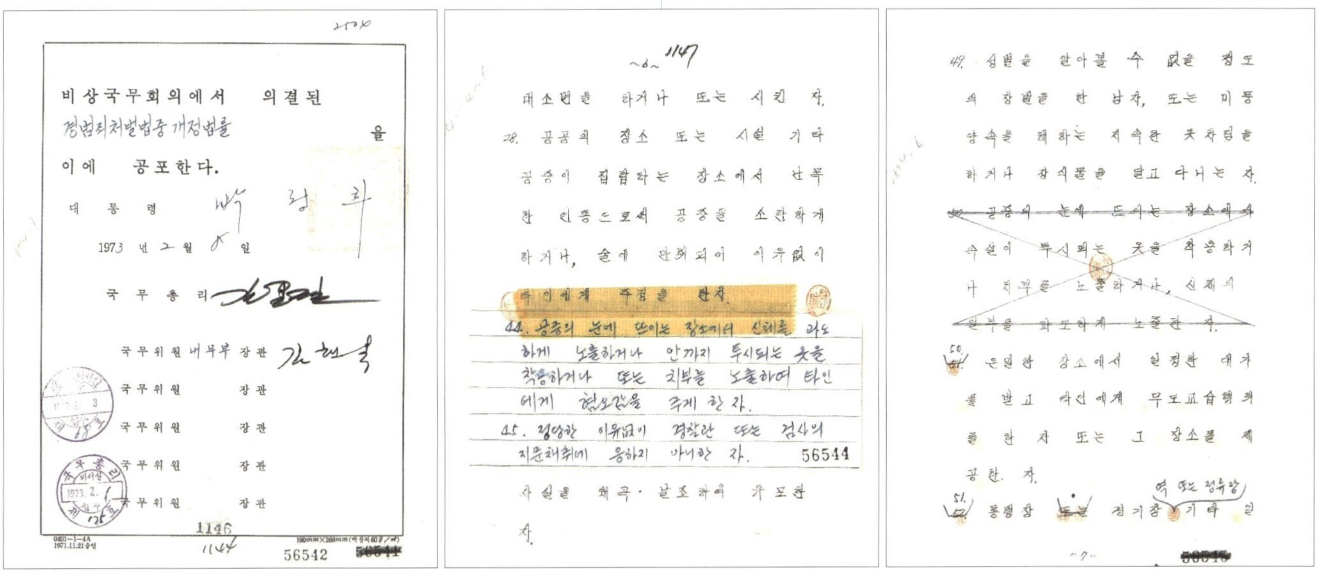

비상국무회의에서 의결된
경범죄처벌법중 개정법률 을
이에 공포한다.
대통령
1973 년 2 월 8 일
국무총리
국무위원 내무부 장관
국무위원 장관
국무위원 장관
국무위원 장관
국무위원 장관
56542

~6~
대소변을 하거나 또는 시킨 자.
28. 공공의 장소 또는 시설 기타 공중이 집합하는 장소에서 난폭한 언동으로써 공중을 소란하게 하거나, 술에 만취되어 이유없이 타인에게 주정을 한 자.
44. 공중의 눈에 띄이는 장소에서 신체를 과도하게 노출하거나 안까지 투시되는 옷을 착용하거나 또는 치부를 노출하여 타인에게 혐오감을 주게 한 자.
45. 정당한 이유없이 경찰관 또는 검사의 지문채취에 응하지 아니한 자. 56544
사실을 왜곡·날조하여 유포한 자.

49. 성별을 알아볼 수 없을 정도의 장발을 한 남자, 또는 미풍양속을 해하는 저속한 옷차림을 하거나 장식물을 달고 다니는 자.
50. 은밀한 장소에서 일정한 대가를 받고 타인에게 무도교습행위를 한 자 또는 그 장소를 제공한 자.
51. 통행장 또는 정거장 기타
~7~

경범죄처벌법중 개정법률(1973) | 대통령기록관

비상국무회의에서 의결된 경범죄처벌법중 개정법률에는 '공공장소에서 과도한 신체 노출한 자와 성별을 알 수 없을 정도로 장발한 남자를 처벌한다.'는 내용이 있다. 이 법을 근거로 미니스커트 및 장발 단속을 실시하였다.

그럼에도 이 시기 청년 세대들은 청바지와 티셔츠를 입고 장발을 한 패션 스타일을 포기하지 않았다. 장발 단속에 걸린 남성들은 길거리에서 삭발을 당하기도 하였다. 또한 1970년대는 보다 다양한 스타일이 유행하였다. 청년들은 청바지와 티셔츠, 미니스커트 외에도, 핫팬츠, 판탈롱 수트, 월남치마, 빅 라펠, 레이어드 룩과 니트 베스트, 해적과 펑크 룩 등 시기에 따라 자신의 개성을 표현하기 위한 다양한 스타일의 의복을 입었다(신혜순, 2008).

1980년대

1980년대부터 대기업들이 기성복 생산에 참여하게 되면서 기성복의 고급화와 중저가 기성복의 패션화가 동시에 진행되었다. 이 과정에서 영패션을 이끌었던 X세대는 기업들의 새로운 주된 타겟으로 성장하였는데, 이들은 5·16 군사정변 이후의 경제적 성장기에 태어난 세대로, TV문화와 함께 자라난 세대였으며 결핍과 전쟁의 참혹함을 경험하지 않은 젊은 세대들이었다. 경제적으로 안정적인 환경에서 자라난 이들은 소비문화에 익숙하고, 기존의 문화와 다른, 자신들만의 독특한 문화를 보유하며 중요한 소비층으로 급부상하였다. 이 시기부터 젊은이들의 존재가 부각되기 시작하면서 신세대 문화를 배경으로 한 패션 산업이 발달하였는데(서울시정개발연구원, 2001), 특히 '이랜드' 등의 중저가 캐주얼 브랜드들이 고가 시장과 저가의 재래시장 틈새를 노리면서 높은 품질과 적절한 가격으로 청년 세대들에게 선풍적인 인기를 끌었다.

이처럼 기성복 시장이 다양해진 것에 더해, 1983년 시작된 교복 자율화 정책은 당시 청소년이었던 X세대들이 그들만의 다양한 패션을 추구하는데 영향을 미쳤다. 이에 따라 보다 많은 청소년들이 자신의 취향에 따라 옷을 구매하게 되면서 자연스럽게 주니어 복이 붐을 일으켰고, 캐주얼 웨어가 관심을 받게 되었다. 이러한 흐름에서 자연스럽게 1970년대 자리 잡은 진 브랜드들이 기성복 시장을 더욱 활성화 시켰다. 1970년대부터 많은 청년들의 사랑을 받았던 청바지는 1980년대에서도 꾸준히 사랑받았다. 이 시기 '뱅뱅', '화이트 호스', '에드윈', '논노' 등의 내셔널 브랜드와 '조다쉬', '세르지오 바렌테', '리', '리바이스', '게스' 등의 라이선스 진 브랜드들이 서로 경쟁하면서 진의 유행을 이끌었다(이재정·박신미, 2011). 또한 1980년대에 개최된 86 서울 아시안게임과 88 서울 올림픽은 스포츠에 대한 관심을 높였고, 이에 따라 스포츠 웨어의 인기도 높아져 기능성 신소재로 만들어진 오리털 파카, 기능성 운동복도 청년들 사이에 크게 유행하였다.

1990년대

1990년대는 기존의 틀을 거부하는 신세대인 X세대의 영향력이 더욱 강해졌다. 청소년 시기부터 자신들만의 고유한 문화를 추구했던 이들은 이 시기 성인이 되었고, 소비자로서의 영향력 또한 증대되었다. 1990년대는 본격적으로 X세대가 활동하기 시작한 시대라고도 볼 수 있다. 이들은 1970년대 고도 성장기에 태어나 어느 세대보다 경제적인 풍요 속에 성장하였으며, 급변하는 문명의 이기와 문화적 혜택을 누렸다. 1980년도 컬러 TV 방송이 시작되면서 생생한 정보와 색채 감각을 습득하였고, 1983년부터 교복자율화가 실시되면서 10대 때부터 의복에 대한 취향을 자율적으로 표출할 수 있게 되었다. 또한, 86 서울 아시안게임과 88 서울 올림픽으로 국제적 문화교류를 목도하였으며, 1989년 해외여행이 완전 자유화되면서 대학시절 배낭여행을 경험한 세대이기도 하였다. X세대는 획일화된 유행보다 자기만족을 추구하는 개성적 성향을 강하게 지녔는데 새로운 문화에 개방적이었으며, 소비를 통해 자기를 표현하는데 익숙하였다.

교복 자율화정책 이후 등교 모습(1983) | e영상역사관

이와 같은 X세대의 자기만족을 추구하는 개성적인 특성은 이들의 패션 스타일에도 영향을 미쳤다. 대표적인 예시로 당시 유행했던 '힙합 패션'을 들 수 있다. 이 시기 그룹 〈서태지와 아이들〉이 선풍적인 인기를 끌었고, 이들이 선보인 앞이 뭉툭하고 커다란 신발이나 골반에 걸치는 헐렁한 '힙합바지'나 '비니' 등의 힙합 패션은 X세대들에게 거부 없이 수용되며 인기를 끌었다. 뿐만 아니라, 명치 부분까지만 덮는 길이가 짧은 상의인 미드리프 탑(midriff top)은 '배꼽티'라고 불리우며 많은 사랑을 받았다. 배꼽티가 유행하면서, 배꼽 액세서리도 함께 등장하였고, 허리띠, 브로치, 피어싱 등의 악세사리들이 함께 착용되었다.

이러한 X세대 패션은 사회적으로 큰 반향을 일으키며 규제의 대상으로 다시 떠올랐는데, 특히 힙합패션과 배꼽티는 과거 단속의 대상이기도 하였던 미니스커트와 함께 사회적 이슈가 되었다. 당시 교육부는 힙합바지가 청소년에게도 유행하자 이에 대한 지도 및 단속 조치를 취하였고, 이러한 조치의 일환으로 힙합 바지와 머리 염색을 금지하고 여학생의 립스틱과 향수 사용을 강력히 지도한다는 방침을 세우기도 하였다. 방송국에서도 연예인들의 패션에 대해 규제하였다. 방송국에서는 남자연예인의 경우 큰 귀걸이, 코걸이, 레게 파마, 지나친 염색, 상반신 투명의상 같은 과다노출을 금지하였다. 이어 여자 연예인은 브래이지어를 착용하지 않거나 선정적인 의상을 입는 것을 금지하였고 코걸이, 배꼽걸이, 컬러가 들어간 가발 또한 사용할 수 없었다. 나아가 장식용 문신이나 지나친 염색 또한 규제의 대상이었다. 남녀 공통사항으로는 지나치게 찢어진 청바지, 상표가 눈에 띄게 부착된 의상, 욕설 등이 인쇄된 옷 등이 금지되었다. 이외에도 청소년의 정서 형성과 방송 표현상 문제가 있다고 판단되는 경우, 제작진 측에서 자체적으로 출연을 규제하기도 하였다.

X세대 이외에도 1990년대에는 1318세대라 불리는 N세대(Net Generation)와 미시족이 패션계의 주요 대상으로 부상하였다. 1980년대 청소년이었던 X세대들이 패션을 주도하였던 것처럼, 1990년대의 청소년인 N세대들 또한 다양한 옷을 구매함으로써 자신들만의 스타일을 확립하는 모습을 보였다. 10대 중고생들이 새로운 패션리더로 부상함에 따라 이 시기 청소년들의 감성을 이용한 산업이 호황을 누렸는데, 앞서 교육부에서 지도 지

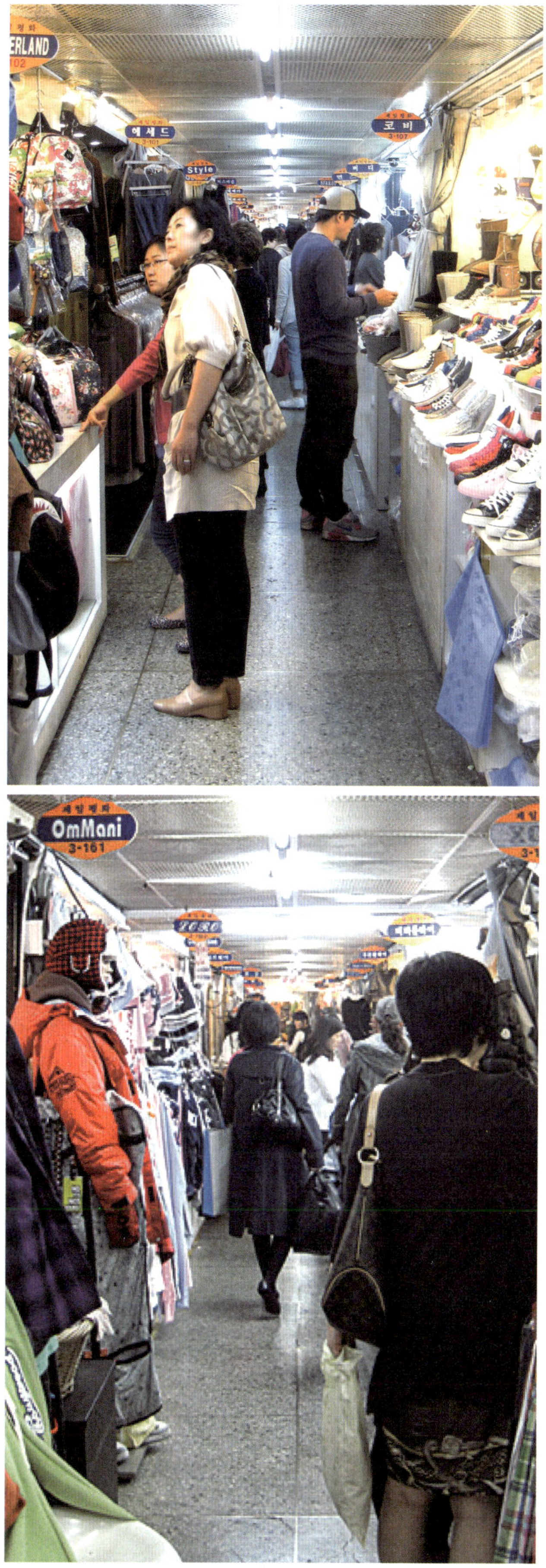

제일평화시장을 찾는 미시주부들
서울역사박물관, 『(불이 꺼지지 않는 패션 아이콘)동대문시장』, 2011년

칩을 내릴 정도로 노출이 심한 배꼽티, 찢어진 청바지, 핫팬츠, 힙선까지 내려온 힙합 팬츠, 통굽 슈즈로 스타일을 완성하는 것이 청소년들에게 큰 유행이었고, 이를 통해 반항아 이미지를 표출하는 것이 10대들의 특권으로 여겨지기도 하였다(서울시정개발연구원, 2001; 이재정·박신미, 2011).

기존 기혼 여성 이미지를 탈피한 아가씨 같은 아줌마를 지칭하는 '미시족'이라는 단어도 새롭게 등장하였다(이재정·박신미, 2011). 미시족은 결혼한 이후에도 젊은 감각을 유지하며 자기 연출력을 발휘하는 기혼 여성을 의미하며, 1994년 초반 '나는 미씨-그레이스 백화점'이란 카피를 내세운 광고로부터 비롯되었다(서울시정개발연구원, 2001). 이들의 등장에는 이들이 1980년대 신세대 문화를 이끌었던 주역이며 교복 자율화를 경험하고 영패션을 성장시킨 첫 세대라는 점, 나아가 이전 세대의 여성들보다 고학력자이거나 해외 유학파가 증가함에 따라 '커리어 우먼'으로서 활동하는 경우가 많다는 점이 영향을 미친 것으로 보여진다(서울시정개발연구원, 2001). 기존 30대와 달리 '미시'들은 현저히 다른 소비성향을 보이는데, 판에 박힌 옷차림보다 편안하면서도 개성있는 의복을 선호하는 모습을 보였다. 이러한 미시족의 등장에 따라 미시 캐주얼 시장이 부상하였으며, 기혼 성인 여성을 위한 차별화된 브랜드들이 주목받기 시작하였다(한국패션산업협회, 2020).

❷ 지역별 패션 특성

1970년대부터 시작된 급격한 경제성장은 한국 사회 전반에 걸쳐 소비문화가 자리 잡는데 영향을 미쳤다. 이 시기 대기업에 의한 기성복 생산이 본격적으로 시작되면서, 기성복 시장이 확대되었고 패션과 관련한 서울의 지역에 변화가 발생하였다. 〈표 13〉(페이지 122~123 참고)은 서울에서 패션 중심지로 여겨졌던 지역들이 시간의 흐름에 따라 변화한 내용을 정리한 것이다.

명동

해방 이후 줄곧 패션의 중심지였던 명동은 1970년대 이후 가장 큰 변화를 겪은 지역 중 하나였다. 원래 고급 맞춤복 시장의 중심지였던 명동에서 기성복 판매점은 비교적 소규모 형태로 존재하였는데, 이러한 판매점들은 주로 미도파백화점과 신세계백화점에 있는 소수 디자이너들의 소규모 부티크 형태를 띠고 있었다. 하지만 1970년대 패션산업의 유통구조가 발전하면서는 명동을 중심으로 코스모스백화점(1970), 아리랑백화점(1971), 제일백화점(1972)이 개점하였고, 1973년 미도파백화점이 직영체제로 확장 개장하였으며, 1979년에는 소공동 롯데백화점 본점이 개점하기도 하는 등 기성복 시장의 규모가 크게 증가되었다. 이처럼 기성복 시장이 백화점들을 통해 고급화되고 기업들의 등장으로 확대되면서 자연스럽게 명동의 맞춤복 시장은 점차 하락세를 겪게 되었다. 이 시기에 35년간 명동 대표 양장점이었던 '송옥양장점'이 1979년 파산하고, 다른 양장점들도 폐업하거나 쇠락하기 시작하였다. 이는 맞춤복에서 기성복 시대로의 본격적인 전환을 의미하였다.

1980년대로 접어들며 X세대가 성장함에 따라 기성복 시장은 더욱 크게 성장하였는데, 이로 인해 이 시기 명동은 맞춤복을 제작했던 것으로부터 시작된 고급화의 이미지를 벗고 10대와 20대의 패션거리로 재편되어, 중저가 캐주얼 중심의 대중 패션의 중심지로 새롭게 자리매김하였다(서울시정개발연구원, 2001). 이 시기를 기점으로 기존 고급스러운 패션의 중심지라는 타이틀은 명동에서 압구정동의 로데오 거리와 청담동으로 이동하게 되었다. 이후 1990년대 명동은 신상품에 대한 소비자들의 반응을 파악할 수 있는 지역으로 여겨졌는데, 많은 패션업체들이 명동에 '안테나 숍'을 열었을 뿐만 아니라, 보세 상가, 아울렛 매장, 브랜드 대리점, 패션 멀티숍 등이 각각의 블록을 형성하게 되면서 '패션의 바다'가 되었다(동아일보, 1998/12/17). 이때부터는 명동에 유명한 브랜드들의 수많은 복제품이 깔려(서울시정개발연구원, 2001), 명동에 '짝퉁 천국'이라는 오명이 붙기도 하였다(박미주, 아시아경제, 2018/06/27).

동대문·남대문

1970년대 동대문 지역 상가는 저렴한 맞춤복과 중저가 기성복들을 판매하는 도매시장으로써 저가, 중저가 의류 상가로 국내 의류 시장 판도를 크게 바꾸며 급부상하였다. 이후 이러한 경향은 1980년대에도 지속되었지만, 남대문시장에 캐주얼 브랜드가 대거 등장하게 되면서 조금씩 변화하였다. 특히 1990년대로 접어들어 동대문 상가에 '아트프라자', '디자이너 클럽', '밀리오레'와 '두산타워'와 같은 현대식 도매상가가 들어서게 되면서, 동대문 상가는 국제적 쇼핑몰로 거듭났고, 이를 계기로 관광명소가 되었다(신혜순, 2008; 현대패션100년편찬위원회, 2002). 이로 인해 자연스럽게 많은 도매 상인뿐만 아니라 다양한 옷을 구매하고자 하는 패션 소비자들이 동대문시장으로 몰리게 되었다.

동대문 상권의 경쟁력은 기존 인프라를 활용해 질 좋고 값싼 제품을 빠르게 생산하는 혁신적 시스템과 2,000개 이상의 점포가 백화점형 쇼핑몰에 밀집되어 접근이 편리하다는 점에 있었다. 접근이 편리하다는 점은 해외 바이어들의 시선을 사로잡았고, 이러한 특징은 IMF 금융지원 이후 있었던 원화 환율의 폭등 현상과 함께 해외로 옷을 수출할 수 있도록 하는 데 큰 영향을 미쳤다. 이때 수출된 옷은 전체 매출의 10~50%에 이른다고 한다. 늦은 시간에 동대문시장에 방문하여 옷을 사는 것 자체가 하나의 밤문화로 정착되기 시작하였다. 이때부터 동대문시장은 이태원과 함께 쇼핑 명소로 급부상하였는데, '올빼미 쇼핑족'이라 불린 여대생, 직장인, 미시주부 등이 주로 동대문시장을 방문하였다(서울시정개발연구원, 2001). 이처럼 늦은 시간까지 영업을 하고 쇼핑을 할 수 있도록 함으로써, 동대문시장은 디자이너들과 상인에게는 성공의 기회를, 국내외 관광객들에게는 '저렴한 가격으로 밤에도 쇼핑할 수 있다'는 편의성을, 외국 상인에게는 원하는 상품을 2~3일 내에 납품받을 수 있다는 이점을 제공하면서 호응을 얻었다(한국패션산업협회, 2020).

이러한 동대문시장은 국제 패션쇼나 유명 국내 브랜드의 의류를 재빨리 벤치마킹해 비슷한 상품을 저렴하게 판매한다는 점에서 논쟁이 되기도 하

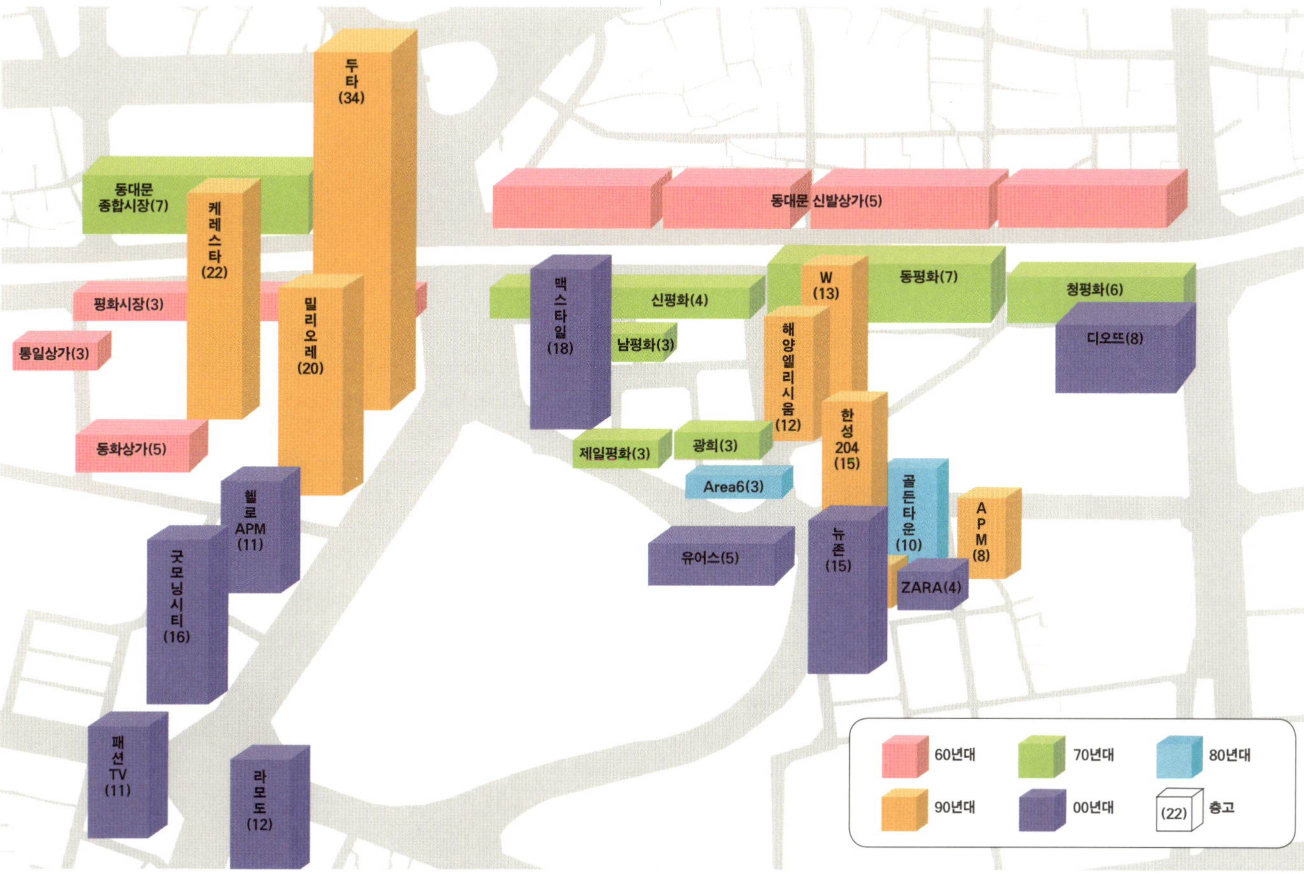

동대문시장 주요 상가 건축시기와 층고 | 서울역사박물관, 『(불이 꺼지지 않는 패션 아이콘)동대문시장』, 2011년

였다. 그럼에도 백화점 수준의 쾌적한 쇼핑 공간과 카드 결제를 포함한 서비스 제공이 가능하다는 점 때문에, 상인들과 대중들이 동대문 패션 타운을 계속 찾도록 만들었다(한국패션산업협회, 2020). 서울시는 1999년 남대문시장과 동대문시장을 엮는 공동브랜드를 설립하였으며, 패션디자인지원센터 설치, 동대문과 남대문시장의 관광특구 지정 등 지원 방안을 마련하기도 하였다(서울시정개발연구원, 2001).

홍대, 이대, 신촌 등의 대학가

1970년대부터 형성된 '청년 문화'는 대학가를 중심으로 형성되었다. 1970년대부터 '세시봉'으로 유명하였던 신촌과 국내 최초의 여대인 이대, 그리고 특히 흔히 '언더그라운드 문화의 산실'(서울시정개발연구원, 2001)이라고도 불리던 홍대 정문 앞에서 양화대로변까지 이어지는 거리이자, 홍대입구와 극동방송국 사이 대규모의 카페거리를 형성하고 있는 피카소 거리를 의미하는 홍대 앞은 청년 세대들이 모였던 거리로, 대학생들을 중심으로 한 청년 문화의 산실이자 그로 인한 다양한 패션 스타일을 볼 수 있는 장소이기도 하였다.

하지만 이러한 대학가들의 패션 스타일은 조금씩 달랐다. 먼저 신촌과 이대는 비교적 오래전부터 청년 세대의 패션과 관련한 지역으로 알려져 있었다. 특히 신촌은 1970년대 청바지세대가 세시봉을 중심으로 무교동에서 자리를 잡았다가 확장하면서 80년대 중반까지 청년 문화의 중심지로 다양한 스트리트 패션이 전개된 곳이었다. 하지만 강남 지역 개발 이후 동숭동에 대학로가 조성되면서 종로와 신촌은 청년 문화 유행중심지로서의 역할을 잃게 되었다. 이대의 경우 여대생과 젊은 주부계층의 영향으로 대학 근처 지역에 한때 맞춤복과 기성복 가게들이 들어섰다. 1970년대에는 여대생들의 졸업과 맞선에 초점을 둔 단정하고 여성적인 포멀 웨어 디자인이 인기를 끌었다. 이후 1980년대로 접어들면서 이대 앞은 대학로 및 성신여대 입구와 더불어 새로운 스트리트 패션 중심지로 자리매김하였다. 이 시기부터 이대 앞에는 비교적 저렴한 가격과 독특한 감각을 특징으로 하는 새로운 디자인의 패션전문점들이 등장하였는데, 이러한 가게들은 의복뿐 아니라 모자, 구두, 가방, 생활용품을 갖추고 있어 고급 기성복과 저가의 의복 사이의 중간 수준의 상품을 다룸으로써 그 영역을 넓혀나갔다(서울시정개발연구원, 2001). 1990년대에 이대 앞은 명동과 마찬가지로 복제품을 판매하는 지역이라고 알려지기도 하였다. 특히 이 시기에는 연예인과 협찬브랜드들이 새로운 유행을 만들었는데, 이들이 해외 유명 수입품을 입거나 들여오게 되면 명동과 이대 앞에 수많은 복제품이 등장하기도 하였다.

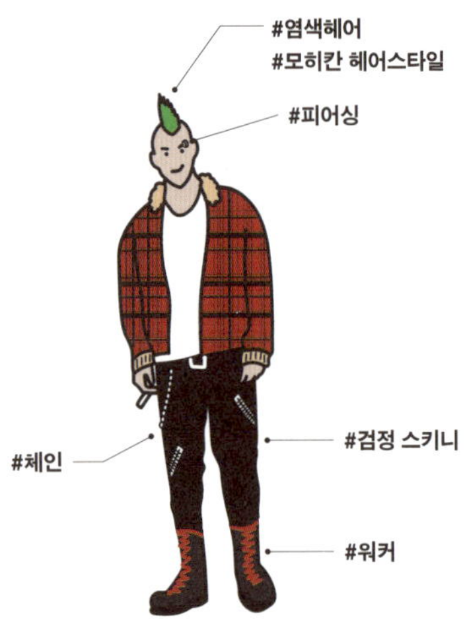

펑크 록 패션

최OO, 남, 40대 문화기획자

일반적인 어떤 것보다는 조금 튀긴 했었죠. 근데 그걸 명확하게 이야기하긴 힘들지만. 누구를 따라가지는 않았어요. 독자적인 성향들이 컸었고. 자기들의 어떤 특별한 형태로 많이 갔었죠. 그래도 유행을 선도한 측면이 있었고요. 심지어는 머리 스타일도 그랬고. 요즘에는 한쪽을 밀어버리고, 나머지는 길게 기르는 그런 스타일이 있었잖아요. 거기는 그때부터 있었어요. 투블럭컷은 물론이고 모히칸도 있었고. 물론 당시에는 그런 용어로 사용되지는 않았고요. 그 이후에 용어가 정리됐다고 봐야죠. 물론 머리에 브릿지(브리지, 부분염색)는 기본이고. 저도 뭐 브릿지 넣고 그랬으니까. 귀걸이도 마찬가지고. 그런 장신구들을 상당히 빨리했죠.

이OO, 남, 40대 미술가, 카페 운영

그 당시에도 패션에 민감한 사람들이 많았죠. 힙스터 개념이랄까? 유행을 빨리 받아들이는 친구들이 많았죠. 되게 다양했어요. 지금은 하의 품이 커졌는데. 그때는 거의 100% 스키니였어요. 1990년대에는 염색도 강하게 했죠. 베컴 머리 같은 것도 있었고. 음악이랑 패션이랑 같이 가잖아요, 홍대앞은 펑크록 하던 밴드 하던 친구들이 있다 보니까 그 친구들은 펑크스타일로 하고 다니고. 요즘은 힙합 스타일이 대세인 것 같은데. 그때는 록 스타일이었죠.

1990년대 홍대 패션 | 서울역사박물관, 『홍대앞』, 2018년

홍대의 경우, 다른 대학가들에 비해 비교적 최근에 들어 그들만의 독특한 패션으로 주목받았다. 이 지역은 특히 1990년대로 접어들면서 주목받기 시작하였는데, 이 시기 찢어진 청바지, 바랜 색의 늘어진 스웨터, 제멋대로 단 장신구, 빈티지라 일컫는 중고풍 패션이 형성되어 유행하였다(동아일보, 1998/10/29). 이는 장소의 특성이 영향을 미친 것으로 보여지는데, 홍대 앞 거리의 경우 미술대학인 홍대의 영향으로 젊은 예술가들의 작업공간이 많았고 이로 인해 예술성이 가미된 독특한 분위기가 형성되어 있었다. 이에 더해 1990년대로 접어들면서 형성된 '클럽' 거리는 이 지역의 패션 스타일을 결정하는 데 영향을 미쳤다.

압구정, 청담동

압구정과 청담동 일대는 강남지역의 개발과 함께 성장하여 시간의 흐름에 따라 고가의 의류를 취급하는 지역으로 알려지게 되었다. 1970년대부터 강남지역이 개발되기 시작하면서 거대 아파트 단지가 들어섰다. 이러한 아파트 단지로 많은 사람들이 강남에 거주하게 되었는데, 이들은 1980년대가 되어 새로운 소비집단으로서 특유의 생활패턴을 보이기 시작하였다. 이렇게 모인 대규모 인구층은 대중소비사회의 중심적 역할을 담당하게 되었고, 이들의 소비패턴은 고급화, 개성화되었다(서울시정개발연구원, 2001). 1980년대 소비자 욕구는 다양해졌고 고급화되었다. 이로 인해 소비자들은 제품이 갖는 패션성이나 상표, 품질 등을 중시하였고, 값비싼 유명상표의 제품을 선호하는 모습을 보였다. 이와 같은 소비자들의 욕구에 발맞추어 1980년대를 기점으로 압구정동이 새로운 패션가로 부상하였다(서울시정개발연구원, 2001). 뿐만 아니라 이 시기 강남 지역에 위치한 백화점들 간 경쟁이 치열해지면서, 압구정동의 백화점들은 경쟁에서 우위를 점하기 위해 고가의 해외 수입 브랜드를 유치하는 데 열을 올렸다. 이 시기 재래시장과 변두리 지역의 상권이 쇠락하면서 강남의 백화점들을 중심으로 하는 새로운 유통구조가 형성되어 고급스러운 의류를 판매하는 매장들이 압구정과 청담동으로 모여들었다. 이 과정에서 본래 명동에 있던 고가의 의류 매장들도 모두 압구정과 청담동으로 이동하게 되었다.

이처럼 기존 다른 지역에 있던 고급 의류 매장들이 대거 압구정과 청담동으로 유입되기도 하였지만, 애초에 이 지역은 해외의 유명한 디자이너 브랜드의 직수입품을 유통하는 지역이기도 하였다. 초기 해외유명 디자이너 브랜드의 직수입품은 대부분 압구정동에 위치한 편집매장을 중심으로 유통되었는데, 이때는 주로 보따리상 형태로 옷을 사와 유통하는 경우가 대부분이었다. 이 시기 비버리 힐스(Bevery Hills)의 패션거리 '로데오 드라이브(Rodeo Drive)'를 본딴 압구정 로데오 거리는 수입 의류를 구매할 수 있는 지역으로 화제를 모았지만, 동시에 부유층 젊은이들이 중심이 된 유흥거리로서의 이미지가 강하였다(서울시정개발연구원, 2001). 당시 해외 브랜드의 옷을 수입해오던 편집 매장 중 사업에 성공한 곳은 이후 1990년대 후반 해외 디자이너 브랜드와 정식 계약을 맺고 브랜드를 직수입할만큼 성장하였고, 로데오 거리가 있는 압구정동과 청담동은 점차 명품점이 많은 고급상가로 자리매김하게 되었다(현대패션100년편찬위원회, 2002). 이때부터 압구정 로데오 거리는 유흥의 거리라는 이미지에서 벗어나 강남의 패션을 대표하는 지역이 되었는데, 이러한 맥락에서 1997년 5월 통산부에 의해 상가 육성의 목적으로 '패션의 거리'로 지정되기도 하였다(동아일보, 1997/07/05).

청담동의 경우 1990년대에 들어서면서부터 해외 유명 브랜드 매장이 집중적으로 조성되기 시작하였다. 1994년 '조르지오 아르마니' 단독 매장을 시작으로 세계 최고급 브랜드의 패션매장들이 연이어 청담동에 입점하게 되면서 이 지역은 명품매장이 즐비하게 늘어서 있게 되었다. 이 매장들은 1990년대 계속되는 불경기에도 불구하고 해마다 매출 신장세를 보였는데, 개성 있는 스타일 창출을 위해 고가의 상품을 거리낌 없이 구입하는 오렌지족, 힙합에 심취해 뮤지션들의 의상을 모방하는 힙합족, 해외 명품을 선호하는 명품족이 주로 방문하였다. 현재까지도 청담동은 고가의 의류를 취급하는 지역으로 유명하며, 국내 디자이너들의 매장과 작업실이 입점해 있어 한국 고급 패션의 중심지로서 기능을 하고 있다(서울시정개발연구원, 2001).

	1970년대
시기적 특성	• 청년 문화라고 규정할 수 있는 새로운 문화 형태의 등장 • 해방 이후 태어난 세대(해방 세대, 청바지 세대, 통기타 세대)와 한국전쟁 이후 태어난 베이비붐 세대가 중심을 이룸
패션 특징	• 청바지, 티셔츠, 미니스커트, 장발, 판탈롱, 핫팬츠, 수트, 레이어드 룩 등 자신의 개성을 표현하기 위한 다양한 스타일이 등장하고 유행함 **• 청바지** - 팝과 외국 영화가 수입되면서 청년들 사이에서 해외 가수, 영화 배우들이 입는 청바지가 기성 통념과 제도에 대한 저항과 차별화의 상징으로 자리잡음(서울역사편찬원, 2016b) - 1960년대 초에는 깡패들이나 입는 옷이라는 인식이 있었지만, 1970년대에 이르러 대중화에 성공함 **• 미니스커트와 장발** - 1960년대에 유행한 미니스커트는 길이가 점점 짧아져 마이크로 미니스커트까지 등장하면서 풍기문란을 이유로 단속대상이 됨(서울역사편찬원, 2016b) - 장발에 청바지를 입고 통기타를 멘 스타일이 유행하였으나, 성별을 분간하기 어렵고, 저항성을 지닌 히피문화의 영향을 받았다는 점에서 장발은 단속대상이 됨(한국패션산업협회, 2020)

• 5·16 군사정변 이후 경제 성장기에 태어나 전쟁을 겪지 않고, TV문화와 함께 자라난 X세대 등장
• 가장 큰 인구 비중을 차지하며, 기존 문화와 구별되는 독특한 문화를 소유
• 1983년 시행된 교복 자율화 정책으로 인해 다양한 패션을 추구하는 길이 열림

• **N세대**(Net Generation)
- 1318세대라 불리는 10대 중고생들이 패션리더로 부상
- 노출이 심한 배꼽티, 찢어진 청바지, 핫팬츠, 힙선까지 내려온 힙합팬츠, 통굽슈즈 등이 반항아 이미지를 표출하는 10대의 특권으로 여겨짐(서울시정개발연구원, 2001; 이재정·박신미, 2011)

• **미시족**
- 1994년 초반 '나는 미씨-그레이스 백화점'이라는 카피를 내세운 광고에서 시작되어, 젊은 감각을 유지하며 자기 연출력을 발휘하는 기혼 여성을 지칭(서울시정개발연구원, 2001)
- 80년대 교복 자율화를 겪으며 영 패션을 성장시킨 첫 세대이자, 고학력자와 해외 유학파, 커리어우먼이 대거 증가하였다는 세대적 특징을 지님
- 판에 박힌 옷차림보다는 편하면서도 개성 있는 의복을 선호하는 미시족의 선호에 맞춰 미시 캐주얼과 같이 기혼 성인 여성을 대상으로 차별화된 상품을 내놓은 브랜드가 주목받기 시작함(한국패션산업협회, 2020)

1980년대

• 교복 자율화에 따라 주니어 복과 캐주얼 웨어에 대한 수요가 증가함과 동시에 대기업에 의한 중저가 캐주얼 브랜드가 고급 의류와 저가 의류 시장 틈새를 노리며 고품질 저가격 정책으로 X세대에게 인기를 끎
• '뱅뱅', '화이트 호스', '에드윈', '논노' 등 내셔널 브랜드와 '조다쉬', '세르지오 바렌테', '리', '리바이스', '게스' 등 라이선스 진 브랜드가 유행(이재정·박신미, 2011)
• 워싱 가공 된 스노우 진과 칼라진 등장(현대패션100년편찬위원회, 2002)
• 86 서울 아시안게임과 88 서울 올림픽의 영향으로 스포츠 웨어의 인기가 상승하면서 기능성 의복(오리털 파카, 운동복)이 유행

1990년대

• 고도의 성장기에 태어나 컬러 TV를 보고 교복 자율화와 국제 문화교류 증가, 해외여행 자율화를 겪고 자란 X세대가 성인이 되면서 중심적 소비층이 됨
• 획일화된 유행보다는 새로운 문화를 적극적으로 받아들이고 개성을 드러냄으로써 자기만족을 추구하는 패션이 증가함
• '서태지와 아이들'에 의해 대중화된 힙합패션과 미드리프탑(midriff top)이라 불리는 배꼽티, 그에 따른 액세서리들이 유행
• 교육부에 의해 학생들의 힙합패션, 염색, 립스틱, 향수 사용 등에 대한 규제 방침 시행
• 방송에서 남성 연예인의 경우 큰 귀걸이, 코걸이, 레게 파마, 지나친 염색, 상반신 투명의상 같은 과다노출 등이, 여성 연예인의 경우 노브래지어와 같은 선정적 의상과 코걸이, 배꼽걸이, 장식용 문신, 지나친 염색이나 칼라 가발이, 남녀 공통적으로는 지나치게 찢어진 청바지, 상표가 눈에 띄게 부착된 의상, 욕설이 인쇄된 옷 등 청소년의 정서 형성과 방송 표현상 문제가 있다고 판단되는 패션이 규제 대상이 됨

1970년대

명동

- 고급 양장점 및 소규모 부티크들이 밀집되어 있었으며 서울의 대표적인 패션의 중심지로 기능
- 1970년 코스모스백화점, 1971년 아리랑백화점, 1972년 제일백화점이 차례로 개점
- 1973년 미도파백화점 직영체제로 확장 개장
- 1979년 소공동 롯데백화점 본점 개점
- 1979년 명동 대표 양장점 '송옥양장점'이 도산하며 양장점들이 점차 퇴조

동대문시장·남대문시장

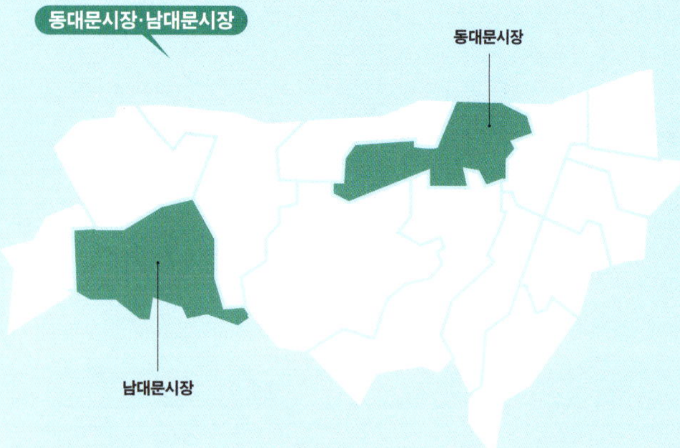

- 저렴한 맞춤복과 중저가의 기성복 시장이 형성되어 있었음

대학가

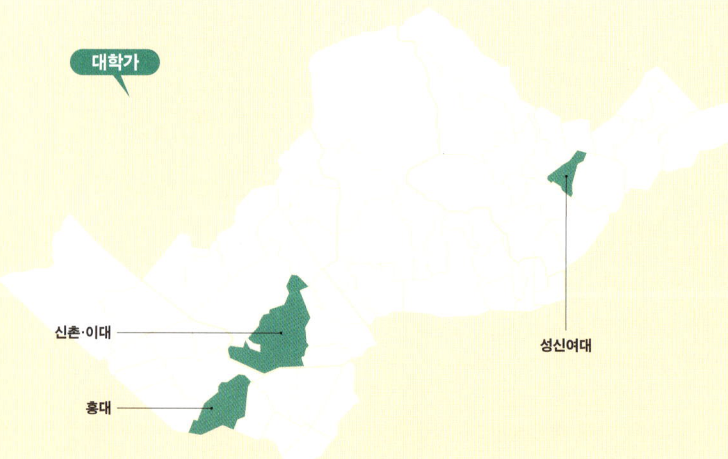

- 저렴한 맞춤복 매장과 기성복 매장이 밀집되어 있었음
- 이대 앞에는 맞춤 부티크뿐만 아니라 졸업이나 맞선을 위한 의복을 파는 상점들이 존재(서울시정개발연구원, 2001)
- 신촌의 '세시봉'을 중심으로 청년 세대의 독특한 스트리트 패션들이 전개됨

압구정·청담동

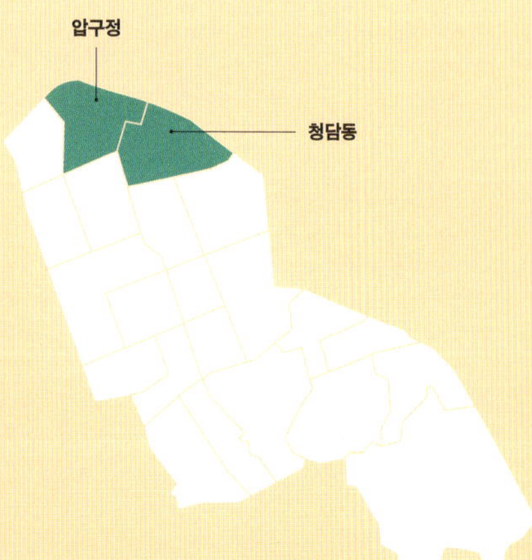

- 1975년 강남구 탄생
- 1976년 압구정동, 청담동, 반포동, 도곡동이 아파트지구로 지정되면서 강남 일대에 본격적인 아파트 단지가 들어서기 시작
- 부유층들이 자리 잡기 시작하며 이들이 주요한 소비세력으로 등장

1980년대	1990년대
• 고급 패션의 중심지에서 점차 벗어나 젊은 세대를 위한 패션 거리로 재편됨(서울시정개발연구원, 2001) • 중저가 캐주얼 상점이 많아지며 대중적인 패션의 중심지로 나아감	• 강남에게 고급 패션의 중심지 자리를 내어주게 됨 • '안테나 숍'의 증가(서울시정개발연구원, 2001) • 보세상가, 아울렛 매장, 브랜드 대리점, 패션 멀티숍 등이 들어서며 '패션의 바다'라는 별칭을 얻게 됨(동아일보, 1997/04/15; 동아일보, 1998/12/17; 서울시정개발연구원, 2001에서 재인용) • 이대 앞과 더불어 복제품을 판매하는 상점들의 등장(서울시정개발연구원, 2001)
• 남대문시장에 캐주얼 브랜드 대거 등장	• 1998년 점포 수 2,000여 개 이상의 백화점형 상가들이 들어서기 시작하며 국제적인 도매시장으로 거듭나게 됨(현대패션100년편찬위원회, 2002) • 1998년 '밀리오레', 1999년 '두타'가 등장하며 복합 문화 공간이자 의류 수출의 기지로 기능(서울시정개발연구원, 2001) • 국제 패션쇼나 유명 국내 브랜드 의류를 벤치마킹한 상품들을 저렴한 가격에 판매(한국패션협회) • 독특한 밤문화를 형성하며 쇼핑의 명소로 부상(이재정, 박신미. 2011)
• 이대와 성신여대 앞을 중심으로 저렴하고 독특한 스타일의 패션 전문점 등장 • 대학가는 새로운 스트리트 패션의 중심지로 부상	• 홍대를 중심으로 찢어진 청바지, 바랜 색의 늘어진 스웨터, 제멋대로 단 장신구, 남학생들의 졸라맨 머리 등 빈티지하며 독특한 패션이 등장(동아일보, 1998/10/29; 서울시정개발연구원, 2001에서 재인용)
• 강남의 대규모 아파트 단지를 중심으로 백화점들이 개점하였으며 앞다투어 해외 유명 브랜드의 의류를 수입 및 판매 • 1988년 롯데백화점은 총 76개의 해외 브랜드 상품을 직수입 • 강남의 백화점을 통해 새로운 유통 구조 형성 • 고급 카페, 부티크, 헤어 살롱 등의 급증 • 압구정동이 새로운 패션의 중심지로 부상하기 시작(서울시정개발연구원, 2001)	• 명동의 유명 디자이너들이 강남으로 자리를 옮겨 오며 서울의 고급 패션 중심지로서 자리매김(서울역사편찬원, 2016b) • 압구정에 세계적인 패션 거리 미국 비버리 힐스의 '로데오 드라이브(Rodeo Drive)'를 본 딴 '로데오 거리'가 조성됨(서울시정개발연구원, 2001) • 1991년 갤러리아백화점이 '압구정 명품 1번지'를 표방하며 '갤러리아 명품관'을 열어 고가의 해외유명 브랜드를 집중적으로 판매 • 1994년 청담동에 '조르지오 아르마니' 단독 매장이 문을 열며 청담동 거리를 따라 '구찌', '프라다', '미쏘니' 등의 세계 럭셔리 브랜드의 매장들이 집중적으로 입점(서울시정개발연구원, 2001)

4 2000년대 이후의 서울: OOTD 놀이 문화, 한류에서 K-Fashion으로 진화하다

1 2000년대 이후: 세계적인 패션의 도시, 서울

2000년대 이후 패션에 가장 크게 영향을 미친 요인으로 먼저 IT 산업과 기술의 발전을 꼽을 수 있다. 특히 인터넷 매체의 발전과 스마트폰 등의 기기 보급이 패션 산업에 많은 영향을 미쳤는데, 이는 온라인에서 의류 쇼핑몰이 등장하는 데 영향을 미쳤다. 온라인 쇼핑몰은 시간의 흐름에 따라 비약적으로 발전하였는데, 이를 통해 사람들은 오프라인 매장뿐만 아니라 온라인 쇼핑몰을 통한 의류 구매를 자연스럽게 받아들였다(신혜순, 2008; 서울역사편찬원, 2016b; 조희진 외, 2017). 또한 온라인을 포함한 여러 미디어 매체를 통해 전 세계적으로 최신 패션에 대한 정보가 동시에 전파됨에 따라 패션에 관한 관심이 확대되었고(조희진 외, 2017) 이에 따라 패션업계의 '세계화와 글로벌리즘'이 하나의 키워드로 자리매김하게 되었다(신혜순, 2008).

뿐만 아니라 급격한 기술발전과 함께 사회적으로 크게 대두되기 시작한 '웰빙(Well-being)'과 '환경'에 관련된 이슈는 패션업계에도 영향을 미쳤고, 이러한 측면에서 한국패션협회는 2000년대 이후 패션이 '웰빙과 지속가능성의 문제, 스마트한 기술발전과 환경문제'와 관련한 과제에 직면하게 되었다고 보았다. 이러한 이슈들을 바탕으로 한국의 패션업계는 유통체계의 다원화, 세계화 및 글로벌리즘, 스타 패션 및 스트리트 패션의 영향력 증가, 레포츠 열풍의 증가 등 이전과는 다른 새로운 변화를 맞이하였다.

본 연구는 2000년대 이후 서울 패션에서 관찰되는 특성을 크게 네 가지로 나누어 각각의 내용에 대해 다음과 같이 정리해보았다. 이러한 과정을 통해 오늘날 서울사람들의 패션이 과거와 단절되어 나타난 것이 아니라, 우리 사회와 문화의 전반적인 변화상을 축적하고 있음을 확인해볼 수 있었다.

❶ 한복, 젊은이들의 놀이문화와 관광객을 위한 문화체험 상품이 되다

2000년대 이후 한국의 국가적 위상이 높아짐에 따라 서울의 패션이 점차 세계인들의 주목을 받기 시작하였다. 한국은 1997년 IMF 경제위기를 극복하고, 2002년 한·일 월드컵을 성공적으로 개최함으로써 한국이라는 국가를 전 세계에 널리 알리게 되었는데, 특히 2002년 월드컵에서 유행한 붉은 악마 의상과 전통무늬는 전 세계적으로 폭발적인 인기를 얻기도 하였다(신혜순, 2008). 뿐만 아니라 이 시기 한국의 영화와 드라마가 국제적으로 성공함에 따라 시작된 한류 열풍으로 한국 문화에 대한 국제적 인식이 더욱 높아졌으며, 한국의 대표적인 상징으로써 '한글'과 '한복'이 패션업계의 관심을 받기 시작하였다.

보다 구체적으로, 한글의 경우 2000년대 초반부터 국제적인 패션쇼를 통해 전 세계적인 주목을 받았다. 한글을 활용한 '한글 패션'은 2006년 2월 파리 프레타 포르테 컬렉션에서 이상봉 디자이너에 의해 소개되면서 주목받았고, 레이디 가가나 비욘세, 줄리엣 비노쉬 등 여러 월드 스타들이 해당 의상을 착용함에 따라 국제적인 명성을 얻게 되었다. 이후 패션업계는 한글을 더욱 적극적으로 활용하기 시작하였는데, 일례로 배우 유아인에 의해 출시된 한글과 알파벳을 조합한 디자인의 티셔츠나 캘리그래피를 활용하여 조형적인 아름다움을 강조한 티셔츠가 등장하는 등 한글을 활용한 패션에 대한 관심은 최근까지도 이어지고 있다(조선일보, 2009/06/21; 매일신문, 2014/10/04).

한복 또한 한글과 마찬가지로 이 시기 한류 드라마가 세계적으로 성공하기 시작하며 선풍적인 인기를 누리게 되었다. 2003년 방영된 〈대장금〉은 아시아 국가뿐만 아니라 유럽 국가로 수출되면서 전 세계적으로 많은 호응을 얻었는데, 특히 대만에서는 〈대장금〉에 나온 한복을 구매하고자 하는 사람들로 인해 '한복 신드롬'이 일어났을 정도로(중앙일보, 2004/07/22) 한복에 대한 세계인들의 관심은 가히 폭발적이라고 할 수 있을 정도로 매우 높았다. 이에 따라 세계적으로 유명한 디자이너들이 한복의 요소를 참고하여 디자인을 발표하기도 하였다. 일례로 프랑스 셀린느의 디자인 디렉터인 이바나 오마직은 한국에 방문한 후 2007년 한복과 버선에서 영감을 받은 컬렉션을 발표하였고, 벨기에 디자이너 반 노튼은 2012년 한복의 저고리 동정에서 모티브를 얻은 새로운 의상을 발표하였다. 나아가 '샤넬'의 디자이너인 칼 라거펠트 또한 한복의 색동, 버선, 치마 선과 비율을 '샤넬'만의 방식으로 재조명함으로써 2015년 서울 동대문디자인플라자에서 새로운 크루즈 컬렉션을 발표하기도 하였다.

줄리엣 비노쉬, 한글 매력에 흠뻑

입력 2009-03-24 18:15 수정 2009-09-22 16:57

무용공연 '인 아이'를 위해 한국을 찾은 프랑스 명배우 줄리엣 비노쉬가 한글의 매력에 푹 빠졌다.
LG아트센터에서 공연을 마친 비노쉬는 23일 출국전 한글 패션에서 세계에서 관심을 끌고 있는 이상봉 디자이너의 부티크를 찾았다.
비노쉬는 방한과 함께 한글에 대해 관심을 쏟아 한글과 패션을 접목시킨 이상봉 디자이너와 만남이 성사됐다.
비노쉬는 한글, 한복 등을 소재로 한 이상봉 디자이너의 작품을 보며 "세계 어느 곳에서도 볼 수 없었던 독특함을 가지고 있다. 우아함과 세련미가 넘친다"며 "한국에서 방문하는 곳마다 숨겨진 보석을 발견하는 것 같다"고 소감을 전했다.
비노쉬는 이날 이상봉 디자이너에게 의상을 선물 받았고 " 한국적인 아름다움이 가득한 의상을 선물 받게 됐다"며 기뻐했다.
스포츠동아 이경호 기자 rush@donga.com

줄리엣 비노쉬, 한글 매력에 흠뻑 | 《스포츠동아》, 2009년 3월 24일

2000년대 후반으로 접어들면서 한복의 이미지는 변화하기 시작하였다. 기존의 한복은 한국의 '전통 의복' 중 하나로 명절이나 특별한 가족 행사 등에서만 입는 옷, 즉 '의례복'의 성격이 강하였지만, 2000년대에 들어서며 점차 젊은 세대들의 일상에 스며들기 시작하였고 하나의 '문화'로 자리 잡는 모습을 보였다. 특히 2006년에 방영되었던 드라마 〈궁〉에서 기존 사극에서와 달리 전통 한복에 현대적인 요소를 가미한 새로운 형태의

봄날 맞은 한복업계 '고루한 명절옷'에서 '우아한 일상복'으로 탈바꿈
《조선비즈》, 2017년 3월 29일

한복이 등장한 것을 계기로 '퓨전 한복'에 관심을 갖는 사람들이 증가하였다. 이에 일상에서 자연스럽고 편하게 입을 수 있는 소재나 디자인을 바탕으로 편의성을 강조한 한복을 생산하는 브랜드와 디자이너들이 등장하였다(조희진 외, 2017). 이러한 변화 속에서 한복은 다시금 젊은 세대들이 일상 속에서 활용할 수 있는 의복이 되어갔다. 뿐만 아니라 국가 차원에서도 한복을 일상화시키기 위한 많은 노력들을 기울여왔다. 2014년 문화체육관광부는 기관 산하에 한복을 대한민국의 문화 상징으로 구현하겠다는 비전과 함께 한복진흥센터를 설치하였으며, 한복을 입는 문화를 조성하기 위하여 '한복문화주간', '찾아가는 한복문화교육' 등의 사업을 진행하였다(한복진흥센터, 2020).

더 나아가 한복은 점차 젊은 세대의 '놀이문화'로 자리잡기 시작하였는데, 실제로 2011년 홍대에서 한복 플래시몹을 선보이며 등장한 〈한복놀이단〉은 이러한 현상을 가장 잘 보여주는 예시라고 볼 수 있다(한복놀이단, 2020). 실제로 광화문 일대에 문화체험 상품으로 한복을 대여해주는 상점들이 늘어났으며, 관광객을 비롯하여 한국의 젊은 세대들이 한복을 입고 고궁 나들이를 하는 모습도 서울에서 쉽게 볼 수 있는 풍경이 되어갔다. 이뿐만 아니라 SNS상에 오늘 입은 옷을 찍어 올리는 해시태그 활동(#OOTD)이 젊은이들의 문화가 되며 한복을 입은 사진을 올리는 경우도 늘어났다. 이렇듯 한복은 더 이상 일상과 유리된 의복이 아닌, 일상에서 충분히 입고 즐길 수 있는 의복이 되었다.

❷ 한류 스타 패션에서 한(韓) 스타일, 케이-패션으로

1990년대부터 싹트기 시작해 시간의 흐름에 따라 점차 확장되어 온 한류 열풍은 앞서 언급하였던 한복과 한글 패션뿐만 아니라 한국의 패션 전반에 대한 세계적인 관심을 증대시켰다. 초기 중국, 일본, 홍콩, 대만 등 동아시아권 국가에 수출된 드라마를 중심으로 형성되었던 한류 열풍은 점차 K-Pop 등의 음악으로까지 확대되었다(서울역사편찬원, 2016b). 특히 2012년 발매된 싸이 〈강남스타일〉의 뮤직비디오가 전 세계적으로 폭발적인 유명세를 얻게 되면서 K-Pop뿐만 아니라 '강남'과 강남의 스타일 전반에 대한 세계적인 관심이 모아졌다. 이렇듯 한국의 드라마와 음악이 세계적인 사랑을 받게 되며 한국 연예인뿐만 아니라 그들의 패션에 대해서도 뜨거운 관심이 쏟아지기 시작하였다.

한류 열풍은 엄청난 파급효과를 야기하였다. 한국 드라마나 K-Pop은 자연스럽게 한국의 화장품을 비롯하여 패션 제품에 대한 관심을 높였을 뿐만 아니라(서울역사편찬원, 2016b) 외국인 관광객들이 한국으로 대거 유입되도록 하는데 영향을 미쳤다. 관광객들은 여행하는 동안 드라마나 K-Pop 무대를 통해 보여지는 한류 스타들이 사용한 화장품이나 착용한 의류, 주얼리, 가방 등을 따라 구매함으로써(서울역사편찬원, 2016b) 스타들의 패션 스타일을 따라잡기 위해 노력하였다. 이에 따라 국내외 중저가 패션 브랜드들과 한국 화장품 브랜드의 거리 상점이 포진되어 있던 명동이나 이대, 홍대는 외국인 관광객들의 필수 방문 코스가 되었다. 이들 지역은 2002년 관광특구로 지정된 동대문 패션 타운과 함께 서울패션의 중심지가 되었다. 뿐만 아니라 앞서 언급했던 바와 같이 〈강남스타일〉이 유행한 2012년을 기점으로 강남 또한 관광지로 부상하게 되었다. 이에 따라 강남구는 2015년 한류 스타를 배출한 연예 기획사들이 밀집되어 있는 청담동 일대에 K-스타 로드를 조성하고, 한류스타의 상징물들을 배치해놓기도 하였다. 기존 청담동 지역은 '명품거리'로 유명하여 '고급스러운' 이미지를 가지고 있었는데, K-스타 로드가 조성됨에 따라 이와 같은 이미지에 '트렌디'하다는 이미지가 더해지게 되었다. 이러한 이미지를 바탕으로 관광객들의 발길이 이어지면서 자연스럽게 청담동 일대 지역의 패션 또한 이들의 관심을 받게 되었고, 이에 따라 명동, 이대, 홍대 등을 이어 압구정, 청담동, 가로수길 또한 서울의 패션을 대표하는 지역이 되었다.

이처럼 2000년대의 한국 패션에서 한류와 한류 스타는 매우 중요한 역할을 수행하였다. 한류와 한류 스타는 한국의 패션을 세계로 알렸을 뿐만 아니라, 세계적인 명품 브랜드들로 하여금 한국 패션의 발원지인 '서울'과 한류 스타들에게 관심을 갖도록 만들었다. 실제로 이 시기부터 여러 명품 브랜드들은 서울에 위치한 박물관과 미술관에서 전시회를 열기도 하였고, K-Pop 스타들에게 적극적으로 투자하는 모습을 보였다. 주로 '샤넬'과 '프라다', 'LVMH'와 같은 세계적인 럭셔리 브랜드들이 많은 관심을 보였는데, 그 중 '루이비통'은 사모펀드를 통해 와이지엔터테인먼트에 8,000만 달러를 투자할 정도였다(서울역사편찬원, 2016b). 이 외에도 여러 K-Pop 스타들이 이러한 브랜드로부터 협찬을 받고 그들의 패션쇼나 컬렉션 발표에 초대되기도 하였는데, 일례로 한국의 아이돌 그룹 가운데 엑소의 멤버들의 경우 2020년 '구찌'(카이), '디올'(세훈), '버버리'(백현), '프라다'(찬열)의 모델 및 엠버서더로 활동을 하기도 하였을 정도였다. 나아가 시간의 흐름에 따라 국내 연예기획사들이 자체적으로 패션 브랜드를 런칭하는 경우도 생겨났는데, 서울과 한국 연예인들이 세계의 패션과 뷰티 시장에서 주목받고 있는 상황을 보여준다. 와이지엔터테인먼트는 2014년 영캐주얼 브랜드 '노나곤'과 화장품 브랜드 '문샷'을 출시하였고, 에스엠엔터테인먼트는 2015년 삼성동 코엑스에 한류 복합 문화공간인 에스엠타운을 설립하고 다양한 상품들을 판매하기 시작하였다. 이러한 상품들은 세계적으로 한국의 패션을 널리 알리는 데 일조하였다.

또한 이 시기 국내 디자이너들이 대거 해외로 진출하여 이름을 알리면서, 한국의 패션은 비단 한류 스타로 대표되는 특정한 스타일이 아니라 한국, 특히 서울 출신 디자이너만의 감성이 드러나는 한(韓) 스타일 내지는 케이 패션(K-Fashion)으로 자리매김하게 되었다. 국내 디자이너들은 패션 산업에 대한 국가적인 지원을 바탕으로 해외로 진출하였는데, 1992년 이신우, 이영희 디자이너가 최초로 파리 프레타 포르테 컬렉션에 참여한 이래로 앙드레 김, 이상봉 등 많은 국내 디자이너들은 국제 무대에서 한국의 전통적인 미감을 살린 패션을 보이며 한국의 패션이 널리 알려질 수 있는 기틀을 마련하였다. 이후

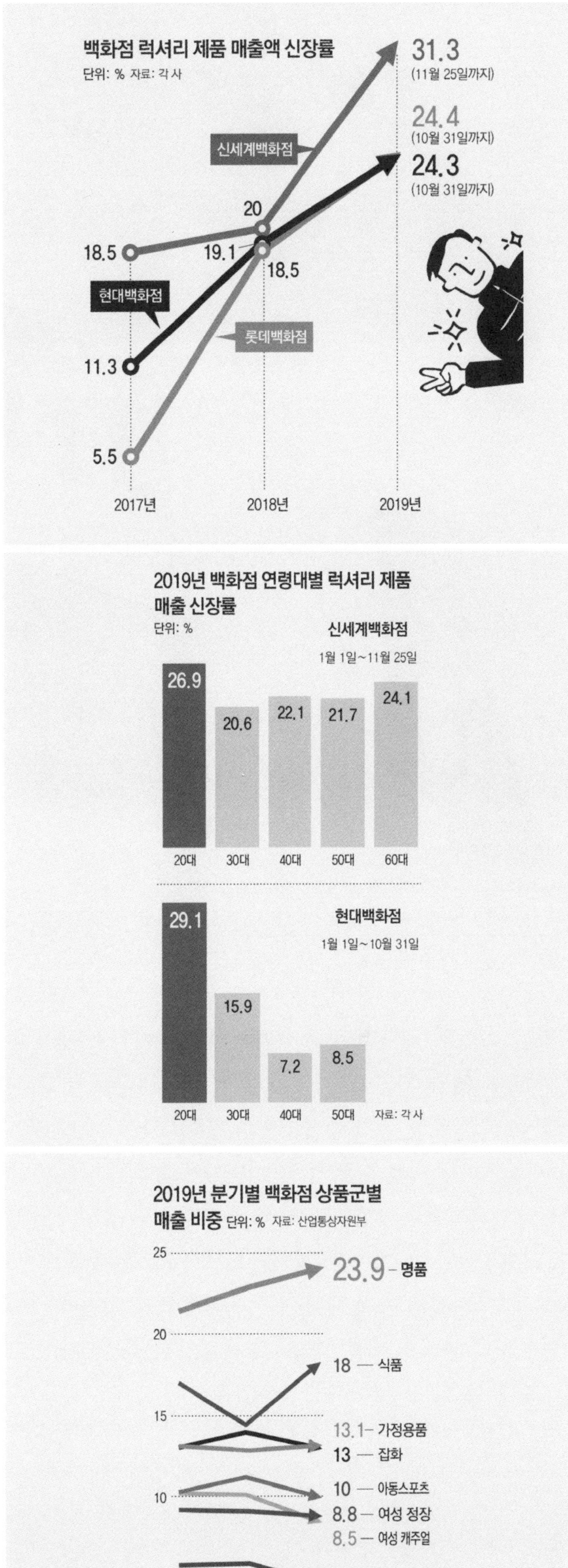

1,000만 원대 시계 입고날 품절… 20대 럭셔리족 크게 늘어
《동아일보》, 2019년 11월 30일

명동 유니클로(UNIQLO) 매장 | 서울역사박물관, 『명동: 공간의 형성과 변화』, 2011년

시간의 흐름에 따라 더 많은 디자이너들이 해외로 나가 좋은 성과를 얻게 되었고, 자연스럽게 한국 패션에 대한 세계적인 인식 또한 점차 긍정적으로 변해갔다. 나아가 해외로 진출한 디자이너들 이외에도 1990년 결성된 SFA(Seoul Fashion Association) 또한 서울의 패션을 알리는데 일조하였다. 이들은 1990년대부터 정기적으로 '서울 컬렉션'을 개최하였는데, 이후 이 컬렉션은 '서울패션위크'로 확대되어(신혜순, 2008) 한국의 패션이 하나의 독특한 K-Fashion으로 발돋움할 수 있도록 하는 데 영향을 주었다.

❸ 고가 브랜드 VS 대중 브랜드

2000년대 이후 한국의 패션에서 주목할 만한 변화는 패션 업계가 유통과 가격의 측면에서 보다 다채로운 유형으로 세분화되면서 크게 고가의 패션과 대중적 패션으로 분화된다는 점이다. 먼저 이 시기부터 패션의 유통 부분은 점차 다각화되었고, 소비자가 옷을 구매할 수 있는 경로 또한 더욱 세분화되는 양상을 보였다. 온라인 매체를 통한 쇼핑이 손쉬워짐에 따라 텔레비전이나 온라인을 통해 옷을 구매하는 것이 보편적인 일이 되었고, 해외에서 옷을 구매하는 소비자들 또한 증가하였다(신혜순, 2008; 조희진 외, 2017). 뿐만 아니라 시간의 흐름에 따라 다양한 유형의 대형 매장들이 등장하면서 오프라인에서 옷을 판매하는 채널 또한 매우 다양해졌다. 실제로 1990년대 초반 서울의 문정동을 비롯하여 특정 지역에 세워진 아울렛들은 2000년대로 접어들면

명동 에이치앤엠(H&M) 매장
서울역사박물관, 『명동: 공간의 형성과 변화』, 2011년

서 복합 쇼핑몰(삼성동 코엑스몰, 영등포 타임스퀘어, 여의도 IFC MALL 등)의 형태로 변화하였는데 이는 소비자들에게 옷을 구매함에 있어 다양한 환경과 여러 선택지를 고려할 수 있게 하였다(서울역사편찬원, 2016b). 뿐만 아니라 이마트나 홈플러스와 같은 대형 할인점에서 PB(Private Brand) 의류를 제작하여 판매하기 시작하였으며 여러 디자이너들이 오프라인 편집숍을 런칭하기도 하는 등 온라인뿐만 아니라 오프라인에서도 옷을 구매할 수 있는 통로가 늘어나기 시작하였다.

나아가 가격에 따라 패션 브랜드의 층위가 분화되었다는 점 또한 주목할 만한 변화이다. 이 시기부터 국내 패션계에는 비교적 가격이 높은 프레스티지 라인에 대응하여 상대적으로 가격이 낮은 세컨 라인 브랜드와 스파(SPA)[13] 브랜드가 생겨났다. 2005년 일본의 '유니클로'를 시작으로 2008년 스페인의 '자라'와 스웨덴의 '에이치앤엠'까지 글로벌 3대 스파 브랜드가 국내에 입점하는 등 2000년대에 들어서며 국내에 해외의 유명 스파 브랜드들이 런칭되었고, 이러한 흐름 속 국내의 패션 기업들 또한 '에잇세컨즈', '탑텐', '스파오', '미쏘' 등의 스파 브랜드를 선보이기 시작하였다. 이렇게 등장한 스파 브랜드들은 소비자들의 수요와 유행에 민감할 뿐만 아니라 대량 생산을 바탕으로 비교적 저렴한 가격으로 판매된다는 장점으로 인해 소비자들의 사랑을 한 몸에 받을 수 있었다. 특히, 2000년대부터 시작된 미니멀리즘 패션과 베이직 아이템의 유행은 스파 브랜드나 세컨드 브랜드의 성장을 더욱 가속화시켰다(한국패션산업협회, 2020).

이 시기 스파 브랜드의 인기 못지않게 고가 브랜드에 대한 소비자들의 인식과 수요도 높아졌다. 인터넷의 발달은 곧 소셜 네트워크 서비스(Social Network Service, SNS)의 확산으로 이어졌는데 유튜브나 인스타그램 등 다양한 플랫폼을 통해 고가 브랜드의 의류를 착용한 연예인이나 인플루언서들이 소개되고, 관련한 정보들이 즉각적으로 소비자에게 전달됨에 따라 비슷한 제품을 구매하고자 하는 소비자들이 증가하였다. 이에 더해 구매대행이나 직구를 통해 국내에 진출하지 않은 해외 브랜드의 옷 또한 구매할 수 있게 됨에 따라 고가 브랜드는 지속적으로 성장해나갈 수 있었다.

이렇듯 소위 '명품'을 소비하고자 하는 풍조는 시간이 지날수록 점점 더 강화되었다. 2000년대 새로 생겨난 '그루밍족', '노노스족', '로엘족', '루비족', '프루브족'[14] 등의 신조어는 당시 소비자들이 스스로를 꾸미는데 시간과 비용을 아끼지 않으며, 희소한 브랜드를 선호하고, 고가의 명품일지라도 쉽게 구매한다는 특징을 보여준다. 또한 이 시기 비교적 경제력이 부족한 젊은 청년 세대 사이에서 특정 브랜드에 대한 선호 현상이 나타났다.

13
스파(SPA)란 상품 기획, 디자인, 생산, 유통, 판매에 이르는 전 과정을 한 회사에서 총괄하는 방식을 말하며, 대량 생산으로 중간유통 과정을 생산, 대형 직영 매장을 통해 직접 판매하기 때문에 일반 의류보다 가격이 저렴하고, 유행과 수요에 따라 1~2주 만에 신상품을 대량으로 공급하기 때문에 패스트 패션이라고 불리기도 한다(소희진 외, 2017).

14
위에 인용된 신조어들이 지칭하는 대상은 다음과 같다.
· 그루밍족: 꾸미는 남성
· 노노스족: 신흥 명품족, 패션 상류층
· 로엘족: 자신의 외모를 위해 투자를 아끼지 않는 중년 남성들
· 루비족: 유쾌하고 평범하지 않은 데다 아름답고 젊기까지 하며, 자신의 삶과 생활의 여유를 즐기는 여성들
· 프루브족: 희소가치를 자랑스럽게 실현하는 사람들. 새롭게 부상한 패션 중산층으로 국내에서 구하기 힘든 브랜드를 선호함

이러한 모습은 비교적 최근까지도 이어지는데, 최근 유튜브를 중심으로 한 '코디하기' 또는 '언박싱' 영상이나 럭셔리 브랜드 '플렉스' 하기 등의 콘텐츠가 유행하는 것은 이러한 명품 소비 경향을 잘 보여준다. 이처럼 2000년대로 접어들며 한국의 패션은 고가 패션과 대중 패션으로 이원화되는 모습을 보였다.

❹ 스포티 룩의 강세: 캐포츠에서 애슬레저 룩까지

2000년대 이후 패션의 마지막 특성은 '스포티 룩'의 유행이다. 2000년대로 들어서면서 시작된 '스포티 캐주얼'의 유행으로 인해 여성복에서 이러한 스타일의 의복이 차지하는 비중이 늘어났고, 정장이 차지하는 비율이 상대적으로 줄어들기 시작하였다(한국패션산업협회, 2020). 또한 이 시기부터 아웃도어 웨어를 일상복처럼 입는 모습이 나타났고, 초경량, 흡습건속, 발열 등 고기능성 소재의 의복이 인기를 끌었다. 이러한 맥락에서 'EXR', 'A6', 'BNX' 등 이지 캐주얼을 판매하였던 브랜드들이 스포츠 웨어에서만 쓰이던 소재를 일상복에 사용하면서 새롭게 스포티 캐주얼, 캐포츠가 등장하였다. 이에 따라 캐주얼과 스포츠 웨어의 경계가 사라지게 되었고, 트레이닝복처럼 허리와 바짓단을 밴드처리한 바지나 블루종 점퍼, 스니커즈 등의 아이템이 유행하게 되었다. 이와 같은 경향은 중장년층의 골프 웨어에

4050세대 "아웃도어 의류 입으면 젊고 활동적으로 보여"

아웃도어 의류를 입는 이유는 무엇입니까?(복수 응답, 단위: %)

	전체	성별		연령별			
		남성	여성	20대	30대	40대	50대
활동하기 편해서	86.4	84.5	88.4	84.9	83.3	88.1	90.2
기능성이 뛰어나서	63.5	61.5	65.7	60.4	64.3	68.9	59.2
옷이 구겨질까 걱정하지 않아도 돼서	17.8	19.6	15.9	17.3	16.3	16.4	22.3
디자인이 좋아서	10.5	11.4	9.5	12.4	14.7	8.2	5.4
유행이니까	9.5	9.2	9.8	10.7	8.7	8.2	10.9
멋있게 보이고 싶어서	5.4	6.0	4.8	7.1	6.0	4.9	3.3
색상이 예뻐서	4.3	4.1	4.5	4.0	5.6	4.1	3.3
값이 싸서	2.5	3.7	1.4	3.1	1.2	1.2	5.4

등산복 살 때 브랜드가 얼마나 중요하다고 생각하십니까? (단위: %)

남녀 500명씩 총 1000명 대상으로 조사. 자료: 대홍기획, 엠브레인

아웃도어 의류를 입으면 자신이 더 젊어 보인다고 생각하십니까? (단위: %)

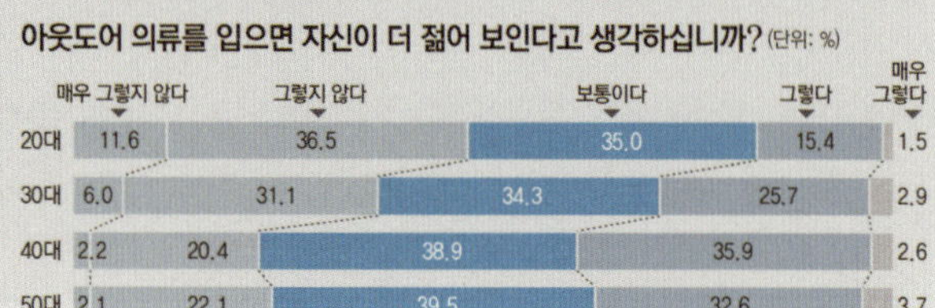

4050세대 "아웃도어 의류 입으면 젊고 활동적으로 보여"
《동아일보》, 2013년 3월 29일

도 영향을 주었는데, 이로 인해 스포티한 바지나 저지 티셔츠가 골프 웨어뿐만 아니라 일상복으로 많이 등장하게 되었다(한국패션산업협회, 2020).

이와 같은 스포티 룩의 인기와 함께 아웃도어 의류 또한 급격하게 성장하기 시작하였다. 2000년 4,100억 원 규모였던 아웃도어 시장이 2014년 5조 6,000억 원으로 약 14배 성장할 정도로 아웃도어 의류의 인기는 시간의 흐름에 따라 높아져 갔다. 이로 인해 2000년대 초반에 전문 산악인들이 입는 것으로 규정되었던 아웃도어 의류가 2000년대 중반 이후로 여가활동 시 입는 옷으로 재규정되었을 정도로 강세를 보이기 시작하였다. 이러한 현상은 크게 3가지로 설명될 수 있다. 먼저 2000년대로 접어들면서 여가 시간이 증대되었기 때문에 아웃도어 룩이 인기를 얻었을 가능성이 있다. 이 시기부터 주 5일제, 주 40시간 근무제가 도입됨에 따라 증대된 여가 시간으로 인해 많은 사람들이 보다 다양한 레저 활동을 즐기게 되면서 아웃도어 룩을 선택하게 되었다는 것이다. 뿐만 아니라 2010년을 전후로 톱스타들이 아웃도어 광고모델로 기용되면서 10대 청소년들이 아웃도어 패션 소비자로 유입되어 소비자의 층이 넓어졌기 때문에 아웃도어 룩이 강세를 보였다고 분석되기도 한다. 나아가 시간의 흐름에 따라 아웃도어 의류의 기능성에 더해 패션성과 디자인이 크게 강조되었고, 고가의 아웃도어 룩이 등장함에 따라 중장년층 세대에서 아웃도어 룩이 유행하게 되면서 과거에 비해 많은 사람들이 아웃도어 룩을 점차 일상복으로도 착용하게 되었다 2003년부터 일상생활에서 입을 수 있는 '어반 아웃도어', '캐주얼 아웃도어'가 출시되면서 이와 같은 경향은 더욱 가속화되었다.

이제 아웃도어는 전문가의 등산용 기능성 웨어가 아닌 일상복으로써 받아들여지고 있다(한국산업패션협회, 2020). 등산뿐만 아니라 산책, 가족 나들이 상황에서도 아웃도어 의류를 입는 사람들을 많이 관찰할 수 있으며, 일상생활에서 자연스럽게 아웃도어 의류를 착용하는 사람들 또한 늘어나고 있다. 2000년대 시작된 주 5일제 근무로 인해 여가 시간의 증가와 건강, 여가 및 취미생활을 중시하는 인식의 확산은 보다 많은 사람들이 아웃도어 의류를 일상적으로 착용하도록 하는데 영향을 주었다. 뿐만 아니라 당시 사회적으로 확산된 동안 열풍과 안티에이징을 추구하는 분위기로 인해 아웃도어 의류가 일종의 '회춘 패션'으로 지각되기도 하였는데, 실제로 아웃도어 의류를 입는 40~50대들은 아웃도어 패션이 자신을 젊고 활동적으로 보이게 한다고 느끼기도 하였다(동아일보, 2013/03/29; 여준상 교수팀 2013년 조사 결과; 조희진 외, 2017에서 재인용).

아웃도어 의류 가운데 가장 많은 인기를 얻은 아이템은 '야상'과 '패딩 점퍼'였다. 먼저 아웃도어 웨어의 변종이라고 할 수 있는 '야상', 즉 사파리 스타일의 재킷은 2000년대 초중반 남녀 모두에게 선풍적인 인기를 끌었다. 두 번째로 '패딩 점퍼'의 경우 아예 겨울철 필수 아이템으로 자리를 잡았다. 아웃도어 패딩뿐만 아니라 롱패딩과 출퇴근에 용이하도록 재킷 안에 매칭할 수 있는 얇은 패딩, 그리고 고가의 패딩 등 여러 아이템이 출시되어 유행하는 등 패딩 점퍼의 인기는 매우 높아졌다. 이렇듯 패딩이 큰 인기를 얻게 되면서 사회적인 문제가 빚어지기도 하였는데, 중·고등학생들 사이에서 '노스페이스'나 '몽클레어' 등 고가의 패딩 점퍼가 유행함에 따라 학부모들의 부담이 심해지고 학생들 간에 위화감이 조성되는 등 심각한 사회문제로 대두되기도 하였다(조희진 외, 2017).

생활지역을 고려하여 선발된 서울거주 20대 이상의 성인 남녀 27명은

①직장/학교 ②중요한 회의나 발표 ③휴식 ④운동 ⑤코로나 상황 ⑥친구와의 모임 ⑦공연 및 전시관람 ⑧가족 모임 ⑨결혼식 ⑩데이트 상황에서

본인이 어떻게 옷을 입는지 사진을 찍고, 기록하였다.

조사결과, 서울사람들은 누구를 만나느냐에 따라 수행하는 역할이 달라졌고 패션도 변화하였다.

2020년 코로나 상황에서는 그 이전과는 또 다른 의생활 문화도 포착하였다.

Ⅳ

2020년 패션으로 바라본 서울의 문화지형도

1 오늘날 서울, 서울사람들과 패션

1. 패셔너블한 서울의 공간: 명동에서 홍대와 도산공원까지

서울의 유행과 패션을 가장 잘 보여주는 장소는 시간의 흐름에 따라 변화해왔다. 해방 이후 명동을 중심으로 형성된 양장점들이 유행을 주도하였으며 1960년대에는 맞춤복 시장이 세분화되면서 종로와 이화여대 주변의 양장점이 패션의 중심적인 상권을 형성하였다. 뿐만 아니라 평화시장, 동대문시장, 남대문시장을 중심으로 형성된 저가 기성복 시장이 섬유 산업과 의류 산업의 발전과 함께 크게 성장하였다. 디자이너들이 기성복 시장에 진입하면서 명동의 백화점을 중심으로 고급 기성복이 등장하기 시작하였다. 이후 1970년대부터 대기업의 주도로 기성복 생산이 체계화되고 대량 생산되면서 기성복 시장이 활성화되었다. 명동과 충무로에는 라이선스 형태로 도입된 해외 유명 브랜드의 의류가 유통되기 시작하였다. 동시에 팝송과 같은 서구의 청년 문화와 함께 청년 세대에서 청바지, 미니스커트, 장발이 유행하면서, 대학가 신촌과 종로를 중심으로 새로운 흐름의 청년 패션이 전개되었다.

1980년대에는 남대문시장과 대학가를 중심으로 중저가 영 캐주얼 브랜드가 성장하였다. 이 시기 우루과이 라운드나 WTO 등 무역시장이 개방됨에 따라 해외의 패션 트렌드와 해외 유명 브랜드가 본격적으로 도입되면서 이태원과 평화시장, 한남동을 중심으로 소규모 보세상가가 등장하기도 하였으며, 이대 입구, 성신여대 입구, 대학로를 중심으로 중저가의 캐주얼 브랜드 의류를 판매하는 패션 전문점들이 등장하였다. 한편 강남 지역에 조성된 대규모 아파트단지와 함께 새로 들어선 백화점들을 중심으로 고급 문화권이 출현하면서 1990년대 고급 패션 브랜드 유행의 기반이 형성되었다. 또한 로데오 거리를 중심으로 해외 유명 디자이너 브랜드들의 매장이 자리잡으면서 압구정, 청담동이 고급 패션의 중심지로 등장하였다. 한편 명동과 동대문, 홍대를 중심으로 스트리트 패션이 부상하였다. 특히 과거 디자이너의 맞춤복이 중심이었던 명동은 청년 세대의 캐주얼 패션의 중심지로 변화하였다. 동대문 패션 타운은 저렴하고 다양한 디자인, 빠른 상품 회전력을 바탕으로 패션 시장의 중심지가 되면서 독특한 쇼핑 문화를 가진 장소로 거듭났다. 오늘날 홍대에서 볼 수 있는 개성 있고 독특한 패션 스타일도 이 시기에 형성되었다.

이처럼 서울패션을 조망할 수 있는 중심지는 계속해서 변화해왔다. 본 연구에서는 2020년 서울사람들이 생각하는, 현재 서울에서 가장 패셔너블한 공간에 대해 질문하였다. 보다 구체적으로, 지금 서울에서 패셔너블한 공간이라고 생각하는 곳이 어디이고, 왜 그런지, 그곳에서의 패션에 대해서 어떻게 생각하고 있는지를 확인하였다. 연구 결과 사람들이 패셔너블하다고 생각하는 장소는 성별이나 연령에 따라 큰 차이가 없이 유사하게 나타났는데, 이들은 공통적으로 유동 인구가 많으며, 젊은 사람들의 독특한 옷차림을 볼 수 있는 공간을 패셔너블하다고 인식하고 있었다. 연구 결과 서울에서 가장 패셔너블한 공간으로는 강남역과 홍대가 가장 많이 언급되었고, 이외에도 이태원과 한강진, 압구정과 신사, 가로수길이 패셔너블한 공간으로 인식되고 있었다.

나아가 이러한 응답을 통해서 사람들이 어떠한 것을 '패셔너블'하다고 인식하고 있는지를 확인할 수 있다. 사람들은 지금 현재 대다수 사람들이 입는 트렌디한 옷, 명품을 비롯하여 고가의 세련된 패션, 개성있고 독특한 패션, 특히 청년 세대의 패션과 관련된 것이 패셔너블하다고 생각하는 것으로 나타났다. 이처럼 패셔너블하다는 것에 대한 생각은 서울의 각 공간과 연결지어 확인해볼 수 있다. 강북권으로 대표되는 홍대와 이태원 지역은 자유롭고 개성 있는 청년 세대 패션의 이미지로, 강남권으로 대표되는 압구정과 신사 지역은 트렌디하면서 세련되고 명품으로 꾸민듯한 고급 패션의 이미지로 대변된다. 특히 일반적으로 지금 유행하는 대중적인 패션을 대표하는 지역으로는 강남역과 홍대가 지목되었고, 개성 있거나 고급스러운 특색있는 패션으로 대표되는 지역은 홍대와 이태원 또는 압구정·신사·청담, 마지막으로 새롭게 부상한 패셔너블한 공간으로는 합정·상수, 한강진과 성수 등지가 언급되었다. 다음에서 서울의 지역을 강북과 강남으로 구분하여 패셔너블하다고 언급된 공간에 대해 구체적으로 살펴보겠다.

❶ 강북권

홍대, 합정·상수

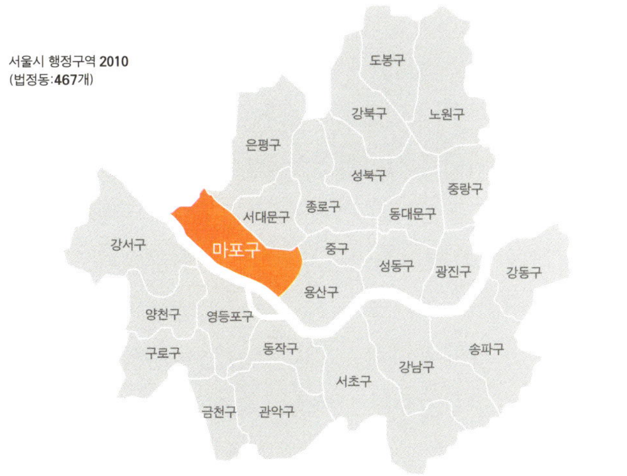

홍대와 합정·상수 위치 | 서울연구데이터서비스

홍대와 합정·상수 앞 상권 | 서울공간정보맵

홍대랑 강남 정도..? (…) (그런 곳에 간다고 옷을 더 신경써서 입는다거나) 그런 건 없고. 왜냐면 유동성 인구가 많은 곳이니까 신경써지는데, 홍대도 유동성 인구가 많지만 강남 사람만큼 신경은 안 쓰여서. 왜냐면 강북이라. (응답자 204, 30대 여성, 직장인)

홍대. 그렇게 거리를 걸어본 적이 요새는 없어서요, 사실. (응답자 210, 30대 여성, 전업주부)

1990년대부터 이어져오는 자유로운 패션의 공간인 홍대는 오늘날에도 패셔너블한 장소로 가장 많이 언급된다. 오늘날 홍대가 갖는 이미지는 1980년대부터 형성되기 시작하였다. 당시 상대적으로 임대 가격이 저렴했던 홍대 주변에는 미대생과 건축학도들의 작업실이 많았는데, 이에 더해 미술학원들이 들어서면서 홍대 앞은 '미술'과 관련한 정체성이 커졌고, 다른 지역에서 찾아보기 어려운 독특한 분위기가 형성되기 시작하였다(서울역사박물관, 2017). 나아가 1980년대 후반 먹자골목을 시작으로 급격하게 상업화되기 시작한 홍대앞 거리는 이후 서울시에서 주관한 '걷고 싶은 거리' 사업과 지하철 2호선 개통을 바탕으로 크게 발전하였다. 1990년대로 접어들면서 홍대앞 거리의 미술과 관련된 정체성은 확장되기 시작한 소비문화의 영향을 받아 '피카소거리', '거리미술전', '벽화거리' 등 방문하고 싶은 장소가 되어갔다. 이후 라이브클럽이 성행하면서 획일화된 대중문화 이외에 새롭고 대안적인 놀이문화를 원하였던 사람들이 홍대 앞으로 모여들게 되면서 홍대 앞은 다른 지역에서 볼 수 없는 새로운 유형의 패션 스타일이 많이 나타나는 지역이 되었다.

이와 같이 인디밴드와 클럽을 중심으로 고유한 문화가 싹튼 홍대는 규정에 얽매이지 않고 다양한 개성이 드러나는 패션을 볼 수 있는 곳이다. 응답자들은 홍대에 대해 젊은 사람들의 지역이라는 인식이 강하며, 다른 지역에서 볼 수 없는 특이한 유형의 패션스타일을 확인할 수 있는 지역이라고 인식하고 있었다. 많은 응답자들이 홍대에서 다양한 스타일을 확인할 수 있고, 규정에 신경쓰지 않는 모습도 보여진다고 이야기하였는데, 더 나아가 이러한 스타일에 대해 '이상하다'고 여길 정도로, 홍대 지역에서는 일반적이지 않은 스타일이 많이 관찰되고 있었다. 특히 나이가 많은 응답자일수록 홍대 패션에 대해 '이상하다'는 평가를 내리고 있었는데, 60대인 응답자 217(60대 이상 여성, 은퇴자)은 '없어서 아무거나 입은 것 같은' 느낌을 받을 정도로 이상하게 다니는 애들이 있었다고 응답하기도 하였다.

> 아무래도 홍대라고 생각을 하는데, 뭐, 다른 지역에서 볼 수 없는? 그런 개성이 많은 패션 센스를 가진 사람들이 홍대에 많더라고요. 다양한 패션? 그런 방면에서 패셔너블하다고 생각해요. (응답자 104, 20대 남성, 직장인)

> 홍대 아니면 이태원. (…) 홍대는 그런 영하게 뭔가 그런 규정에 신경쓰지 않는, 후리한 영혼 느낌이 있어. (응답자 201, 20대 여성, 대학원생)

> 홍대 앞에도 있어요. 거기 좀 그런 애들이 많다고. 연예인도 많고. 분위기가 비슷한. 옷을 이상하게 입고 다니고. 나는 그런 스타일을 싫어하니까. 특이하게 입었어. 어딘가 조화롭지 않은? 뭔가가 없어서 아무거나 입은 것 같은 느낌을 받을 정도로. 이상하게 입고 다니는 애들이 있었다. (…) 내가 보기에는 걔네들은 패셔너블하다고 생각해서 입었겠지만, 나는 그렇게 평가는 안해. 이상하게 입었다 이런 거고. (응답자 217, 60대 이상 여성, 은퇴자)

홍대에서 비정형적이고 개성이 독특하게 드러나는 스타일의 옷들이 많이 관찰됨에 따라 응답자들은 이 장소에 대해 영(young)한 느낌을 가지고 있다고 생각한다. 이와 같은 맥락에서 응답자들은 젊은 세대의 패션을 대표하는 지역으로 홍대를 꼽았다. 하지만 이처럼 젊은 패션을 대표하는 지역은 시간의 흐름에 따라 변화된 결과인데, 이는 응답자 214(40대 여성, 전업주부)의 인터뷰를 통해 확인할 수 있다. 40대인 응답자 214는 과거 자신이 어렸을 때는 신촌과 이대 앞에서 패셔너블한 옷차림을 많이 볼 수 있었던 반면 요즘은 홍대에서 젊은 애들이 잘 입고 다니는 것을 볼 수 있다고 이야기하였는데, 이러한 언급에서 패셔너블한 장소의 변화를 엿볼 수 있다.

> 우리 때는 신촌에 가면 애들이 되게 괜찮은 애들이 많았어. 남자도, 여자도 그렇고 젊은 애들 중에. (…) 요즘에는 신촌에서 조금 올라간 홍대 지역, 거기에 애들이 잘 입고 다니는 젊은 애들 많더라구. 그리고 강북에서는 그 쪽이고. (응답자 214, 40대 여성, 전업주부)

이에 더하여 홍대 인근의 합정과 상수 또한 최근 들어 힙한 느낌의 패션을 볼 수 있는 장소로 새롭게 언급된다. 시간의 흐름에 따라 홍대 지역이 발전하고, 임대료가 높아짐에 따라 이를 감당하지 못한 많은 가게들이 인근 지역으로 이주하게 되었는데, 합정과 상수 지역은 이를 통해 발전하기 시작한 곳이다. 뿐만 아니라 이들 지역은 홍대와 지리적으로 가까우면서도, 번잡하지 않고 조용하며 편안한 느낌이 있고, 특색 있는 카페와 식당들이 모여 있는 지역으로도 유명하다. 이들 지역은 역세권일 뿐만 아니라 주변에 즐길 수 있는 문화시설이 많아 최근 들어 젊은 세대들에게 인기를 끌고 있다(고재석, 동아일보, 2019/03/31). 그렇기 때문에 응답자들은 이러한 장소에 방문할 때는 스트릿한 느낌의 옷을 '아주 힙하게' 입어야 할 것 같다고 생각하였다(응답자 206, 30대 여성, 직장인).

> 내 남자친구가 합정, 상수 쪽에 있는데 그쪽 같은 경우에는 스트릿 웨어쪽으로 많이 입고, 그래서 나는 되게 갈리지. 여기랑 저기를 갈 때. (…) '아 좀 신경을 써야겠다.' 하는 데는 아까 말하였듯이 압구, 청담, 신사 이쪽이나 아니면 '좀 아주 힙하게 입어야겠다'라고 생각하는 동네는 합정, 상수. (응답자 206, 30대 여성, 직장인)

이태원, 한남동, 한강진

이태원과 한남동, 한강진 위치 | 서울연구데이터서비스

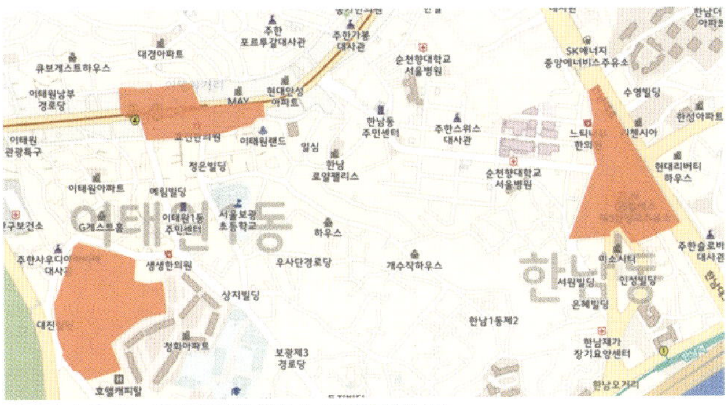

이태원과 한남동, 한강진 주변 상권 | 서울공간정보맵

'서울 속의 외국'이라고 불리는 이태원은 외국인이 많이 거주하는 지역으로, 보다 자유로운 분위기의 패션이 나타나는 공간으로 인식되고 있었다. 이태원은 한국전쟁 이후 용산에 들어선 미군기지로부터 영향을 받은 지역으로, 당시에는 미군들을 위한 미국식 클럽과 유흥업소가 밀집한 지역이었다. 뿐만 아니라 이 지역에는 미군 및 미국 대사관 직원들을 위한 주거지가 형성되었는데, 1960년대가 되면서 여러 국가의 대사관과 대사관저가 들어서기 시작하고, 외국인 아파트도 건설되어 이태원과 한남동은 외국인이 많이 거주하는 지역이 되었다(서울역사박물관, 2010). 1970년대와 1980년대는 이태원의 전성기라고도 할 수 있었는데, 이 시기에 미군을 대상으로 한 유흥업소가 성행하면서 내국인을 상대로 한 업소 또한 호황을 누리게 되었고, 보세의류와 수제양복, 가방, 신발, 모피·피혁 등을 판매하는 쇼핑 상권이 형성되어 외국인들의 관광코스로 인기가 높았다. 당시 이태원에선 외국인들의 쇼핑이 많았는데, 1980년대 중반 이후에는 내국인들이 방문하기 시작하였고, 서울의 유명 쇼핑가로 발전하였다.

1990년대로 접어들면서 조금씩 그 영향력이 쇠퇴하기도 하였지만, 2000년대 이주노동자들이 이태원에 둥지를 틀게 되면서 여전히 이태원은 이색적인 타국의 문화를 경험할 수 있는 지역으로 남아 있다. 나아가 이 시기부터 유흥업소가 쇠락하게 되면서 차츰 외국 음식 전문점들이 들어서게 되었고 자연스럽게 많은 사람들이 방문하는 지역이 되었다. 이러한 이유로 인해 이국적이고 독특한 옷차림을 볼 수 있는데, 특히 구제옷을 구매할 수 있는 등 자유분방하고 개성 있는 청년 세대의 패션과 관련되는 이미지를 가지고 있다는 점이 독특하다.

이태원도 뭔가 외국인들 많잖아? 외국인들은 좀 더 우리보다 뭔가 그런 자유로운 느낌이잖아? 그래서 자유롭게 패셔너블하게 입지 않을까? (응답자 201, 20대 여성, 대학원생)

이미지 자체는 강남이랑 이태원이요. (…) 이태원 같은 경우에는 굉장히 자유분방하게, 자기가 입고 싶은 대로 아니면은 뭐, 구제 옷이나 이런 거에 대한 이미지가 있어요. (…) 이태원 같은 경우에는 예, 좀 더 20대 초반이나 뭐, 이런 이미지가 있어요. 좀 더 어린 이미지가 있어요. (응답자 105, 30대 남성, 직장인 관리직)

이태원 인근의 한남동과 한강진은 홍대와 합정·상수의 관계와 유사하게 나타난다. 최근 한남동과 한강진 부근은 이태원과 지리적으로 가깝지만, 상대적으로 개발이 시작된 지 얼마 되지 않았기 때문에 비교적 한적한 분위기를 유지하고 있으면서도 다양한 공연이나 전시 관람이 가능하고, 레스토랑이나 패션 및 뷰티 브랜드가 밀집해있는 지역이다. 뿐만 아니라 이 지역들은 이태원에 비해 상대적으로 임대료가 저렴하기 때문에, 이태원의 높아진 임대료를 감당하지 못한 가게들이 대거 이동하였다. 응답자들은 이 지역을 "라이트한 버전의 청담"이라고 인식하고 있었고 "소위 말해 힙"한 장소라고 이야기하였다. 이 지역은 응답자들 가운데 주로 30대 여성들이 생각하는 패셔너블한 공간이었다.

한남동도 약간 압구정, 청담의 라이트한 버전같고, 한강진, 이태원 이쪽. (응답자 206, 30대 여성, 직장인)

청담동이나 가로수길이나 요즘에는 한남동. (응답자 208, 30대 여성, 직장인 관리직)

요즘 힙하다고, 소위 말해 힙하다는 곳은 성수동, 한남동 뭐 그런 것 같아요. (응답자 213, 30대 여성, 전업주부)

성수동 ⌄

성수동 위치 | 서울연구데이터서비스

성수동 주변 상권 | 서울공간정보맵

성수동도 요즘 힙한 패션을 볼 수 있는 패셔너블한 공간으로 언급되었다. 1960년대부터 공업지역으로 알려졌던 성수동은 1954년 창업한 금강제화가 1967년 금호동으로 이전함에 따라 수제화 산업의 메카가 되었다(서울역사박물관, 2014). 각종 수제화 공장을 비롯하여 여러 영세 공장이 밀집된 공업단지였던 성수동은 2010년에 들어서며 변모되기 시작하였다. 1990년대부터 시작한 불황으로 많은 공장들이 성수동을 떠나게 되었고, 점차 쇠락해가는 공장들이 공방, 청년 창업몰, 카페 등으로 개조되었는데 이렇게 탄생하게 된 매력적인 공간들에 이끌려 많은 사람들이 성수동을 찾게 되었다. 특히 다리 하나만 건너면 청담동으로 갈수 있는 등 교통이 편리한데다가 임대료가 저렴하기 때문에 젊은 아티스트들이 모여들어 작업장이 형성되고, 유명 브랜드의 상점들뿐만 아니라 감각적인 카페와 레스토랑 등이 들어서면서 성수동만의 독특한 분위기가 형성됨에 따라 인기를 끌고 있다. 비교적 최근에 형성된 성수동 카페 거리는 사람들이 많이 방문하는 장소이다.

요즘 힙하다는 곳은 성수동, 한남동 뭐 그런 것 같아요. (응답자 213, 30대 여성, 전업주부)

동묘 ⌄

동묘 또한 이태원과 마찬가지로 이색적인 패션을 볼 수 있는 지역으로 꼽혔다. ‘동묘’는 숭인동에 위치한 ‘관우’를 모시는 사당을 의미하는데, 1980년대부터 중고품 만물상들이 모여들어 상권을 형성하였다(박은영, 내손안의 서울, 2020/06/05). 주로 노년층이 방문하던 ‘동묘벼룩시장’은 저렴한 가격에 다양한 구제 옷들을 판매하는 시장으로 유명한데, 이 외에도 LP나 디자이너 가구 등 각종 골동품들을 만날 수 있는 장소로도 알려져 있다(한국일보, 2020/06/18). 특히 동묘는 최근 레트로 열풍이 불게 되면서 새롭게 주목받게 되었다. 벼룩시장에서 판매되는 골동품과 구제옷 등 여러 구경할 거리가 많은 장소로 젊은 세대까지 방문객이 확대되며 상수, 한남, 성수동 등을 이어 최근 많은 사람들이 모이는 장소 가운데 하나가 되었다. 응답자 가운데 20대 초반 대학생은 동묘의 독특한 구제 패션을 언급하였는데, 이 장소는 “힙스터들이” 독특한 옷을 찾아 사기 위해 방문하는 곳으로, 그 장소의 사람들은 연령과 상관없이 “별의 별 거”를 다 입고 다니고 있다고 응답하였다.

동묘. 친구 따라 가봤어. 별의 별 거 다 입고 다니는데. (…) 한 이십대 초에서 후반까지. (…) 구제샵들 쫙 깔려있고, 그런 느낌이지. (…) 흔히 말하는 힙스터들이 옷 찾으러 많이 가는 것 같아. 진짜 멀리서 봐도 눈에 확 띄는 사람들. 나이 많으신 분들도 있어. (응답자 203, 20대 여성, 대학생)

서울시 행정구역 2010
(법정동:467개)

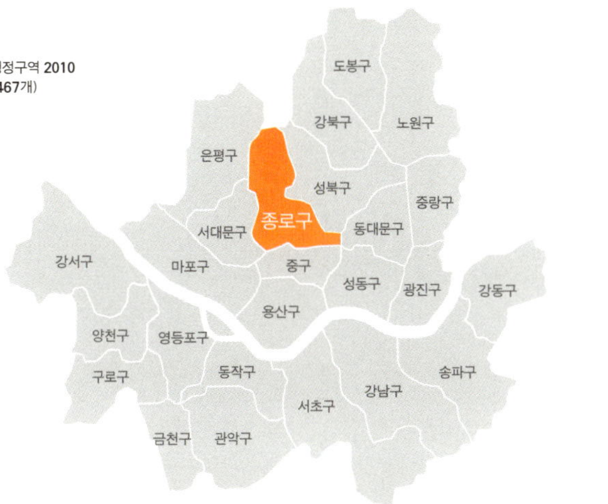

동묘 위치 | 서울연구데이터서비스

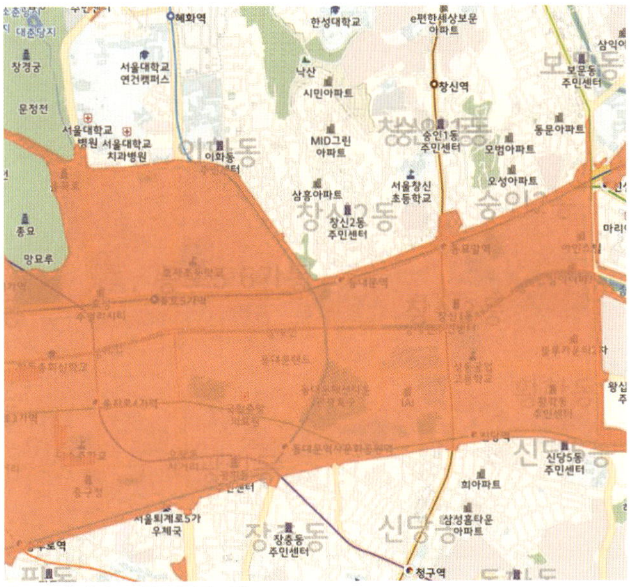

동묘 주변 상권 | 서울공간정보맵

인사동, 삼청동

또한 강북권에서 인사동과 삼청동, 그리고 인근의 갤러리가 밀집해있는 공간이 패셔너블한 공간으로 언급되었다. 인사동과 삼청동 주변은 소규모 갤러리와 박물관, 미술관이 있을 뿐만 아니라 소규모의 디자이너 스튜디오, 전통 한복이나 생활한복과 관련된 매장이 있다. 1980~90년대에는 인사동이 전통 문화와 생활한복 등 우리 고유의 문화의 전통적이면서도 세련된 정취를 느낄 수 있는 장소였다. 뿐만 아니라 전통적이면서도 현대적인 한국의 분위기를 가지고 있는 인사동과 삼청동 일대는 경복궁을 중심으로 하는 외국인들의 관광 코스로 인기 있다.

인사동이나 삼청동이나 갤러리쪽이나 하다못해 청담 쪽에도 공원들도 이제는 거해져서 너무 부담이 돼서. 그리고 그렇게 막 잰척하면서 걷더라고 사람들이. 그러니까 이상한데? (응답자 209, 40대 여성, 사회적 기업 임원)

❷ 강남권

강남, 강남역, 삼성역, 강남 3구

사실 잘 모르겠는데. 나는 강남 말고는 잘. 강남은 뭔가. 그런 사람들이 많다는 생각이 있는 것 같아. (강남은 강남역을 말하나?) 그건 아니고, 강남쪽? 나는 사실 세부적인 지역의 분위기나 이런 건 잘 모르거든. 근데 뭐 신사나, 압구정이나 이런 전반적으로 강남 3구 정도가 아닐까. (응답자 103, 30대 남성, 직장인)

가장 많이 언급된 강남은 앞서 강북권에 있던 지역들과 달리 특정한 공간이라기보다는 보다 큰 권역의 개념으로 나타나는데, 강남 사람들, 강남 쪽, 강남 3구, 강남역, 삼성역이 함께 언급되었다. 1960년대 말 "영동지구사업"이라는 이름으로 시작된 강남개발은 1966년 제3한강교 기공식을 시작으로 급속도로 개발되기 시작하였다. 이후 1970년대에 접어들면서 강북의 인구를 분산시키고자 강남지역에 아파트가 들어서고 도로가 정비되며 파격적인 지원정책이 시행됨에 따라 시가지가 형성되면서 발전하여 강북의 명문학교 이전과 지하철 역 개통 등으로 최근의 모습을 띠게 되었다(서울역사박물관, 2008). 나아가 2000년대 초반 강남에 위치한 저층 아파트들은 재건축을 거치며 더욱 크게 발전하였는데, 2008년 글로벌 금융위기도 이겨내고 부촌으로써 입지를 굳건히 하였다(정순구, 서울경제, 2018/03/28). 특히 2012년 전 세계적으로 선풍적인 인기를 끌었던 〈강남스타일〉 뮤직비디오는 강남으로 많은 관광객들이 방문하도록 하는 데 영향을 미쳤는데, 이로 인해 '한류스타거리'나 '코엑스', '가로수길' 등 강남의 여러 지역에는 많은 사람들이 방문하는 장소가 되었다.

이 공간은 응답자들에게 20대 대학생과 30대 직장인을 비롯하여 많은 사람들이 모이는 곳으로써, 보다 다양한 패션들을 볼 수 있는 장소로 인식되고 있었다. 이러한 맥락에서 응답자 105(30대 남성, 직장인 관리직)의 경우 강남이라는 지역에는 주로 20대 내지는 30대 초반이라는 이미지가 있다고 이야기 하며 "상당히 트렌디하고

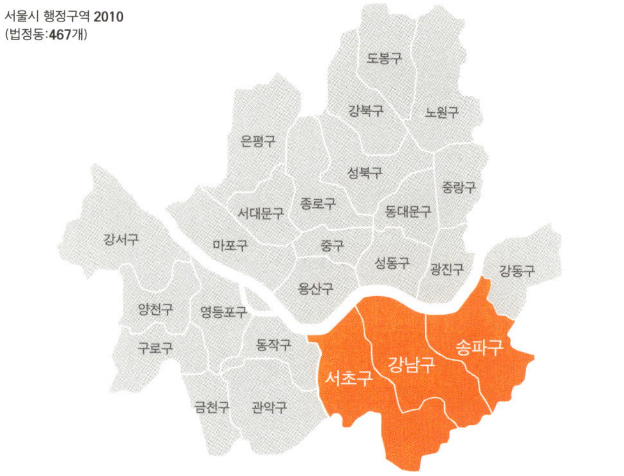

강남 3구 위치 | 서울연구데이터서비스

강남역, 삼성역 주변 상권 | 서울공간정보맵

유행을 따라가면서 입는" 패셔너블한 공간이라 인식하고 있었다.

강남에서는 잘 모르겠는데.. 아줌마 기준으로 얘기해야 돼? 젊은 애들은 강남역에 많은 것 같고. (응답자 214, 40대 여성, 전업주부)

이미지 자체는 강남이랑 이태원이요. (…) 강남 같은 경우에는 상당히 트렌디하고 예, 그 유행을 따라가면서 입는다. 라는 생각이 들고요. (…) 강남은 아무래도 상당히 20대 내지 30대 초반, 뭐 이런 이미지들이 있고요. (응답자 105, 30대 남성, 직장인 관리직)

특히 강남 지역 가운데 강남역은 강북의 홍대와 유사한 공간으로 인식되고 있었다. 응답자들에 따르면 강남역에는 "별의 별" 사람이 다 있고(응답자 107, 40대 남성, 임원), "젊은이들"이 많다(응답자 216, 40대 여성, 전문직). 뿐만 아니라 강남역에서는 특이한 유형의 스타일을 확인할 수 있었다. "이상한" 옷을 입은 "튀는 애들"이 많다(응답자 217, 60대 이상 여성, 은퇴자). 이에 대해 응답자 216(40대 여성, 전문직)의 경우, 강남역이나 삼성역과 같은 지역은 직장인들이 많아, 자신이 재직중인 회사나 경제력을 패션을 통해 보여주고자 하는 욕구가 있으며, 이러한 것이 강남 지역이 패셔너블한 지역이 되는데 영향을 미쳤다고 보았다.

강남이겠지. 강남역 이런 데 가보면 별의 별 놈 다 있더라. 여자들 치마가 하도 짧아서 속옷이 보여. 막 그런 거 보면 천하게 보인다고 하나. (응답자 107, 40대 남성, 임원)

강남역 아니면 삼성역 그런 쪽 직장인들도 많고, 이제 어떤 젊은 대학생들도 많은. 삼성역은 주로 직장인들이 더 많을 테니까 그런 쪽 일 것 같고. 강남역은 약간 젊은 대학생들의 이런 쪽 사람들이 많을 테니까. 직장인도 분명히 많겠고요. 젊은이들이 많으니까 좀 그렇지 않을까 싶어요. (…) 직장인들은 약간 이렇게. 그 경제적인 능력이 있는 거잖아요. 그럼 자기의 어떤 경제적인 능력으로 나를 갖다 보여주려고 하는 욕구들도 좀 있고. 그다음에 어떤 회사, 어떤 회사를 다니냐에 대한 그런 내가 좋은 회사를 다닌다라고 하는 걸 보여주는 것들? 그런 것도 많이 작용을 하는 것 같아요. (응답자 216, 40대 여성, 전문직)

강남역? (…) 사람들이 거기 많이 모이고. 거기 무슨 일이 있어서 갔었어요. 갔더니 진짜 튀는 애들이 많더라고. 강남역에 무슨 음식점에 갔었는데. 어.. 음식점도 우선 특이한 음식점, 외관이. 그런 음식점이었지만. 거기 튀는 옷 입고 다니는 사람이 좀 많더라고. (…) 우선 한국 사람, 외국 사람 할 것 없이 다 있고. 그리고 옷을.. 뭐 어떻게 딱 입었다고 해야되나. 독특하게 입었다고 생각되는 그런 사람들이 종종 있었어. (…) 힙합적인? 옷이 우리가 입지 못하는. 젊은 애들이 입는. 나이든 사람들은 그렇게 안 입죠. 남자애들도 옷이 귀걸이하고 막 이런 복장에서부터. 가죽옷에. 뭐 어떤 애들은 가죽같지 않고 비닐같이 생긴걸 입었어. 신발도 이상하고 막. 여름에 부츠같은걸 신고. 요즘에는 여름에도 부츠를 신나? 그런게 또 트렌드라고 하대. 여기(위에는) 여름 옷을 입고(무릎까지 오는) 부츠를 신고. 이상한 조합이야. 그런거. (응답자 217, 60대 이상 여성, 은퇴자)

가로수길, 압구정·신사(도산공원), 청담

응답자들은 특히 '가로수길'과 '압구정·신사(도산공원)', 그리고 '청담' 지역과 같이 강남권 내에서도 유명한 지역의 경우 이를 일반적인 강남 지역과 구분하여 이야기하였다. 가로수길과 도산공원, 청담 등의 지역은 강남 지역에서 특히 많은 사람들이 방문하는 지역으로 알려져 있다. 이들 지역은 서울의 대표적인 관광 지역으로써 관광 정보를 소개하는 사이트(https://korean.visitseoul.net/index)를 통해 여러 사람들에게 소개되는 지역이기도 하다. 가로수길의 경우 한때 갤러리

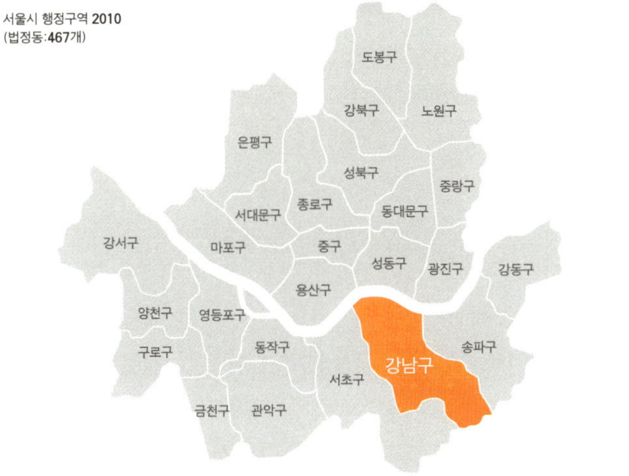

가로수길, 압구정·신사, 청담 위치 | 서울연구데이터서비스

가로수길, 압구정·신사, 청담 주변 상권 | 서울공간정보맵

나 디자이너 숍이 밀집한 지역이었는데, 최근 패션 로드숍뿐만 아니라 앤티크 가구점, 외국 서적 판매 서점 등 다양한 상점들이 들어서 있어 많은 사람들이 즐겨 방문하는 곳이다. 도산공원 또한 사람들이 자주 찾는 지역이다. 신사동에 위치한 도산공원은 도산 안창호를 기리기 위해 조성된 공원으로 가볍게 산책하기에 좋고 주변에 여러 식당과 레스토랑 등 맛집들이 밀집해있어 데이트 장소로 인기가 높다. 청담동에는 '청담동 패션거리'가 있다. 과거 명품거리라고 불리기도 하였던 이 패션거리는 모든 명품 매장들이 모여 있을 뿐만 아니라 마케팅 차원에서 각 브랜드의 플래그십 스토어(flagship store)도 위치해있다. 나아가 '분더샵', '쿤', '무이' 등 편집매장은 매장 안에 카페나 레스토랑을 함께 운영함으로써 복합문화공간으로 기능하기도 한다.

이 지역의 패션과 관련하여 응답자들은 스트리트한 느낌(응답자 205, 30대 여성, 직장인 관리직) 또는 세미 포멀하거나 고가의 명품 브랜드의 아이템을 중심으로 세련되게 차려입은 패션의 이미지를 가지고 있다. 특히 압구정과 청담의 경우 1990년대부터 로데오 거리가 조성되면서 명품 브랜드들이 많이 입점하였는데, 이러한 브랜드들의 영향으로 현재까지도 고급스럽고 세련된 패션 스타일을 대표하는 지역으로 알려져 있다. 이러한 맥락에서 시간의 흐름에 따른 변화를 지적한 응답자도 있었는데, 응답자 214(40대 여성, 전업주부)에 따르면 압구정동의 로데오 거리나 가로수길의 경우 여전히 유명하긴 하지만 죽은 상권이며, 최근 주요 상권은 청담지역으로 이동하였다고 이야기하기도 하였다.

청담동이나 가로수길이나 요즘에는 한남동. (응답자 208, 30대 여성, 직장인 관리직)

약간 고가의 브랜드라나 그런 거 보이는 데는 좀 압구정동, 삼성동, 청담동. 이런 정도고. (응답자 213, 30대 여성, 전업주부)

청담이요 청담. (…) 조금 스트리트한 느낌으로 입는 것 같아요. (응답자 205, 30대 여성, 직장인 관리직)

아줌마들은 압구정동 로데오는 사실 죽은 상권이야. 청담동 카페 거리에 많아. 어디냐면 도산공원 알지, 도산공원 사거리에 카페 있는 데가 있어. 거기 온갖 연예인들 다 오고.. 요즘 좀 옛날에는 우리 젊었을 땐 압구정 로데오였는데, 요즘 거기 공실률이 너무 많고. 청담동 쪽으로 많이 온 것 같아. 거기에 되게 싼 티 안 나는 패셔니스타가 많지. (…) 그리고 가로수 길도 많이 죽었어. 옛날에는 힙한 애들이 또 가로수길에 얼마나 많았는지 몰라요. 근데 요즘은 없어. (응답자 214, 40대 여성, 전업주부)

이러한 맥락에서 응답자들은 그 지역의 사람들은 거의 다 "진짜 많이 꾸미는 것 같다"(응답자 102, 20대 남성, 대학생; 응답자 210, 30대 여성, 전업주부)고 느꼈고, 소재가 좋은 옷, "고가의 브랜드"(응답자 213, 30대 여성, 전업주부), "딱 봐도 그냥 되게 명품이나"(응답자 102, 20대 남성, 대학생)라고 생각되는 옷을 입은 사람들이 많다고 응답하였다. 특히 패션 회사에 재직 중인 응답자는 압구정과 청담은 "우리 회사의 명품 브랜드 담당하시는 분들이 입는 것처럼"(응답자 206, 30대 여성, 직장인) 입고 있다고 말하기도 하였고, 또 다른 응답자는 사람들이 잰 척 하면서 걷는다고 표현하기도 하였다(응답자 209, 40대 여성, 사회적 기업 임원). 응답자 109(50대 남성, 전문직)의 경우, 옷 가게가 많고 젊은 사람들이 많이 모이는 가로수길이나 청담동, 압구정동이 서울에서 가장 패셔너블한 공간이라 생각하며, 패션을 통해서 "뭔가 많이 표현해야 되는 사람들이 많이 모이는 곳"이라고 설명한다. 그러나 본인은 "젊은 사람들이 압구정동"에 가는 이유와 다르게, 대접해야 하는 "어르신들"과 약속을 잡을 때 청담동이나 압구정동에 방문하기 때문에, "자리"에 필요한 옷차림을 위해 신경써서 입는다고 이야기하였다. 이와 같은 응답을 통해 해당 지역이 고급스럽고 세련된 이미지를 가지고 있음을 확인할 수 있다.

약간 고가의 브랜드나 그런거 보이는 데는 좀 압구정동, 삼성동. 청담동. 이런 정도고. (응답자 213, 30대 여성, 전업주부)

기본적으로 압구정, 청담은 좀 오히려 우리 회사의 그 명품 브랜드 담당하시는 분들이 입는 것처럼, 좀 어떻게 보면 세미 포멀하고 좀 명품도 들고, 그렇게 입고. (…) '아 좀 신경을 써야겠다.' 하는 데는 아까 말했듯이 압구정, 청담, 신사 이쪽. (…) 사람들이 (달라서 다르게 입어). 지역에 사람들이 입고 다니는 거 자체가 그렇게 나뉘어있다고 나는 생각하고. 그래서 아마 서로 되게 괴리가 있을걸. 그렇게 생각해. 그리고 가게도 그렇고. 예를 들어 압구정, 청담에 있는 레스토랑, 와인바, 파인다이닝 이런 데의 그런 스타일과 톤 앤 무드랑, 망원동에 있는 카페나 일본 라멘집이나 이자카야나 이런 데의 톤 앤 무드랑 다르니까. (응답자 206, 30대 여성, 직장인)

옷 가게나 이런 젊은 사람들이나 그런 사람들이 많이 모이는, 가로수길이나 청담동, 압구정동 이런 데겠죠? 그걸 통해서 뭔가 많이 표현해야 되는 사람들이 많이 모이는 곳이겠죠? (…) 아무래도 거기 모이는 자리는, 편한 사람들은 그런데서 잘 약속을 안 잡아요. 우리가 좀 대접해야 하는 어르신들, 뭐 선배님도 과장님들 이런 분들 이제 식사 대접할 때 하니까. 아무래도 뭐 자리가 주는 필요한 그런 신경을 쓰게 되죠. 근데 젊은 사람들이 압구정동이나 그런 데를 가는 이유로 거길 가진 않아요. (응답자 109, 50대 남성, 전문직)

청담 쪽에도 공원들도 이제는 거해져 가지고 너무 부담이 돼서. 그리고 그렇게 막 잰척하면서 걷더라고 사람들이. 그러니까 이상한데? (응답자 209, 40대 여성, 사회적 기업 임원)

이러한 공간적인 특성으로 인해 사람들은 이곳에 방문할 때 "좀 신경을 써야겠다"(응답자 205, 30대 여성, 직장인 관리직)라고 생각을 하고 옷을 입게 된다. 해당 지역에는 세련되고 멋지다는 느낌의 옷차림을 많이 볼 수 있고(응답자 101, 20대 남성, 대학생), 그 곳의 사람들이 굉장히 트렌디하게 옷을 입는다는 생각이 들어 만약 해당 장소에 방문한다고 하면 조금 더 신경을 쓸 것 같다는 응답(응답자 108, 30대 남성, 자영업)은 이를 좀 더 명확히 보여준다.

압구정, 신사. 아 저렇게도, 되게 세련되게 입는구나. '이쁘네, 멋있네' 하는 그런 옷차림을 거기서 좀 많이 본 것 같아. (응답자 101, 20대 남성, 대학생)

청담동이지 않을까요? 그냥 제가 입을 일이 없는 스타일로 입는다고 생각을 해요. 그러니까 굉장히 트렌디하게 입는다고 생각하는거죠. (…) 일단은 뭐 그런 지역에는 갈 일도 없고, 거의 안 가긴 하지만요. 만약에 간다면은 조금은 신경 쓸 것 같아요. (응답자 108, 30대 남성, 자영업)

뿐만 아니라 "화장을 안 한 사람도 없고, 그다음에 액세서리를 다들 많이 하는 것 같다"(응답자 210, 30대 여성, 전업주부)는 응답과 그 곳에 방문하는 사람들은 다 그렇게 입고 오기 때문에, "거기에 있는 애들보다 조금 덜하고 가면 눈에 띄게 된다"(응답자 214, 40대 여성, 전업주부)는 응답에서도 이러한 경향이 매우 잘 드러난다. 더욱이 이곳에 방문하는 사람들은 음식 사진이나 인물 사진들을 많이 찍기 때문에(응답자 102, 20대 남성, 대학생; 응답자 210, 30대 여성, 전업주부) 더욱 더 "압구정, 청담에 있는 레스토랑, 와인바, 파인다이닝 이런 데의 그런 스타일과 톤 앤 무드"(응답자 205, 30대 여성, 직장인 관리직)에 맞추어 스타일링하는 모습이 나타나기도 한다.

압구정? 저 압구정 갔을 때 밥먹으러 가던, 일 때문에 가던. 솔직히 다 꾸미고 가로수길 이런 데 보면 꾸민 사람들 많았거든요. 강남역만해도 그러지 않았고 압구정, 가로수길, 신사 그 쪽 다. 거기가 제가 생각했을 때는 압구정, 신사. 진짜 많이 꾸미는 것 같아요. (…) 그런데 솔직히 그렇게 입는 사람들이 그 지역 사람들이란 생각은 안하거든요. 그러니까 그 지역 사람들이 오히려 그렇게 안 입을거라고 생각하는데. 꾸미고 간 사람들이 오히려 좀 이상하다고 생각하거든요. 집 앞 나가서 밥먹고 오는건데 그렇게 꾸미고 나갈 필요가 없잖아요. 다 사진찍으러 가는거지, 다른 지역 사람들이. 그 지역 사람들인지 아닌지는 제가 모른거니까, 그 사람들이. 근데 제가 거기 있었을 때 본 사람들은, 제가 느끼기에는 뭐 명품 입지 않았나. 딱봐도 그냥. 되게 명품이다, 꾸몄다. (응답자 102, 20대 남성, 대학생)

음…. 거리에서 느낀다기보다는 그런 장소에서 보이는 것 같아요. 동네 음식점에 가는 것 보다는, 한양대 쇼핑몰D에서 밥 먹는 것 보다는, 도산공원에서나, 한남동보다는 도산공원 쪽에 가면 굉장히 많이 다들 꾸몄고, 음식 사진들 많이 찍고, 서로 사진을 많이 찍어주고 이런 것들이. (…) 그런 데 갔을 때, 화장 안한 사람이 없고, 그다음에 액세서리를 다들 많이 하는 것 같고, 그냥 옷들이 이렇게 브랜드는 모르지만 다 소재가 그냥 좋아 보인다든가 아니면은 연령으로 나뉘잖아요, 20대 아가씨분들이 좀 꽉 끼는 옷, 제가 보기에 불편해 보이지만 그런 옷들도 많이 입는 것같고요. (응답자 210, 30대 여성, 전업주부)

청담동 가자 그러면 일단 귀찮은 거야. 왜냐하면 거기에 가서 내가 그만큼 정도를 해야 남 눈에 안띄는거야. 무슨 소린지 알지. 거기에 있는 애들보다 조금 덜하고 가면 눈에 띄는 거야, 거기는. 다 그렇게 하고 오기 때문에. (응답자 214, 40대 여성, 전업주부)

서래마을

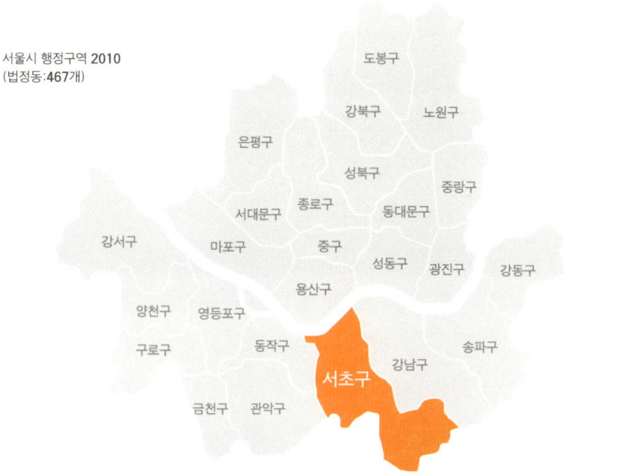

서래마을 위치 | 서울연구데이터서비스

서래마을 주변 상권 | 서울공간정보맵

서래마을 또한 패셔너블한 공간으로 언급되었다. '서울 속 작은 프랑스'라고 불리는 서래마을은 1985년 서울에 사는 프랑스 아이들을 위해 서울 프랑스 학교가 설립된 이래로 현재와 같은 분위기가 형성되었다고 알려져 있다(비짓서울넷, 2021). 오래 전부터 프랑스 사람들이 많이 거주해왔기 때문에 이들을 위한 다양한 카페와 레스토랑들이 영업 중에 있다. 서래마을 카페거리에는 정통 프랑스식 요리를 전문으로 하는 가게들이 많고, 지하철역에서 비교적 먼 거리에 위치해있어 비교적 한적한 분위기를 유지하고 있다. 그렇기 때문에 젊은 층 사이에서 데이트 코스로 인기가 높은데, 이뿐만 아니라 현재 연예인들이 많이 살고 있으며 동시에 연예인을 목격할 수 있는 공간으로써 젊은이들의 핫플레이스로 여겨지고 있는 응답을 볼 수 있었다.

요즘엔 압구정? 압구정보다는 뭐 서래마을이나 그런 뭐 핫한 지역? 서래마을? 강남? 연예인들이 많이 사는 그런 동네. (응답자 207, 30대 여성, 직장인 관리직)

2. 패션에 대한 정보를 얻는 경로: 인쇄 매체에서 뉴미디어 매체까지

유행에 대한 정보를 얻는 경로는 정보 통신 기술의 발달에 따라 지속적으로 변화해왔다. 초기에는 국내에서 발간된 신문이나 잡지를 통해서만 유행과 관련한 정보를 접할 수 있었지만, 외국 잡지와 영화가 유입되기 시작하며 해외에서 유행하고 있는 패션에 대해서도 알 수 있게 되었다. 뿐만 아니라 흑백 텔레비전에 이어 컬러 텔레비전이 보급되고 위성방송의 시대가 열리며 사람들은 더욱 손쉽게 유행에 대한 정보를 습득할 수 있게 되었다. 더 나아가 인터넷이 급격하게 발달한 오늘날 유행은 유례없는 속도로 빠르게 확산되어 전 세계에 걸쳐 실시간으로 공유되고 있다. 이처럼 유행에 대한 정보를 얻는 경로는 문화사적 흐름의 맥락에서 우리 사회의 변화를 잘 보여준다.

오늘날 사람들은 다양한 경로를 통해 유행에 대한 정보를 일상적으로 접하고 있다. 이를 크게 오프라인을 중심으로 하는 정보원과 대중 매체 및 온라인을 중심으로 하는 정보원으로 나누어 볼 수 있다. 이에 대해 보다 구체적으로 살펴보면 다음과 같다.

❶ 오프라인 정보원

다른 사람들이 입은 옷:

주변 사람들(가족·친구), 행인

첫 번째로 오프라인에서 유행을 확인할 수 있는 정보원으로는 크게 주변의 사람들, 옷을 판매하고 있는 의류 매장과 판매 직원을 들 수 있다. 먼저 대부분의 사람들은 친밀한 관계의 가족이나 친구 등 다른 사람들이 입는 옷을 보거나 그들로부터 유행하는 옷과 패션 스타일에 대한 정보를 얻음으로써 유행하는 스타일에 대해 알게 된다. 이들은 직접 주변 사람들에게 그들이 입은 옷에 대해 물어보기도 하고, 눈여겨 보았다가 같은 옷이나 비슷한 스타일의 옷을 구매하기도 한다.

(아내): 나한테 (두분다 웃으심) 아무것도, 그런 거에 관심이 없어. 자기 옷 하나도 안 사요. 다녀서, 백화점이고 시장이고 자기 옷 사러 간 적이 없어. 나 양복 사야돼, 그러면은 나랑 같이 가서 내가 골라주고 그래야지. 혼자서는 아무 것도 못해. (응답자 110, 60대 이상 남성, 은퇴자)

티비도 그렇고, **친구들 만났을 때 예쁜 옷을 입고 오는 놈이 항상 있어,** 보면. 그러면 그거에 맞춰서 어디서 샀냐 물어보고. 뭐 그래서 거기 같이 가고 그러죠. (응답자 107, 40대 남성, 임원)

친구들 만났을 때, 걔네들이 입는 옷을 먼저 봐요. 듣기도 하고. (응답자 217, 60대 이상 여성, 은퇴자)

주변 사람들? 번화가에 다니는 사람들을 보거나, **유행에 민감한 친구들을** 보거나. (응답자 215, 30대 여성, 자영업)

(학부모들을) 만나면 파악을 할 수 있는데 엄마들이 많이 선호하는 패딩 브랜드라든가 뭐 그런 게 많이 있어. 그러면 이제 그런 데서 눈여겨 봐서 나도 사고 그렇게 되는 것 같아. (응답자 212, 30대 여성, 전업주부)

주변 사람들 중에서 옷 잘 입는 사람들이 뭐 이렇게 뭐 예를 들어서 뭐 좀 특이한 아이템 하고 나왔다 그러면 어 이거 유행이냐고 물어봐서 그래서 조금 알게 되고 약간 그런 것 같아. (…) 딱 봐서 저 사람이 (옷) 예쁘다고 하면 언제든지 가서 하나씩 사는 것 같아 다(웃음), 그 비슷한 거를. 그러면 한 1~2주 있다 보면 똑같은 옷을 입고 나온 사람들이 있더라고요. 그러니까 남들이 입는 거를 유심히 보는 것도 많은 거 같아. (응답자 205, 30대 여성, 직장인 관리직)

뿐만 아니라 거리에서 스쳐 지나가거나 대중교통에서 마주치는 사람들을 보며 어떤 스타일의 옷이 유행하고 있는지 자연스럽게 알게 되기도 한다. 응답자들은 회사나 학교로 가는 대중교통 안에서 다른 사람들이 입는 옷을 보거나 길거리를 지나는 사람들을 보며 유행을 파악하고, 마음에 드는 옷을 구매하는 모습을 보였다.

그냥 지나다니는 사람들 보면서 '어! 저거 예쁜데?' 그러면 좀 생각해놨다가, 대충 이렇게 보다가, '어 그거 비슷하네' 그러면 사고. (응답자 202, 20대 여성, 취업준비생)

제일 중요한 거는 **사람들 입고 다니는 것. 지하철이나 회사 안에.** 잡지나 텔레비전도 있겠지만 그냥 길이나. 길거리나, 대중교통이나 회사 안에서. 인플루언서들도 보고 인스타그램이나. (응답자 207, 30대 여성, 직장인 관리직)

주변 사람들? **번화가에 다니는 사람들**을 보거나. (응답자 215, 30대 여성, 자영업)

길거리 – 그런데는 좀 둔한 편인 것 같아요. 그런데에서는 뭐 그렇게 자세하게 보면서 요즘에 좀 이런 곳에 트렌드가 있구나 그렇게 느끼지는 않는 것 같아요. (응답자 216, 40대 여성, 전문직)

지나다니다가 보면은 '아, 저런 스타일도 있구나.'라는 정도고요. (응답자 105, 30대 남성, 직장인 관리직)

유행은 어떤 건지는 **길 가면서 이제 젊은 층들을 보면서** 이렇게. (응답자 106, 30대 남성, 직장인 관리직)

오프라인 매장, 마네킹, 판매 직원

두 번째로 사람들은 아울렛, 백화점과 같은 쇼핑몰의 매장에서 판매하는 의류나 마네킹에 전시되어 있는 옷들을 봄으로써 유행을 파악하기도 하며 매장의 판매 직원과의 커뮤니케이션을 통해 최신 스타일을 확인한다. 또한 이들은 오프라인 매장에서 많이 보이는 새로운 스타일의 옷을 보며 현재의 트렌드를 파악하고, 옷을 직접 입어보면서 유행의 흐름에 대해 파악한다. 이 과정에서 청년층만의 독특한 특징이 나타나는데, 이들은 매장에서 옷을 입어보고 바로 구매하기 보다는 여러 가지 조건을 고려한 후 온라인에서 구매하는 모습을 보인다. 하지만 이와 반대로 연령대가 높은 응답자들은 매장 직원의 조언을 듣고 옷을 구입하는 경향을 보였다.

백화점에 가면 이제 유행은 보이잖아. 아 저게 뭐 저렇게 입는구나, 저렇게 입는 거구나 하는데 안 사. 룩만 봐. (응답자 204, 30대 여성, 직장인)

그리고 병원 같은 데 가도 저는 매거진을 보지 않기 때문에, 그런 거에, 사실은 별로 그런 거에 관심이 없어요. 오히려 백화점 같은 데나 쇼핑몰 같은 데 가서 그냥 옷을 실제적으로 보고, 그리고 사지 않더라도 입어 보는 거, 그 정도의 관심 정도는 있어요. (응답자 211, 30대 여성, 전업주부)

아울렛은 약간 그 트렌드가 조금씩 지나가기는 하지만, 그래도 이제 한 5~6년 지난 옷을 갖다가 아울렛에서 팔진 않으니까. 보통 작년, 재작년 옷들이 있으니까. 아무래도 매장을 둘러 본다든지 그러면서 요즘 트렌드가 이런 옷이 많이 나오는구나, 그렇게 느끼는 것 같아요. (응답자 216, 40대 여성, 전문직)

백화점 매장 매니저. (…) 그냥 마네킹이 입은 옷 중에서 괜찮다고 생각한 걸 또 보는데. (응답자 217, 60대 이상 여성, 은퇴자)

아무 생각 없이 돌아다니다가 그 마네킹 디피 되어 있는 것을 봤는데, 어 되게 그게 이쁘더라고. 그래서 그냥 그대로 사고. (…) 많이 보이니까 많이 보이면 이유가 있겠지 이런 생각으로 (사기도 함). (응답자 101, 20대 남성, 대학생)

아니면 백화점 이런데 가서 좀 유명한 브랜드들은 또 어떤 제품 나오나 확인해보고 그러는 것 같아요. (응답자 102, 20대 남성, 대학생)

❷ 온라인 정보원

지금까지 살펴본 오프라인 정보원뿐만 아니라 온라인 매체 또한 사람들에게 최신 유행과 관련한 정보를 제공하고 있음을 확인할 수 있었다. 대중 매체와 온라인을 통해 패션 정보를 얻을 수 있는 경로는 사진과 영상물을 기반으로 하는 텔레비전 드라마, 영화에 등장하는 연예인의 패션, TV 홈쇼핑 채널, 다양한 SNS 채널, 온라인 쇼핑몰, 온라인 커뮤니티가 대표적이다. 특히 모든 연령대의 사람들이 연예인이 입은 옷을 보고 유행을 파악하는 것으로 나타났다.

텔레비전, 드라마, 영화, 홈쇼핑

앞서 잠시 언급하였듯 많은 응답자들이 텔레비전 매체를 통해 등장하는 연예인들의 스타일을 참고하여 유행을 파악하고 있었다. 응답자들은 드라마나 영화, 예능 프로그램과 같이 여러 연예인의 스타일을 참고할 수 있는 프로그램뿐만 아니라 홈쇼핑 채널에서 판매되는 옷들을 통해 트렌드를 알 수 있다고 응답하였다.

드라마나 텔레비전(의) 40대 연예인. (응답자 107, 40대 남성, 임원)

드라마나 영화에서 여자 연예인들이 입고 나오는 룩을 캡쳐해서 보는 편인거 같아. (응답자 206, 30대 여성, 직장인)

연예인들이 TV에서 입어보면 저 옷 괜찮아, 이런게 나오잖아. 그런 거가 드라마나 이런 거에서 나오는거 보면. 이렇게 꽂히는 디자인이 있어요. (응답자 217, 60대 이상 여성, 은퇴자)

연예인. 되게 많은 부분은 연예인 연예인들이 어떤 옷을 입나. 연예인에 관심이 많으니까 요즘에 갑자기 어떤 특정한 스타일의 옷을 되게 인기 여자 아이돌들이 막 한꺼번에 입는다 그러면 그게 좀 유행하나? 하고 궁금해하죠. (응답자 215, 30대 여성, 자영업)

홈쇼핑 채널을 보다가 얻는 경우도 있고. (응답자 216, 40대 여성, 전문직)

독특한 점으로는 전통적으로 패션의 유행을 전달하고 주도하던 인쇄물 기반의 패션 잡지에서 유행에 대한 정보를 얻는다는 응답자가 거의 없다는 점이다. 과거 패션 잡지를 정기적으로 구독하였던 응답자들도 있었지만, 스마트폰으로 모든 것이 해결되는 시대가 도래함에 따라 "종이로 된 페이퍼(paper) 매체는 이미 안본지 오래되었다."(응답자 214, 40대 여성, 전업주부)는 응답자도 있었다. 실제로 많은 패션 잡지사에서는 매월 발행하던 패션 잡지뿐만 아니라 e-book 형태의 디지털 패션 잡지를 동시에 발행하고 있다. 뿐만 아니라 패션 잡지사는 다양한 온라인 채널을 통해 비디오 클립이나 사진, 글을 게시하고 있기도 하다. 이러한 변화의 흐름 속에서 사람들은 인쇄된 패션 잡지를 구독하거나 구매하여 읽기보다는 패션 잡지사의 SNS 계정을 구독하면서 패션과 유행에 대한 정보를 접하고 있다.

요즘에는 잡지는 거의 안 보는 편이고, 그다음에 TV? 드라마? 그런 거? (응답자 208, 30대 여성, 직장인 관리직)

그리고 병원 같은 데 가도 저는 매거진을 보지 않기 때문에, 사실은 별로 관심이 없어요. (응답자 211, 30대 여성, 전업주부)

요즘 잡지 안 보잖아. 젊은 애들 신문도 안 보고, 잡지도 안 보고. 그냥 종이로 된 paper 매체는 이미 안 본 지가 되게 오래되지 않나, 사람들? 나도 그렇고. 난 신문 구독하는 사람 본 적이 없어. 잡지 구독도 이제 없는 것 같아. (응답자 214, 40대 여성, 전업주부)

SNS 채널:

인스타그램, 유튜브, 어플리케이션, 웹툰

앞서 패션과 유행에 대한 정보의 주도권을 가지고 있던 패션 잡지가 점차 오프라인에서 제공되던 인쇄 매체에서 벗어나 온라인 매체로 제공되기 시작한 것에서 알 수 있듯, 시간의 흐름에 따라 유행에 대한 정보를 얻을 수 있는 경로는 오프라인에서 온라인 매체로 변화되었다. 이제 60대 이상을 제외한 모든 응답자들이 온라인을 통해 유행에 대한 정보를 얻는다고 답하였을 만큼, 많은 사람들이 온라인을 통하여 패션 트렌드에 대해 파악하고 있는 것으로 나타났다. 특히 20대와 30대는 가장 적극적으로 온라인 매체를 활용하는 세대로, 인스타그램을 통해 주변 친구들이나 인플루언서, 연예인의 패션을 관찰하며 이를 통해 아이디어를 얻기도 한다. 나아가 이들은 SNS의 검색기능을 통해 패션과 관련한 정보를 얻기도 하고, 본인이 관심을 가지고 있는 브랜드 계정의 게시물과 광고를 참고하여 옷을 구입하기도 한다.

인스타 같은 거. 그냥 대충 사람들이 이런 식으로 입는구나 보이니까? (…) 검색이 아니라. 그…. 아무 피드나 막 무작위로 뜨는 게 있잖아. 그냥 그런 거 보고? (응답자 201, 20대 여성, 대학원생)

인스타 중간중간에 광고 같은 거 되게 많이 들어오잖아요. 그런 거 보고 '어 이거 괜찮은데?' 그러면 찾아보고 그런 것만 하고 누굴 따로 팔로우하고 그러지는 않아요. (응답자 202, 20대 여성, 취업준비생)

주변 친구들보다는 인플루언서들이나 아니면 요즘 핫한 브랜드들이 있잖아. 그런 브랜드들 SNS(인스타) 채널, 계정을 팔로우하면서 그런 것들을 조금 보는 것 같아. (…) 인스타 속 사람들 중에 내 취향으로 옷을 많이 입는 사람들은 내가 그걸 참고하려고 나 옷 입을 때. 팔로우를 몇 개 해놨거든. (…) 그 사람의 전체적인 룩킹이나 아이템을 참고할 수 있잖아. 그런 룩킹이나 아이템을 참고해서 나는 그래도 조금 더 퀄리티있는 브랜드에서 옷을 유사 아이템을 산다든지 그렇게 하는 거지. (응답자 206, 30대 여성, 직장인)

인플루언서들도 보고 인스타그램이나. (응답자 207, 30대 여성, 직장인 관리직)

인스타는 내가 관심 있는 것들이 뜨잖아요. 그냥 그거를 쭉쭉 보는 거지, 굳이 뭐 태그를 해가지고 찾는다거나 이러지는 않는 것 같아요. (…) 인스타그램 팔로우를 해놨죠, 제가 관심 있는 브랜드들은. (응답자 208, 30대 여성, 직장인 관리직)

어릴 때는 잡지 보는 것도 좋아했는데 그럴 시간도 없고, 백화점이나 이런 데, 큰 강남 이런 옷을 잘 입는 사람들이 많은 곳에 갈 일도 이제 더더욱 없어서 (…) 인스타인 것 같아요. 인스타 같은 데서 옷을 잘 입는 사람들 피드 같은 거 보면서 '아, 이게 유행이구나.' 그냥 그 정도인 것 같아요. (응답자 210, 30대 여성, 전업주부)

요즘은 인스타에서 이제…. 해시태그로 뭐 무슨 '니트' 이런 식으로 검색하면 뜨더라고. (응답자 101, 20대 남성, 대학생)

인스타그램과 같은 SNS뿐만 아니라 유튜브 또한 패션과 관련한 정보를 얻을 수 있는 창구로서 기능한다. 응답자들 가운데 20대부터 40대까지의 응답자들은 유튜브를 통해 관련 정보를 습득한다고 응답하였다. 이들은 유튜브 채널에서 유튜버들이 광고가 아님을 강조하면서 내 돈으로 내가 산 물건에 대해 리뷰하는 '내돈내산' 패션 콘텐츠를 통해 이에 대한 정보를 얻는다. 이러한 영상 콘텐츠들은 유행하는 스타일뿐만 아니라 특정한 품목의 의류나 브랜드와 관련하여 가격, 구매처, 의류의 장단점과 패션 코디 방법 등을 폭넓게 다루며 시청자들에게 다양한 정보를 전달한다는 특징을 가지고 있다. 응답자들은 이러한 영상을 단순히 재미로 시청하는 것을 넘어 이를 통해 쇼핑 팁을 전수받기도 하며 스타일링에 대한 아이디어를 얻기도 한다.

유튜브 좀 보긴 하거든요. 링크 되는거 좀 뜨는거 보는데, 뭐 인플루언서 C? 그런 남성 유튜버들. 이름을 잘 모르겠는데. 약간 뭐 그런거 있잖아요. 내가 돈 주고 사서 내가 입어봤다. 이런 거 해가지고 유튜버들이 바지면 바지, 그냥 브랜드별로 쫙 해가지고 리뷰해주고 신발이면 신발 또 그런 거 좀 보면서 요즘은 뭐 이런 거 많이 나오는구나. 가격대는 이 정도 분포되어있구나. (응답자 102, 20대 남성, 대학생)

나 요새 유튜브 보는 거 같아. 브랜드 n에서 뭐 괜찮은 아이템 같은 골라가지고 보여주는 거 뭐 이런 거 보거나.. 아니면 뭐 후드티 뭐가 좋은가 뭐 이런 거 막 보여주는? 그런 거 좀 보게 된 것 같아. 최근에. (…) 인스타는 너무 광고가 많은 것 같아서.. 유튜브도 마찬가지겠지만.. 조금 그래도 그나마 객관적인 것 같아서. (응답자 205, 30대 여성, 직장인 관리직)

텔레비전 잘 안보고, 유튜브 같은거. 내가 좋아하는 인플루언서 B 거든. (…) TV를 볼 시간이 어디있어. 뉴스 볼 시간도 없는데. 빨래할 때나 텔레비전 보지. 바빠 죽겠는데. (…) 솔직히 말해서 나는 유튜브가 재밌더라고 그거 솔직히.. 느리다고 그래야 하나? 옛날처럼 이제 매체가 단일화가 안 되어있으니까, 오히려 잡지보다도 다른 매체에서 내보내는 콘텐츠가 더 재미있고, 그리고 더 이렇게 편하게 다가오지, 근데 그냥 핸드폰은 늘 내 손에 있고. (응답자 214, 40대 여성, 전업주부)

특히 20대 응답자들은 다양하고 새로운 방식으로 유행에 대한 정보를 얻고 있는 것으로 나타났다. 앞서 언급하였던 OOTD(Outfit Of The Day)의 문화와 같이, 이들은 SNS나 온라인 커뮤니티 내에서 자신의 옷차림을 공유하기도 하며 다른 사람들이 옷을 어떻게 매치하여 입었는지 관찰하고 이를 자신의 스타일링에 참조하기도 한다. 20대들은 다른 연령대의 행위자들과 달리, 패션을 자신들이 향유하는 여러 콘텐츠들 가운데 하나로 인식하고 이를 소비하고 있는 모습을 보이기도 하였다. 일례로 응답자 201(20대 여성, 대학원생)과 같이 '재미있기 때문에' 패션을 소재로 한 인터넷 게시글을 보거나 유튜브 영상을 시청할 뿐만 아니라 관련한 웹툰을 보는 등, 이들은 패션을 하나의 콘텐츠로서 소비하는 독특한 특성을 보인다.

가끔 진짜 매치 못하겠다 싶으면 어플 D 이런걸로 보고. 아니면 인스타 검색해. (…) (어플 D는) 키워드 입력하면 그걸로 코디해서 입은 사람들이 사진을 볼 수 있는 앱 같은 거. (그거는) 여기에 무엇을 매치를 해야 무난하게 입고 나갈 수 있는지 그걸 참고를 하려고 보는 거고. (응답자 203, 20대 여성, 대학생)

(포털A 패션뷰티 코너) '인플루언서 D' 님이라고 포털 A 포스트 하시는 분이셨는데, 쇼핑몰도 여시고. '인플루언서 A'라고 또 뷰티 겸 패션 겸 다양한 거 하시는 그분 것도 많이 봐요. 재밌어서. 그 '인플루언서 A' 그분은 만화로 그리셔서 재밌어요. (응답자 202, 20대 여성, 취업준비생)

온라인 사이트

쇼핑몰, 뉴스레터, 상품평 등

패션 정보를 얻을 수 있는 온라인 매체는 다양하지만, 기본적으로 사람들은 의류를 판매하는 온라인 쇼핑몰에서 패션에 대한 정보를 얻는다. 대체적으로 사람들은 본인이 원하는 스타일의 옷을 판매하고 있는 쇼핑몰을 잘 알고 있기도 하지만, 동시에 앞서 언급하였던 것과 같이 웹서핑 중 노출되는 광고와 연결되어 있는 쇼핑몰을 새롭게 알게 되기도 한다. 응답자들 또한 마찬가지였는데, 이들은 주기적으로 쇼핑몰 사이트나 어플을 통해 직접 확인하기도 하며, 이메일을 통해 정기적으로 수신하는 온라인 패션 쇼핑몰이나 패션 브랜드의 뉴스 레터를 통해 최신 트렌드에 대해 파악하기도 한다.

한국에도 편집숍 A이나 멀티샵이 있잖아요. 그런 것도 하는 외국 사이트들이 있어요. 한 달에 1~2번씩 (뉴스레터를) 주니까 그 정도는 저는 돼요. 그리고 저는 브랜드 N 사이트를 자주 가는 편이고. 브랜드 C도 있어요. 브랜드 K를 못 사 게 돼서 괴로워했더니 브랜드 C를 추천해줘서(웃음). (응답자 209, 40대, 여성, 사회적 기업 임원)

쇼핑몰 같은 경우에는 음…. 앱을 받아놓은 게 일단 몇 개 있고요. 걔네들은 사실 주기적으로 들어가서 보고요. 브랜드 N. 그 다음 브랜드 Z?랑 그…. 온라인 쇼핑몰 A인가? 온라인 쇼핑몰 A숍. 온라인 쇼핑몰 B. (응답자 208, 30대, 여성, 직장인 관리직)

그냥 요즘에 옷 쇼핑몰 이런 게 많고, 광고가 많이 웹 서핑 중에 뜨다 보니깐 한 번씩 구경하구요. (응답자 213, 30대, 여성, 전업주부)

사이트, 어 일반 쇼핑몰 사이트랑 연동되어 있는 것도 좀 있고, 광고가. (응답자 101, 20대, 남성, 대학생)

특히 온라인 쇼핑몰은 옷을 판매하는 공간일 뿐만 아니라, 옷을 구매한 소비자들이 직접 사진을 올리고 평가를 나누는 공간이기도 하다. 응답자들은 쇼핑몰에서 제공하는 여러 기능들을 통하여 보다 다양하고 실용적인 정보들을 얻는데, 해당 쇼핑몰에서 현재 가장 인기가 좋고 많이 팔리는 옷을 모아놓은 코너를 살펴보거나 자신이 원하는 옷을 구매한 사람들의 상품평을 참고함으로써 정보를 얻는다. 다른 사람들이 매긴 상품의 평점뿐만 아니라 상품평의 수나 상품평과 함께 업로드되어 있는 착용 사진과 내용을 참고한다. 이를 통해 지금 유행하는 것이 무엇인지, 사람들이 어떤 스타일의 옷을 입는지, 어떻게 스타일링하는 것이 좋은지에 대해 알게 된다.

만약에 좀 궁금하다 그러면 온라인 쇼핑몰 C 같은 데 가서 쳐보고. 뭐 예를 들어서 애들이 첼시부츠 이런 거 남자애들도 신는다고 하더라구요. 전 잘 모르니까 무슨 온라인 쇼핑몰 C같은 데 가서, 애들은 거기 순위, 인터넷 주문 많이 하는 데잖아요. 온라인 쇼핑몰 C가서 좀 보고. (응답자 102, 20대, 남성, 대학생)

3. 2020년 서울사람들과 한복: 의례복에서 놀이문화까지

서울패션의 변화 과정을 살펴보기 위해 진행하였던 문헌 고찰을 통해 사람들의 일상복이었던 한복이 점차적으로 예복화되어 온 과정을 확인해볼 수 있었다. 시대적·정치적 변화 속에서 집에서 직접 만들어 입던 일상복으로써의 한복은 전문 한복점에서 맞추어 입는 한복으로, 공장에서 이미 만들어져 나오는 기성 한복으로 변화하였고, 점점 더 다양한 형태를 띠게 되었다. 실제로 오늘날 한복은 전통 한복 이외에도 개량 한복, 생활한복, 신한복, 모던 한복 등 다양한 형태로 분화되어 존재한다.

시간이 지남에 따라 점차 의생활이 서구화되면서 이러한 한복은 우리의 일상과 멀어지는 듯 보이지만, 한국 고유의 의복으로써 기능하고 있다. 여전히 많은 사람들은 명절과 같은 기념일에 한복을 착용하기도 하며 아이들에게 한복을 입히면서 한국 전통 문화를 전수하기도 한다. 일상에서 입을 수 있는 다양하고 독특한 디자인의 생활한복들이 출시될 뿐만 아니라 돌잔치, 결혼식 혹은 종교적인 행사 등에서 한복을 착용해 예의를 갖추기도 하며 젊은 세대에게는 하나의 놀이로써 한복이 활용되기도 한다. 그렇다면 현 시점에 한복이 갖는 사회적 의미는 무엇일까? 본 연구는 참여자들에게 한복 소유 여부, 가장 최근 한복을 입었던 상황, 한복에 대한 이미지와 생각에 대해 질문하고 그에 대한 응답을 통해 2020년 서울사람들의 한복에 대한 전반적인 인식을 확인하고자 하였다.

❶ 한복 소유 및 착용 현황

2020년 서울사람들이 한복을 가지고 있는지, 어떻게 한복을 입고 있는지를 살펴보면 크게 다음과 같은 특성이 나타난다. 먼저 응답을 종합해 본 결과 다수의 응답자들이 한복을 소유하고 있는 것으로 나타났다. 한복을 소유하고 있는 응답자들은 크게 특별한 계기 없이 한복을 구매한 경우와 결혼식과 같은 특정 행사를 기점으로 마련한 경우로 나뉘었다. 첫 번째로 특별한 계기 없이 한복을 사서 가지고 있는 경우를 살펴보면, 20대 초반에 특별한 이유 없이 "나도 해달라고", "우겨서"(응답자 209, 40대 여성, 사회적 기업 임원), "여기저기 입으려고, 있으면 자주 입을 것 같아서"(응답자 215, 30대 여성, 자영업) 한복을 맞추어 구입하였던 경우가 있다. 또 다른 응답자의 경우 할머니가 직접 만들었던 한복을 딸에게 주고, 그 한복을 다시 손녀가 물려받거나 어머니가 입던 한복을 딸이 물려받는 경우도 있었다(응답자 204, 30대 여성, 직장인).

20대 초중반인가? 그때 한복은 (가지고) 있어요. 그때 **제가 우겨가지고 한복 사달라고 했던 거 같은데. 동생을 맞춰 준다고 해서 그럼 나도 해달라고** 한 게 20대 초반이었던 거 같아요. (응답자 209, 40대, 여성, 사회적 기업 임원)

최근까지 있었어요. **대학교 때 두 벌 마련**했어요. 생활한복 한 벌이랑.. (전통 한복은) **그냥 좀 저렴하게 살 기회가 있어서 마련했어요. 여기저기 입으려고. 있으면 자주 입을 거라고 생각해서요.** (…) (자주는 안입고), 명절, 어디 방문할 때. (…) (마지막으로 입은 건) 6년 이상 된 것 같아요. 입은 건 오래됐는데 가지고는 있었어요 계속. (…) 아니요. (버리지는 않고) 부모님 집으로 보냈어요. 왜냐하면 그래도 가격대가 있으면 누군가가 입을 수 있을 거라고 생각해서. (응답자 215, 30대, 여성, 자영업)

엄마의 색동옷을, 색동저고리 같은 거를 다 갖춰서 가지고 있는데 **외할머니가 바느질 해서. 근데 그게 나한테 딱 맞아서 내가 이제 물려받았고.** 그다음에 그 색동 저고리를 입을 수는 없으니까 막 알록달록한 (웃음) 그런 거 보다 얌전한 걸로 하나 맞추고. 그 이후에 또 하나 **엄마가 이제 안 입겠다고 하는 걸 물려받았고.** (응답자 204, 30대, 여성, 직장인)

두 번째는 결혼식과 같은 행사를 위해 한복을 구입한 경우인데, 한복을 가지고 있는 응답자들 중에는 본인의 결혼이나 가족의 결혼을 계기로 한복을 맞추어 구입한 경우가 가장 많았다. 실제로 어린 시절을 제외하고 한복을 입을 일이 잘 없었기 때문에 결혼하기 전에는 한복을 가지고 있지 않았다는 응답자들도 있었다(응답자 212, 30대 여성, 전업주부; 응답자 213, 30대 여성, 전업주부).

결혼할 때 맞췄던 한복이 있어요. (…) **(결혼 전에는) 어릴 때 뭐 유치원에서** 필요하거나 이제 뭐 그래서 어릴 때 입어봤고. 뭐 학교 학창시절이나 뭐 서울에서는 한 번도 안 입었던 것 같아요. (응답자 213, 30대, 여성, 전업주부)

(결혼하기 전 한복을 입었던 가장 최근 경험은) 초등학교 전이 아닐까요? 저도 애기 때. 그때 사진 말고는 전혀 없어요. (응답자 212, 30대, 여성, 전업주부)

있어. **우리 남동생 결혼할 때 엄마가 해준 거 하고, 결혼할 때 한 거. 두 벌 있는데. 여동생 결혼할 때 산거니까, 11년 정도? 마지막 한복이 11년 정도.** (…) 입을 일이 없지. 빌려준 적은 있어, 헌금 해야되는데 한복 없다 그래가지고. 옛날건데, 한 번 빌려준 적은 있는 것 같아. (응답자 214, 40대, 여성, 전업주부)

한복을 가지고 있지 않은 응답자들의 경우 특별히 한복을 구입할 이유를 느끼지 못해 구입하지 않았다고 이야기하였다. 이들은 필요한 경우 한복을 빌려입으면 된다고 생각하였는데 실제로 응답자 209(40대 여성, 사회적 기업 임원)는 한복을 구입하지 않아도, 필요한 경우 원하는 한복을 "빌려서" 입으면 된다고 응답하였다. 이는 한복의 경우 옷을 관리하기가 번거롭기 때문으로 보여지는데, 실제로 응답자들의 의견을 보면 한복을 구입하는 비용이 높고 드라이클리닝 등 옷을 보관하고 관리하는 것이 번거롭다는 의견이 공통적으로 나타난다. 뿐만 아니라 한복은 맞춤 제작하는 경우가 많은데, 시간이 지나면서 사이즈가 맞지 않게 되기 때문에, 높은 비용을 들여서 한복을 구매하는 것이 의미가 없다는 의견도 있었다. 이러한 맥락에서 비싸게 구입한 한복을 "한 번" 입고 "쳐박아" 놓을 바에는 빌려 입는 게 낫다고 보는 응답자도 있었다(응답자 217, 60대 이상 여성, 은퇴자).

저는 (같이 일하는) 한복 업체들이 있으니까 가서 빌려서 입고 주면 돼요. 한복 자체가 낯설지 않은 거죠. (응답자 209, 40대 여성, 사회적 기업 임원)

한 번 입으면은 또 드라이클리닝 해야 해. 번거롭고. 비싼 돈 들여서 한복해놓고, 결혼식 때 한 번 (입고) 쳐박아 놓잖아. (…) 맞춤 대여. 그거가 낫더라구. (응답자 217, 60대 이상 여성, 은퇴자)

앞서 결혼식과 같은 행사를 위해 한복을 구매하였던 응답자가 많았던 것에서 확인할 수 있듯, 현재 많은 경우 한복은 특별한 행사 때에 입는 경우가 대부분이었다. 한복을 가지고 있는 응답자들도 구입한 한복을 일상생활에서 지속적으로 입지는 않았는데, 일부 응답자들은 본인의 결혼 당시에만 한복을 착용하였다(응답자 103, 30대 남성, 직장인; 응답자 107, 40대 남성, 임원; 응답자 210, 30대 여성, 전업주부). 뿐만 아니라 본인의 가족이 결혼하는 경우 구입한 한복도 특별히 입을 일이 없어 한복이 없는 다른 사람에게 빌려준 경험이 있다는 응답자도 있었다(응답자 108, 30대 남성, 자영업). 이러한 응답들을 종합해 볼 때, 결혼을 계기로 한복을 마련하는 경우가 있어 한복을 소유하고 있는 경우는 많지만, 결혼식 이외에 한복을 입는 상황이 많지 않음을 확인할 수 있다. 한편 한복을 가지고 있지 않다고 응답한 사람들도 특별한 행사에 참석하기 위해서 한복을 빌려 입는 모습을 보였다. 일례로 응답자 105(30대 남성, 직장인 관리직)의 경우 본인의 결혼식 때 한복을 입고 "사진을 찍어야 하기 때문에 빌려 입었다"고 이야기하였다.

결혼식 때 맞춘 게 있고. 결혼식 때 마지막으로 입었지. 한복을 입어야 하는 경우는 없을 것 같은데... 입어야 된다는 생각이 들지를 않는 것 같아. (응답자 103, 30대 남성, 직장인)

결혼할 때 한 게 아마 집에 있을 거예요. 입진 않아. (…) (마지막으로 입은 것은 나의) 결혼식 날. (응답자 107, 40대 남성, 임원)

결혼 때 (산 한복이 있어요). (마지막으로 입은건) 결혼식 때가 마지막이었어요. (응답자 210, 30대 여성, 전업주부)

저 한복 없어요. 결혼식 때, 그때 한복을 빌려서 입었거든요. 그때 사진을 찍으니까. (…) 어릴 때부터 기억을 해봐도 따로 입은 적은 없어요. (응답자 105, 30대 남성, 직장인 관리직)

결혼식과 같은 행사를 제외하고 일상생활에서 한복을 입는 경우는 거의 없었지만, 일부 응답자들의 경우 명절에 부모님을 방문할 때 이를 입기도 하였다. 결혼 이후 명절에 인사를 드리러 갈 때 "한 번 더" 입었다는 응답자도 있었으며(응답자 207, 30대 여성, 직장인 관리직), 구입한 한복을 입지 않는 것이 "너무 아까워서 명절 때라도" 입은 응답자 108(30대 남성, 자영업) 또한 존재하였다. 응답자 205(30대 여성, 직장인 관리직)의 경우 용도별로 한복이 있는데, 명절에 시골에서 일할 때 입는 한복이 있다면서 한복을 입고 설거지하였던 경험을 이야기하였다.

나 되게 많아. 4개 있나 그래. 계절별로 다 있어. 계절별. 뭐 좀 장소별. 이렇게. 예식에 입고 나갈 용으로 어머님이 사주신 게 있고, 또 시골에서 일할 때 입으라고 사주신 옷이 있고 (웃음). 한복 입고 설거지 하지. (…) 다 같이 한복 입어. 여자들만. 남자들은 정장. (…) 예식용을 나 결혼할 때 하나 주시고, 누나 결혼할 때 하나 주시고, 그리고 봄에 입을 한복 하나 해주시고. 그리고 따뜻한 겨울용 누빔 한복. 내가 갈 때가 설날이랑 추석이 있어 가지고. 추석일 때는 그 봄용 그런 걸입고. 그리고 설날에는 따뜻한 거 누빔이랑 코트랑 같이 입지. (응답자 205, 30대 여성, 직장인 관리직)

한복 결혼 할 때 맞춘 것. 결혼하고 이제 1년 안에 시댁에 명절에 인사할 때 한 번 더 입었던 것 같아. (응답자 207, 30대 여성, 직장인 관리직)

한 벌 있어요. 예전에 결혼했을 때 구매한거죠. (…) (마지막으로 입은 건) 삼년 전 명절 때? 설이요. (…) 실제로 입는 일은 없구요. 저는 명절 때 한복을 입었던 이유는.. 한복이 너무 아까워서 명절 때라도 입은 거였어요. (응답자 108, 30대 남성, 자영업)

또한 한복과 관련하여 나름의 TPO가 존재하기도 하였다.

실제로 한복을 가지고 있는 응답자들도 가지고 있는 한복이 상황과 어울리지 않을 때에는 다른 한복을 빌려 입는 모습을 보였다. 이는 시간의 흐름에 따라 이전에 맞췄던 한복이 상황에 맞지 않게 되기 때문이었는데, 결혼 당시 맞춘 한복은 "너무 새색시 옷"이기 때문에 자녀의 돌잔치 때 다른 색의 한복을 빌려 입었다는(응답자 212, 30대 여성, 전업주부) 응답과 진한 색상이 "애기랑은 어울리지 않아서" 빌려 입었다는(응답자 210, 30대 여성, 전업주부) 응답을 통해 이를 확인할 수 있었다. 이를 통해 한복을 입을 때 한복의 색상, 착용자의 연령, 전반적인 상황 등에 대한 것들이 종합적으로 고려된다는 것을 확인해볼 수 있다. 나아가, "막 알록달록한", "색동 저고리를 입을 수는 없으니까" 얌전한 한복을 새로 맞추었다는 응답에서도(응답자 204, 30대 여성, 직장인) 연령, 때와 장소에 맞추어 한복을 입어야 한다고 인식하고 있음을 알 수 있다.

(자기 너무 근데 새색시 옷으로 맞췄어라는 남편의 말에) 둘째 (돌잔치) 때는 다른 옷도 (빌려서) 입었어. (응답자 212, 30대 여성, 전업주부)

그리고 애기 돌 때는 한복을 빌렸어요. **결혼할 때 (제가) 입었던 거는 되게 진했거든요. 근데 그게 애기랑은 어울리지 않아서 돈을 주고 빌렸는데** 비싸더라고요. (…) 가족 한복 빌리는데 40, 60. 막, 빌리는데. (응답자 210, 30대 여성, 전업주부)

엄마의 색동옷을, 색동저고리 같은 거를 다 갖춰서 가지고 있는데 외할머니가 바느질 해서. 근데 그게 나한테 딱 맞아서 내가 이제 물려받았고. **그다음에 그 색동 저고리를 입을 수는 없으니까 막 알록달록한 (웃음) 그런거 보다 얌전한 걸로 하나 맞추고**. (응답자 204, 30대 여성, 직장인)

마지막으로 한복 착용과 관련하여 주목할만한 점은 성별에 따른 차이가 나타난다는 것이다. 남성보다는 여성이 한복과 좀 더 가까운 모습을 보였는데, 일례로 부부가 함께 결혼식이나 돌잔치 등의 행사에 참석하는 상황에서 여성은 한복을 입고, 남성은 양복을 입는 경우가 나타난다. 한 부부의 경우, 남편은 아예 한복을 가지고 있지 않지만 아내의 경우 이를 가지고 있을 뿐만 아니라 "친척 결혼식이라든가 돌잔치" 같은 상황에서 "생각보다 자주" 입는다(응답자 212, 30대 여성, 전업주부).

우린 결혼했으니까. **오빠는 없고 나는 생각보다 자주 입어. 누구 친척 결혼식이라든가 돌잔치라든가**. (응답자 212, 30대 여성, 전업주부)

뿐만 아니라 성별에 따라 한복을 기피하는 이유도 조금씩 달랐다. 먼저 여성 응답자들의 경우 한복의 불편함과 관리가 어려움을 들어 한복을 입지 않거나 이에 대해 부정적인 반응을 보였다. 실제로 이들은 남성 응답자들에 비해 한복을 입고 일을 하거나, 입고 난 한복을 관리해야 하는 경우가 많았고, 이로 인해 남성 응답자보다 한복에 대한 부정적인 인식이 높았다. 응답자 205(30대 여성, 직장인 관리직)의 경우 "남자들은 정장"을 입는데, "여자들만" 한복을 입고 일하는 분위기에 대해 "진짜 너무 싫어"라고 반응하기도 하였다. 응답자 217(60대 이상 여성, 은퇴자) 또한 한복에 대해 어느 정도 긍정적인 인식을 가지고 있음에도 불구하고, 한복은 입기에 "귀찮고 불편"한 옷이며, 이를 입고 손님을 맞이하거나 음식을 준비하는 것 자체도 바쁜데 이후 드라이클리닝을 해야 하여 입지 않게 되었다고 이야기하였다. 나아가 그녀는 남자들이 한복을 입게 되면 그 뒤처리를 여자들이 해야 하기 때문에 여자들만 한복을 입는 것이 괜찮을 것 같다고 말하는 모습을 보이기도 한다.

(남자는 안 입고 여자만 입는 건) 괜찮은 것 같아요. 왜냐면은 **화려함과 실용이 겸비되어 있어**. 만약에, 여자들도 한복 입는게 얼마나 귀찮고 불편하고 이런데. 그 분위기 띄운다고, 여자들은 아름다움을 추구한다고 그렇게 하지만. 아 이거는 **남자들이 (한복 입고) 그러면은 그거 다 여자 일이잖아. 그거 다 여자 일이니까**. (…) (우리가) 세배할 때 그래도 젊었을 때는 입었는데. **애들이 온다거나 세배를 받을 적에는 손님이 오니까. 일을 해야되잖아. 내가 한복을 입고 뭘 하겠어. 그러니까, 막 음식 준비해야되고 난 너무 바쁜거야 그냥**. 바쁘니까 한복 입어서 그 **입고 나면은 또 뭐 크리닝을 해서 넣어야 된다거나 꺼내는 것 자체가 일이잖아. 그러니까 안 입고, 이제**. (응답자 217, 60대 이상 여성, 은퇴자)

다 같이 한복 입어. 여자들만. 남자들은 정장. (…) 예식용을 나 결혼할 때 하나 주시고, 누나 결혼할 때 하나 주시고, 그리고 봄에 입을 한복 하나 해주시고. 그리고 따뜻한 겨울용 누빔 한복. 내가 갈 때가 설날이랑 추석이 있어 가지고. 추석일 때는 그 봄용 그런 걸입고. 그리고 설날에는 따듯한 거 누빔이랑 코트랑 같이 입지. (…) 우리 집만 그런 것 같아. (…) **분위기가 그런 거야. 종갓집 아닌데도.. 진짜 너무 싫어. 극혐 극혐 (웃음).** (응답자 205, 30대 여성, 직장인 관리직)

반면 남성 응답자의 경우 여성 응답자들에 비해 한복을 입는 상황에 대한 부담이 덜하였고, 한복에 대해 비교적 긍정적인 인식을 가지고 있었다. 이들도 한복이 입기에 불편하다는 점에는 동의하고 있었지만, 여성 응답자들과 달리 한복 착용 자체의 불편함에 대해 이야기하는 모습을 보였다. 실제로 응답자 106(30대 남성, 직장인 관리직)은 "가끔씩 저도 그냥 뭐랄까 어떤 이벤트 느낌으로 한 번 입고 싶기도 하고",

"costume처럼 조금 기분 내면서 입고 싶은 욕구가 있지만, 신발이 맞는 게 없어서", "안 입게"된다고 응답하였다. 응답자 110(60대 이상 남성, 은퇴자)의 경우 본인은 한복을 입고 싶지만 이를 준비해주지 않아서 입지 못한다고 응답하였는데, 이는 실제로 한복을 입고 가사 노동을 하거나, 입은 뒤 보관과 관리를 하는 것이 번거롭기 때문에 한복을 입고 싶지 않다는 여성 응답자들과 크게 반대되는 부분이었다. 이러한 응답들을 통하여 한복을 준비하고 착용하는 과정이 다른 의복에 비해 상대적으로 번거로우며 특히 여성들에게 이러한 부담이 더욱 많이 지워지고 있음을 확인할 볼 수 있다.

아니 뭐 가끔 입으니까. 조금은 불편하지만 참죠. 나는 입고 싶은데. 안 해줘. 준비를 안 해줘. (응답자 110, 60대 이상 남성, 은퇴자)

한복, 일단 불편하다? 옷이 입기 불편하고, 뭐 입을 수도 있겠지만 난 제일, 한복의 제일 문제가 남자 같은 경우는 신발이랑 안 맞아요. 남자는 한복이랑 match-up을 할 신발이 없어요. 그래서 안 입게 돼요. 신발만 뭔가 match-up 되는 게 있으면 가끔씩 저도 그냥 뭐랄까 어떤 이벤트 느낌으로 한 번 입고 싶기도 하고. 돌잔치나 뭐 이렇게 입고 싶은데 신발이 많이 없어. 그래서 안 입어요. (…) 불편한 거랑 match-up을 할 신발이 없어서. 그래서 저도 costume처럼 조금 기분내면서 입고 싶은 욕구가 있지만, 신발이 맞는 게 없어서. 검정색 구두 신으면 이상하잖아. (응답자 106, 30대 남성, 직장인 관리직)

❷ 2020년 서울사람들의 한복에 대한 인식

한복은 한국의 고유한 정서가 응축되어 있는 전통적인 의상이다. 이러한 맥락에서 응답자들은 한복에 대해 긍정적인 인식을 보유하고 있었다. 이들에 따르면 한복은 "우리나라 옷"(응답자 214, 40대 여성, 전업주부)으로써 "한국 사람"에게 양복보다 "더 잘 어울리는" 옷이다(응답자 209, 40대 여성, 사회적 기업 임원). 뿐만 아니라 한국인의 체형을 잘 반영한 옷이기 때문에 한국인이 "한복을 입을 때 훨씬 예뻐"보이기도 하며(응답자 209, 40대 여성, 사회적 기업 임원), 제일 "자연스럽게 보이기"도 한다(응답자 110, 60대 이상 남성, 은퇴자). 한 응답자는 "한복 입는데 너무너무 우아하더라"라고 말하며 특히 중년 이상의 여성이 한복을 입었을 때 "괜찮아 보이게" 된다고 이야기하였다(응답자 214, 40대 여성, 전업주부). 이처럼 사람들은 한국의 전통적인 멋이 담겨있는 한복은 단아하고 고상하며 중요한 날에 잘 어울리는 옷으로 인식하고 있다.

내가 결혼식 같은데 가면서 느낀 건 뭐냐면 한국 사람한테 한복이 제일 예쁜 것 같아. 특히 중년 이상이 된 그 아줌마들이 한복을 입으면 참 괜찮아 보이더라구. (…) 한복 입는데 너무너무 우아하더라. 그래서 나중에 첫째(딸) 결혼하고 그럴 때는 꼭 한복 입어야겠다. 예뻐. 우리나라 옷이라서 그런지 몰라도. 중년 이상이 되면, 그런 중요한 날에는 한복이 예쁜 것 같아. 몸매도 가려주고, 여러 가지로. (…) 우리나라 한복이, 한국 사람들의 체형에 잘 어울리는 것 같아. (응답자 214, 40대 여성, 전업주부)

한국 사람은 한복이 더 잘 어울려요 양복보다. 우선 숏 하잖아요. 숏하고 짧고 두껍기 때문에.(…) 그리고 지금은 20대나 30대 머리 작고 팔다리 길어야 예쁘지 쌩똥 짤리는 느낌이라고요. 그러니까 10센치 하이힐을 신는 거에요 포션이 안맞기 때문에 여자들이. 얼굴이 크고... 그게 상황에 따라 다른 거거든요 옷이니까. 그래서 한복을 입을 때 훨씬 예뻐요. (…) 저희는 한복이 훨씬 예뻐요. (응답자 209, 40대 여성, 사회적 기업 임원)

자연스럽잖아요, 그냥. (응답자 110, 60대 이상 남성, 은퇴자)

이러한 긍정적인 인식과 대조적으로 한복에 대한 부정적인 평가도 존재한다. 가장 많이 지적되는 부분은 한복의 불편한 착용감과 관리의 어려움이다. 응답자 106(30대 남성, 직장인 관리직)과 205(30대 여성, 직장인 관리직)는 한복에 대해서 입기 힘들고 불편하다는 점을 들었다. 뿐만 아니라 "비싼 돈 들여서 한복"을 맞추어야 한다(응답자 217, 60대 이상 여성, 은퇴자)는 점도 단점으로 꼽힌다. 특히 결혼 때 마련하였던 고가의 한복이 작아져서 몸에 안 맞아졌음에도 불구하고 "처분을 못하는"(응답자 210, 30대 여성, 전업주부) 경우도 있다. 나아가 "사놓고 (결혼식때 입은 것을 제외하고) 한 번도 입은 적이 없는"데다, 옛날 한복이라 팔 수도 없고, "버리자니 의미가 있기 때문에" 이러지도 저러지도 못하는 응답자 214(40대 여성, 전업주부)도 있었다. 이러한 응답들을 통해 한복이 '비싸게 주고 샀는데 일상 속에서 활용할 수도 없고 그렇다고 쉽게 버릴 수도 없는' 다소 난감하고 곤란한 의복으로 여겨진다는 사실을 엿볼 수 있다. 이로 인해 나는 입지 않지만 혹시나 오랫동안 입지 않은 한복을 "누군가가 입을 수 있을 거라고 생각해서" 부모님 댁으로 보냈다는 응답자도 있었다(응답자 215, 30대 여성, 자영업). 게다가 한복을 입기 위해 "꺼내는 것 자체가 일"이며, 입은 뒤에는 드라이클리닝 해서 보관해야 하는 것이 "번거롭다"(응답자 217, 60대 이상 여성, 은퇴자)는 응답처럼 한복을 입기 위해 관리하고 보관하는 것에 대한 어려움이 공통적으로 언급되기도 한다.

입기 힘든 옷. 불편한 옷. (응답자 205, 30대 여성, 직장인 관리직)

한복, 일단 불편하다? 옷이 입기 불편하고. (응답자 106, 30대 남성, 직장인 관리직)

그래도 분위기가 있으니까 맨 처음에 좋아했거든. 근데 음식 먹다 보면은 또 떨어트리고. 관리하기 힘들잖아. 또 불편하잖아. (…) 한 번 입으면은 또 드라이클리닝 해야 해. 번거롭고. 비싼 돈 들여서 한복 해놓고, 결혼식 때 한 번 (입고) 쳐박아 놓잖아. (…) 입고 나면은 또 뭐 크리닝을 해서 넣어야 된다거나 꺼내는 것 자체가 일이잖아. 그러니까 안 입고, 이제. (응답자 217, 60대 이상 여성, 은퇴자)

한복 집에 있어. 요새는 안 입고. 옛날 대학교 다닐 때 많이 입었어. 집에서만, 왜냐면 엄마가 한복 더러워진다고. 드라이 맡겨야 한다고 빨리 벗으라고 하거든. (응답자 204, 30대 여성, 직장인)

(요즘 안입는 이유는) 안 맞아서요. 작기도 하고 불편하고. (응답자 202, 20대 여성, 취업준비생)

주변 보면 다 돌 때 입고. 그다음에는 아직은 그런 경우가 없는데 정말 40~50대가 되면 뭐 조카의 결혼식 때 입으려나 싶기도 하고요. 근데 또 그 때 맞춰서 사야 하나 싶지, 이미 옷이 안 맞거든요. 결혼 때 한복은. 사실 처분을 못 하고 있어요. (응답자 210, 30대 여성, 전업주부)

요즘 왜 미니멀, 미니멀해서 왜 집에 있는 물건 싹 없애고 그러잖아. 그게 제일 고민이야, 한복이. 도대체 그때 사놓고 한번도 입은 적이 없는데 집에 있으니까. 그것도 팔자니 그걸 누가 사. 옛날 것을. 버리자니 의미가 있는 거니까.. 제일 골치 아픈 것 같아. (응답자 214, 40대 여성, 전업주부)

(자주는 안입고), 명절, 어디 방문할 때. (…) (마지막으로 입은 건) 6년 이상 된 것 같아요. 입은 건 오래됐는데 가지고는 있었어요 계속. (…) 아니요. (버리지는 않고) 부모님 집으로 보냈어요. 왜냐하면 그래도 가격대가 있으면 누군가가 입을 수 있을 거라고 생각해서. (응답자 215, 30대 여성, 자영업)

그렇다면 2020년 서울사람들은 한복에 대해서 어떠한 이미지를 가지고 있을까? 응답자들이 가지고 있는 한복에 대한 인식을 확인하기 위한 일반적인 질문을 통해, 본 연구는 응답자들이 한복에 대해 다양한 이미지를 가지고 있는 것을 확인하였다. 응답자들에게 있어 한복은 우리 고유의 의복 문화, 명절에 주로 입는 옷, 중요한 행사가 있을 때 입는 옷, 경사와 관련된 화려한 색상의 옷, 일상에서 잘 입지 않는 신기한 옷 등 여러 가지의 이미지를 가지고 있었다. 이러한 응답들에서는 일상복이 아닌 한복의 현 위치가 드러난다. 인터뷰를 통해 사람들이 가지고 있는 한복에 대한 이미지를 네가지로 분류하여 정리하였다. 사람들은 한복을 한국 고유의 문화, 예복, 낯설지 않으면서도 낯선 한복, 생활한복으로 인식하고 있는 것으로 나타났다.

한국 고유 문화로서의 한복

무엇보다도 한복은 한국 고유의 의복으로써, 설날이나 추석과 같은 전통적인 명절에 잘 어울리는 옷이라는 인식을 가지고 있다. 한복은 "명절 분위기"(응답자 211, 30대 여성, 전업주부)를 살릴 수 있고 "특별한 날을 표현할 수 있는", "좋은 방법"이자 "문화"(응답자 212, 30대 여성, 전업주부)이다. 한복에 대한 인식은 "명절에 주로 입는 옷"(응답자 216, 40대 여성, 전문직)이라는 표현에서 가장 잘 나타나는데, 설날 "세배를 받을 때 입는 옷"(응답자 109, 50대 남성, 전문직; 응답자 110, 60대 이상 남성, 은퇴자), 고유의 "명절 분위기를 재밌게 살릴 수 있는"(응답자 211, 30대 여성, 전업주부) 의복 문화라는 점이 언급되었다. 특히 응답자 211(30대 여성, 전업주부)이 코로나바이러스감염증-19로 인해 이전과 같은 명절 분위기를 느끼지 못하는 상황에서 한복을 입고 명절 분위기를 냈다고 이야기하였을 정도로, 응답자들은 한복을 한국 고유의 문화를 대표하는 상징물로서 인지하고 있었다.

(코로나 때문에) 말만 명절이지. 그러니까 명절 분위기도 사실 나지 않았었는데 다른 친척들도 오지도 않고 여튼 그런 분위기이다 보니까 너무 재미가 없더라고요, 제가…. 그러다 보니까 제가 음식 다 차리고 명절날 제사 지낼 때만 한 30분 정도 기분이라도 내고자 옷을 그러게 입은 거에요. 그랬더니 기분이 좀 재밌어지더라고요, 옷을 그렇게 입으니까. 제 아들도 그래서 입혔고. 제 아들도 그런 분위기에서 재밌어하고. 그런 분위기였어요. 그게 저한테는 되게 중요한 것 같아요. 불편하더라도 한, 두 시간 정도 어떤 기분을 내고자 어떤 옷을 입는 거, 그런 행위 자체가 나름 꽤 중요해요, 저한테. (응답자 211, 30대 여성, 전업주부)

나는 한복이, 여자는 이게 문화잖아. 그리고 되게 특별한 날을 표현할 수 있는 또 되게 좋은 방법이고. 왜냐면 우리는 교회를 다니는데 교회도 새해 첫 예배 때는 한복을 입어. 그런 식으로 특별한 날, 이거에 대한 표현으로 괜찮은 거 같아. (응답자 212, 30대 여성, 전업주부)

명절 때 주로 입는 옷. (응답자 216, 40대 여성, 전문직)

명절 때? (부모님 댁에) 놔두고, 명절에 거기서 몇 번 입었지. 세배 받을 때 그거 입고 받고. (응답자 109, 50대 남성, 전문직)

입은 거야 우리.. (애들 결혼할 때 입고), 세배 받을 때 입고. (응답자 110, 60대 이상 남성, 은퇴자)

이러한 점은 특히 어린 아이들에게 한복을 입힘으로써 우리 고유의 문화를 전수한다는 응답에서 보다 명확히 확인할 수 있다. 나이가 어릴수록 교육의 측면에서 한복을 입히는 경우가 많았는데, 자녀나 손주가 유치원생이나 학생인 경우 유치원이나 어린이집의 공식적인 행사에서 한복을 입는 경우가 있었고 가족들끼리 함께 한복을 입고 가족 사진을 남기는 경우도 있었다(응답자 210, 30대 여성, 전업주부), 일부 손주들에게 '고유 명절'임을 교육한다는 측면에서 명절에 한복을 입히는 경우도 있었는데, 응답자 110(60대 이상 남성, 은퇴자)의 경우 아이들이 어릴 때에는 명절에 조부모가 한복을 입고 "(복)주머니"에서 세뱃돈을 꺼내주면 아무래도 그렇지 않는 것보다 다르다면서, 명절에 한복을 입는 것이 의미 있다고 응답하기도 하였다.

작년에는 제가 임신 중이고 막 그래가지고 그랬고, 한 뭐 재작년 설이나 추석 때 한 번 입은 것 같습니다. (…) 시가 방문해가지고, 이제 아이들도 다 입히고 그냥 다 같이 그냥 입고 뭐 **절하거나 아니면 가족 사진을 남기거나** 이제 뭐 그럴 때 잠깐 입었던 것 같아요. (…) (시)부모님 두 분은 안 입으셨고, 이제 저희 가족하고 애들, 그다음에 저희 남편의 남동생 거기 아이 둘이랑 이제 엄마 아빠 이렇게 입었어요. (…) (명절에) 애들만 입혀요. 애기들은 사이즈 별로 다 있어요. **애들은 유치원, 어린이집에 행사가 있어서 있어야 되거든요.** (…) (아이들 한복은) 다 사는 것 같아요. '**당근**'으로도 많이 팔고 사고 하고요. (응답자 210, 30대 여성, 전업주부)

아니 우리가 설날이라던가, **애들한테도 하나의 교육적인 문제가 있다. 가족이라는 거. 그다음에 고유 명절이라는 거.** 애들한테는 어렸을 때는 할아버지, 할머니가 그런 한복을 입고, 자기의 세배를 받았다. 세뱃돈도 그냥 (바지 주머니) 여기서 그냥 주는게 아니라, 저기 뭐 주머니에서 꺼내주고 그러면은 (웃음) 다르지. (응답자 110, 60대 이상 남성, 은퇴자)

그러나 앞서 한복 착용 현황에서 살펴봤듯, 한복을 가지고 있더라도 일상생활에서 한복을 입을 일이 거의 없기 때문에 잘 입지 않는다. 이는 가족 행사나 교육 과정 중에서 한복을 차려 입어야 하는 상황이 있는 어린이나 학생, 또는 결혼한지 얼마 되지 않은 부부를 제외하고는 일반적으로 한복을 입을 만한 상황이 별로 없기 때문인 것으로 보인다. 응답자들은 어릴 때 명절이면 "이벤트식으로" 입기도 하였으나, 응답자 202(20대 여성, 취업준비생)는 한복이 맞지 않게 되고 명절을 친척과 함께 지내는 일이 줄어들면서 점점 한복을 입지 않게 되었다고 이야기하였다. 또한 친척들이 함께 모이더라도 "어느 순간부터 한복을 다들 안 입으니까" 입지 않게 된 경우도 있다(응답자 109, 50대 남성, 전문직). 이처럼 우리의 명절 문화가 변화하면서 한복 착용에도 영향을 미쳤음을 확인할 수 있다.

그리고 그건 있어요. **어릴 때부터 입었던 진짜 한복.** (…) (마지막으로 입은 건) 와…. 10년 된건가? 엄청 오래됐어요. **추석… 때…. 설날. 그때 이벤트식으로 우리끼리 입어보고** 다시 장롱에 넣어놓고. (…) 저희집이 종가집이거든요? 그래서 옛날에 제사지낼 때 아버지는 꼭 한복을 입으셨어요. 그래서 그냥 아빠 한복 입을 때 '어 이거 뭐야?'하고 한 번 입어보고. 친척 집에 안 갔거든요, 저희는? (…) (요즘 안입는 이유는) **안 맞아서요. 작기도 하고 불편하고. 그리고 요새는 친척들이랑 잘 안 만나거든요? 그래서 제사도 안 지내고** 지금은 할머니 댁에 부모님이 가셔서 따로 지내고 저희는 제사를 안 지내요. (…) 그러다 보니까 딱히 명절이라고 특별히 그런 것도 없고, 그냥 연휴다 싶어서 별로 안 입어요. (응답자 202, 20대 여성, 취업준비생)

한복 있지. 잘 안입어서 그렇지. 명절 때? (부모님 댁에) 놔두고, **명절에 거기서 몇 번 입었지. 세배 받을 때 그거 입고 받고.** (…) 그랬어. 그다음에 어느 순간부터 안 입은 것 같아. 한참 됐지. 20년이나 됐나? 그렇지. 그 정도 됐을 것 같다. 결혼하고 나서 그 한복을 (부모님 댁)에 놓고 있었어. 어차피 명절 때 내려오니까. **그 때 잠깐씩 명절 때 입었는데, 다음에 언제부턴가는 안 입었던 것 같아. 다들 안 입으니까.** (응답자 109, 50대 남성, 전문직)

중요한 행사에서 입는 예복으로써의 한복

사람들은 한복을 중요한 행사에서 특별히 예절을 갖추기 위해 입는 옷으로 인식하고 있다. 이들에게 한복은 일상이 아닌 "중요한 행사"(응답자 104, 20대 남성, 직장인)에서 입는 "드레스 같은"(응답자 103, 30대 남성, 직장인) 옷이다. 한복을 자주 입지는 않더라도, "다른 사람 결혼식을 갔을 때 한복을 입으시는 어르신들"을 종종 보았기 때문에, "중요한 행사"(응답자 104, 20대 남성, 직장인)에서 입는 옷으로 인식하고 있다. 나아가 "(평소 한복을) 안 입을 것 같지만, 그래도 진짜 입어야 하는 상황에 그 이벤트를 위해서 입는"(응답자 103, 30대 남성, 직장인) 옷이라고 여기며 특별한 때에 한복을 입기도 한다. 또한 일상복보다 비교적 다채롭고 "화려한 한복을 행사 있을 때만 (한복을 입고 한복 입은 사람을) 그때만 보게 되니깐" 잔치나 행사와 관련된 한복의 화려한 이미지가 강화된다고 이야기하는 응답자도 있다(응답자 105, 30대 남성, 직장인 관리직). 이와 같은 응답들을 통해 사람들이 결혼식이나 특별한 의미가 있는 날에는 한복을 착용함으로써 예절을 갖추고자 하며 이를 통해 "분위기를 살리고 화려하고 파티같은" 이미지를 전달하고자 하는 모습들을 엿볼 수 있다(응답자 217, 60대 이상 여성, 은퇴자).

보통 뭐 제 주변이나 저 같은 경우에는, 한복을 입는 경우가 없어서, 그냥 뭐 다른 사람 결혼식을 갔을 때 한복을 입으시는 어르신들이 종종 계시더라고요. 그래서 **중요한 행사나 그럴 때 입는 옷** 정도로 각인돼 있는 것 같아요. (응답자 104, 20대 남성, 직장인)

결혼식 때 맞춘 게 있고. 결혼식 때 마지막으로 입었지. 한복을 입어야 하는 경우는 없을 것 같은데... 입어야 된다는 생각이 들지를 않는 것 같아. 뭔가 진짜 한복은 신부로 치면 드레스 같은 것 같아. 그래서 진짜 입어야 하는 상황에 그 이벤트를 위해서 입는 거지. (…) (평소에는 한복) 안 입을 것 같아. (응답자 103, 30대 남성, 직장인)

이미지는 좀…. 불편하다? 왠지. 그리고 좀 화려하다. 왜냐하면 행사 있을 때만 한복을 입고 한복 입은 사람을 그때만 보게 되니깐 좀 아무래도 색이 화려하더라고요. (…) 여자 한복은 되게 색이 다양하고 화려한 것 같고요, 붉은색이나 이런 색도 많이 들어가 있는 것 같고요. 남성도 어느 정도 색도 진하거나 이렇게 돼 있어서 일상복보다는 색이 화려한 것 같아요. (응답자 105, 30대 남성, 직장인 관리직)

화려하고 파티같은 그런 거. 예의를 갖춘다. 뭐 화려하다. 그런 이미지가 있죠. (…) 귀찮기는 하지만 그걸 입어주면 분위기가 살고. (응답자 217, 60대 이상 여성, 은퇴자)

따라서 특별한 행사에 한복을 입고 참석하기도 한다. 가족이나 친척의 결혼식이나 돌잔치에서 한복을 입기도 하며(응답자 212, 30대 여성, 전업주부; 응답자 217, 60대 이상 여성, 은퇴자), 결혼식에서 가까운 친척이 한복을 입지 않고 양장을 입는다면, "매너" 상, "대우를 안 한다"는 느낌을 주기 때문에 한복을 입어주기를 바라기도 한다(응답자 217, 60대 이상 여성, 은퇴자). 더 나아가 친척의 결혼식에서 한복을 입지 않고 "양장"을 입지만, 나중에 본인의 자녀가 결혼할 때는 "한복을 입겠다고"(응답자 107, 40대 남성, 임원), "꼭 한복을 입어야겠다"(응답자 214, 40대 여성, 전업주부)고 생각하는 응답자들도 있었다. 이는 "한국 사람한테 한복이 제일 예쁘고, 중년 이상이 되면 몸매도 가려주고 우아하다"고 생각하기 때문이다(응답자 214, 40대 여성, 전업주부).

우린 결혼했으니까. 오빠는 없고 나는 생각보다 자주 입어. 누구 친척 결혼식이라든가 돌잔치라든가. (응답자 212, 30대 여성, 전업주부)

애들 결혼할 때 입고. (…) 결혼식 때, 결혼식 때 이제 엄마 쪽의 형제들을 보면 한복을 많이 입잖아요. 귀찮기는 하지만 그걸 입어주면 분위기가 살고, 뭐 자기가 있는 양장 입고 오고 그러면은 좀 약간 매너가, 대우를 안 한다 이런 거지. 그때는 한복 입어줬으면 하는 바람이 있어요. (응답자 217, 60대 이상 여성, 은퇴자)

(친척 결혼식에도) 안 입어. 양장을 입죠. 우리가 아이들이 결혼한다면 한복을 입겠지만. 나머지 상황은 모르겠어요. (응답자 107, 40대 남성, 임원)

내가 결혼식 같은 데 가면서 느낀 건 뭐냐면 한국 사람한테 한복이 제일 예쁜 것 같아. (…) 한복 입는데 너무너무 우아하더라. 그래서 나중에 (딸이름) 결혼하고 그럴 때는 꼭 한복 입어야겠다. 예뻐. 우리나라 옷이라서 그런지 몰라도. 중년 이상이 되면, 그런 중요한 날에는 한복이 예쁜 것 같아. 몸매도 가려주고, 여러 가지로. (응답자 214, 40대 여성, 전업주부)

종교적인 행사가 있을 때에도 한복을 착용하는 것으로 나타났다. 응답자들은 성당이나 교회에서 "새해 첫 예배"(응답자 212, 30대 여성, 전업주부)를 드리거나 "권사 취임"식(응답자 217, 60대 이상 여성, 은퇴자), "헌금"(응답자 214, 40대 여성, 전업주부) 과 같은 특별한 행사가 있을 때 한복을 착용하고 참석하고 있었다. 이들은 한복을 "특별한 날"을 표현하는 수단으로 여기고 있었는데, "한복을 입지 드레스를 입지는 않잖아"(응답자 214, 40대 여성, 전업주부)라는 응답에서도 한복이 드레스와 유사한 역할을 한다는 점을 다시 확인할 수 있었다.

무슨 교회에서 행사 있을 적에 한복을 꼭 입어야 할 때가 있어요. 임직 받고 이럴 때. 그래서 그때 또 한 번 입었고. 한복이 무슨 권사 취임을 한다던가 이럴 적에도 보면 다 한복을 입어요. (응답자 217, 60대 이상 여성, 은퇴자)

그리고 성당에서도 특별한 날에는 정장입어야 되는 때가 있는데, 정장 안입고 다 한복을 입더라고. 봉사 하시는 분들은 다 한복을 입지 드레스를 입지는 않잖아. 우리나라 한복이, 한국 사람들의 체형에 잘 어울리는 것 같아. (…) 입을 일이 없지. 빌려준 적은 있어, 헌금 해야되는데 한복 없다 그래가지고. 옛날건데, 한 번 빌려준 적은 있는 것 같아. (응답자 214, 40대 여성, 전업주부)

나는 한복이 여자는 이게 문화잖아. 그리고 되게 특별한 날을 표현할 수 있는 또 되게 좋은 방법이고. 왜냐면 우리는 교회를 다니는데 교회도 새해 첫 예배 때는 한복을 입어. 그런 식으로 특별한 날, 이거에 대한 표현으로 괜찮은 거 같아. (응답자 212, 30대 여성, 전업주부)

한편 혼인을 하지 않았을 경우에는 결혼식에서 한복을 입지 못한다는 사실도 함께 나타났다. 한 미혼 응답자 209(40대 여성, 사회적 기업 임원)는 "한복을 사려고 했는데 결혼 안했다고 필요가 없다"는 말을 들은 경험에 대해 이야기하며 "결혼 안 한 시누이는 한복(착용)이 안되기 때문에 결국 동생의 결혼식 때 한복을 입지 못했다"고 밝혔다. 이러한 응답을 통해 일반적으로 한복이 예복으로 기능하지만, 혼인 여부에 따라 결혼식에서 한복이 적절하지 못한 옷차림으로 여겨짐을 확인해볼 수 있다.

한복을 사려고 했는데 결혼 안했다고 필요가 없다는 거예요. 그래서 동생들 결혼하고 할 때 한복을 입겠다 쭉 져가지고 멋지게 하겠다 그랬더니 다 말리는 거예요. 결혼 안한 시누이는 한복이 안 된다. 드레스를 입겠다 그러면 외국 스타일로. (그랬는데 말려서) 그래서 그냥 옷을 입은 거예요. (…) 저 한복 되게 좋아하거든요. 싱글 여성이 한복을 입는 거를 선호하지 않은 컨셉이 있더라고요. 제가 한삼 모시로 옷을 만들라고 했어요. 진짜 비싸거든요 모시. 모든 사람이 말렸어. (…) 한복을 제가 입기를 기대되는 장소가 많이 없어요. 왜 입을라고 했는데 못 입었다니까 결혼식에. (응답자 209, 40대 여성, 사회적 기업 임원)

익숙하면서도 낯선 한복

응답자들에게 한복은 친숙한 대상이 아니었다. 이들에게 한복은 예쁘고 단아한 옷이지만, "나 말고 입는 사람이 없으니까"(응답자 201, 20대 여성, 대학원생) 입기가 어렵다는 의견은 사람들이 한복에 대해 가지고 있는 생각을 잘 보여준다. 일상적으로 입는 옷이 아니기 때문에 한복을 입고 있는 사람을 보면 신기하다고 생각할 것 같고, 한복을 입고 길거리를 돌아다니면 "너무 관종같고, 그래서 불편할 것 같다"고 생각하기도 한다(응답자 101, 20대 남성, 대학생). "남이 입는 것"에 대해 특별히 부정적으로 바라보진 않지만, 본인이 한복을 입는다고 생각하면 다른 사람들 시선이 불편하다(응답자 109, 50대 남성, 전문직). 일상에서 "많은 사람들이 한복을 입는다"면 입을 수 있겠지만, 그렇지 않기 때문에 한복을 입는다면 다른 사람들이 "나를 많이 쳐다볼 것 같고, 관심을 많이 가질 것 같아서 좀 부담스럽다"는 의견도 있었다(응답자 216, 40대 여성, 전문직). 이처럼 응답자들은 한복이 일상적으로 입는 의상이 아니고, 많은 사람들이 입는 옷도 아니기 때문에 이를 착용하였을 때 다른 사람들의 시선이 집중되는 것이 불편하다고 생각한다.

되게 단아하고 예쁘다? (…) (그런데) 나 말고 입는 사람이 없으니까 (입기가 어렵다). (응답자 201, 20대 여성, 대학원생)

일단 너무 튀고. 그거 입고 이렇게 길거리 돌아다니면 너무 관종같고 그래서. 불편할 것 같기도 하고. (사람들의 반응이) '뭐지 관종인가?' 약간 이렇게. (…) 한복…좀 불편할 것 같고. 그리고 어… 내가 입는 거에 비해서 색이 좀 화려하고. (응답자 101, 20대 남성, 대학생)

불편해. 그러니까 몸도 불편하고, 다른 사람들 시선도 불편하고 긍정적인 면도 있겠지만, 나한테 적어도 나의 개인적으로는 불편함이 더 큰 것 같아요. 그렇다고 남이 입는 것을 뭐라고 하진 않아요. 그 사람들이 어떤 이유에서 입는 것을 나쁘게 보지 않아. 괜찮아. (응답자 109, 50대 남성, 전문직)

많은 사람들이 한복을 입는다라고 하면 입을 수 있을 것 같은데. 주위를 봐도 한복이라는 게 우리가 일상생활 하는 데 아니면 어떤 일을 하는 데 많이 안 입다 보니까. 내가 그 한복의 입었을 때, 되게 다른 사람들이 이렇게 나를 많이 쳐다볼 것 같고, 관심을 많이 가질 것 같아서… 좀 부담스러운 편이라고 할 수 있을 것 같아요. (응답자 216, 40대 여성, 전문직)

이처럼 일상생활에서 유리된 한복은 우리의 문화 그 자체인 우리의 옷이지만, 동시에 낯선 옷차림이기도 하다. 응답자들은 한복에 대해 "신기"(응답자 102, 20대 남성, 대학생)하고, "입어야 된다는 생각이 들지 않는"(응답자 103, 30대 남성, 직장인) 옷이라고 이야기할 정도로 낯설게 여겼다. 결혼하기 전에 입었던 한복에 대한 기억은 본인의 "애기였을 때의 그때 사진 말고는 전혀 없다"(응답자 212, 30대 여성, 전업주부)라고 하며, 본인의 돌잔치 이후로 입어본 적이 없다고 이야기할 만큼 한복을 착용해 본 경험이 거의 없는 경우도 있다(응답자 104, 20대 남성, 직장인). 평생을 통틀어 "결혼식 때 2시간 입는 게 다인 옷이기 때문에 한복에 대해서는 아무것도 모르겠다"고 이야기하기도 한다(응답자 107, 40대 남성, 임원). 이러한 맥락에서 응답자 107(40대 남성, 임원)은 지금 세대에서 누군가 한복을 입고 다닌다면 집에 경사가 있다고 생각할 정도라고 응답하였다.

주변에 누가 한복을 입고 있으면 신기할 것 같아요. (응답자 102, 20대 남성, 대학생)

한복을 입어야 하는 경우는 없을 것 같은데… 입어야 된다는 생각이 들지를 않는 것 같아. 뭔가 진짜 한복은 신부로 치면 드레스 같은 것 같아. 그래서 진짜 입어야 하는 상황에 그 이벤트를 위해서 입는 거지. (평소에는 한복) 안 입을 것 같아. (응답자 103, 30대 남성, 직장인)

(결혼하기 전 한복을 입었던 가장 최근 경험은) 초등학교 전이 아닐까요? 저도 애기 때. 그때 사진 말고는 전혀 없어요. (응답자 212, 30대 여성, 전업주부)

한복 없어요. 돌 때 이후로 입어본 적이 없는 것 같은데 한복을. 돌잔치 이럴 때 이후로 아주 아기일 때? (응답자 104, 20대 남성, 직장인)

아예 모르겠어요. 입어보질 않았으니까. 평생에 결혼식 때 2시간 입는 게 다잖아요, 폐백 때. 그때 말고는 없으니까 그거에 대해서는 뭐 아무것도 모르겠어요. 편한지 안 편한지도 모르겠고 굳이 지금 세대에서 한복을 입고 다닌다면 '저 집 뭐 경사 났나?' 뭐 이런 정도랄까. (응답자 107, 40대 남성, 임원)

위에서 살펴보았듯 한복은 우리의 문화가 담긴 고유의 전통 의상이기는 하지만, 우리의 일상과 점점 멀어지고 있는 모습을 보인다. 이제는 한복을 착용하고 거리를 돌아다니는 것이 부담스럽게 느껴지며 한복을 입은 사람들이 낯설고 신기하게 여겨지기도 한다. 그러나 결혼식이나 특별한 이벤트에는 한복을 꺼내 입는다는 응답자들의 이야기처럼, 우리의 삶 속에서 한복을 경험할 수 있는 기회들은 여전히 존재한다. 유치원생 때 "필요"(응답자 213, 30대 여성, 전업주부)해서 입어봤다거나, 중학생 시절 "청학동 수련회 갔을 때"(응답자 101, 20대 남성, 대학생) 한복을 착용하였으며, 초등학교 때 "봉산탈춤 동아리"(응답자 102, 20대 남성, 대학생)를 하였을 때 한복을 샀던 경험이 있다는 응답들을 통해 유년 시절과 학교 교육 과정을 거치면서 다양한 활동들을 통해 한복을 체험하고 경험해보기도 한다는 것을 알 수 있다.

(결혼 전에는) 어릴 때 뭐 유치원에서 필요하거나 이제 뭐 그래서 어릴 때 입어봤고. 뭐 학교 학창시절이나 뭐 서울에서는 한 번도 안 입었던 것 같아요. (응답자 213, 30대 여성, 전업주부)

한복 없어. 입은지 너무 오래된 것 같은데. 중학생 때인가? 그 수련회 갔을 때. 청학동 수련회 갔을 때 입은 것 같아. (응답자 101, 20대 남성, 대학생)

한복 없어요. (…) 그 전에 입은건 초등학교때 봉산탈춤할 때 입었던.. 제가 동아리를 했었어가지고. 봉산탈춤 동아리 이런거 했어가지고. (한복을) 샀었어요. (응답자 102, 20대 남성, 대학생)

특히 최근 들어 관광이나 전통 문화 체험의 일환으로 고궁이나 한옥 마을 등지에서 한복을 입기도 하면서 일상에서 한복을 경험하는 경우도 관찰되었다. 가장 최근에 한복을 입었던 경험으로 경복궁에서 "데이트할 때 한복"을 입고 사진을 찍어 남겼다는 응답자도 있었다(응답자 102, 20대 남성, 대학생). 뿐만 아니라 젊은이들이 자신들이 즐기는 것들을 SNS에 공유하는 문화가 형성되면서 한복을 입고 고궁에서 찍은 사진들을 게시하는 사용자들이 더욱 많아지기도 하였다. 이처럼 하나의 놀이 문화로 자리잡은 한복 체험 문화에 대해 한 응답자는 한편으로는 "조금 유치해보이지만" "재미있는 문화가 형성"되었다고 생각하기도 한다(응답자 206, 30대 여성, 직장인). 하지만 그럼에도 불구하고 한복은 일상과 거리가 있는 의복이기 때문에 쉽게 즐기지 못하는 모습이 나타나기도 한다. 여자친구가 한복을 입고 "추억 남기고 사진 남기는" 데이트를 하자고 하였지만, 한복이 "너무 튀고, 그거 입고 이렇게 길거리 돌아다니면 너무 관종같고 그래서 입지는 않았다"는 응답자도 있었다(응답자 101, 20대 남성, 대학생).

(가장 최근에 입은 건) 경복궁 한번 갔을 때 입었었구요. 2년 된 것 같거든요. 데이트할 때 한복 입고.. 긴팔에 긴 거 입었던 것 같아요. 도포 같은? 그런 거 위에 팔 끼우는.. 곤룡포 비슷한 거. (응답자 102, 20대 남성, 대학생)

'참, 사람들이 재밌게 사는구나.' '재밌네' '재미있는 문화가 형성됐네'. 근데 내가 할 생각은 없어. (…) 이상해 보이지는 않아. 근데 조금 유치해 보여. 비하하는 거는 아닌데 그냥 애들이 하는 것 같은? (응답자 206, 30대 여성, 직장인)

여자친구가 입을래라고 한 적은 있지. 뭐 전주 갈 때나. 그런거 있잖아. 저 북촌 이런데 돌아다닐 때, 데이트 용도? 뭐 추억 남기고 사진 남기는 용도로 뭐 하자고는 가끔, 한 번 얘기했는데. 내가 싫다 해서. (…) 일단 너무 튀고. 그거 입고 이렇게 길거리 돌아다니면 너무 관종같고 그래서. 불편할 것같기도 하고. (사람들의 반응이)'뭐지 관종인가?' 약간 이렇게. (응답자 101, 20대 남성, 대학생)

뿐만 아니라 해외에서 한국을 소개하기 위한 방법 중 하나로 한복을 활용하기도 한다. 응답자 중에는 해외 교환학생을 갔을 때 "한복을 입을 기회"가 있을 것이라 생각하여 한복을 구입해 챙겨갔던 경우도 있으며(응답자 201, 20대 여성, 대학원생), 해외에서 청소년기를 보낸 응답자의 경우 "국제학교 다닐 때, 거기 UN 데이라고 그 각 나라의 전통의상을 입고 오는 날"(응답자 206, 30대 여성, 직장인) 한복을 입었던 경험도 있다. 이처럼 한복은 낯설지만, 한국 문화와 정체성을 상징함과 동시에 한국을 대외적으로 알릴 수 있는 의상이다.

(한복) 있어. 근데 그걸 입은 게... 그걸 살 때 입은거야(웃음). 아 진짜 부끄러워. (…) 내가 교환학생 갔었잖아. (…) 그 전에 내가 좀 외국을 가서, 그런 한복을 입을 기회가 (…) 그래서 그때 샀는데, 교환가서 정말 한 번도 안입었어. 지금 본가에 처박혀있어. (응답자 201, 20대 여성, 대학원생)

없어. 너무 까마득한데? 15살? 나 국제학교 다닐 때, 거기 UN 데이라고 그 각 나라의 전통의상을 입고 오는 날이 있거든. 그날에 마지막으로 입었던 것 같아. (응답자 206, 30대 여성, 직장인)

새롭게 등장한 한복: 생활한복

한복과 관련하여 최근 주목할만한 점은 현대식으로 개량된 생활한복에 대한 응답자들의 관심이 높다는 점이다. 특히 청년 세대에서 생활한복에 대한 선호가 나타났는데, 일부 젊은 응답자들에게서 한복의 미를 살리면서도 불편한 점들을 개선한 생활한복을 구입하고 싶다는 의견도 나타났다(응답자 204, 30대 여성, 직장인; 응답자 210, 30대 여성, 전업주부). 이는 최근 출시된 여러 생활한복들의 디자인이 예쁘고 일상에서도 입을 수 있는 디자인이 많기 때문이다.

(한복) 좋아. 너무 좋아. 좀 불편하지만 좋아. 우리의 전통적인 멋이 있어. 그리고 배부르게 먹을 수가 있어(웃음). 근데 그거 하나는 불편한 게 저고리가 너무 위야. 그거는 좀 안좋은 거 같은데 집에 당의도 있어 이렇게 되있고 이렇게 손가리는거? 그거는 좀. 이쁜데 약간 한복이 현대에 맞춰서 좀 개량됐으면 좋겠어. 그래서 생활한복을 샀던거야 그래서. (응답자 204, 30대 여성, 직장인)

한복 저는 좋은 것 같아요. 너무 예쁘고, 사실 명절 때 생활한복 맞추고 싶다고 남편이랑 맞추자는 얘기는 매번 하는데 아직 못하고 있긴 해요. 명절 때 생활한복 구입하고 싶어요. (응답자 210, 30대 여성, 전업주부)

하지만 이러한 생활한복의 디자인이 독특하고 예쁘더라도, 다른 사람들의 시선이 신경쓰이고, 가격이 비싸다는 점이 장벽이 되기도 한다. 특히 응답자 202(20대 여성, 취업준비생)는 생활한복의 디자인이 다르기 때문에 다른 사람들이 신기하다며 쳐다보는 것이 부담스럽다고 이야기하였다. 2010년대에 "그렇게 튀는 디자인이 아닌", "고운 원피스 같은" 생활한복을 구매하여 입고 다닌 한 응답자 215(30대 여성, 자영업) 또한 "특별한 의상으로써는 좋은데" 일상복으로 입는 용도로는 "특별히 선호하지는 않는다"고 응답하였다. 뿐만 아니라 생활한복을 입고 다녔을 때를 회상하며 "그래도 온 세상에서 저만 입고 다니지는 않았어요"(응답자 215, 30대 여성, 자영업)라고 이야기하였는데, 이러한 지점에서 한복을 입을 때 다른 사람들의 시선을 신경 쓰게 된다는 것을 확인해볼 수 있다. 또한 같은 응답자는 결혼식을 할 때 드레스처럼 나온 개량한복을 입을 수도 있을 것 같다고 생각하였지만, 그럼에도 불구하고 원피스를 살 수 있다면 한복은 구매하지 않을 것이라고 이야기하기도 하였다.

한복..... 생활한복 정말 갖고 싶었는데 비싸서 없어요. (…) 입고 싶어요. 저 생활한복 너무 입고 싶어요. 너무 비싸요. (…) 네. 인스타에 태그해가지고 찾아보고, 그리고 거기 광고 되게 많잖아요, 올라온 거 보면 '아 되게 갖고 싶다~' 찾아보면 막 10만 원 넘고. (…) 확실히 아무리 생활한복이어도 디자인이 확 다르잖아요. 그리고 음 요새 그런 것도 봤거든요? 그 크롭 자켓처럼 나온 저고리. 그런 거는 진짜 입을 수 있을 것 같은데 근데 아무리 생활한복이라도 약간 시선이 신경 쓰이는? (…) 약간 다들 '우와 신기하다.' 쳐다보는 거 있잖아요. 약간 부담스러운? (응답자 202, 20대 여성, 취업준비생)

생활한복은 그냥 쇼핑 했어요. 부모님과 함께 백화점에서 샀어요. 그냥 부모님이 사주셨어요. 제가 사고싶다고 했을 때. (…) 생활한복이 지금처럼 브랜드 많고 유명하기 전이에요. 이천년대 중반 이후. 2010년보다 전이었던 것 같아요. (…) 학교갈 때 까진 아니고, 그냥 친구들이랑 나들이, 놀러갈 때? 데이트? 그렇게 튀는 디자인이 아니었어요. 원피스. 약간 좀 고운 원피스 같은 느낌이었어요. 그리고 되게 많이 입고 다녔던 것 같아요. 그리고 그때는 지금처럼 생활한복이 유행하거나 브랜드가 많지 않았지만, 그래도 온 세상에서 저만 입고 다니지는 않았어요. (…) 저는 막 그렇게 특별히 선호하지는 않아요. 이미지가 어떻다? 그냥 요즘엔 원피스처럼 예쁘게 나오기도 한다? 정도. 그리고 만약에 내가 결혼식을 하게 되는데, 웨딩드레스를 입느냐 아니면 되게 드레스처럼 나온 개량 한복을 입느냐 할 때 저는 한복을 입는 거 고려해 볼 수 있을 것 같아요. (…) 그런 특별한 의상으로써는 좋은데.. 드레스처럼 개량된 한복, 정말 본격적인 어떤 장소에서 그런 내가 어차피 평소 입지 않는 옷을 새로 그때만 입어야 하는 옷이잖아요. 웨딩드레스나 그런 한복이나. 그렇다면 저는 한복도 생각해 볼 수 있을 정도로 호감이 있는데. 내가 굳이 저에게 상품권이 있고 원피스를 살 수 있어요. 근데 이걸로 뭐 타임 마인 원피스를 살 수 있거나 아니면 어떤 한복을 살 수 있으면, 저는 한복 안 사죠. 그렇게까지 예쁘다고 생각 안 하니까. (응답자 215, 30대 여성, 자영업)

한편 일부 나이가 있는 응답자들은 생활한복에 대해 부정적인 인식을 가지고 있기도 하였다. 60대 이상의 한 응답자 217(60대 이상 여성, 은퇴자)는 과거 재직시절 생활한복을 입었던 사람들에 대해 좋지 않은 인상이 현재까지 이어져 생활한복을 선호하지 않는다고 이야기하였다. 이처럼 이들이 생활한복이 가지고 있는 이미지는 좋지 않다. 오늘날 젊은층이 생각하는 생활한복과 노년층이 생각하는 생활한복에는 차이가 있음을 확인하였다.

생활한복은 그냥 편하기는 하지만은 우리는 없어요. 편해서, 우리는 생활한복이 그렇게 이미지가 좋지 않아. 이유를 이야기 한다면. 그런 데 있을 적에 (학교에 재직할 당시) 되게 강성인, 전교조. 이런 사람들이 이상하게 생활한복을 많이 입었어요. 뭔가 개성이 강한 학부형이나, 교사나 그런 사람들은 그렇게 생활한복을 입더라구. 그러면은 있잖아 우리는 그 사람의 강성 이미지하고 생활한복이 연관이 되가지고 생활한복이 불편했어요. 학부형도 그런 사람이 있어가지고 맨날 항의하러 오고 그런 사람 있었어. 그런 전교조 쪽에 있는... 좀 독특하고 그런 사람들이 있어요. (응답자 217, 60대 이상 여성, 은퇴자)

2 서울사람들이 패션에 부여하는 의미

1. 보여주고 보여지는 패션: 표현의 도구, 평가의 대상

사람들은 다른 사람들의 시선을 신경쓰기 때문에 유행에서 뒤떨어지는 것을 꺼려한다. 그렇지만 사람들의 의생활은 유행만으로 설명되지는 않는다. 사람들이 옷차림에 신경을 쓰는 이유는 무엇이며, 사람들은 패션을 무엇이라 생각할까? 무엇보다도 패션은 한눈에 그 사람에 대한 정보를 압축적으로 제공하기 때문에 중요하다. 사람들은 자신들의 취향을 기초로 개성있는 패션을 추구하기도 하며, 성별, 연령, 직업, 장소와 상황, 체형, 역할에 따라 다양한 스타일로 옷을 입는다. 한 사람의 패션은 다른 사람에게 보여지는 이미지를 형성하며, 다른 사람에게 평가되는 대상이기 때문이다. 한 사람이 입는 옷은 곧 그 사람을 대표하는 "이미지"이며, 따라서 "다른 사람이 나를 어떻게 볼까 이거를 생각을 안하고 살 수는 없다"(응답자 217, 60대 이상 여성, 은퇴자)고 이야기한다. 이처럼 사람들은 한 사람의 옷차림을 토대로 그 사람에 대해 파악하고 평가하는 것으로 나타났다. 동시에 사람들은 자신이 원하는 이미지를 연출하기 위해 패션을 활용하고 있었다.

"이 사람이(상대방이) 나를 어떻게 볼까, 그것도 중요하잖아요"(응답자 217, 60대 이상 여성, 은퇴자)라는 인터뷰 내용에서 사람들이 자신에 대한 타인의 평가를 고려하여 옷을 입는다는 것을 확인할 수 있다. "남의 이목이 있으니까", "아무렇게나"(응답자 217, 60대 이상 여성, 은퇴자) 입지 않는다. 패션이 곧 이미지이기 때문이다. 이처럼 패션은 한 사람의 인상에 있어서 중요한 역할을 한다. 만나는 상대방에게 "너무 예의를 안차렸다 그런 인상을 주지 않는 것도 예의"이기 때문에, 단정한 느낌을 줄 수 있는 정도로 옷을 차려입기도 한다(응답자 201, 20대 여성, 대학원생). 특히 처음 만나는 사람의 경우 그 사람에 대해 잘 알지 못하는 상태에서 그 사람을 파악하기 위해 그 사람이 무엇을 어떻게 입고 있는지를 토대로 판단하기도 한다.

연령, 성별, 직업과 관계없이 누구나 패션으로 형성되는 첫인상과 이미지에 대하여 신경을 쓰고 있지만, 특히 사업을 하는 경우 이를 더 중요하게 여긴다. 예를 들어 사업가의 경우 "그거(옷)에 비즈니스가 영향을 끼친다고 생각을 하거든. 그래서 아무래도 신경을 쓰고 가죠."(응답자 107, 40대 남성, 임원)라고 말한다. 특히 깔끔한 스타일로 차려입은 사람을 보면 "첫인상에서 그 사람 이미지가 되게 좋아보이며"(응답자 107, 40대 남성, 임원) 사회생활에 있어 패션에서 드러나는 "첫인상이 중요하다"(응답자 209, 40대 여성, 사회적 기업 임원)고 여긴다. 따라서 무조건 깨끗하게 보이고, 깔끔하게 보이고자 노력한다(응답자 107, 40대 남성, 임원).

남의 이목이 있으니까. 이렇게 아무렇게나 (옷을 입고) 가지는 않아요. (…) 옷을 입을 때는 나 자신의 만족감도 중요하지만, 상대방이 이 사람이 나를 어떻게 볼까, 그것도 중요하잖아요. (…) 이미지잖아. 이미지. (…) 다른 사람들이 나를 어떻게 볼까 이거를 생각을 안 하고 살 수는 없어요. (응답자 217, 60대 이상 여성, 은퇴자)

단정한 느낌을 보이는 거는 (…) 사람과 사람 만나는 데 있어서 중요하니까? 아예 막 신경을 쓰지 않는거는 조금.. 에티켓이 아닐 수도 있고. (…) 어쨌든 사람 사이에는 이제 보는 게 되게 크잖아. 그래서 이 사람이 너무 막 꾸몄다 이것도 아니지만. 너무 막 나를 만나는데 있어서 너무 예의를 안 차렸다? 그런 인상을 주지 않는 것도 예의인 것 같아. (응답자 201, 20대 여성, 대학원생)

첫인상. (…) 사실 이거는 뭐 조금만 얘기를 해보고 해본다거나 그렇게 해서 그냥 뭐 바로 풀릴 수 있는 문제지만. 정말 첫인상만 보고 스쳐 지나갈 인연 그런 정도라면은.. 약간 그런 사소한 좀 외적으로 이제 눈에 걸리는 부분들이 약간 기억에 남을 것 같다. 약간 이런 정도? (응답자 101, 20대 남성, 대학생)

사회 생활하니까 또 약간 (패션으로 드러나는) 첫인상이 중요하더라고요. (응답자 209, 40대 여성, 사회적 기업 임원)

무조건 깨끗하게 보이고 깔끔하게 보이고, 상대편이랑 우리는 그걸로 비즈니스를 하니까 그거(옷)에 비즈니스가 영향을 끼친다고 생각을 하거든. 그래서 아무래도 신경을 쓰고 가죠. (…) 우리가 제일 남들이 좀 봐서 '저 사람 괜찮다' 하는 스타일이 옛날에 우리 때 브랜드 X 스타일이라고 있어. 브랜드 X 남방이나 브랜드 X 티에 면바지. (…) 깔끔한 거지. 사람이 깔끔하게 보이잖아요? 그러면 첫 인상에서 그 사람 이미지가 되게 좋아 보여. (응답자 107, 40대 남성, 임원)

그리고 상황과 장소, 즉 TPO에 맞는 옷차림에 대한 사람들의 태도에서 패션이 가지는 중요성과 그 의미가 더 구체적으로 드러난다. 나이, 직업과 지위, 역할에 따라 적절하다고 여겨지는 옷차림은 다르다. 다른 직원들을 고용하고 있는 전문직 응답자는 직장에 "직원들이 보기에 너무 그렇지 않은 옷"을 입으며, 이렇게 입는 이유에는"뭐라고 설명해야할지 모르겠지만 뭔가가 있다"고 말한다(응답자 109, 50대 남성, 전문직). 응답자는 "너무 어리게 입거나", 옷이 "너무 캐주얼해도 안될 것 같다"고 이야기한다. 이처럼 사람들은 옷을 입을 때 다른 사람의 시선에서 비롯되는 미묘한 제약을 느끼고 있다.

내가 생각하는 '나'뿐만 아니라 사람들이 생각하는 '나'에 어울리는 옷차림을 수용하는 모습도 다양하게 관찰된다. 사람들은 자신의 연령대에 맞는 옷을 입는 것을 선호하기도 한다. 주변 사람들의 반응에 따라 나이와 직위에 어울리는 조금 더 성숙한 스타일, 단정한 색을 찾기도 한다. 한 응답자는 튀는 옷을 입더라도 "젊고 유행을 따르는 여자 직원이었던 옛날에는 그냥 지나갔던 옷들을, 이제는 엄마고, 어느정도 이제 연차 수도 좀 찬 여자 직원이 입으니까 주변에서 옷이 조금 튄다 싶으면 한 마디씩 보태기도 한다"고 이야기한다(응답자 208, 30대 여성, 직장인 관리직). 본인이 생각하였을 때도, 과거에 잘 어울렸던 옷이 이제는 "안 어울리는 것 같고, 연령에도 안 맞는 것 같아서 입지 못하는데, 점점 선택의 폭이 좁아지는 것 같은 느낌"이 있다고 밝혔다.

(직장에 갈 때 직원들이 보기에 너무 그렇지 않은 옷을 입는다는 것은) 아 그거는 이제 그런 거지. 너무 어리게 입거나 뭐 이런 것들이 있잖아. 뭐라고 설명해야 될지 모르겠지만, 뭔가가 있어. 그런 것들이. 그런 것들은 있는데, 어떤 사람들 보면은 일단 나 같은 경우는 너무 캐주얼해도 안 될 것 같고, 어떤 원장들 보면은 뭐 이렇게 등산복 입고 다니는 사람들도 있는데. 거기까지 나는 못하겠고. (응답자 109, 50대 남성, 전문직)

저는 연령대에 맞춰서 입는 것도 선호하는 편이거든요. (응답자 210, 30대 여성, 전업주부)

조금 성숙한 스타일로 바뀌어가고 있는 것 같아요. (…) 나이가 드니까... 나이가 들어서…. 예전에는 사실 노란색, 핑크색 이런 거 입고 다녀도 젊으니까 다들 주변에서도 뭐 '예쁘다'이랬는데, 지금은 사실 그런 거 입고 가면은 '오우, 집에 뭐 좋은 일 있어?' 이런 식으로 한 마디라도 하니까 좀... 그런 게 있죠. (…) 제가 이제 애기를 갖고 애기엄마가 되다보니까 저를 보는 그런 시선 같은 것도 젊고 유행을 따르는 여자 직원이 아니라 엄마? 이런 게 있는 것 같아요. 그래 가지고 엄마고 어느 정도 이제 연차수도 좀 찬? 그런 여자 직원 그러니까 옷이 조금 튄다 싶으면 한 마디씩 하더라고요. 나쁜 뜻은 아니고 '오늘 뭐 멋있네' 이런 식이라던가 '오늘 되게 화사하네' 이런 식으로. 근데 옛날에는 그냥 지나갔던 옷들, 비슷한 옷들이더라도 그런 게 있는 것 같아요. 어떤 색상이나 그런 거에 있어서 선택의 폭이 좁아지는 것 같은? 느낌이 있어요. (…) 그거 입었을 때 딱 어울리는 얼굴이 이제 아닌 것 같은? 저도 이제 스스로 나이가 들었다고 생각하니까. 옛날에는 그냥 어렸을 때는 어울렸던 것 같은데, 지금은 핫핑크 자켓 집에 있는 거 하나도 못 입거든요. 안 어울리는 것 같고, 연령에도 안 맞는 것 같고. (응답자 208, 30대 여성, 직장인 관리직)

사회적 관계를 원활히 이어나가기 위해 옷차림에 신경을 쓰고 있는 모습 또한 확인할 수 있다. 40대 남성 응답자는 사람들이 생각하는 것보다 의외로 대부분의 40대 남자들이 의상에 신경을 많이 쓰는 편이라고 이야기한다(응답자 107, 40대 남성, 임원). 왜냐하면 40대 이상이 되면 일정 수준 이상의 사회적 지위를 가지게 되어, 직장인은 사람들을 이끄는 조직의 리더 역할을 하고, 사업가는 사업을 위해 사람을 만나기 때문이다. 한편 전업주부의 경우 남편의 옷이 "내 얼굴"이기 때문에, 동창회같은 공식적이고 중요한 모임이 있을 때 남편의 옷차림에 관여하기도 한다(응답자 214, 40대 여성, 전업주부). 요즘 젊은 세대의 남성들은 자기 옷을 잘 입고 다니기도 하지만, "(남편) 연배에는 다 아줌마들이 입으라는 대로 입잖아. 그러니까 밖에 나가서 되게 추레하게 하고 그러면 저 집 여자 뭐 하나"(응답자 214, 40대 여성, 전업주부)라는 인식이 있다. 다시 말해 남편이 옷을 적절히 차려입지 못하는 것은 곧 옷을 잘 챙겨주지 못한 아내의 흠이 되기도 한다. 뿐만 아니라 자녀가 있는 전업주부는 자녀의 친구들, 다른 학부모와의 관계에서의 이미지를 고려하여 옷을 입는다(응답자 213, 30대 여성, 전업주부; 응답자 214, 40대 여성, 전업주부).

개인차가 있겠지만 대부분의 40대 남자들이 의상에 신경을 많이 쓰는 편이에요, 의외로. 왜 의상에 많이 신경을 쓰냐면 우리는 사업을 하든, 우리 나이 때는 회사를 다니면 부장급 이상 직책을 갖게 되는 나이고, 사업을 하면 사장 명함을 파고 다니니까 사람을 만나야 되잖아요. 그리고 직장 생활하는 사람들은 밑에 사람들을 이끌어야 되고. 한마디로 의상에 신경 아예 안 쓰고 막 그런 사람들을 더 따르겠어요? 옷도 깨끗하게 입고 성격도 깨끗하고 유하고 뭐 이런 사람을 따르겠어요? (응답자 107, 40대 남성, 임원)

(남편이 옷을 입는 것에 내가) 매우 관여하지. 근데 내가 관여할 때는 무슨 공식 모임이 있을 때, 동창회를 간다든지 이게 누군가 우리 남편을 보일 때, 그게 내 얼굴이잖아. 그때 좀 신경 쓰이지. 왜냐면 그게 내 얼굴이니까. 특히 남자들이 자기 자체가 옷 잘 입는 사람들이 얼마나 돼. 요즘 젊은 사람들은 그런 사람 많을지 모르지만 (남편) 연배에는 다 아줌마들이 다 입으라는 대로 입잖아. 그러니까 밖에 나가서 되게 추레하게 하고 그러면 저 집 여자 뭐 하나, 그러잖니. 그러니까 그럴 때만 딱 신경 쓰는 거지. (…) 학부모 모임이나 이런데 모임은 친구를 만나러 가는 게 아니잖아, 내가 내 아이를 위해서 가는 거기 때문에 내 개성을 드러낼 이유가 전혀 없어. 굳이 굳이. 저 사람 눈에 그냥 잘 안 거슬리고 그냥 나의 어떤 저 사람의 이익과 나의 이익이 잘 조절되는 선에서 그런 이미지를 나타내는거지. 굳이 옛날에 내가 학교 다닐 때 친구들처럼 모든 걸 다 보여주고 이럴 필요는 없는 것 같아. 그러니까 그렇게 해서도 안되고. 그게 다 옷차림에 드러나는 거지, 뭐. (응답자 214, 40대 여성, 전업주부)

사실 되게 좀 물론 옷을 좀 내가 원하는 스타일로 입고, 다른 사람들에게 나에 대한 표현 이런 측면도 있는데.. 아 약간 요즘에는 이제 좀 아이 엄마들도 좀 사회관계 그런 측면도 있다 보니까, 그냥 좀 보여지는 것에도 좀 신경을 쓰게 되고. (응답자 213, 30대 여성, 전업주부)

왜냐하면 연령, 직업과 지위, 역할, 상황이나 장소에 맞는 옷을 입지 않으면 "평가 절하가 되기 때문"(응답자 110, 60대 이상 남성, 은퇴자)이다. 이와 관련해서 응답자들은 본인이 타인의 옷차림으로 타인을 평가하거나, 본인이 타인에게 받았던 평가와 관련된 경험에 대해 이야기한다. 물론 "상대편을 봤을 때 옷을 그렇게 입고 나와도 실제로 우리가 속으로만 생각하지 표현은 안하죠"(응답자 107, 40대 남성, 임원)라는 말이 덧붙었다. 이처럼 한 사람의 옷차림에 대해 그 사람의 앞이나 사람들끼리 "앞에서는 이야기는 안하지만"(응답자 110, 60대 이상 남성, 은퇴자), "말은 안하지만 살짝살짝 살피잖아"(응답자 214, 40대 여성, 전업주부)라는 응답이 공통적으로 나타났다.

옷차림 때문에 다른 사람에 대해 부정적인 인상을 가졌던 경험과 관련하여 한 40대 응답자 107(40대 남성, 임원)은 사업 상의 이유로 만난 사람들에 대해 이야기하였다. 바지에 남아있는 주름 자국이나 닦지 않은 구두처럼 다른 사람의 옷과 신발의 관리 상태가 좋지 않으면 "좀 신경쓰지"(응답자 107, 40대 남성, 임원)라는 생각을 하기도 한다. 화려한 색상이나 패턴의 옷, 노랗게 염색한 머리를 한 상대방과 함께 있을 때 "솔직히 창피하다"고 느꼈으며, "그러면 그런 자리를 더 이상 많이 안가지려고 노력"하기도 한다. 적절한 옷차림을 하지 않은 사람은 "암만 능력이 있어도 우선 첫인상은 나빠 보이니까 (그 사람과) 비즈니스가 연결되기는 힘들다"(응답자 107, 40대 남성, 임원)고 이야기하였다.

한편 옷차림 때문에 본인이 겪었던 불쾌한 경험도 있다. "옷을 입는 것을 보고서 그 사람의 어떤 지위나 어떤 돈이 있고 없고 그런 걸 판단하지 말아야" 한다고 생각하는 전문직 여성 응답자 216(40대 여성, 전문직)은 본인이 그냥 평범한 40대 아줌마 옷을 입고 다니는데, 길거리에서 경험하였던 갈등 상황에서 상대방이 자신을 "집에서 궁상떠는 아줌마"로 여기면서 무시당한 일에 대하여 이야기하였다. 불쾌한 상황을 겪은 이후 "동네를 다닐 때 (옷차림에) 조금 신경을 좀 써야되지 않을까"라는 생각을 하기도 하였다.

물론 한 사람의 패션이 그 사람의 전부를 보여주는 것이 아님을 알고 있다는 점도 함께 언급된다. 상황과 장소와 어울리지 않게 과하게 힘을 주어 옷을 입은 사람, 예를 들어 브랜드가 드러나는 옷이나 밍크 코트처럼 고가의 옷을 입은 사람을 보면, "무시당하기 싫은 그런게 있어서 그러지 않을까"(응답자 214, 40대 여성, 전업주부)라고 생각하기도 한다.

대개 이제 그런 자리에 가면, 누구나 다 정장 아니면 예의를 차리잖아요. 그게 벗어날 때는 나름대로 거기에 자신이 있다면 모르겠는데, 그렇지 않으면 평가 절하가 되기 때문에. (…) (다른 사람들도) 다 정장이지. 그런데 내가 거기에 티셔츠만 입고 갔다고 생각하면.. 그 앞에서는 이야기는 안 하지만. 반대로 생각하더라도 "야 너 예배보는데 티셔츠를 입고와서 그러냐." 이런 생각을 한단 말이에요? 그러니까 나도 딴 사람이 생각했을 때 그런거에 딴 사람이 신경 안 썼으면 좋겠단 말이지. 똑같이 정장을 하고 나가는 것이 그 사람들한테는 신경을 안 쓰게 하는 거지. (응답자 110, 60대 이상 남성, 은퇴자)

상대편을 봤을 때 옷을 그렇게 입고 나와도 실제로 우리가 속으로만 생각하지 표현은 안 하죠. 속으로 봤을 때는 '피부나 저 옷 같은 거 좀 신경 쓰지,' 그 다음에 옷, 구두도 제대로 안 닦고 다니면 '구두 2천 원이면 닦는데 닦고 다니지.' 바지 같은 경우는 제일 우리가 싫은 거. 뒤에 이렇게 바지가 보면 쪼그리고 앉아서 막 이렇게 만나게 되잖아. (…) 네. 그런 거는 우리는 못 봐줘. 남자들이 양복을 입든지 면바지를 입었을 때 제일 안 좋게 생각하는 게 그날 막 그렇게 좀 쪼그리고 앉았든지 그래서 이 부분(허벅지) 그다음에 뒤 종아리 부분 만약에 하얗게 됐어(주름). 그럼 그 다음날 보면 우린 안 입게 돼 100%. 근데 다음 날 그 옷을 또 입고 나오는 사람들이 있어. 그러면 '저 바지 하나 더 사든지' 뭐 이런 생각 들죠 속으로. (…) 색깔이 아주 화려한 거 막 진짜 좋아하는 사람들이 있어. 신창원 옷 같은 거 있어 옛날에. 그런 거 입으면 솔직히 어디 같이 다닐 때도 좀 창피하다고 느껴지지. 주위에 그렇게 입는 사장님이 있어 나보다 나이가 많은데. 50인데 그렇게 입고 다녀. (…) 화장품 회사 사장이라 그런 걸 수도 있는데 머리 노랗게 염색하고 다니고. 창피해 죽겠어. 웬만하면 같이 안 다닐라고 그러지. 서로 사업적으로 도움이 되니까 전화 통화하고 그러지만 뭐 소주라도 한잔 먹는 자리가 있으면 솔직히 창피하다 느껴지지. 그러면 그런 자리를 더 이상 많이 안 가지려고 노력하지. (…) 근데 옷 와 진짜 뭐 진짜 그렇게 입고 나온 사람들은 이 사람이 암만 능력이 있어도 우선 첫인상은 나빠 보이니까 비즈니스가 연결되기는 힘들지. (응답자 107, 40대 남성, 임원)

(제가 입는 옷이) 그냥 평범한 40대 아줌마 옷일 거에요. 근데 이제 그런 옷을 입고 가다 보니까, 어떤.. 어떤 사람과 부딪히게 된 상황이 있었는데. 그분이 저한테 이제.. 대하는 게. 편안한 그런 옷을 입고 다니다 보니까, 아주 좀 이렇게 이 그 좀... 그 집에서 궁상떠는 아줌마? 그런 스타일로 얘기하고. 옷을 입는 것을 보고서 그 사람의 어떤 지위나 어떤 돈이 있고 없고 그런 걸 판단하지 말아야 되는데. 그런 내가 그 입고, 그냥 편하게 입는 옷이 아 그렇게 보이는구나. 그런 경우를 한 번 겪고... 아 약간은 이제 동네를 다닐 때 조금 신경을 좀 써야되지 않을까? 라는 생각은 가지고 있는데. 강하진 않은 것 같아요(웃음). 살아온 그게 있으니까. (응답자 216, 40대 여성, 전문직)

이미지 싸움인데 굳이 그렇게 과하게 입을 필요는 없잖아. 근데 그런게 있어. 과하진 않지만 살피잖아, 저 여자가 입는 옷. 말 안하지만 살짝살짝 살피잖아. 그런 거에 있어서 무시당하기 싫은 그런게 있어서 그러지 않을까 해. (응답자 214, 40대 여성, 전업주부)

옷은 개인의 성별, 연령, 사회적 지위와 역할을 표현할 뿐만 아니라 고유한 개인으로서의 자기를 표현하는 도구이다. 은퇴한 교사인 한 응답자 217(60대 이상 여성, 은퇴자)은 본인에게 맞춰서 "나한테 맞춰서 (옷을) 입는 것, 분위기 살려서 (옷을) 입는 것 이것도 자기의 능력이다"라고 생각한다. 옷을 입는 "패션 감각"은 한 사람의 "경쟁력"이 될 수 있으며, 적절한 옷을 입는 것은 "자기관리"(응답자 217, 60대 이상 여성, 은퇴자)의 일종이라 이야기한다. 학생들에게 그것을 보여주고 가르쳐주기 위하여 본인도 옷을 입을 때 항상 신경써서 입었다고 응답하였다. "나의 패션 감각도 아이들이 보고 배우는 것"이기 때문이다(응답자 217, 60대 이상 여성, 은퇴자). 뿐만 아니라 마음에 드는 옷을 입어서 스스로 만족감을 느끼는 것 뿐만 아니라 다른 사람의 긍정적인 평가에서 얻는 만족감도 중요하다. 트렌드에 따라 옷을 구입하였을 때 "남들이 봐가지고 '저거 괜찮다'고 했을 때 기분도 좋아지고"(응답자 107, 40대 남성, 임원), 반대로 "저렇게 센스없이 옷을 입는다, 이런 소리는 듣기 싫은"(응답자 217, 60대 이상 여성, 은퇴자) 것이다.

근데 실제로 내가 옷을 입어서 자기 스스로도 만족감이 있고, 자기가 '어우 젊어보이네, 잘 어울리네' 그럼 기분 좋잖아. (…) 이제 우선은 그렇게 입는 것은 나도 그거를 나 자신의 경쟁력이고, 나 자신의 정체성이. 그게 나라는 사람은 이런 사람이라고 보여줄 때, 아무거나 머리 하나 스타일도 나한테 안 어울리는 머리를 하고 다니면은 아무리 그게 편하다고 그래도. 옷을 입을 때는 나 자신의 만족감도 중요하지만, 상대방이 이 사람이 나를 어떻게 볼까, 그것도 중요하잖아요. (…) 근데 나에 대한 평가가, 저렇게 센스 없이 옷을 입는다, 이런 소리는 듣기 싫은 거지. (…) 젊으나, 늙으나. 자기 관리하는 건데, 그것도. 자기관리라고 생각해. (…) 내가 좀, 그렇게 좋은 옷은 못 사더라고. 옷을 좀 바꿔서 입고. 매치를 시켜서 입고 그러지. 아무렇게나 입고 가고 싶지는 않아, 나는. (…) 또 우리는 아이들을 가르치는 직업이었기 때문에 나의 패션 감각도 아이들이 보고 배우는 거예요. 그걸 보는데, 아이들한테 그걸 가르쳐야 돼. 나의 경쟁력, 또 뭐 이런거 이야기 할 때. 옷, 나한테 맞춰서 입는거. 분위기 살려서 입는거 이것도 자기의 능력이다. 그래서 나는 이런 이야기를 많이 하고. (응답자 217, 60대 이상 여성, 은퇴자)

당연히 트렌드에 따라서 옷을 구입을 하죠. 20~30대 트렌드는 안 따르고 40대 연예인들이 드라마나 테레비 봤을 때, 옷을 입고 나왔을 때 '괜찮아 보인다' 그것만 기억하고 있다가 그런 옷을 구입을 하는 편이죠. (…) 자기만족이지. 트렌드를 따라 가지고 의상을 구입해서 입고 가는 게 그냥 자기만족 같아. (…) 남들이 봐가지고 '저거 괜찮다'고 했을 때 기분도 좋아지잖아요. (응답자 107, 40대 남성, 임원)

2. 변화하는 패션, 유행에 대한 태도

앞서 살펴보았듯 사람들은 다양한 경로를 통해 유행과 패션에 대한 정보를 접하고 있다. 관심을 가지고 유행을 찾아보는 경우도 있지만, 광고를 통해 유행에 자연스럽게 노출되기도 한다. 인터뷰를 통해 확인한 결과 유행에 관심이 있다고 이야기하는 사람과 유행에 별로 관심이 없고 잘 모른다고 하는 사람들 모두 유행하는 패션 아이템과 스타일에 대해 어느 정도 알고 있음을 확인할 수 있었다. 사람들은 다른 사람들의 시선을 신경 쓸뿐만 아니라 원활한 사회 관계를 유지하기 위하여 적절한 옷을 입고자 하며, 이러한 방법 중 하나로 유행에서 뒤떨어지는 것을 피하고 유행을 어느 정도 따라가고자 한다. 그렇다면 구체적으로 사람들은 유행이 무엇이라 생각하고, 유행에 대해 어떤 태도를 가지고 있을까?

유행에 관심이 있는 사람들은 일상적으로 유행을 파악하며, 트렌드에 맞추어 소비하는 즐거움과 유용성에 대해 이야기한다. 평소에 입지 않던 스타일의 옷이라도 유행하면 시도해보기도 하면서 새로운 변화들을 긍정적으로 수용한다. 새로운 패션의 흐름을 보는 것 자체를 하나의 여가처럼 여기기도 한다. 유행에 따라 "계속 조금씩 조금씩 변화주면서 시기마다 좀 이쁘다고 생각하는 그런 룩"을 구입하고 착용하는 것에 대해 좋다고 생각한다(응답자 101, 20대 남성, 대학생). 원래도 옷을 사는 것을 "심하게 좋아하기는" 하지만, 새로운 유행이 등장하여 본인이 가지고 있지 않은 아이템을 알게 되면, 이런 게 없는데, 또 이런 게 나오네 해가지고 또 궁금해가지고 사는 경우도 많이 있다(응답자 212, 30대 여성, 전업주부). 텔레비전을 보다 연예인들이 입고 나오는 옷을 보다 "꽂히는 디자인"(응답자 217, 60대 이상 여성, 은퇴자)이 있으면 구입하기도 한다. 한편 패션에 관심을 두고 트렌드를 파악하는 것이 업무의 일부분인 패션 관련 직종에 종사하는 응답자는 의복일지를 작성하는 과정에서 본인이 트렌드를 생각하면서 패션 아이템을 구매하고 있고, "당시에 유행하는 아이템은 하나씩은 꼭 가지고 있다"는 것에 대해 알게 되었다고 한다(응답자 206, 30대 여성, 직장인).

(인터넷 사이트에서 패션 콘텐츠를 보는 걸) 너무 좋아해요. 포털 A 패션뷰티. 맨날 새로운 거 올라오면 출근하고 퇴근할 때 보고, 아무 생각없이. (응답자 202, 20대 여성, 취업준비생)

나쁘지 않은 것 같아. 유행 자체, 유행 자체가. (…) 나는 이제 옷을 한철 입고 버리게 그냥 싼 옷을 사서 한철 입고 또 내년에 또 사고 막 이렇게 하거든. (…) 계속 조금씩 조금씩이라도 변화주면서 (…) 이제 좀 크게 크게 보면 시기마다 좀 이쁘다고 생각하는 그런 룩 들이 있잖아? 스타일들이? 그런 것도 따라 가는 것 같아서 좋고. (…) 원래 내가 입는 스타일이 아닌데. 그 좀 유행에 따라서 그런 거 사서 입었던 것 같아. (응답자 101, 20대 남성, 대학생)

사실 옷 사는 걸 너무 좋아해(웃음). 심하게 좋아하기는 해. 그래서 사실은 유행보다도 내가 좋아서 사고, 또 이런 게 없는데 또 이런 게 나오네 해가지고 또 궁금해가지고 사는 경우도 많이 있지. (응답자 212, 30대 여성, 전업주부)

연예인들이 TV에서 입어보면 저 옷 괜찮아, 이런게 나오잖아. 그런 거가 드라마나 이런 거에서 나오는거 보면. 이렇게 꽂히는 디자인이 있어요. (응답자 217, 60대 이상 여성, 은퇴자)

나는 아무래도 이쪽 업계에 있기도 하고 이래서, 나름 내가 (의복일지에) 붙여놓은 사진들을 보면서도 내 개인적인 생각일 수도 있는데 나름 트렌드를 생각하면서 내가 옷을 사고 신발도 사고 가방도 사고 이러는구나 싶더라고. 어느 정도라고 하면 어떻게 얘기해야 할지 모르겠지만 어쨌든 그 당시에 유행하는 아이템 정도 하나씩은 꼭 가지고 있는 것 같아. 예를 들어 이번에 브랜드 M 스니커즈도 그렇고. 제품 C 이게 핫한거야 요즘. 그런것도 그렇고 브랜드 I 벨트백이나 뭐 그런 것들도 사실은 올해에 되게 유행하는 아이템? 스니커즈 같은 경우는 근 세 달 핫했던 아이템. (응답자 206, 30대 여성, 직장인)

반면 유행에 관심이 없는 사람들은 유행하는 옷, 트렌드가 무엇인지는 본인에게 크게 중요하지 않으며, 유행에 대한 정보를 얻고자 노력하지 않는다고 응답한다. 유행을 따라 옷을 입는 것이 다른 사람의 시선을 의식하는 것이라 생각하여 선호하지 않는 모습도 관찰된다(응답자 210, 30대 여성, 전업주부). 유행에 맞지 않는다는 이유로 멀쩡한 옷을 두고 옷을 구입하는 것이 "자본주의에 내가 너무 휩쓸리는 느낌"이 들기도 하고, "낭비"처럼 여기기도 한다(응답자 201, 20대 여성, 대학원생). 특히 인터넷이나 소셜미디어에서 "마케팅"으로 유행과 브랜드에 대한 가치가 만들어지기 때문에, 마케팅의 소산인 유행이 실제로 가치있는 것이 아니라고 생각하기도 한다(응답자 108, 30대 남성, 자영업). 이와 관련하여 과거 의류 수출과 관련된 일을 한 경험이 있는 응답자 209(40대 여성, 사회적 기업 임원)는 자신이 가지고 있는 유행에 대한 생각을 밝히면서 의류업에 대해 "허상이나 거품 같은 거를 다 깬 거죠"라고 이야기하기도 하였다. 경험을 통해 계속 변화하는 "패션을 따라갈 순 없겠구나," "부가가치는 다를 수 있겠구나"(응답자 209, 40대 여성, 사회적 기업 임원)라는 점에 대해 알게되었기 때문에 유행을 추종하지는 않는다.

저는 별로 좋아하지 않는 것 같아요. 유행을 따라가는 게. 남의 시선을 좀 많이 신경 쓰는 것 같아서 굉장히. 별로 그런 거 좀 선호하지 않아요. (…) 아니요. (유행을) 잘 모르기도 하고요. 신경 써서 입는 편은 아닌 것 같아요. (응답자 210, 30대 여성, 전업주부)

(유행을 따라가는건) 그거는... 사람 취향대로가 아닐까? 근데 나는 굳이 안 그래도 된다고 생각해. (…) 약간, 조금. 조금 심오하게 들어가자면. 그 옷을 내가 닳지도 않았는데 계속 막 사들이는 거는... 약간 낭비? 낭비도. 좀 뭔가 자본주의에(웃음) 내가 너무 휩쓸리는 느낌? 그래서 나는 이거를 분명 잘 입고 다니고 있고, 전혀 낡아보이지 않고 괜찮아 보이는데. 굳이 거기에 더해서 새로운 옷이라고, 예뻐 보인다고 아님 유행이라고 계속 살 필요는 없는 것 같아. (응답자 201, 20대 여성, 대학원생)

인터넷이나 소셜미디어나 그런건 크게 신경은 안쓰는 것 같아요. 왜냐하면 그런 것은 하나의 마케팅 부분이다보니까, 마케팅 적으로 얼마나 꾸미느냐에 따라서 그 브랜드의 가치가.. 실제 그 브랜드의 가치보다는 얼마나 마케팅을 하느냐에따라 그 브랜드가 측정되는 것 같으니까 저는 신경을 안 쓰고. 지인이나 와이프를 통해서만 (유행에 대해) 듣습니다. (응답자 108, 30대 남성, 자영업)

제일 첫 직장이 의류 수출 MD였어요. ***이라고 해외 디자이너 오더받아서 하는 데 있어서 그쪽에 있으면서 의류업에 대해서 약간 뭐랄까 허상이나 거품 같은 거를 다 깬 거죠. 패션을 따라갈 순 없겠구나라든가 부가가치는 이것과 저것은 또 다를 수가 있겠구나. (응답자 209, 40대 여성, 사회적 기업 임원)

사람들은 유행이 너무 빨리 지나가고 변화하기 때문에 유행을 따라가기 어렵다고 느끼기도 한다."패션이 수시로 바뀌"기 때문에 "옷에 투자"하기 위해 돈을 들이고, 패션이 바뀌는 것에 따라 옷을 구입하고 처분하는 것에 신경쓴다면 "스트레스를 많이 받을 것 같다"는 의견도 나타났다(응답자 108, 30대 남성, 자영업). 특히 어린 자녀를 돌보거나 고등학생 자녀의 대학 입시에 집중하는 전업주부의 경우, 옷에 신경을 쓸 여력이 없기 때문에 유행하는 패션에 관심이 없다고 밝히는 경향이 관찰되었다. 유치원생 자녀가 있는 30대 여성 응답자는 "애기 낳은 이후로는 거의 옷을 못 사기도했다"고 이야기하였다(응답자 208, 30대 여성, 직장인 관리직). 초등학생 자녀를 둔 전문직 여성 응답자는 "결혼하고 나서부터는 이제 아이, 특히 아이를 낳고 나서부터는 거의 그런... 저를 위해서 쓰는 게 확실히 많이 줄어든 것 같다"(응답자 216, 40대 여성, 전문직)고 이야기한다. 중학생과 대학생 자녀를 둔 40대 전업주부는 "특히 아줌마들은 그렇게 유행 타는 뭐 그렇게 입는 아줌마들은 아주 극소수"라고 이야기하기도 한다. "첫째가 대입을 갔던 때"부터 유행을 "전혀 생각 안 하고" 옷을 입었다(응답자 214, 40대 여성, 전업주부). 이처럼 결혼과 출산, 자녀의 대학 입시 이전과 이후를 기점으로 본인의 패션에 신경쓰기보다는 자녀를 돌보는 일과 같은 다른 일에 더 집중하였다는 응답을 통해 유행에 대해 관심을 가지고 유행을 따라 옷을 구입하는 경향이 성별과 혼인 여부, 자녀 유무에 따라 달라질 수 있음을 확인할 수 있다.

패션을 따라간다면.. 패션이 수시로 바뀌잖아요? 옷에 투자해야하기 때문에 돈도 많이 들게 되고.. 패션이 바뀌면 그 옷을 처분해야 하는데, 팔거나 해야하는데.. 그 부분은 제가 못하는 부분이고. 너무 그런 쪽에 신경쓰다보면 의외로 스트레스를 많이 받지 않을까 생각이 들어서 그랬습니다. (응답자 108, 30대 남성, 자영업)

유행이요? 요즘에는 너무 (신경을) 못 쓰고, 애기 낳은 이후로는 거의 옷을 못 사가지고. 근데, 유행템이 있으면 그래도 하나씩은 사는 것 같아요. (응답자 208, 30대 여성, 직장인 관리직)

아니, 전혀 나는 (유행에 신경써서 입고) 안 그런 것 같아. 내 나이가 한 마흔다섯 전까지는 좀, 올해 유행하는 색이다 그러면은 그냥 티셔츠 같은건 하나씩 사잖아, 근데 그 이후로는 전혀 생각 안 하고 입었던 것 같아. 일단 그 시기가.. 첫째가 대입을 갔던 때 같아. 마흔다섯이. 그러니까 내가 그런거에 신경 쓸 시간이 없지. (…) 특히 아줌마들은 그렇게 유행 타는 뭐 그렇게 입는 아줌마들은 아주 극소수야. (…) 근데 굳이 내가 그것을 쫓아서 하고 싶은 마음은 없어. (응답자 214, 40대 여성, 전업주부)

솔직히 저는 약간 옷 입거나 하는 데는 그렇게 관심이 많지는 않은 편이어가지고, 이렇게 유행에 민감하거나 그러진 않은 편이에요. (…) (트렌드에) 크게 관심이 아마 없으니까 조금 더 그런 것도 있고 그리고 이제 뭐지 20, 30대 때는 아무래도 조금 날씬하고 약간 좀 살도 좀 많이 찌지 않았고, 그런 것들이 있는데. 아마 지금은 이제 아이도 좀 낳은 것도 있고, 나한테 어떤 조금 더 관심을 갖기보다 다른 것들에 신경을 좀 많이 쓰다 보니까. 그래서 그런 것들이 좀 약간 둔해졌다고 볼 수 있겠죠. (…) 결혼하고 나서부터는 이제 아이, 특히 아이를 낳고 나서부터는 거의 그런... 저를 위해서 쓰는 게 확실히 많이 줄어든 것 같아요. 옷이 필요하다. 진짜 옷을 정말 살 때가 됐다. 너무 이제 옷이 너무 낡고, 조금 정말 너무 촌스러워 보인다, 그럴 때 주로 옷을 구입해요. (응답자 216, 40대 여성, 전문직)

패션에 크게 관심이 없고, 유행을 따르지 않는 사람들은 유행을 타지 않는 기본 아이템을 주로 구매한다."그런 트렌드를 못따라가니까 최대한 기본적"(응답자 102, 20대 남성, 대학생), "누가 봐도 10년이 지나도 옛날 옷이다 생각이 안 들 정도로 무난한 옷"(응답자 103, 30대 남성, 직장인)을 입는다. 이때의 옷들은 심플한, 단정한, 기본적인, 클래식한, 꾸준한, 스테디한, 교복 같은 형용사로 묘사된다. 이들은 대체로 유행을 타지 않는 비슷한 스타일의 옷을 구매하며, 옷장에 걸려 있는 옷을 손에 잡히는대로, 순서대로 돌아가면서 골고루 입기도 한다(응답자 103, 30대 남성, 직장인; 응답자 105, 30대 남성, 직장인 관리직; 응답자 202, 20대 여성, 취업준비생; 응답자 205, 30대 여성, 직장인 관리직). 패셔너블하게 옷을 잘 입는 것에 에너지를 별로 쏟고 싶지 않기 때문이다(응답자 205, 30대 여성, 직장인 관리직). 유행을 타지 않는 옷이 많은 경우, "대학교 때 구매했던 옷을 (30대 중반인) 아직도"(응답자 108, 30대 남성, 자영업) 입기도 한다. 또한 유행이 지난 옷도 계속해서 입는다는 응답자도 있었으며, 옷이 너무 낡거나 촌스러워보일 때 옷을 다시 구매하기도 한다(응답자 216, 40대 여성, 전문직).

저는 그런 트렌드를 못따라가니까, 최대한 기본적인 걸로 옷을 입으려고 하는 것 같거든요. (응답자 102, 20대 남성, 대학생)

크게 신경쓰지 않는 것 같아. 내 옷들 대부분이 유행을 타지 않는 스타일. 무난하고 좀 클래식한 스타일. (…) 유행이 지난 아이템? 지금 너무 나팔 바지를 입고 다닌 다거나. 그러면 저 사람 왜 저럴까? 그냥 이정도로 생각하겠지. 그리고 나는 그런 건 잘 안 사니까. 만약에 뭐 옛날에 유행했던 것들 그런 게 너무 유행이 지났다. 그러면 안 입죠. (응답자 207, 30대 여성, 직장인 관리직)

다른 사람들이 봤을 때, 이건 너무 옛날 옷 아니냐 이렇게 말한다 하더라도, 제가 입었을 때 제 눈에 '괜찮게 보이네', 라고 한다면 그냥 입는 편인 것 같아요. (…) 일단 저 자체가 옷 입는 스타일이 심플한 스타일이에요. 상의나, 하의가 전반적으로 심플한 스타일이다보니까 어쩌면 유행을 별로 안타는 옷이 많다보니까요, 실제로 제가 대학교 때 구매했던 옷을 아직도 입는 게 많이 있거든요. (응답자 108, 30대 남성, 자영업)

내가 주로 입고 차고 하는 것들은 유행을 안 타는 스타일이어서. (…) 누가 봐도 10년이 지나도 옛날 옷이다 생각이 안 들 정도로 무난한 옷을 좋아하는 것 같아. (…) 사실 내 옷 스타일이 거의 비슷하거든. (…) 똑같은 종류에 색깔만 다른 게 많거든. 그것도 색깔별로 돌려서 입고, 빨래를 생각해서 이제 빨래를 할 때가 됐다 싶으면 그걸 입고 이제. 이런 식으로. (…) 관심 없는 부분인 것 같아. 옷 입는 거는. (…) 내가 사는 옷들은 다 비슷해. 신발도 지금 뭐지 브랜드 K 흰 운동화를 많이 신는데 그게 내가 대학교 때 신던 그 모델인데... 제품 B라던가. 그런 일반 무난한 스타일을 쭉 입는 것 같아. 그러다보니까. 사실 유행을 잘 모르는 거지. (…) 대학교 때까지는 옷이나 이런 것에 관심이 있었는데 그 이후로는 회사 다니면서는 거의 정장 입고 다니다 보니까. 관심이 없다보니까. 옷들 거의 다 (아내)가 다 사준 거야. 지금 입고 있는 것도. (응답자 103, 30대 남성, 직장인)

지나다니다가 보면은 '아, 저런 스타일도 있구나.'라는 정도고요. 따로 유행에 민감하게 반응하거나 제가 뭘 찾아, 잡지를 구독한다거나 뭐 그러지는 않고 있어요. (…) 제가 그런 거를 잘 관심을 가지지 않는 편이라 가지고, 따로 유행을 보거나 그러지는 않고(요). (…) 사실 양복을 입을 때는 그냥 집히는 거를 입기 때문에, 셔츠도 그냥 있는 거. 뭐, 순서 없이 그냥 걸려 있는 거를 꺼내 입어요. 봤을 때 잡히는 걸 입어요. 양복도 어저께 안 입은 양복을 고르죠. (응답자 105, 30대 남성, 직장인 관리직)

나는 스테디가 좋아. 그러니까 꾸준하게 세련되고 단정한 그런 모범생 복을 좋아해. 한마디로 교복을 좋아해. 나는. (응답자 204, 30대 여성, 직장인)

트렌드나 유행을 거의 신경을 안 쓰는 편. 사는 옷의 20% 정도는 유행한다는 옷을 조금 따라 사보기는 하되 약간 거의 대부분 80% 정도의 옷은 그냥 기본 아이템을 주로 사는 것 같아. (…) 나는 그렇게 옷.. 회사에 갈 때 뭔가 옷을 고르거나 하는 것에 대해서 이제 에너지를 별로 쏟고 싶지가 않기 때문에 그래서 그냥 되게 심플하고 그냥 포멀하게 아무거나 매치해도 그냥 뭐 정장이구나 싶은 그런 옷들을 그냥 사가지고 반복적으로 입고 그러는 편인데.. 뭐 어떤 사람은 뭐 다양한 스타일의 옷을 이렇게 입는다던가 뭐 그런 식인 것 같아. (응답자 205, 30대 여성, 직장인 관리직)

아예 안 쓰지는 않지만 또 약간 본인의 체형이나 상황 이런 것들이 있기 때문에. 그냥 좀 과하게 신경을 쓰지는 않지만 너무 따라가기는 어려운 그런.. (…) 그냥 철 지나서 아이 옷이 작아져서 새 옷을 사주는 것처럼, 약간 의무적으로 사게 되는 것도 조금 있어요. (응답자 213, 30대 여성, 전업주부)

이와 관련하여 유행에 관심이 없고 유행을 따르지 않는 사람들은 "트렌디하게 입는 것"을 선호하지 않기도 하고, "오히려 나한테 안 맞다 생각해서"(응답자 103, 30대 남성, 직장인) 유행을 따르지 않기도 한다. 특히 유행을 "인지는 하지만"(응답자 106, 30대 남성, 직장인 관리직) 따르지는 않는다는 응답과 "오히려 유행하는 것은 거의 안 입는 것 같아"(응답자 203, 20대 여성, 대학생)라는 응답에서 유행을 따르는 것에 관심이 없더라도 유행하는 옷이 무엇인지에 대해 알고 있음을 확인할 수 있다.

몇몇 응답자들은 지금까지 지켜보았을 때, "한 3~4년에 한 번씩 약간 트렌드가 바뀌는 경향이 있는 것 같다"면서, 유행을 만들 때도 매년 "확 바꾸지는 않더라고, 보니까"(응답자 214, 40대 여성, 전업주부)라고 응답하였다. 이 경우에는 오히려 유행이 급격히 변화하는 것이 아니라 조금씩 변화하기 때문에 최신 유행을 따라가지 않아도 별다른 불편함을 느끼지 않는다는 점을 언급한다(응답자 209, 40대 여성, 사회적 기업 임원; 응답자 214, 40대 여성, 전업주부; 응답자 216, 40대 여성, 전문직). 뿐만 아니라 "유행템이 있으면 그래도 하나씩은 사는 것 같다"고 밝힌 30대 여성 관리직 응답자는 "요즘에는 사실 유행이 지난 걸 잘 모르겠어요"라고 응답하는데, "유행이라는 게 너무 빨리빨리 가고, 너무 빨리 사라지는 것"처럼 느껴지지만, 요즘 본인은 "엄마가 입던" 옷, 5년에서 10년된 옷들도 되게 잘 입기 때문이다(응답자 208, 30대 여성, 직장인 관리직).

나는 뭔가 트렌디하게 입는 것은 안 좋아해서. 그런 게 오히려 나한테 안 맞다 생각해서. (응답자 103, 30대 남성, 직장인)

요즘은 이런 게 유행 하는구나라고 인지는 하지만 막상 따라 하거나 이렇게 하진 않아요. (응답자 106, 30대 남성, 직장인 관리직)

오히려 유행하는 것은 거의 안 입는 것 같아. (응답자 203, 20대 여성, 대학생)

유행이요? 요즘에는 너무 (신경을) 못 쓰고, 애기 낳은 이후로는 거의 옷을 못 사가지고. 근데, 유행템이 있으면 그래도 하나씩은 사는 것 같아요. (…) 근데 요즘에는 사실 유행이 지난 거 잘 모르겠어요. 유행이라는 게 너무 빨리빨리 가고, 너무 빨리 사라지고, 진짜 막 옛날 막 브랜드 W 그런 거 아니고서야 그렇게 유행 지난 옷도 딱히 없는 것 같고. 저도 지금 사실 이것도 엄마가 입던 거고, 지금 입는 옷들도 한 5년에서 10년 된 옷들도 되게 잘 입거든요. 그래서 잘 모르겠어요. 유행이 지나고 그런 거를 빨리빨리 캐치하고 이런 걸 잘 모르겠어요. (응답자 208, 30대 여성, 직장인 관리직)

유행 그걸 만들 때도 그 사람들이, 그 다음해, 다음해에도 확 바꾸지는 않더라고 보니까. (…) 그래서 뭐 그렇게 트렌디하지 않은 것을 입었을 때 불편하고 했던 건 없었던 것 같아. (응답자 214, 40대 여성, 전업주부)

유행이라는 게 뭐 매년마다 이렇게 있는 것도 아니고, 한 3~4년에 한 번씩 약간 트렌드가 바뀌는 경향이 있는 것 같더라구요. 아무래도 5년 정도 지나고, 그러면은 약간 그런 옷을 못 입게 되는 경우도 있고. 현재 또 그때그때 어떤 상황에 따라서는 유행이 지났다고 해도 입어도 무방하고 괜찮겠다고 하면 또 입고 나가는 경우도 있구요. (응답자 216, 40대 여성, 전문직)

한편 대부분의 사람들은 유행과 맞지 않는 패션을 피하고자 하는 모습을 보인다. 자신은 유행이 지난 것을 모르더라도 가족이 "왜 입냐, 지금 입기에 좀 그렇지 않냐"(응답자 102, 20대 남성, 대학생)고 유행이 지난 스타일임을 알려주기도 하고, 지나간 유행을 "내가 알아보듯이" 다른 사람들도 알아보고 "걔 뭐 2년 전 걸 입고 있네?"(응답자 101, 20대 남성, 대학생)라고 생각할까봐 신경을 쓰기도 한다. 유행과 동떨어진 옷차림을 피하고자 하는 이유는 유행에 뒤떨어지는 옷차림을 부정적인 것으로 인식하기 때문이다. 유행에 한참 뒤떨어진 옷차림의 사람을 보면 사람들은 뭔가 '아니'라고 생각한다. 유행에 안맞는 차림을 하고 있으면 사람들에게 "우스꽝스러워 보일 것 같다는 생각이 들고"(응답자 103, 30대 남성, 직장인), "좀 충격적"이며 "저건 좀 아니지 않나?"(응답자 205, 30대 여성, 직장인 관리직), "저 사람 왜 저럴까"(응답자 207, 30대 여성, 직장인 관리직) 싶은 생각도 든다.

심플하면서도.. 유행에 뒤처지지 않는 옷. (응답자 201, 20대 여성, 대학원생)

(유행에 신경을) 안 쓰는 건 아닌데, 안 쓰는 건 아니라는 건 유행에 너무 뒤떨어진 옷을 입거나 하기 싫은데 최신 유행이니까 입어야 된다 같은 건 없는. 적당히? 1부터 10까지 있으면 3.5에서 4 정도. (응답자 215, 30대 여성, 자영업)

(유행이 지난 옷은) 손이 잘 안 가는 것 같아요. 옆에 누나가 있으니까. (누나가) '왜 입냐. 지금 입기에 좀 그렇지 않냐'(고 유행이 지났음을 알려준다). (응답자 102, 20대 남성, 대학생)

(유행 변화를) 내가 알아 보듯이 또 다른 사람들도. '어 걔 뭐 뭐 2년 전 걸 입고 있네?' 약간 이런 생각을 조금 이제 할까 봐? (…) 차라리 그냥 아무 생각도 안 하면 그런 건 괜찮은데. 약간 그런 부정적인 시선을 좀 신경을 쓰는 것 같아. (응답자 101, 20대 남성, 대학생)

(유행이 지난 아이템은) 우스꽝스러워 보일 것 같다는 생각이 들어. 유행에 안맞으면. (응답자 103, 30대 남성, 직장인)

근데 그런 거 있어. 좀 충격적일 때. 예를 들어서 회사사람이 브랜드 P 벨트 이렇게 큰 거 하고 브랜드 W 청바지 입고 출근할 때.. 그럴 땐 저건 좀.. 저건 좀 아니지 않나? (웃음). (응답자 205, 30대 여성, 직장인 관리직)

유행이 지난 아이템? 지금 너무 나팔 바지를 입고 다닌 다거나. 그러면 저 사람 왜 저럴까? 그냥 이정도로 생각하겠지. 그리고 나는 그런 건 잘 안 사니까. 만약에 뭐 옛날에 유행했던 것들 그런 게 너무 유행이 지났다. 그러면 안 입죠. (응답자 207, 30대 여성, 직장인 관리직)

(너무 유행에 뒤처지게 입으시는 분들을 보면) 아니다 싶지. (응답자 217, 60대 이상 여성, 은퇴자)

사람들이 유행을 고려하여 옷을 구입하는 주된 이유는 다른 사람이 입고 있는 것과 비슷한 스타일대로 입기 위해서이다. 특정한 상황과 공간에서 다른 사람과 다른 옷차림을 하면 눈에 띄기 때문이다. 첫인상에 옷차림이 중요하기 때문에 유행하는 색상이라도 맞추어서 "남들처럼" 옷을 입는 것이 필요하다(응답자 209, 40대 여성, 사회적 기업 임원). 온라인 쇼핑몰에 들어가서 사람들이 올린 구매 후기나 착용 사진을 참고하면서 "다른 사람들 어떻게 입었는지 보고"(응답자 104, 20대 남성, 직장인) 옷을 구입하기도 한다. 어떤 특정한 스타일을 자주 보게 되면, "많이 보이니까 많이 보이면 이유가 있겠지"라고 생각하면서 새로운 스타일을 시도해보기도 한다. 이처럼 유행을 따라 옷을 사는 것을 즐기기도 하지만, 자신의 기준에서 튀는 옷은 피하고, "남들 다 입는 스타일로 입는" 것을 좋아한다(응답자 101, 20대 남성, 대학생). 개성있는 패션을 좋아하는 응답자도 "너무 눈에 안 띄려고", 너무 튀지 않으려고" 유행에 맞추어 옷을 입기도 한다(응답자 212,

30대 여성, 전업주부). 다들 입는 스타일과 다른 옷을 입고 있으면 "민망함"과 "이상해 보이는 느낌"(응답자 212, 30대 여성, 전업주부)이 들기 때문이다. 특히 평소 유행에 신경을 거의 쓰지 않는 응답자도 자녀의 학부모 모임의 구성원들, "그 사람들 자체가 조금 트렌디한 옷을 챙겨 입는거란 걸" 알고 있기 때문에, "집단에 녹아있기 위해서" 유행을 따라가고자 하는 모습을 보이기도 한다(응답자 205, 30대 여성, 직장인 관리직).

사회생활하니까 또 약간 첫인상이 중요하더라고요 대부분. 그런 식으로 맞춰주는 느낌 정도로 (유행을) 보는 거예요. (…) 올해의 컬러, 그런 거를 조금 반영해주기는 하죠. (…) 트렌디한 거 남들처럼 입어줘야 된다는 게 있어서 그 정도 선으로 하는 거지 뭐 저가 좋아하는 것은 큰 패턴, 꽃무늬, 칼라도 정해져 있고 해서 조금 넣어주는 느낌이지. (응답자 209, 40대 여성, 사회적 기업 임원)

사실 옷 같은 거 살때나 그럴 때 많은 시간을 투자해서 사는 게 아니라, (온라인 쇼핑몰) 들어가서 괜찮아 보이는 옷 선택해서, 후기 같은 거 다른 사람들 어떻게 입었는지 보고, 괜찮다 싶으면 사는 편이라서. (응답자 104, 20대 남성, 직장인)

많이 보이니까 많이 보이면 이유가 있겠지 이런 생각으로 (사기도 함). (…) 되게 트렌드를 따라간다 하기보다는. 이젠 그냥 약간 뭐지? 항상 약간 무난한 것을 찾으려고 항상. 그게 트렌드라도 약간 너무 내 기준에서 좀 튄다 이러면, 안 하고. (…) (내가 입은) 카고 바지는 유행이라기보다는. 그냥 꾸준히 사람들이 입는? 만약에 이게 또 내가 길 가다가 몇 명 못 봤으면은 내가 안 입었을 것 같아. 이것도. 이게 주머니가 그렇다고 막 많으면은 나는 그런 건 또 못 입을 것 같고. (…) 그냥 남들 다 입는 스타일로 입는 거 좋아하고 그러니까. 어딜 가든 이런 건 있을 것이다 라는 생각에? (응답자 101, 20대 남성, 대학생)

너무 눈에 안 띄려고 맞춰 입는 거 같아. 너무 튀지 않으려고. (…) 유행은 보는 데 예를 들면 트레이닝복 같은 경우에는 몇 년 전까지만 해도 통이 좀 있는 거를 많이 입었는데, 지금은 또 완전히 딱 붙는 거를 많이 입는 거야. 나는 되게 거기에 신경을 쓰나 봐. 그러니까 나는 지금 통이 넓은 것 밖에 없는데, 이거 입고 나가기 너무 민망한 거야. 그래서 사고, 뭐 추워지니까 기모 있는 것도 사고, 그래서 열심히 유행에 맞춰서 입는 거 같아. (…) 민망함이 오는 지점은 다 이런 거(스키니) 입는데 나만 이런 거(통 넓은 거) 입으면 이상해 보이는 느낌. (응답자 212, 30대 여성, 전업주부)

유행을 어느 정도는 따라 가야지 요새는 조금 뭐라해야하지? 그냥..어.. 외출했을 때 그래도 좀 너무 아니지 않은.. 뭐 그런 것 같아. 요새는 조금 신경을 써 줘야지 되더라고. (…) 조금 친하지 않은 아는 사람들인데 조금 그 사람들 자체가 조금 트렌디한 옷을 챙겨 입는 거란 걸 제가 그걸 알고 있으니까, 저도 좀 맞춰서 그냥 그 집단에 녹아 있기 위해서 그래서였던 것 같아요. (…) 대부분 전업 엄마들이셔서. (응답자 205, 30대 여성, 직장인 관리직)

3. 자기 이해에서 비롯되는 의생활: 나에게 잘 어울리는 옷

사람들의 의생활은 유행을 타지 않는 단순한 기본 스타일의 옷을 입거나, 최신 유행을 따르는 옷을 입는 것에서 그치지 않는다. 사람들은 자신이 추구하는 패션 스타일이 있으며, 본인이 원하는 이미지를 패션을 통해 표현한다. 패션을 통해 자신을 개성 있게 표현하고자 하기도 하지만, 평범하게 보이기 위해 패션을 활용하기도 한다. 이처럼 사람들의 패션에 대한 취향은 다양하게 나타날 수 있다. 사람들에게 어떤 스타일의 옷을 선호하는지 질문하였을 때 이에 대한 응답은 다양하면서도 유사하게 나타난다. 사람들은 입었을 때 편안하고, 깔끔해 보이는 옷, 그리고 심플하면서도 세련된 디자인의 멋진 옷을 선호한다. 물론 유행을 타지 않는 옷이나 최신 유행의 옷을 선호하기도 하며, 소재가 좋은 옷, 바느질이 잘 된 옷, 색상이나 디자인으로 포인트가 되는 옷, 유명 브랜드나 디자이너의 옷을 선호하기도 한다.

소재가 좋고 단정한 옷을 사고 싶어 하고요. 그리고 입었을 때 편안한, 편안하고 깔끔해 보이는 거 좋아해요. 딱 붙는 거는 잘 안 입는 편인 것 같아요. (응답자 210, 30대 여성, 전업주부)

저는 입어서 좀 편안한데 멋스러운, 요즘 프렌치 시크 이런거 좋아합니다. 그냥 티셔츠에 바지에, 트렌치코트 이런 느낌. (응답자 213, 30대 여성, 전업주부)

선호하는 거는 심플하고 좀. 세련되어 보이는 거. 그러니까 스트라이프 줄무늬. 집에 정말 많아. 아니면 뭐 회사원 옷 같아 보이는 블라우스. 아니 회사원이라기보다 은행원 옷? 약간 왜 리본으로 이렇게 단정하게 있거나 아니면 뭐 스트라이프 이렇게 쭉쭉쭉 있다거나 약간 은행원 같은 옷을 좋아해. (응답자 204, 30대 여성, 직장인)

나는 사실 되게 프릴이 달리거나, (생략) 막 이렇게 퍼프소매나 뭐 이런 것보다, 그냥 단순한 거, 직선 디자인 이런 게 주로 좋지. (응답자 214, 40대 여성, 전업주부)

제가 조금 선호하는 그런 스타일이 정해져 있는 편인 것 같아요. (…) 브랜드도 있고 스타일도 좀 있고, 근데 저는 사실 개인적으로 브랜드 x를 좀 좋아하는 편이어서. 그리고 브랜드 x가 전통적으로 약간 비즈니스 캐주얼 룩. 편하게 입을 수도 있고 깔끔하고 유행도 타지 않고 해서 그래서 좀 선호하는 편이고. 그래서 브랜드 x와 그 비슷한 류의 또 다른 브랜드들이 있잖아요, 브랜드 Q나 그런 계열을 선호하고, 스타일은 좀 캐주얼한. (…) 저는 거의 신경 안 써요. 그냥 약간의 뭐랄까 비즈니스 캐주얼 룩이라고 보편적으로 알고 있는 면바지에 와이셔츠 같은 거에 같이 재킷이나 이렇게 입는? (응답자 106, 30대 남성, 직장인 관리직)

입어서 편안한 옷, 수수하고 단정한 옷은 가장 맞는거구요. (…) 개성이라고 말하지만 결론은 제가 좋아하는 스타일의 옷인 것 같아서 자기 개성에 어울리는 옷, 세련되고 멋진 옷, 제 눈에서 세련되어보일 수 있찌만 남들 눈에는 어떨지 모르는거죠. (응답자 108, 30대 남성, 자영업)

일단 처음에는 먼저는 편안한 걸 먼저 찾고, 편안한 옷 중에서 이제 조금 그래도 나한테 어울리는 옷? 세련된 옷? 이제 그런 순으로 이제 정하는 편이에요. (응답자 216, 40대 여성, 전문직)

색깔, 천, 뭐 착용감. (…) 세련되고 멋진 옷. (…) 내 만족을 위해서. 세련돼 보이고, 멋지게 보이려고 옷을 사는거니까. 그런 옷이 중요하고. 그런 옷들이 이제 많이, 유명 디자이너의 옷일 수 있잖아. (…) 세련된. 우선은 천이 좋아야 되요. 천이 허접하면은 티나요. (…) 겉옷 같은거는 라인이 예쁘게 빠져야지만 예쁜데. 근데 겉옷일 경우에는, 그런 색깔들이 좋아야돼. 색깔도 멋지게 빠지고, 바느질도 틀리고. 뭐 그리고 뭔가가 깔끔하면서도 어디 포인트가 있고? 그런것들이 세련되어 보이잖아. (…) 일반적으로는 너무 유행에 뒤떨어지지 않게 입으려고는 그러지만. 이제 나이가 있는데 뭐. 우리한테 편한 옷을 주로 입죠. (유행을) 무시하지는 못하지. (응답자 217, 60대 이상 여성, 은퇴자)

사람들이 개성과 취향에 따라 옷을 선택하여 입을 때 자기에 대한 이해가 그 기반이 된다. 본인의 체형과 피부 톤 등 여러 가지 요소를 고려하여 자신에게 잘 어울리는 옷을 구입하고, 잘 어울리는 옷을 차려입는 모습이 나타난다. 모두가 개성 있는 옷차림을 선호하는 것은 아니지만, 사람들은 각자 본인에게 어울리는 옷이 무엇인지, 어떤 스타일이 잘 어울리는지에 대하여 잘 알고 있었다. 예를 들어, 사람들은 본인의 체형에 잘 맞도록 수선하여 입기도 하고(응답자 209, 40대 여성, 사회적 기업 임원), 기성복이 잘 맞지 않아 맞춤옷을 따로 맞추어 입기도 하며(응답자 105, 30대 남성, 직장인 관리직), 잘 만들어진 정장을 마련하기 위해 고급 맞춤복점에서 특별 주문을 통해 원단부터 패턴까지 맞추어 입기도 한다(응답자 106, 30대 남성, 직장인 관리직; 응답자 107, 40대 남성, 임원).

개성, 개성! 제 몸에 맞는 옷이 있어요. (…) 원단? 개성 안에 들어가는... 옷이 다 저한테 맞아야 돼가지고. 맞춤도 하고, 짤라서도 많이 맞춰서 하거든요. 싼 옷이라도 어떨 때는 옷보다 amendment하는 돈이 더 많이 들 때가 있어요. (…) (체형과) 한국 옷이 좀 안 어울려요. (…) 그러니까 저한테 무릎 길이가 어디까지가 제일 예쁘고, 신발을 어디까지 복숭아 뼈가 보이는 게 좋고, 이미 바라는 패턴이 있어요. 거기에 들어가는 것 중에 원단이 좋아야 되고, 파란색도 제가 좋아하는 파란색 있고, 얼굴에 잘 어울리는 파란색이 있고. 그렇게 맞춤으로 하니까. 개성이라고 해야죠 이거를? 제가 돋보이고 편한 옷이 되는 거죠, 브랜드일 수도 있지만 근데 또 맞춤으로 들어가야 돼. (응답자 209, 40대 여성, 사회적 기업 임원)

(맞춤 셔츠는) 보통 한 번 주문할 때 두 벌 내지 세 벌 정도 그렇게 해요. (…) (주변 사람들은) 그렇게까지 많이 입지는 않는 것 같아요. 사실 백화점에서 사도 소재라던가 그런 거는 괜찮은 것들이 많거든요. 그래서 그런 데 사서 입으시는 분들도 많고. 저 같은 경우에는 좀 길이라던가 이런 게 안 맞는 게 많아가지고 맞춤 셔츠를 이용합니다. (응답자 105, 30대 남성, 직장인 관리직)

저는 정장은 대부분 맞춰서 입는데, 근데 몇 개 없어요 정장은. 저는 회사가 외국계 회사여서 정장을 입을 필요가 없거든요. 그래서 저는 비즈니스 캐주얼 룩이 많아요. (…) (정장 입는 경우가) 결혼식 말고는 거의 없어요. 결혼식 아니면 진짜 안 입고. (응답자 106, 30대 남성, 직장인 관리직)

내 개성을 존중하면서, 또 좀 예쁘면서, 나한테 진짜 어울린다는 확신이 드는 옷을 사. 그래서 내가 오래 걸리나봐 사는데. (응답자 212, 30대 여성, 전업주부)

그냥 제가 보고, 예쁘다, 실용적인데 나한테 좀 어울릴 것 같다 그러면 삽니다. (응답자 213, 30대 여성, 전업주부)

본인의 체형의 단점을 보완하고 장점을 살릴 수 있도록 본인과 핏이 잘 맞는 옷을 찾아 입기도 한다. 20대와 30대는 키가 커 보이도록 옷을 입는 것을 중시한다. 40대 이상의 응답자들은 체형 변화에 대해 많이 언급한 점도 독특하다. 살이 찌기 시작하면서 날씬해보이는 것에 중점을 두기 때문에 두꺼운 소재의 옷을 피하기도 한다. 젊었을 때 몸에 딱 맞는 느낌의 옷을 입었다면 이제는 조금 더 편안하게 입을 수 있는 옷을 선호하는 모습도 나타난다.

핏(fit)이 맞는다고 그러나? 그리고 어떤 브랜드는 허벅지가 이만하게(크게) 나오는 브랜드도 있고, 허벅지 좀 작게 나와서 통으로 나오는 브랜드도 있고 그런데 대부분이 좀 우리같이 뚱뚱한 사람들은 통이 큰 걸 별로 안 좋아해. 좀 불편해도 달라붙는 그런 걸 좋아해요. 왜냐면 통이 크면 뚱뚱해 보이니까. 나는 이쪽 브랜드가... 옷을 사면 수선을 해야 되잖아요. 길이를 자르든지 통을 줄이든지. 이제 여기는 길이만 자르면 돼. 통은 딱 내 맘에 들고 그러니까 그 부분들도 많이 선호하죠. (응답자 107, 40대 남성, 임원)

제가 생각할 때 어쨌든 잘 어울리지 않는다, 그렇게 되면 차라리 그런 유행을 쫓아가지 않는 게 나으니까. (…) 꼭 남의 옷을 입은 듯한. 누구한테 얻어 입은 듯한 그런 느낌을 받을 수도 있기 때문에. 그래서 저는 약간 그런 트렌드를 따라가기 보다는 제 체형에 맞는 옷을 더 선호했던 것 같아요. (…) 조금 저의 체형도 커버하면서 제가 선호하면서, 약간은 지금의 그런 트렌드도 조금씩은 따라가는? (…) 키가 조금 작아서 한 150..한 2 정도, 되거든요. 예, 그러니까 다른 사람들에 비해서는 키도 좀 많이 작은 편이고, 그다음에 항상 약간 좀 통통한 몸집을 가지고 있으니까. 최신 어떤 유행을 따라 하거나 그런 트렌드를 좀 따라가기 보다는 제가 조금 더 키가 커보이고 좀 더 말라 보이는 요런 쪽으로 옷을 좀 더 많이 선호하죠. (응답자 216, 40대 여성, 전문직)

가장 중점은 날씬해 보이면서 따뜻한 거. 그래서 라이크라같이 기능성 소재. 일단은 살이 찌기 시작하니까, 옷이 두꺼우면 더 뚱뚱해보여. (응답자 214, 40대 여성, 전업주부)

그냥 달라붙는 바지도 싫고, 그것도 우리한테는 안 어울려요. 우리한테 어울리는 건, 그냥 일자바지, 보통 넓이의 통이. 그런것이 지금은 눈에 가장 익숙하고 그게 편하고, 입어보면 그게 편하고. 눈도 편해. (응답자 217, 60대 이상 여성, 은퇴자)

핏뿐만 아니라 옷의 색상도 고심해서 선택한다. 특히 본인의 체형이나 얼굴빛과 잘 어울리는 색에 대해서도 각자의 기준이 있다는 것도 흥미롭다. 본인이 좋아하고, 본인에게 잘 어울리기 때문에 특별히 선호하는 색상이 있기도 하다. 색상에 대한 취향은 다양하지만 대체적으로 차분한 계열의 파스텔 톤, 아이보리, 베이지, 핑크, 네이비, 초록색, 검정색이 선호하는 색상으로 나타난다. 특히 20대와 30대의 경우에는 본인이 가지고 있는 다른 옷과 "매칭하기 쉬운" 색상인 무채색을 선호하는 경향이 강하게 나타났다(응답자 206, 30대 여성, 직장인; 응답자 207, 30대 여성, 직장인 관리직; 응답자 204, 30대 여성, 직장인). 어두운 색상은 옷에 무엇인가 "좀 묻어도 티도 안나"(응답자 108, 30대 남성, 자영업)기 때문에 실용적인 이유로 어두운 색상을 선호하는 모습 또한 관찰된다.

네이비. 내가 피부가 좀 많이 어두워서 밝은 색이 잘 안 받아. 내가 생각할 때는 네이비가 가장 잘 어울린다는 생각이 있어서 옷을 살 때 많이 사게 되는 것 같아. (응답자 103, 30대 남성, 직장인)

차분한 계열의 색, 그리고 파스텔 톤의 색. 진하거나 원색 계열을 피하거든요. 그냥 제 스타일이 그런 것 같아요. 그게 좀 더 맞는 것 같고요. 잘 어울린다고 생각하고, 제가 원색보다는 그런 색을 좀 더 선호하기도 하고요. (응답자 105, 30대 남성, 직장인 관리직)

아이보리 색이랑 짙은 초록색. (…) 일단 저랑 별로 색깔이 안 어울린다고 생각하고 그리고 고양이를 키우기 때문에, 입었을 때 검은 색이 어울리는 사람들이 되게 많은데 저는 그런 사람이 아닌 것 같아서 검은 색은 주로 잘 안 사요. 그러니까 어두운 색이 필요하면은 뭐 네이비를 사거나 차콜을 사거나. (응답자 215, 30대 여성, 자영업)

옷장정리를 쫙 하니까 검정, 남색 아니면 핑크더라고요. 핑크 너무 좋아해가지고. 아니면 아이보리나 이제 하늘색? 그거 말고는 잘 없는 것 같아요. (응답자 208, 30대 여성, 직장인 관리직)

아무래도 나는 무채색이 제일 많고 그다음이 네이비, 회색. 회색이 무채색이니깐. 컬러물은 그렇게 많이 안 사. (…) 아무래도 매칭하기 쉽고, 세련됐다고 생각하고, 유색물은 실패 확률이 높아서. 일단 얼굴에 너무 안받는 경우도 많고, 매칭하기도 좀 쉽지 않고. (응답자 206, 30대 여성, 직장인)

흰색과 검은색. 베이지색 이런 것. TPO에 따라 그냥 잘 어울리고 어느 장소든 잘 어울리고. 그리고 그런 옷들이 있으면 어디에나 매칭이 다 가능해. 검정색 바지는 어디에도 매칭 가능하고, 베이지색 티도 어디에도 매칭 가능하고. 그렇게 무채색으로 하고 귀걸이나 신발같은 거를 하나의 포인트로 주기에도 너무 편하고. 또 예쁜 것 같아. 그리고 나한테 잘 어울리는 것 같아. 무채색이. (…) 내 몸에 무채색이 아닌 색깔이 두 개 이상 넘어가면 나는 너무 불편하고, 오바스럽다는 생각이 들어. (응답자 207, 30대 여성, 직장인 관리직)

옷 매칭이 잘 될 수 있는 색깔을 원해. (…) 파스텔톤 계열을 좋아하고. 그다음에 그거 아니면 아예 어두운 거. 갈색 아니면 검은색. (응답자 204, 30대 여성, 직장인)

저는 검정이랑 네이비를 많이 입어요. 그냥 좀 묻어도 티도 안나고, 편하게 입을 수 있는 것 같아요. (응답자 108, 30대 남성, 자영업)

한편 40대 이상의 응답자들은 분위기를 밝게 연출하기 위해 밝은 색의 옷을 선호하는 경향이 나타났다(응답자 214, 40대 여성, 전업주부; 응답자 216, 40대 여성, 전문직). 기본적으로 튀는 색상의 옷보다는 날씬해보이는 어두운 색상, 그리고 다른 색상의 옷과 맞추어 입기 쉬운 무채색을 선호하지만, 젊은 연령층과는 다른 이유로 색상이 있는 옷을 입고자 한다. 얼굴이 칙칙해 보이지 않고 환해보이기 위해, 생기 있어 보이기 위해, 젊어 보이기 위해 컬러풀하고 명도가 높은 색상의 옷을 입는다. 이러한 색상들을 포인트로 활용하여 우중충해 보이지 않게 옷을 입는다(응답자 217, 60대 이상 여성, 은퇴자).

아무래도 이제 좀 붉은색 계열의 옷을 입으면 얼굴도 좀 칙칙해 보이지 않고, 밝아 보이고, 생기 있어 보이고. (…) 베이지색, 노란색 계통이 저랑 잘 어울리는 편이라고 생각하거든요. 그래서 그런 쪽으로 좀 많은 편이구요. 그다음에 이제 어떤 파란색 계열이라고 해도 약간 짙은 색 남색 보다는, 약간 좀 밝은색 계통의 파란색. 선명도가 좀 밝은 색? 뭐 그런 쪽 옷을 좀 입는 편이에요. (응답자 216, 40대 여성, 전문직)

블랙 그레이지 뭐. 근데 요즘은 내가 얼굴은 화장을 안 하면 칙칙하고 그러니까.. (…) 날씬해 보이잖아, 블랙이. 어쨌든. 나에게 주 목적은 그거야. 살이 너무 많이 쪄가지고. (…) 요즘 조금 컬러풀한 거를 이너로는 많이 입으려고 하는데. 그리고 내 사주에 없는 게 화라, 그 빨간색을 많이 입어야 된다 그래가지고. 사려고, 사려고 하는데 그 쑥스럽더라고. 빨간색을 입는 게. 그래서 타협을 한게 꽃분홍색, 핑크. (응답자 214, 40대 여성, 전업주부)

제가 얼굴 자체가 편해 보이고, 생기 있게 보이고. 그다음에 조금 아까 이제 저의 어떤 단점을 보완해줄 수 있어 보이는. 약간 좀 키도 커보인다든지 조금 날씬해 보인다, 그런 느낌을 주는 옷? 이겠죠. (…) 제 주위에서는 보면 한 40대고 하다 보니까. 일반적인 무채색이 좀 많은 것 같아요. 40대가 되면 아무래도 이제 아이도 좀 있고 그러면 이제 몸도 20대나 30대처럼 마르거나 그렇지 않다 보니까, 이제 점점 통통해지면 질수록 약간은 좀 무채색으로 많이 가는 편이죠. (…) 저도 일상복이나 이런 건 무채색이 되게 많은 편이긴 해요. (…) 그런게 아무래도 이제 좀 가리고 싶고 뭐 그런 것들 때문에 그렇겠죠. 음 계속 살이 좀 많이 찌고 그다음에 좀 편한 옷을 찾다 보니까, 이제 무채색의 옷이 많은 것 같고. (응답자 216, 40대 여성, 전문직)

난 짙은 색상. 우선 그 밝은 걸 입어버리면 내가 커보여. 덩치가. 내가 어깨가 넓다보니깐. 그냥 덩치가, 커보여. 그런데 짙은 색을 입으면 검은색이라든가, 곤색, 밤색 이런걸 입으면은. 커버가 되지. (…) 셔츠는 밝은색. (…) 그렇지 흰색이라던가, 아니면 와이셔츠를 입더라도 꼭 흰색 와이셔츠를 입던가. 옅은 쥐색이라던가? 그다음에 좀 빨간색도 가끔 좋아해. 젊어보인다고 생각해서. 내가 열정적이거든. 내가 열정적이라(웃음). (응답자 110, 60대 이상 남성, 은퇴자)

파랑색, 블루 계열, 보라, 초록, 다양하게 나는. 이거 색깔이 여러가지가 있는데. (…) 검정도 또 잘 입어. 검정이 옛날부터 나한테 검정색이 잘 어울린다는 이야기를 난 들었어. 까만 거에다가 포인트를 줘서 빨간걸 넣는다던가. (…) 나는 똑같은 걸 계속 하면 지루해 해요. (…) 나이가 들면 늙으면은, 저렇게 환한게 좋아요. 환해야지 얼굴이 밝지, 얼굴부터가. 여기서부터가 시커머면, 아예 세련되게 입으려면 쫙 까맣게 입고 어디에 포인트를 딱 줘서 속에 하얀거라던가 이렇게 입으면 돋보이는데. 다 시커멓게 입으면 우중충해 보이면은 별로예요. (응답자 217, 60대 이상 여성, 은퇴자)

잘 어울리는 옷의 핏과 색상을 고려하는 것에 더하여, 기본적으로 옷을 입었을 때의 편안함과 쾌적함을 중요시한다. 소재의 촉감, 착용감, 신축성을 중시한다. 소재의 편안함과 쾌적함을 중시하는 것은 전 연령대에 걸쳐 공통적으로 나타나는 일반적인 경향이지만, 연령층이 높아질수록 소재의 중요성에 대한 언급이 자주 나타나며, 타이트한 옷을 불편하다고 이야기한다.

기본적으로 불편한 옷은 아예 못입는 것 같아요. 입었을 때 착용감이 불편하다던가, 재질이 좀 거칠거칠하다 그러면 아예 아무리 그 옷이 이뻐보여도 안 사는 것 같아요. (응답자 102, 20대 남성, 대학생)

입어서 일단 편하고 어느 정도 단정한 옷을 선호하는 편이고요. 청바지 같은 경우에도 좀 잘 늘어나는 재질, 그런 거를 선호하고. 위에 옷도 여름에는 브랜드 X 반팔 셔츠를, 브랜드 X 반팔 티를 많이 입고, 겨울에도 웬만하면은 단추 잠그는 거 아니고 위에 이렇게 입었다가 이렇게 벗을 수 있는 옷들 라운드로 돼 있는 것들, 그런 거를 많이 입어요. (응답자 105, 30대 남성, 직장인 관리직)

내가 입었을 때 가장 편안한 옷. 그리고 디자인도 마음에 들고 그게 제일 우선순위죠. (응답자 107, 40대 남성, 임원)

예전에는 안그랬는데, 나이가 들면 들수록 이런 옷을 하루종일 입게 되잖아요. 그러니까 옷감이 거칠거칠하거나 타이트하다 보면은 하루가 굉장히 힘든 것 같아요. 제가 옛날에는 슬림핏 옷을 많이 입었었는데, 어느 하루는 이게 하루종일 숨이 되게 벅차다고 해야하나. 그렇더라구요. 그래서 그 다음부터 옷을 조금 더 편안함 위주의 옷을 좀 고르게 되는 것 같아요. 만약 옷감이 거칠거칠하다 그러면 하루종일 거기에 신경이 쓰이게 되고. (응답자 108, 30대 남성, 자영업)

편한 옷. 무난한 거. 편한 거는 입어 봤을 때 이렇게 느낌도 편안하고, 심리적으로 편안해야 되고. 그래서 내가 이렇게 입었을 때 편안하게 다닐 수 있는 것들. (…) (피하는 옷은) 불편한 거. 딱 달라붙는 것, 특히. 이런 건 못 견디겠어. (응답자 109, 50대 남성, 전문직)

브랜드라기보다는 그런 되게 소재가 좋은 내가 갖고 있는 옷들 중에서 소재가 제일 좋은 옷들? 그런 옷들을 내가 제일 아끼고 좋아하는 것 같아. 그게 뭐 브랜드 제품일 수는 있겠지만 내가 그 옷을 좋아하는 이유는 그 소재가 좋아서 좋아한달까? (응답자 205, 30대 여성, 직장인 관리직)

우선 제가 편해야 돼요 일할 때. 가급적 칼라있는 옷 좋아하고요. 그다음에 면 원단이나 뭐 이렇게 그 자연 원단 좋아하고. 그러면서 이미지 좋게. (응답자 209, 40대 여성, 사회적 기업 임원)

일단 처음에는 먼저는 편안한 걸 먼저 찾고, 편안한 옷 중에서 이제 조금 그래도 나한테 어울리는 옷? 세련된 옷? 이제 그런 순으로 이제 정하는 편이에요. (응답자 216, 40대 여성, 전문직)

질감도 있어야 되고 브랜드도. 내가 어떤 그거를 좀 편하게 입으려고 인터넷으로 샀어. 그러면 너무 까실까실하고 그래서 실패해서 버리는 돈이 더 많이 들어. 그래서 그냥 좋은 옷을, 좀 면도 좋고 진짜 재질이 좋은 옷을 사는 게 훨씬 더 경제적이더라고. (응답자 212, 30대 여성, 전업주부)

실용성과 기능성을 중시하는 측면도 나타난다. 일반적으로 기능성이 있는 옷은 운동을 위한 스포츠 웨어를 구입할 때 중시된다. 그러나 연령층이 높아질수록 일상에서도 따뜻하고 가벼운 기능성 소재의 옷을 선호하며, 아웃도어 스포츠 웨어를 일상복으로 입고, 주머니가 있는 옷을 선호하는 경향이 나타난다(응답자 107, 40대 남성, 임원; 응답자 110, 60대 이상 남성, 은퇴자; 응답자 214, 40대 여성, 전업주부; 응답자 217, 60대 이상 여성, 은퇴자).

대부분 이제 골프 의류가 기능성이 많아서 그쪽으로 많이 입는 것 같아요. 의상도 그쪽으로 많이. 자켓을 사도 일반 여러가지 자켓 파는 데가 있을 거 아니에요? 근데 항상 골프 의류 쪽 가서 자켓을 고르고 이런 편이에요. (…) (골프 브랜드라서) 일반 브랜드보다는 다 가격이 비싸요. 두 배 이상은 비싼 걸로 알고 있어요. 왜냐면 다 기능성이 들어가기 때문에. 근데 그런 옷이 또 예뻐. (응답자 107, 40대 남성, 임원)

기능성이 이제 중요하다고 생각하고. 우리는 그렇게 크게 등산하는 사람이 아니예요. 뭐야, 좀 산책 같은 그런 가벼운.. 등산이기 때문에. 전문 그런거 보다는. 이제 조금 메이커 있는 옷들. 둘이 같이 간다, 그러면 옷을 똑같이 입고 가기고 하고. 그래서 입고, 이제 위에 잠바 얇은거. 조금 기능성 있는 것들을 사려고 그러죠. 이게 이제 방수가 되면서도 습도도 배출하고 이런게 있잖아. 그런거를 이제 등산복보다는 아웃도어식으로.. 입잖아, 브랜드 T. 그런 거를 샀죠, 그냥. (…) 내가 수박색을 샀는데, 내가 입은 옷하고도 색깔이 조금 맞고. 그런 색깔이 조금 튀지 않으면서, 너무 튀어도 촌스럽다고 생각하니깐, 좀 그렇게 해서 입으면은 어울리는 걸로. (응답자 217, 60대 이상 여성, 은퇴자)

편한 옷. (…) 편안한 옷이 좋지. 그리고 어딜 나가더라도 제일 필요한 것이, 내 지갑이 필요하거든. 내 신분증 거기 있어야 하지. 어? 뭐, 카드 있어야지, 돈 있어야지. 그거 자체가 안전성이 되어 있지 않으면, 불안해 어딘가. 그냥 싫어. 싫은거야 우선적으로. 그러니까 내가 항상 고거를 지니고 다닐 수 있는 정도는 되야 된다 이거지. (…) 집에 주로 입고 있는게, (평상복은) 청바지를 입고 있다던가. 또 바지 같은 경우는 특별히 뭐.. 우리가 이제 맞춤복의 그런 바지는 없고. 항상 편하게 입는 바지. 주머니도 있고. 또 이렇게 크게 행동하는데 불편하지 않은 옷. (응답자 110, 60대 이상 남성, 은퇴자)

기능성 있는거 있지. 뭐 주머니가 있다든지 이런거. 아줌마들 주머니 있어야 되거든. (…) 보온. 보온. 감기가 잘 걸리니까, 일단은 날씨 추우면 멋 부리면 안돼. (…) 나의 가장 중점은 날씬해 보이면서 따뜻한 거. 그래서 라이크라 같이 기능성 소재. 일단은 살이 찌기 시작하니까, 옷이 두꺼우면 더 뚱뚱해보여. 그러니까 최대한 얇은데 따뜻해야 하는거야. 내 나이에는 다 그렇지 않을까? (…) 이게 (옷이) 무거우면 힘들어. 나가서 오래 견디기가. (응답자 214, 40대 여성, 전업주부)

유행을 중요시하고, 편안함을 추구하기도 하지만 사람들은 다양한 방식으로 합리적인 소비를 하고 있음이 나타난다. 물론 마음에 들고 필요한 옷이라면 투자의 개념으로 과감하게 구입하기도 한다. 옷에 큰 돈을 쓰지 않는다는 응답자들도 있었으며, 할인 행사 기간을 이용하거나 세일 품목을 구입하기도 한다. 지역을 기반으로 하는 중고 거래 어플리케이션을 활용하여 옷이나 신발을 팔거나, 다른 사람에게 중고 물품을 저렴하게 구입하기도 하며, 자녀가 성장함에 따라 작아진 아이의 옷을 주변 사람들에게 물려주거나 모르는 사람에게 나누어 주는 모습도 나타난다.

(옷을 사고) 그런데 돈을 쓰려고 하지는 않지. 돈 쓸 데가 너무 많은데 거기에 굳이 돈을 쓸 생각을 안해(웃음). (…) 꼭 세일 행사를 할 때에 가서. 좀 철이 지나더라도. 맞는 거 사는 거지. (…) 가격을, 어느 정도의 가격을 해놓고 골라야지. 아니 가격을 대략 어마운트가 어느 정도 되는지를 (…) 그 안에서 골라버리면 제일 무난하지. (…) 나같은 경우는 바지를 꼭 두 개를 해(아내: 바지가 항상 더 많이 헤지니깐, 꼭 2개씩 해요). (응답자 110, 60대 이상 남성, 은퇴자)

제가 방송국에 나온다면은 그런걸 따지겠는데. 방송국에 나가는 게 아니라 거의 매일 집콕하고 있으니까. (…) (유행) 그런거는 관심 없어요. 칼라가 넓어지고, 좁아지고 그런건 관심 안 쓰고. 있는 옷 입는 건데, 그럼 맨날 정장을 해입을 수도 없고. 그렇죠. (…) 정장을 입고 나가다 보니깐, 그거 유행을 따르는데 별로 의미가 없어요. 왜냐면 정장, 정해진 정장이 있는데. 그 정장을 갖다가 새로운 걸로 늘 바꾸면 괜찮지만, 우리 한 번 정장 만들면 꽤 오래가잖아요. 거의 닳아야 한다거나. (응답자 110, 60대 이상 남성, 은퇴자)

내가 꼭 마음에 들면은 돈 들어도 사요. 디자인, 스타일 그런 게 중요하지. 그래서 나한테, 내가 뭐에 필요한 건가. 막 옷이냐, 아니면 꼭 필요할 때는 이런 의전 쪽의 옷이다. 그러면은, 그런데는 투자를 해야지. (응답자 217, 60대 이상 여성, 은퇴자)

저는 일단 옷을 구매할때는 무조건 세일하는 품목에서만 구매를 해요. 그다음에는 편안함. 결국에는 옷의 질과 편안함은 동일하다고 봐요. (…) 그냥.. 정가를 주고 사면 약간 손해본다는 느낌이 조금 들어요. 그 이유가, 그런 옷들이 몇 개월 후에는 결국 할인되어서 판매하게 되다보니까. 어차피 저는 이 옷을 굳이 지금 안사도, 몇 개월만 기다린다면 할인되어서 판매를 할 텐데, 그때까지 기다리지 지금 굳이 살 필요가 있을까? 라는 생각을 하게 되는 것 같아요. (응답자 108, 30대 남성, 자영업)

(브랜드 O 신발)을 새거 사면 20만 원 정도 해. 근데 이게 가죽이 너무 딱딱해가지고 신을 때까지 조금 시간이 걸린단 말이야. 그래서 신는걸 포기하고 중고로 내놓는 사람이 많아. 그래서 중고로 많이 구하는 것 같아. (…) (연구자: 그렇게 하면 조금 더 저렴해?) 엄청 저렴해. 가죽신이라서 몇 번 신으면 구겨지잖아. 그래서 그것 때문에 가격이 확확 내려가서, 제품 D 같은건 15만 원인가 그런데 7만 원, 6만 원 대에 샀던 것 같아. (응답자 203, 20대 여성, 대학생)

생각해보면은 기본템을 좀 많이 샀던 것 같고, 소재 좀 좋고 기본템이 지금까지 남아있는 것 같고요. 그다음에 브랜드 N이나 이런 데는 빨리빨리 입고 빨리빨리 버리잖아요. 그런 거는 거의 안 남아있는 것 같고. 생각해보니까 그런 것도 있어요. 요즘에 중고거래가 너무 잘 돼 있다 보니까 약간 좀 튀고 유행 따라가는 옷들은 사서 한철 입고, 빨리 팔고 그러기도 했어요 (…) 브랜드 I 같은 경우도 사실 프릴 좀 과하고 이래서 사실 한번만 입어도 일주일 내내 입은 것 같은 그런 것들이 있거든요. 그런 것들은 한 계절 정도 입고, 그러니까 봄, 가을 정도 입고, 그다음에 이제 좀 질리면은 바로바로 팔고 이런 식으로. (응답자 208, 30대 여성, 직장인 관리직)

어플 A 너무 좋아요. (…) 네 많이 사용해요. (…) 네, 아이 옷도, 아이 옷 한 번 정도, 이게 사실 친구를 준다고 해도 그게 맞는 친구 찾기가 쉽지가 않아요. 그 연령과 날씨와, 지금은 없거든요. 사실? 지금은 물려줄 수 있는 애가 6개월 된 남자애기 하나거든요. 그래서 몇 개는 그 친구 거 빼놓고 나머지는 버리고 얼마 전에 어플 A로 하는데, 어플 A에도 뭉탱이로 한 번 정말 싸게, 교통비만 받고 하는 경우도 있고. 뭐 다른거 애들 책이나 이런 거 할 때 옷을 같이 넣어서 보낼 때도 많아요. (…) 네, 애기 엄마들 아마 다 할 거에요. (응답자 210, 30대 여성, 전업주부)

3

서울패션의 일반적인 특성

1. 2020년 서울사람들의 패션

❶ 10가지 상황 별 일러스트

본 연구에서는 ① 직장/학교에 갈 때, ② 중요한 발표나 회의, ③ 휴식(집에 있을 때), ④ 운동, ⑤ 코로나 상황(재택 근무, 온라인 강의 수강 등), ⑥ 친구와의 모임, ⑦ 공연 및 전시 관람, ⑧ 가족 모임(일상적 가족 모임 및 중요한 가족 모임), ⑨ 결혼식, ⑩ 데이트, 총 10가지 상황에서 사람들에게 어떤 옷을 입었는지 사진을 찍고 기록하도록 하였다. 개인의 특성과 취향이 잘 드러남과 동시에 사회적인 상황과 사적인 상황에서 나타나는 패션의 특성을 잘 보여주는 옷차림을 선정하여 다음과 같이 사람들의 패션을 시각화하였다.

1. '직장/학교에 갈 때' 응답자들의 의상

101

#20대 남성 #대학생 #서대문구 거주
서대문구 신촌동

104

#20대 남성 #직장인(게임회사) #강남구 거주
강남구 역삼동

103

#30대 남성 #직장인(금융권) #마포구 거주
영등포구 여의도동

105

#30대 남성 #직장인 관리직(금융권)
#마포구 거주
영등포구 여의도동

202

#20대 여성 #취업준비생 #서초구 거주
강남구 압구정동

205

#30대 여성 #직장인 관리직(금융권)
#강남구 거주
서초구 서초동

#30대 여성 #전업주부(초등학생 자녀)
#성동구 거주
마포구 상암동

#30대 여성 #전업주부(영유아 자녀)
#영등포구 거주
마포구 갤러리

#30대 #전업주부(초등학생 자녀)
마포구 상암동

#30대 #직장인(기혼)
영등포구 여의도동

#30대 #직장인 관리직(기혼)
영등포구 여의도동

#30대 #직장인 관리직(기혼)
용산구 동자동

#40대 #사회적 기업 임원(미혼)
은평구 사무실

2. TPO에 따른 패션 특성: 패션의 전략적 사용

일반적으로 사람들은 사회적 상황에서 소위 말하는 TPO(Time, Place, Occasion)를 준수하는 모습을 보인다. TPO란 시간, 장소, 상황이라는 영어 단어의 앞 글자를 딴 것으로, 사전적인 뜻은 "소비자의 행동에 영향을 미치는 상황 요인인 시간, 장소, 계기"를 의미한다. 하지만 이는 사회적 상황에서 행위자들이 지켜야할 규칙이라는 의미로 이해되는 경우가 많은데, 주로 '옷차림'과 관련하여 신경써야 할 준거로 여겨진다. 본 연구에서는 TPO와 연령, 직업, 생활반경에 따라 변화하는 옷차림을 구체적으로 살펴보고자 하였다. TPO를 고려하여 총 10가지 상황을 선정하였다.

TPO에 따라 선정한 10가지 상황

공식적인 상황	사적인 상황	사회적인 상황
① 직장/학교에 갈 때 ② 중요한 발표나 회의	③ 휴식(집에 있을 때) ④ 운동 ⑤ 코로나 상황(재택 근무, 온라인 강의 수강 등)	⑧ 가족 모임(생일 등 행사) ⑨ 결혼식 ⑩ 데이트
	⑥ 친구와의 모임 ⑦ 공연 및 전시 관람	

연구 참여자들은 이러한 10가지의 상황에서 그들의 연령, 사회적 위치와 역할, 장소, 만남의 목적과 만나는 사람과 같은 요소에 따라 적절하게 변화하는 패션을 보여준다. 기본적으로 사람들은 본인이 수행하는 '역할'에 따라 패션을 연출하는데, 이는 연구 참여자들 또한 마찬가지였다. 참여자들과의 인터뷰를 통해 확인할 수 있듯, 응답자들은 TPO도 어느 정도 고려하고 있었지만 이보다는 옷을 입고 만나는 사람들을 고려하여 그날의 스타일을 결정하는 모습을 보였다. 한 사람이 맡는 역할은 여러 가지인데, 이는 만나는 상대방에 따라 그때그때 달라진다. 업무상 만나게 되는 공무원, 사회에서 만난 직장 동료와 오랫동안 알아 온 친구, 자녀의 친구의 부모님, 자녀의 학교 선생님, 친척의 사돈어른 등 다양한 상황과 장소에서 누구를 만나는지에 따라 응답자들이 수행하는 역할은 변화한다.

누구를 만나느냐에 따라서 변하는 거지. 장소에 따라서 변하지 않아요. (응답자 107, 40대 남성, 임원)

어디를 가냐가 중요하지. 결혼식장을 가냐, 장례식장을 가냐, 교회를 가냐, 친구 만나냐. 다 다르지. (…) 그거는, 강북, 강남은 아무런 차이가 없어. 모이는 장소(지역)가 중요한 게 아니라 만나는 사람이 누구야, 뭐 때문에 그게 다른 거지. 강북이면 어떻고, 강남이면 어떻고. (…) 앞에서 만나는데, 이 앞에서 음식점에서 만나는 그렇게 챙기지 않지만. 좋은 레스토랑에 간다 호텔의 샵에 간다 이러면은 그래도 갖춰 입어야지. (응답자 217, 60대 이상 여성, 은퇴자)

미팅의 성격이죠. 저는 일이 있으니까. (…) 근데 제가 하는 업이 청소년 교육, 만나는 사람들이 구청, 시청 공무원들 이런 사람을 만나다 보니까 너무 과하더라고. 내 스타일이 있지만 창피해서 못 입는… 40대 중반이고 업종 드레스코드가 있는 거예요. 뭐 크레이지 걸처럼 입으면 매출이 오르겠어요? 해외 유학이나 영어나 진로 직업이나 이런 쪽으로 하다 보니까 옷이 보수적으로 된 거예요. (…) 조금 더 프로페셔널하게 입어야 되니까. 재킷을 입죠. 칼라(collar)가 저는 좋아요. (응답자 209, 40대 여성, 사회적 기업 임원)

이제 누구를 만난다든지, 어떤 이제 어떤 회의 장소나 어떤 모임에 나간다든지. 그럴 때 이제 옷을 조금 신경써서 입는 거죠. (…) 장소보다는 그 사람과의 어떤 관계? 관계가 제일 중요한 것 같아요. 만나는 사람에 따라서 옷입는 스타일이 많이 정해지는 것 같아요. (응답자 216, 40대 여성, 전문직)

이렇듯 응답자들이 수행하는 역할은 크게 공적인 상황에서 수행하는 사회적인 역할과 개인적인 영역에서 맡는 사적인 역할로 구분된다. 이에 따라 앞서 언급한 10가지 상황(① 직장/학교에 갈 때, ② 중요한 발표나 회의, ③ 휴식(집에 있을 때), ④ 운동, ⑤ 코로나 상황(재택 근무, 온라인 강의 수강 등), ⑥ 친구와의 모임, ⑦ 공연 및 전시 관람, ⑧ 가족 모임(일상적 가족 모임 및 중요한 가족 모임), ⑨ 결혼식, ⑩ 데이트)을 그 성격에 따라 분류할 경우 두 가지로 양분되는 경향성이 나타난다. 한 갈래는 사회적 상황으로, 타인의 시선과 자신의 지위를 고려하여 옷을 입어야 하는 상황이다. 다른 한 갈래는 사적인 상황으로, 상대적으로 타인의 시선에서 자유롭고, 자신에 취향과 개성에 따라 자유롭게 옷을 입을 수 있다는 특징을 지닌다. 이에 따라 본 연구는 사회적 상황에서의 패션과 일상의 사적 패션으로 구분하여, 각각의 상황에서 응답자들의 패션이 어떠한 특성을 보이는지 확인하였다.

❶ 사회적 상황에서의 패션

사회적 상황으로는 중요한 발표나 회의가 있는 경우, 결혼식에 참여하는 경우, 공연 및 전시를 관람하는 경우가 있다. 이와 같은 세가지 상황에 따른 옷차림을 살펴보면 행위자들이 타인과의 관계에서 맡는 사회적 역할과 자신이 처한 상황적 특성에 따라 옷차림을 결정하는 모습을 확인할 수 있다. 먼저 "중요한 발표나 회의가 있는 상황"에서는 평소 정장을 입지 않는 사람들도 정장을 착용하며, 옷의 색 또한 짙고 어두운 계열의 차분한 색을 선호하는 모습을 보였다. 비즈니스 캐주얼을 착용하고 출근하는 것이 원칙인 직장의 종사자들 또한 평소보다 단정한 재킷과 구두를 착용하고, 시계를 신경 써서 착용한다. 실제로 응답자 209(40대 여성, 사회적 기업 임원)는 신발이나 구두와 같은 아이템 하나하나도 훑어보는 비즈니스 미팅의 소모적인 "문화"가 있다며, 이를 "프로답게 해야 되는 게 있다"고 응답하기도 하였다. 이를 통해 이들은 "프로페셔널하고, 점잖으며, 신뢰감 있는 이미지"를 심어주고자 한다. 이와 같은 이미지에 어울리는 의복은 일정 수준 이상 정형화되어 있는 것으로 보인다. 이들은 "화려하지 않은 옷", "헐렁하지 않은 핏", "칼라(collar)가 있는 옷", "정장", "보수적인 옷"으로 정형성을 표현하며 "TPO"가 존재한다고 느낀다. 이처럼 이와 같은 상황에서는 옷차림에 있어 정해진 답이 있기 때문에, 아예 유니폼처럼 옷을 세팅해놓고 해당 스타일의 옷을 계속 입는 응답자도 있었다.

최대한 단정하고, 색이 많지 않게. 블랙 앤 화이트로 많이 입어. (응답자 203, 20대 여성, 대학생)

신뢰감 있는 이미지? 깔끔하고 이제 좀... 이제 점잖고. 신뢰감 있는 그런 이미지? (…) 셔츠 같은 깔끔한 거나. 아니면은 좀 너무 화려하지 않은? 정돈된 느낌을 줘야 되는 거 같아. (…) 약간 차분한 색깔이나? 이제 뭐, 너무 헐렁헐렁하지 않은 그런 핏 있잖아? 너무 헐렁한 핏은 뭐 이런 건 좀 안 되는 것 같고. (응답자 101, 20대 남성, 대학생)

조금 더 프로페셔널하게 입어야 되니까. 재킷을 입죠. 칼라(collar)가 저는 좋아요. (…) 유니폼 같이 세팅해 놓은 게 있는 거예요 제가. 컬러(color), 그다음에 바지, 원단 뭐 이런 식으로. 조끼. (…) 우선 좀 올드하게 입어야 될 때는 온갖 주얼리를 막 주렁주렁 달면 돼요. 그리고 화장으로 좀 커버하고. TPO에 따라 좀 다르죠. (…) 그냥 아줌마처럼 가면 당연히 안 되지. 프로답게 해야 되는 게 있어요. 말도 해야 되지만 딱 봤을 때, 되게 웃긴게 시계차고 미팅하는 거랑 안하는 거랑 달라요. 보통 핸드폰에 있으니까 안하잖아. 다 시계차고 다녀야 돼요. 예를 들자면. 그런 게 되는 프로토콜들이 있어요. 아니라고 해도 되지, 근데 뭐 조금 더 오바하면 신발부터 본다고. 신발에서 100에서 200만 원짜리 신발 신을 수 있는…. 그거 되게 소모전이고 쉽지 않거든요. 신발은 포기했거든. 근데 이렇게 쭉 하는 (훑어보는) 게 있어요, 문화가. (응답자 209, 40대 여성, 사회적 기업 임원)

중요한 발표나 회의가 있는 상황에서 입는 옷에 대해 정해진 기본적인 "프로토콜"(응답자209, 40대 여성, 사회적 기업 임원) 외에도 그날 어떤 사람을 만나는지가 입는 옷에 가장 큰 영향을 미친다. 패션 스타일을 결정하는 데 있어 만나는 사람의 연령대, 직업적 특성이 고려대상에 포함되는 것이다. 예를 들어 만나는 상대방의 연령대가 높을 경우 "쫙 달라붙는 청바지나 V자티" 같은 옷을 입는 것은 부적절하다고 느끼며, "너무 젊게 입고 나가"는 것은 지양하고, 그 자리에 나올 사람들과 최소한 "비슷하게는 가야한다"고 응답하였다(응답자 107, 40대 남성, 임원). 특히 업무상 공무원과 같이 보수적이라 여겨지는 직군의 사람들을 만날 경우에는 옷차림에 더욱 신경을 쓰는 모습이 나타난다. 이와 관련하여 한 응답자는 "업종 드레스 코드"가 있다면서, 업무상 미팅을 할 때는 좀 더 "보수적인 옷"을 입는데, 업무상 사람을 만날때는 평소 자신이 선호하는 "내 스타일이 있지만 창피해서 못입는"다고 표현하기도 한다(응답자 209, 40대 여성, 사회적 기업 임원). 이처럼 사회적인 상황에서 적절한 패션은 사적인 상황에서의 패션과 다르며, 달라야 한다고 생각하고 있다.

미팅 때는 너무 젊게 입고 나가면 좀... 나보다 나이가 많은 사람들을 만났을 때는, 대부분이 지금 사업을 하고 어느 정도 산다고 하는 사람들은 50대가 주류예요, 40대는 아직은 아니야. 50대 사람들이 주류인데 그런 사람들이랑 미팅하는 자리가 많아요. 그런데 뭐 진짜 청바지 쫙 달라붙고 V자티, 이렇게 입고 갈 수는 없잖아요, 그렇죠? 그러니까 그 미팅하는 연령에 따라서 조금씩 틀려지는거죠. (응답자 107, 40대 남성, 임원)

그때는 같이 그 자리에 있는 사람들하고 비슷하게 마이라든지, 단정한 뭐 그렇게 입고 가야지. 아무렇게나 갈 순 없고. (…) 내가 무슨 발표를 해야 되거나 이러면 시선이 나한테 꽂히니까, 그럴 때는 다른 사람들에게 폐가 안되도록 비슷하게는 가야지. 정장 차림으로. (응답자 109, 50대 남성, 전문직)

근데 제가 하는 업이 청소년 교육, 만나는 사람들이 구청, 시청 공무원들 이런 사람을 만나다 보니까 너무 과하더라고. 내 스타일이 있지만 창피해서 못 입는... 40대 중반이고 업종 드레스 코드가 있는 거예요. 뭐 크레이지 걸처럼 입으면 매출이 오르겠어요? 해외 유학이나 영어나 진로 직업이나 이런 쪽으로 하다 보니까 옷이 보수적으로 된 거예요. (응답자 209, 40대 여성, 사회적 기업 임원)

지금까지 살펴본 바와 같이 대부분의 응답자들이 이와 같이 사회적으로 중요한 공식적인 상황에서는 모두 예의를 표현할 수 있도록 보수적인 스타일의 옷을 입었다. 이러한 경향은 응답자들의 연령대가 높아질수록 더욱 강하게 나타난다. 40~50대와 60대 이상 응답자들은 본인들이 중요하다고 생각하는 상황에서 20~30대 응답자들에 비해 좀 더 전통적이라 여겨지는 정장을 입는 것을 선호하였다. 특히 60대 이상 응답자들의 경우 중요한 상황에서 한 번도 정장을 입지 않은 적이 없다고 응답하였고, 본인들이 중요하게 생각하는 '종교적 예배'와 관련한 상황에서 꼭 정장을 입음으로써 예를 갖추고자 한다고 이야기할 정도로 정장 보수적인 스타일의 정장은 응답자들에게 전문성과 예의를 대표하는 옷으로 인식되고 있었다.

교회 갈 때나, 강의 할 때나 이럴 때는 한 번도 정장을 안 한 적이 없어요. (…) 그럴 적에는 아무 옷이나 입을 수 없죠. (…) 그게 예의라고 생각하고. 또 여러 사람이 우리를 보고, 또 내 스스로도 하나님 앞에 가면서 내가 갖춘다. 예를 갖춘다, 이런 마음이 강해요. (응답자 217, 60대 이상 여성, 은퇴자)

공식적이고 사회적인 상황에 속하는 두 번째 상황으로는 "결혼식"에 참석할 때가 있다. "결혼식에 가는 거(옷차림은) 완전 다르죠"(응답자 210, 30대 여성, 전업주부)라는 응답에서 볼 수 있듯 응답자들에게 있어 결혼식은 대표적인 사회적 상황이라 볼 수 있는데, 이는 친척, 가족들뿐만 아니라, 직장 사람들, 지인들을 만나게 되는 자리이기 때문이다. 기본적으로 사람들은 결혼식을 경사스러운 자리라고 여기며, 예의를 표현하기 위해 본인이 가진 옷 중에서 가장 좋은 옷을 입고 참석하고자 하는 모습을 보인다. 실제로 응답자들은 결혼식에 참석할 때는 자신뿐만 아니라 모두가 "정말 많이 꾸미고 온다"(응답자 210, 30대 여성, 전업주부)고 느끼며, 자신이 "예쁘고, 좀 더 고가인 것을 입어주는 것이 결혼식 당사자를 위한 예의"(응답자 201, 20대 여성, 대학원생)라고 생각하기도 한다. 이를 위해 정장이나 원피스와 같은 결혼식을 위한 옷들을 미리 구비해놓는 모습도 관찰된다. 최근에 구입한 새로운 스타일의 옷, 고가의 옷이나 시계, 가방 같은 액세서리를 착용하며, 밝은색의 옷을 피하고 어두운 남색이나 검정 계열의 옷을 택해 신부에 대한 배려를 표하기도 한다. 또한 헤어나 메이크업에도 신경을 쓴다는 응답도 함께 나타났다.

결혼식에 가는 거 완전 다르죠. 다들 정말 많이 꾸미고 오는 것 같아요. (…) 결혼식이랑 연주회랑 이렇게 비슷한 느낌으로 그런 필요성에 의해서 옷을 사는 것 같아요. 옷을 살 때 '아, 이거 결혼식에 입고 갈 수 있겠다.'라는 생각이 드니까요. (응답자 210, 30대 여성, 전업주부)

그렇죠. 결혼식은 다들 명품백 들고오고 다들 가진 모든 액세사리들 다 하고 오는 것 같아요. (…) 제가 보기에는 저희 회사 같은 경우에, 저희 회사 사람이 결혼해서 보면 제일 어린 애가 스무 살 이랬거든요. 걔네들도 엄청 꾸미고 와요. 본인이 가진 제일 좋은 걸 입고 오는 것 같아요. (…) 예의? (응답자 208, 30대 여성, 직장인 관리직)

그냥 뭔가 결혼식은 그래도 또, 경사니까. 좀 더 예쁘고, 좀 더 고가인 그런 거를 입어 주는게 그 사람한테도 뭔가 내가 또… 예의를 차리는게 아닐까? 하는 느낌? (…) 어쨌든 내가 가지고 있는 옷들 중에서는 좋은 거를 입는 것 같아. (응답자 201, 20대 여성, 대학원생)

내가 가진 것들 중에서 비싼 거. 결혼식하고 앞서서 그 중요한 모임. 이 두 가지에는 내가 찰려고 사놓은게 있어. 시계들. (응답자 204, 30대 여성, 직장인)

예식에서는 갖춰 입어야 한다는 생각이 있어서. 특히나 나랑 친밀한 사람이 결혼 한다고 하면 더 그런 것 같고. (…) 후줄근하게 가냐 잘 차려입고 가냐가 예의일 수도 있으니까. 그래도 나름대로 잘 차려입고 가는 게 맞다고 생각이 들어. (응답자 103, 30대 남성, 직장인)

사진에 찍혔을 때 뭐 하얀색 드레스 같은 건 안 입는 게 좋을 것 같고. 너무 캐주얼 하지도 않고 그냥 원피스나 바지에 블라우스 정도 그렇게 입는 것 같아요. 근데 결혼식은 갈 때 복장보다는 그냥 화장을 한다거나 머리를 좀 만진다거나 이런 것들에 신경 쓰는 것 같고. (응답자 215, 30대 여성, 자영업)

결혼식과 관련하여 주목할 만한 점은 연령과 성별에 따라 조금씩 다른 특성이 나타난다는 점이다. 먼저 연령대에 따라 결혼식 착장이 확연하게 달라지는데, 앞서 중요한 회의나 발표에 참여할 경우와 마찬가지로 연령대가 높아질수록 결혼식에서 좀 더 '전통적인' 스타일의 옷, 즉 '정장'이나 '한복' 등의 옷을 입는 경우가 많았다. 이와 관련하여 사람들은 결혼식에 참석할 때는 "항상 고민이 되며"(응답자 205, 30대 여성, 직장인 관리직), 어떤 옷을 입을지 "두세 번 생각"(응답자 207, 30대 여성, 직장인 관리직)한다. 대체적으로 20대 응답자들의 경우 결혼식에 참석할 일이 많지 않아 어떤 옷을 입어야 할지 잘 모르겠다고 응답하였다. 실제로 이들은 결혼식에 참석한 지 너무 오래되었거나, 몇 번 밖에 가보지 않았다고 이야기하였다. 뿐만 아니라 다른 연령대의 응답자들이 상황에 맞는 옷을 미리 준비해둔 것과 달리 특별히 이러한 상황에서 입어야 하는 옷을 마련해두거나 미리 생각해보지 않았으며, 검정색 계통의 옷을 입을 것 같다는 식으로 두루뭉술하게 응답하였다. 결혼식 때 어떤 옷을 입어야 하는지에 대하여 주변 사람의 의견을 참고하여 결정하는 모습을 보이기도 한다.

(결혼식 간지) 엄청 오래됐어. 기억이 잘 안나 그래서. (…) (연구참여자가 최근에 결혼식에 참석한 친구들의 사진을 보여줌). (나도 이렇게 입을지는) 잘 모르겠어. 나도 채도 낮은 옷차림으로 차려입고 가지 않을까? 검은색 원피스라던지. (…) (검은색 원

피스는 없는데) 사서 가거나 아니면 어차피 하나쯤 있으면 좋으니까. 아니면 집에 안 입는 검은색 마이 하나 있으니까. 그렇게 입지 않을까. (응답자 203, 20대 여성, 대학생)

결혼식을 2번, 2번 밖에 안 가봤는데. 어 일단 둘 다 정장. 최근에는 아예 풀 정장을 입고 갔어. 그거는 이제 요청을 해가지고. 앞에서 돈 받는 그거 해야 되니까. 어 그래서 이제 딱히 별 생각이 없었는데, 근데 한 번 넥타이나 이런 거는 (하고) 와달라고 해준 친구한테 확인받았던 것 같아. (응답자 101, 20대 남성, 대학생)

이는 이들이 아직 대학생이거나 사회 초년생이기 때문에 다른 연령대의 응답자들과 비교하여 경제력이 부족하고 사회적 상황에 대한 경험이 적기 때문인 것으로 보여진다. 회사에 다니기 전이기 때문에 상대적으로 옷에 투자할 수 있는 비용이 적고, 결혼식에도 참여할 기회가 적은 20대 응답자들은 격식 있는 옷차림을 갖추기 어렵고, 공식적인 상황에 맞는 의복이 준비되지 않았을 가능성이 높다. 이는 20대 응답자들의 인터뷰 내용을 통해서도 확인할 수 있다. 일례로 응답자 202(20대 여성, 취업준비생)는 20대 초반의 경우 단정한 옷을 잘 사지 않기 때문에 자신들이 입던 옷을 입고 결혼식에 참석하는 경우가 많다고 응답하였다. 응답자 102(20대 남성, 대학생)의 경우 결혼식에 참석하였을 당시를 회상하며 적당한 옷이 없어서 아버지에게 검정색 계통의 옷을 빌려 입고 결혼식에 참석하였다. 격식있는 자리에 어울리는 고급스러운 옷을 입기에는 나이도 어릴 뿐만 아니라 구매할 능력도 없으며, 이처럼 단정한 스타일의 옷은 자신의 일상에서 소화하기 어렵다고 이야기하였다.

(친구들은) 20대 초반 이랬을 때는 회사도 안 다니고 하니까 단정한 옷을 잘 안 사잖아요. 그래서 그냥 자기들 입던 원피스에 재킷만 단정한 거 입는다든지, 아니면 신발만 구두를 신는다든지. 그러고 많이 오는데.(응답자 202, 20대 남성, 대학생)

있는 옷이 딱히 없어가지고 이렇게(검은 계통으로) 입었거든요. 작성한 날 결혼식 다녀왔거든요. (…) 다 검은색 옷 입고.. 여자 분들도 다..? (…) 아 군대 선임 결혼식이어가지고.. 다 같이 간 사람들도 남자들이어서.. (…) 이건 좀 약간.. 색깔도 그렇고 색감도 그렇고 소화하기가 어려워서 잘 안 입게 되는 것 같아요. 아직까지 이런 거 사기에는 제가 나이가 안되고 돈도 없으니까.. 저한텐 비싼 옷이죠. 자주 입는 옷은 아니니까. 학원 갔을 때 이런 걸 입고 갈 순 없으니까.. 자리가 아니니까. (…) 네. 이 때 (적당한) 옷이 없었어가지고. (응답자 102, 20대 남성, 대학생)

이러한 맥락에서 실제로 응답자들은 자신의 결혼식 패션이 다른 나이대의 사람들과 다르다는 것을 느끼기도 하였는데, 이는 "저희보다 나이가 있으신 분들은 확실히 정장 입고 오시고 단정한 그런 거 입고"라는 표현에서 잘 드러난다. 아래의 인터뷰 인용을 보면 20대 응답자들은 결혼식에 참석하였을 때 만났던 나이 많은 하객들의 옷차림과 자신을 비교하고 있는데, 확실히 나이가 들수록 보다 화려한 옷을 입거나 정장류의 단정한 옷차림을 하는 것 같다고 이야기하였다. 따라서 이들은 결혼식에 적절한 의복을 입기 위하여 다른 사람들의 옷차림을 참고해 옷을 빌리거나, 적합하다고 느껴지는 옷을 새로 구매하여 입는다.

나이대가 다른 분들. 다른 분들 아줌마분들이나 할머니들.. 그 분들은 화려한 옷 입고 오신 것 같아요. 밝은 거 입고 오신 분들도 있으시고. (응답자 102, 20대 남성, 대학생)

저희보다 나이가 있으신 분들은 확실히 정장 딱 입고 오시고, 엄청 단정한 그런 거 있잖아요. 원피스. 가방도 막 각 잡힌 그런 거 들고 오시고…. 제가 최근에 결혼식을 안 가서…. (응답자 202, 20대 여성, 취업준비생)

두 번째로 연령대뿐만 아니라 성별에 있어서도 패션 특징의 차이가 나타났다. 주로 남성 응답자에 비해 여성 응답자들이 결혼식에 참석할 때 "항상 고민이 되며"(응답자 205, 30대 여성, 직장인 관리직), 어떤 옷을 입을지 "두세 번 생각"(응답자 207, 30대 여성, 직장인 관리직)한다고 응답하는 경우가 많았다. 먼저 여성들의 경우 남성들에 비해 결혼식에 참석할 때 좀 더 화사하고 화려한 스타일의 옷을 선택하는 경우가 많았다. 30대 이상의 여성들은 결혼식에 참석할 때 입는 옷은 "회사에 가서 입기도 좀"(응답자 205, 30대 여성, 직장인 관리직) 어려운 옷이라고 표현하거나 계절에 따라 다른 스타일을 코디하는 경우가 있었고, 일반적으로 결혼식이 아닌 다른 상황에서 입기 어려운 옷을 선택하는 경우가 있다고 응답하였다. 이는 결혼식 패션에 있어 젠더의 차이가 드러남을 보여주는 지점으로, 입을 수 있는 패션의 스펙트럼이 남성에 비해 넓은 여성의 경우 결혼식만을 위한 패션 코드가 따로 존재함을 나타낸다.

원피스를 예를 들어서 뭐 그 뭐지 브랜드 D나 아니면 브랜드 S 이런데서 그냥 사. 사 놓고 이건 이 계절 때 결혼식 가는 옷. 이 계절 때 결혼식 가는 옷. 조금 따로 챙겨 놓는 편이야. (…) 항상 고민이 되더라고. 결혼식 갈 때 복장. 그냥 너무 검은색도 안 되고.. 또 너무 막. 회사에 가서 입기도 좀 그런? 그냥 원피스나 투피스 그런 건 어디 딴 데 입을 일이 없으니까. (응답자 205, 30대 이상, 직장인 관리직)

다른 데 갈 때는 한 번 생각하면, 결혼식 갈 때는 두세 번 생각하는 것 같아. 왜냐하면 주변 사람들 많이 만나게 되고. 남편의 상사 결혼식은 남편의 상사도 만나고 평소에 안 보던 사람 혹은 볼 일이 없지만 아는 지인들을 만나는 경우가 많기 때문에 그래도 생각을 좀 해서 고르는 것 같아. (…) 그냥 좀 예쁜 옷? 비교적 최근에 구입한 뭔가 신상스러운 그런? (응답자 207, 30대 여성, 직장인 관리직)

이와 달리 상대적으로 남성들은 어떤 스타일의 옷을 입고 결혼식에 참석해야 할지 크게 고민하지 않는 모습을 보였다. 30대 이상의 직장인들은 "회사에 입고 가는 양복을 그냥 입기"도 한다(응답자 105, 30대 남성, 직장인; 응답자 109, 50대 남성, 전문직). 그렇지만 평소에는 불편하기 때문에 넥타이를 매지 않는 사람이라도 격식을 갖춘 옷차림을 위해 넥타이를 착용하기도 하며, "시계도 괜찮은 시계"(응답자 108, 30대 남성, 자영업)를 골라 착용한다. 특히 중요한 관계의 사람에게 초대받아 결혼식에 참석하는 경우에는 "아무래도" "고가의" 맞춤 정장을 입고 가기도 하며(응답자 108, 30대 남성, 자영업), 본인의 결혼식 때 예복으로 맞추었던 정장을 입고 가기도 한다(응답자 109, 50대 남성, 전문직). 여성 응답자들과 같이 결혼식 상황에서 입는 옷 자체가 구분되는 경향은 뚜렷하게 나타나지 않았지만, 그럼에도 예의를 갖추기 위해 정장과 액세서리를 착용하는 모습은 동일하게 나타났다.

(결혼식에 갈 땐) 그냥 일반적인 양복, 회사에 입고 가는 양복 그냥 입습니다. (응답자 105, 30대 남성, 직장인 관리직)

그냥 있는 정장을 입고 가요. 제일 깔끔한 옷으로. 집 사람이 골라 줘요. (응답자 109, 50대 남성, 전문직)

아무래도 그렇죠. 고가.. 굉장히 좀 포멀하게 입죠. 넥타이까지 매는 것 같아요. 시계도 괜찮은 시계 하나 차는 것 같아요. (응답자 108, 30대 남성, 자영업)

마지막으로 사람들은 "공연 및 전시 관람 시" 꾸몄다는 느낌을 줄 수 있는 옷차림을 한다. 이러한 문화 활동이 일종의 특별한 일정이자 데이트이기 때문이다. 응답자들은 이 상황에서 사진을 찍기도 하기 때문에 평소보다 옷에 더 신경 쓴다고 이야기하였다(응답자 207, 30대 여성, 직장인 관리직; 응답자 210, 30대 여성, 전업주부; 응답자 213, 30대 여성, 전업주부). 찢어진 청바지나 맨발에 샌들과 같이 튀는 복장은 공연장에 어울리지 않는 옷차림이라고 생각한다. 주목할 만한 점은 이렇게 착장에 신경씀에 있어 공연과 전시의 성격이 영향을 미친다는 점이다. 응답자들의 옷차림은 공연과 전시의 종류나 성격에 따라 조금씩 달라지고 있었다. 응답자들이 참석한 공연이나 전시는 크게 발레 공연이나 클래식 음악 연주회로 대표되는 포멀한 성격의 공연 및 전시, 또는 뮤지컬이나 콘서트장과 같은 비교적 캐주얼한 성격의 공연 및 전시로 구분된다. 먼저 클래식 음악 연주회에 참석할 때 다른 공연을 관람할 때보다도 옷을 갖춰 입고 예의를 표현하고자 하는 모습을 보였다.

사진을 보통 뮤지컬이나 이런 것 앞에서 찍고 그러니까. 그래도 좀 더 너무 청바지에 후드티 이렇게 입는 것 보다는 백도 잘 메고, 구두도 좀 굽이 있는 걸 신고 그래야 잘 나오니까? 그런데 또 너무 불편한 옷을 입으면 꽤 오랜시간 앉아 있어야 하니까 그러니까 좀 편하면서도 너무 캐주얼하거나 막 입지 않은 그런 옷을 입을 것 같아. (응답자 207, 30대 여성, 직장인 관리직)

오늘은 사진을 찍자, 그러기도 하고 그러고 가죠. (…) 아무래도 클래식 음악이다, 미술관이다 할 때는 약간 떠오르는 그런 이미지 있잖아요. 그렇게 되는 것 같고. 대중 음악 같은 것은 그냥 편한 데님 재킷에 뭐, 편한 차림으로 갈 것 같아요. (응답자 213, 30대 여성, 전업주부)

응답자들은 옷에 신경 쓰는 이유로 클래식 음악이나 미술관이 갖는 "이미지"(응답자 213, 30대 여성, 전업주부)를 들었다. 이들은 대부분의 사람들이 그러한 상황에서 옷을 갖춰 입는 분위기이고, "사회 통념상"(응답자 216, 40대 여성, 전문직) 그렇게 입지 않았을 때 다른 사람에게 "교양 없어 보일 것 같고"(응답자 206, 30대 여성, 직장인), TPO에 맞지 않는다고 인지하고 있었다. 이와 같은 암묵적인 규칙을 지키지 않은 옷차림에 대해서는 편안하게 입는 것이 "아무 잘못도 아니고 상관도 없다는 것은 머리로는 알고 있지만"(응답자 210, 30대 여성, 전업주부), 그럼에도 불구하고 그것이 하나의 예의이며 공연에 걸맞은 수준을 보여줘야 한다고 배워 온 까닭에 교양 있게 입어야 한다는 의견이 지배적이었다. 어릴 때 첼로를 배운 경험이 있는 응답자 215(30대 여성, 자영업)는 클래식 공연에 갈 때는 "정장스럽게 입고 구두"를 신고 가는데, "어릴 때부터 이런 상황에서는 허름하게 가는 것은 예의가 아니다"라는 것을 배웠다고 응답하였다. 특히 클래식 연주회의 경우 공연의 시간대가 영향을 미친다는 응답도 존재하였는데, 음악을 전공한 응답자 210(30대 여성, 전업주부)은 점심에 열리는 음악회보다는 저녁에 열리는 음악회가 더 교양 있어 보이는 옷차림으로 참석해야 하는 자리로 인식하고 있었다.

아무래도 클래식 음악이다, 미술관이다 할 때는 약간 떠오르는 그런 이미지 있잖아요. 그렇게 되는 것 같고. 대중 음악 같은 것은 그냥 편한 데님 재킷에 뭐, 편한 차림으로 갈 것 같아요. (응답자 213, 30대 여성, 전업주부)

클래식 콘서트 가거나 그럴 때는 그래도 좀 갖춰 입고 가려고.. 그게 좀 예의인 것 같아서. 갖춰 입고 가려고 하는 것 같아. 예당(예술의 전당) 공연 갈 때.. (…) 예를 들어서 클래식 공연이라면 그 연주자 분들도 이렇게 정장을 입고 이렇게 연주를 하시는데 내가 그렇게(격식 없이) 입고 가는 게 아닌 거고. (응답자 205, 30대 여성, 직장인 관리직)

가벼운 정장이나, 가벼운 세미 정장? 이런 식으로. (…) 그거는 내가 그, 그 분위기, 음악회라던가 그것이 하나의 내 예의. 내 예의라고 생각하고. 뭐, 품격이 있는 그런 식당에서는 청바지, 아니 반바지 입고는 못 들어오게 하고 그러잖아요. 그런 것처럼 그 사람의 눈살을 찌푸리는 옷을, 복장을 해서는 안 된다고 생각을 하고. (응답자 217, 60대 이상 여성, 은퇴자)

사회통념 상, 그런 데는 약간 여성도 좀 정장 스타일, 남성도 약간 양복이나 이런걸 입는, 격식 있게 차려입는 게 예의라고 많이 배워 오다 보니. 이런 식의 옷을 입게 되는 것 같더라구요. (응답자 216, 40대 여성, 전문직)

미술은 이런데 제가 무슨 초청 받아서 간 게 아닌 이상 똑같은데.. 저는 클래식 공연갈 때는 옷 차려 입어요. 그러니까 정장스럽게 입고 구두 신고 가요. (…) 저 어릴 때 첼로 했기 때문에. (…) 근데 그런 게 있어요 약간 어릴 때부터의 그런.. '아 이런 상황에서는 허름하게 가는 것은 예의가 아니다'가 있어서 클래식 공연은 갖춰입고 가는? 왜냐하면 공연하는 사람들도 갖춰입으니까? 그 정도는 있고. 근데 아주 빡세게 입지는 않고. 왜냐하면 내가 뭐 무슨 vip도 아니고. 근데 이것 처럼(의복일지의 사진) 맨발에 샌들 신고 가진 않아요. (응답자 215, 30대 여성, 자영업)

(차려입지 않은 사람을 보면) 좀 이상해 보일 것 같아요. 클래식 음악회 이런 건데 뭐 청바지에 그냥 단정한 니트 이런 거면 상관이 없는데, 막 찢어진 청바지에 나시 티, 헐렁한 나시 티나 진짜 헐렁한 반팔 티 이렇게 입고 온다면 조금 TPO에 맞지 않다고 생각할 것 같아요. (응답자 208, 30대 여성, 직장인 관리직)

(TPO에 맞지 않는 옷차림은) 음…. 눈에 띌 것 같아요. 근데 아무 잘못도 아니고 사실 아무 상관이 없다는 걸 머리로는 알지만.. 그게 그 사람의 예의라면 할 말은 없지만, 어느 정도 예의를 갖춰 입는 게 맞는 것 같아요. 특히 음악회마다 다르겠지만 낮에 정오 음악회 같은 경우에는 그런 걸 입고 가도 되는 네, 음악회인데 저녁에 크게 하는 그런 데는 맞춰서 입고 가는 게 좋은 것 같아요. (응답자 210, 30대 여성, 전업주부)

클래식 음악 연주회는 좀 더 챙겨서 입지 않을까 싶어. 후드를 입지 않을 것 같아. 그 안에 니트를 입겠지. 후드는 확실히 좀 캐주얼한 아이템의 대명사니깐. 좀 교양 없어 보일 것 같기도 하고. (응답자 206, 30대 여성, 직장인)

동시에 이들은 클래식 음악 공연과 일반 대중가수의 공연을 비교하는 모습을 보이기도 하였는데, 구체적으로 응답자 217(60대 이상 여성, 은퇴자)은 클래식 공연의 경우 '수준'이 있는 문화이기 때문에 대중 가수의 공연과 달리 어느 정도의 품격과 TPO를 갖춰야 한다고 여기고 있었다. 응답자 213(30대 여성, 전업주부)의 경우 클래식 음악과 미술관의 경우 떠오르는 이미지가 있기 때문에 옷을 갖춰 입지만, "대중 음악 같은 것은" 편한 옷차림을 하게 된다고 이야기하였다.

우리 문화도, 문화도 수준이 있잖아요. 문화도 수준이 있는데. 클래식 이런 음악회나 그야말로 대중가수 할 만한 거는 달라요. 대중가수들은 이거 막 흔들어대고 소리지르고 그러잖아. 그런데는 그런 옷이 어울리고. 발레 공연을 간다던가, 클래식 음악회를 간다던가 비교적 사람들의 성향이 그렇잖아요. 그러면 거기에 맞춰서 이 음악회하고 나하고 어울린다. 내가 그 정도의 품격은 갖춘 사람이라고 생각해야지. 그런거는 하나도 생각하지 않고 내 멋대로는 나는 아니라고 생각해요. (응답자 217, 60대 이상 여성, 은퇴자)

아무래도 클래식 음악이다, 미술관이다 할 때는 약간 떠오르는 그런 이미지 있잖아요. 그렇게 되는 것 같고. 대중 음악 같은 것은 그냥 편한 데님 재킷에 뭐, 편한 차림으로 갈 것 같아요. (응답자 213, 30대 여성, 전업주부)

다 비즈니스 캐주얼이었던 것 같아요. 그냥 단정하게 가야지 그런 이유였던 것 같아요. (…) 그거는 이제 장소와 그거 뭐라그러죠. 오케스트라 공연, 이런 걸 뭐라고 구분짓죠? (…) (순수예술) 그런 차이 때문에 그랬던 것 같아요. 아무래도 가수가 나오는건 아무래도 젊은 층이 많을 테니까, 그리고 야외에서 하고 그러다보니까 캐주얼하게 입겠지 라는 생각에 그렇게 입었던 것 같아요. (응답자 108, 30대 남성, 자영업)

하지만 클래식 공연이 아닌 경우에는 이야기가 달라졌다. 이러한 맥락에서 이들은 만약 대중 가수의 콘서트 장을 방문할 경우 편안한 차림으로 갈 것 같다고 응답하였다. 응답자들은 뮤지컬 공연이나 대중 가수의 콘서트에 참석할 경우 상대적으로 좀 더 캐주얼한 스타일의 옷을 입었다. 이는 격식이 있는 느낌이 덜하기 때문이었다. 다만, 응답자들의 인터뷰 내용을 살펴보면 뮤지컬 공연을 관람할 경우 평소보다는 단정한 옷을 입는다는 의견과 편안한 감상을 위해 좀 더 캐주얼한 옷을 입는다는 의견(응답자 204, 30대 여성, 직장인; 응답자 206, 30대 여성, 직장인; 응답자 207, 30대 여성, 직장인 관리직; 응답자 209, 40대 여성, 사회적 기업 임원)이 공존하였다. 이는 뮤지컬 공연의 경우 클래식 음악 연주회와 비교하였을 때에는 캐주얼한 느낌이 있는 동시에 클래식 음악 공연과 마찬가지로 어느 정도 수준 이상의 가격을 지불해야 하기 때문인 것으로 보인다.

조금 더 차려입을 것 같은데. 클래식 공연이면. (불편함을 감수하고라도?) 응. 그렇다고 아주 불편한 옷은 내가 너무 싫어하기 때문에. 그냥 아주 조금 더 신경 쓰는. 만약에 뮤지컬 공연을 보러 가면은 청바지에 후드티도 허용이 될 것 같은데 클래식 공연을 보러 가는데 그렇게 입지는 않을 것 같아. 클래식 때는 좀 더 신경을 쓰지. (…) 그런데 또 너무 불편한 옷을 입으면 꽤 오랜 시간 앉아 있어야 하니까 그러니까 좀 편하면서도 너무 캐주얼하거나 막 입지 않은 그런 옷을 입을 것 같아. (응답자 207, 30대 여성, 직장인 관리직)

이 외에 대중문화 공연이나 미술 전시회같이 몸을 많이 움직이거나 이동하는 성격의 공연 전시에는 편안한 옷과 신발을 착용하고 참여한다는 의견이 주를 이뤘다. 예를 들어, 젊은 층이 주된 관람객인 가수의 콘서트나 페스티벌에는 조금 더 캐주얼한 복장을 한다는 것이다. 응답자들은 콘서트나 페스티벌의 경우 야외에서 하는 경우가 많고, 다들 '뛰어 놀기' 때문에 나도 뛰어 놀기 좋게 편안한 옷을 입는다고 응답하였다.

그런 차이 때문에 그랬던 것 같아요. 아무래도 가수가 나오는건 아무래도 젊은 층이 많을 테니까, 그리고 야외에서 하고 그러다보니까 캐주얼하게 입겠지 라는 생각에 그렇게 입었던 것 같아요. (응답자 108, 30대 남성, 자영업)

예를 들어서 페스티벌 가면 다들 뛰어 노는데 나도 뛰어놀기 좋은 옷 입는 거고. (응답자 205, 30대 여성, 직장인 관리직)

이처럼 크게 '공연 및 전시 관람'이라는 상황으로 묶이지만 공연과 전시의 성격과 이미지에 따라 응답자들의 착장은 조금씩 달라졌다. 이는 이러한 상황이 '문화 활동'이기 때문에 문화적 위계의 영향을 받았기 때문이라 판단된다. 일반적으로 문화 활동의 종류에 따라 특정한 문화 활동이 다른 것에 비해 상대적으로 지위가 높은 것으로 여겨지는 경향이 있다. 이와 같은 맥락에서 볼 때 클래식 음악 연주회는 뮤지컬에 비해 고급스러운 활동으로 여겨지며 대중 가수의 콘서트나 뮤직 페스티벌은 상대적으로 캐주얼한 활동으로 인식된다. 이러한 인식은 시간의 흐름에 따라 옅어졌지만 여전히 영향력을 행사하는데, 응답자들이 공연 및 전시의 종류에 따라 입는 옷을 달리 하는 것은 이에 영향을 받은 것이라 설명할 수 있다.

❷ 일상의 사적 패션

본 연구는 패션을 일상의 사적 패션을 확인할 수 있는 영역으로 앞서 언급한 세가지 상황을 제외한 "가족 모임, 친구와의 모임, 데이트, 코로나바이러스감염증-19의 영향으로 인한 패션, 운동을 하는 상황, 휴식 상황"을 구체적으로 살펴보았다. 응답자들은 이러한 상황에서 입는 옷을 고를 때 상대적으로 사회적 시선으로부터 자유롭게 옷을 고르는 모습을 보였다. 하지만 이러한 상황에서의 패션 스타일을 살펴보면, 응답자들이 일정 부분 사회적 시선을 고려하고 있다는 점이 구체적으로 드러난다. 이 가운데 비교적 사회적 시선으로부터 자유로운 "휴식 상황에서의 패션"은 응답자들이 보다 개인적인 공간에서 어떤 옷차림을 하는지 보여준다.

"가족 모임"은 환갑, 상견례, 돌잔치 등 모임의 성격에 따라 가깝지 않은 친척이나 사돈이 만나는 "중요한 가족모임"과 일상적인 가족 외식이나 생일을 축하하는 가족 모임같은 "일상적인 가족모임"으로 구분된다. 중요한 가족모임과 일상적인 가족에 참석할 때의 패션 스타일 또한 조금씩 다른 모습을 보였다. 응답자들은 좀 더 중요한 가족 모임에 참석할 경우에는 신경 써서 옷을 입지만, 일상적인 모임에는 상대적으로 캐주얼한 복장으로 참석하는 모습을 보였다.

편하게 모이는 모임에서는 뭐 이렇게 서로 부담 안 되고 편한 차림으로 가고. 뭔가 준비를 해야 해서 가야 될, 마음의 준비를 해서 가야 될 것 같은 때는 그래도 좀 이렇게 신경 쓰고 가잖아요. 다들 그렇지 않을까? 다들. (…) 슬리퍼는 안 신는다. (응답자 109, 50대 남성, 전문직)

결혼식 갈 때는 그냥 요렇게 비슷하게 입고요. 그냥 친척 집에 가서 저녁을 같이 먹는다든지 그럴 때는 이렇게 단정하게 안 입고, 편하게 바지 같은 거 입고, 그래요. 왜냐면 좀 예쁘게 입고 갔다가 "아유, 시집갈 때 다 됐네~" 이런 얘기 듣잖아요. 그게 싫어서. 최대한 구설수에 안 오를만한 눈에 안 띄는 그런 옷으로. (응답자 202, 20대 여성, 취업준비생)

"중요한 가족 모임"이 있을 때, 사람들은 가족 구성원 중 하나로 참석하기 때문에 "마음의 준비"(응답자 109, 50대 남성, 전문직)를 하고 신경 써서 입으며, 부모님이나 친척들의 기대에 어긋나는 옷차림을 피하고자 한다. 구체적으로 "욕 먹을까봐 챙겨입는다"(응답자 214, 40대 여성, 전업주부)거나 "최대한 구설수에 안 오를만한 눈에 안 띄는 그런 옷을 입는다"(응답자 202,

20대 여성, 취업준비생)는 경우가 있었다. 가족의 일원으로 참여하는 행사에서 다른 이들과의 갈등 상황을 피하기 위해서 패션을 활용하기도 한다. 슬리퍼를 신지 않고, 노출이 적은 보수적인 옷차림을 하고, 여름이라도 긴바지를 입고, 재킷을 챙겨 입거나 칼라가 있는 셔츠를 입는다. 체형을 보완하기 위해 날씬해 보이거나 너무 말라보이지 않도록 옷을 입기도 한다. 이러한 패션들은 모두 격식을 차리며 타인의 시선을 신경 쓴다는 공통점을 가지는 옷차림으로, 중요한 가족 모임의 경우 타인의 시선을 가정한 단정한 옷차림이 요구되고 있음을 알 수 있다.

반팔 반바지는 안 입는 것 같아요. 그렇게 입고 가면 아버지가 뭐라고 해요. 친척분들이나 그런 분들 뵐 때.. 슬리퍼 찍찍 끌고 가면 혼나니까.. 좀. (…) 뭐 어차피.. 어쨌든 그것도 보여지는 거니까. (…) (부모님도) 자리에 맞게 항상 입으시구요. 자리, 격식이라고 해야되나? 그거 되게 많이 따지시는 것 같아요. (…) 뭐 정말 모르시는 분, 처음 뵙는 분이면 더 잘 입고 가야하고. 그다음에 제가 저로써 가는 게 아니라, 부모님의 자식으로 가는 거니까, 보여지는 거니까. (…) 그래서 좀 깔끔하고 단정하게 입으려고 하는 거예요. (응답자 102, 20대 남성, 대학생)

가족하고 만날 때 피하는 스타일? 아무래도 어른들이다 보니까. 이제 뭐 많이 파인 옷을 입는다든지, 짧은 반바지를 입는다든지. 그런 것들을 많이 피하는 편이죠. 어느 정도는 이제 좀 얌전하게, 그렇게 막 튀는 옷은 안 입고 가는 것 같아요. (응답자 216, 40대 여성, 전문직)

중요한 가족 모임에 있어 지켜야 할 규칙이 있음은 20대와 30대의 경험에 있어 가장 명확하게 드러났다. 이들은 옷차림으로 잔소리를 듣거나 혼나기도 하며, 이를 "(어머니에게) 한 소리 듣기 전에 그냥 시키는 대로 입는다"(응답자 203, 20대 여성, 대학생)고 표현하기도 하였다. 또한, "아버지에게 혼난다"(응답자 204, 30대 여성, 직장인), "아버지가 뭐라고 한다"(응답자 102, 20대 남성, 대학생)라는 직접적인 경험을 전달한 응답자들도 존재하였다. 가족 모임에서 보여지는 20대 응답자들의 모습은 "제가 저로써 가는게 아니라, 부모님의 자식으로 가는거니까, 보여지는거니까"(응답자 102, 20대 남성, 대학생)라는 응답으로 상당 부분이 설명된다. 이들의 옷차림은 부모님이 자녀를 얼마나 잘 키웠는지를 보여주는 지표로 여겨질 가능성이 높기 때문이다. 그로 인해 이들은 부모님으로부터 보다 단정하고 예의를 갖춘 옷을 입길 요구받는다. 20대 대학생(응답자 102, 20대 남성, 대학생)은 자기 자신이 아닌 "부모님의 자식으로서" 가족 행사에 참여하기에 깔끔하고 단정한 이미지를 연출해야 한다고 이야기하기도 하였다.

(의복일지에 쓴 것처럼, 대체로 의사 없이 시키는 대로 입는 경우는) 진짜 크게 만날 때. 뭐 잔치가 있거나 제사지내러 가거나 그럴 때? (…) 내 옷을 엄마가 마음에 안 들어하는 게 너무 많아서 한 소리 듣기 전에 그냥 시키는 대로 입어. 딱히 내가 거기서 눈에 띄려고 가는 것도 아니고 그러니까. (…) (평소에 입는 옷도 눈에 띄는) 그건 아닐 것 같은데 엄마가 별로 안 좋아해. (…) 그렇게까지 (엄마의) 뜻을 꺾고 입고 싶은건 아니라서. 고작에 1년에 한 두번이고. (응답자 203, 20대 여성, 대학생)

남남에 가깝다고 생각해서 예의를 갖춰 입지 그때는. 그리고 그때 옷을 안갈아입으면 아빠한테 혼나. 아빠가 좀 갖춰 입으라고 하거든. (응답자 204, 30대 여성, 직장인)

20~30대 응답자들과 마찬가지로 40대 응답자들도 중요한 가족 모임에 참여할 때 자신의 가족의 체면을 신경 쓰는 모습을 보였다. 40대 전업주부인 214번 응답자는 동생의 이미지를 위해 조카의 돌잔치에 "과하게 입고" 참여한 경험에 대해 이야기하였다. 본인도 사돈을 만나는 상황에서 적절한 옷차림을 하고 참석하는 것이 중요하다고 생각하고, 가족들이 이를 중요하다고 여기기 때문이다. 특히 가족과 떨어져 살고 있는 미혼 여성이나 전업주부의 경우 부모님과 가족들에게 잘 지내고 있다는 모습을 패션을 통해 보여주기 위하여 신경 써서 차려입기도 한다. 응답자 215(30대 여성, 자영업)의 경우 "잘 먹고 잘 살고 잘 꾸민 딸"로 보여질 수 있도록 옷차림에 신경을 쓴다고 이야기하였다. 하지만 가족 행사와 관련해 20대와 30대, 특히 20대의 어려움이 두드러져 보이는 것은 이들이 아직 TPO에 관련된 규칙들을 배워나가는 과정 중에 있기 때문으로 여겨진다.

돌잔치 할 때도 얼마나 내가 욕먹을 까봐.. 얼마나 과하게 하고 갔는지 몰라. (남편)도 잘 입혀 가지고 가고. 그 집은 그게 되게 중요한 집이거든. 그 집 사돈집도 되게 괜찮은 집인데, 막 내가 거지 같이 하고 가면 내 동생이 너무 그렇잖아. (응답자 214, 40대 여성, 전업주부)

그리고 가족 만날 때 가족한테 저희 부모님은 제가 좀 여성스러워 보이는 거 좋아하거든요. 좀 분홍색? 뭐 이런 거랑 머리도 기르는 거 좋아하고. 그리고 좀 깔끔하고 좀 값비싼 아이템 같은 거를 가지고 있는 걸 좋아하고. 잘 먹고 잘 살고 잘 꾸민 딸 이런 걸 봤을 때 더 흐뭇해 하기 때문에 굳이 그 반대로는 안하려고 하죠. (…) 좀 있어보이는? 그냥 잘 지내고 있는 딸? 여성스럽고 좀 성숙하고 뭐 그런 모습을 보이려고 신경 쓰는 것 같아요. (응답자 215, 30대 여성, 자영업)

한편 "일상적인 가족 모임"에서는 중요한 가족 모임보다는 편안한 옷차림을 하는 경우가 대부분이다. "너무 포멀하게 입으면 좀 너무 가족이 아닌 느낌, 너무 딱딱한 느낌"(응답자 201, 20대 여성, 대학원생)이 든다고 느끼기도 하며, 일상적인 상황에서 가족을 만나는 것에 추가적인 노력을 들이지 않으려는 경향이 엿보인다. "가족 만나러 가니까 특별하게 생각해본 적이 없고, 출근할 때 보다 편안하게 입기도 한다"(응답자 108, 30대 남성, 자영업)는 표현은 이를 뒷받침한다. 특히 가족과 친척의 집에서 만날 때는 편안하게 입고 가는데, 이 경우에는 집에서 입는 것과 큰 차이 없이 그냥 가기도 한다(응답자 216, 40대 여성, 전문직).

가족들과의 자리니까, 너무 포멀하게 입으면은 좀 너무 가족이 아닌 느낌. 너무 딱딱한 느낌이야. (…) 그냥 되게 예쁘게 입었네~ 그러겠지? (…) 응 그게 불편해. (…) 그냥… 가족들끼리 막 그렇게 그렇게 막 차려입고, 예쁘게 꾸미고 그런 일은 없잖아?(웃음). (응답자 201, 20대 여성, 대학원생)

가족모임에는 휴식할 때는 아니고, 오히려 평상시, 청바지랑 위에 편한 니트나 티. 그런 식으로 입는 것 같아요. 직장보다 더 편안하게 입죠. (…) 가족 만나러 가니까 특별하게 생각해본 적이 없는 것 같아요. (본가랑 처가 갈 때는 차이가 없이) 똑같아요. (응답자 108, 30대 남성, 자영업)

평소에 그냥 뭐 시댁을 가든 친정을 가든, 대부분 집을 방문할 때는 그냥 집에서 입는 것과 큰 차이가 없이 그냥 가는 것 같아요. (…) 시부모님이든, 친정 부모님이든 뭔가 격식있게 가야된다거나 그런 개념은 아니고. 정말 순수한 그냥, 나와 내가 평상시에 사는 가족의 개념이다 보니까. 굳이 뭐 더 챙겨 입는다든지 아니면 내가 잘사는 모습을 꼭 보여줘야된다는 그런 건 없어요. (응답자 216, 40대 여성, 전문직)

"친구와의 모임"의 경우는 모이는 친구들과의 관계, 친구가 패션에 신경쓰는 정도, 약속 장소와 지역, 만나는 목적 등에 따라 패션이 달라지는 것이 특징이다. 먼저 응답자들은 친구들과 만날 때 어떤 사람을 만나는지에 따라 옷을 결정하였다. 특히 만나는 상대와 얼마나 친밀한지, 상대방이 패션에 얼마나 신경을 쓰는지에 따라 옷차림에 신경을 쓰는 정도와 옷차림이 달라졌다. 일반적으로 응답자들은 어린 시절부터 알던, '가까운' 사이의 친구들과 만날 때는 옷차림에 크게 신경 쓰지 않고 편안한 스타일으로 옷을 입는 모습을 보였다. 응답자 103(30대 남성, 직장인)의 경우는 친한 친구와 만날 때에는 깨끗하지 않은 옷도 입기도 한다고 이야기할 정도였다. 가까운 사이를 판단하는 기준은 사람마다 다르게 나타났지만, 고향 친구, 고등학교나 대학교 시절 친구는 편안한 관계로, 상대적으로 직장 동료나 사회에서 만난 친구들은 편하지만은 않은 관계로 언급되는 경향이 있었다.

(아내: 아니 근데, 옛날에는 맨날 정장 입고 갔어. 근데 이제 초등학교 친구들이다 그러면은 편하게 나가요. 막 청바지 입고, 잠바 입고 이러고 나가더라고. 양복 안 입고 나가데.) (…) 정장 차림을 입고. 친구들이야 이제 어렸을 때부터 한거니까. 전혀 이제 의식하지 않고 편안하게 입어요. (응답자 110, 60대 이상 남성, 은퇴자)

친구라도 또 이 친구가 어렸을 때부터 만난 친구인지, 아니면 이제 직장 동료에서부터 같이 친구로 된 사람인지. 그런 것들에 따라서도 조금은 달라진 것 같아요. (…) 고등학교 때 친구들은 어렸을 때 약간 좀 편한 모습도 많이 봤었고, 그런 것들이 있다 보니까. 이제 지금 만나도 이제 본인들의 어떤 상황이나, 이런 것들을 많이 이해해주고. 그런 편이다 보니까 되게 편안하게 캐주얼한 스타일대로 옷을 입어서 만나는 편이에요. (…) 직장에서 같이 일했던 친구들이나 그런 친구들을 만났을 때는, 아까 조금 약간 최신의 브랜드의 내가 조금 모든 걸 좀 신경 써서, 지금 내가 관리를 잘하면서 살고 있다는 것을 조금 보여주는? 신경을 안 쓸 수는 없는 것 같아요. (응답자 216, 40대 여성, 전문직)

고향 친구들이나 대학교 친구들 만나면 진짜 그냥 편하게 입는데. 회사 친구들 별로 안 친한 친구들 만나면 좀 더 신경 써서 가는 것 같아. 비싼 옷을 입는 그런 건 아니고? 친한 애들 만날 때는 별로 안 깨끗한 옷 입고도 나가고 그러기도 하는데 그래도 좀 덜 친하고, 좀 신경 써야 하는 친구들 만날 때는 빨래가 된 새 옷을 입고 나간다든지. 낡지 않은 최근에 산 옷을 입는다든지 그런 게 있는 것 같아. (응답자 103, 30대 남성, 직장인)

한편 친구들과 만날 때 더 신경써서 옷을 입는다는 응답자들도 있었다. 이들은 친한 친구들과 만날 때 편한 옷을 아무거나 입는다는 응답자들과 달리, 자신에게 잘 어울리는 옷을 입고 신경 써서 꾸미고 만난다고 응답하였다. 한 응답자는 친구를 만날 때 "너무 짧아서", "너무너무 화려해서" "출근할 때 못 입는" 옷을 입고 외출한다(응답자 202, 20대 여성, 취업준비생). 왜냐하면 평소에 입고 싶더라도 입을 데가 없기 때문이다. 마찬가지로 응답자 106(30대 남성, 직장인 관리직)의 경우 친구들과 만나면 자신에게 제일 잘 어울리며, 매력적으로 보일 수 있는 옷을 입는데 자신뿐만 아니라 만나는 친구들 또한 자신의 이미지에 잘 맞는 옷으로 코디하는 것 같다고 하였다. 응답자 217(60대 이상 여성, 은퇴자)은 친구들과 만났을 때 '예쁘고 잘 어울린다'는 평가를 받으면 만족스럽기 때문에, "옷을 좀 잘입으려고 노력"하고, 메이크업에도 더 신경을 쓴다고 이야기한다. 물론 친구들과의 만남에서도 '이미지'가 중요하며, 다른 사람들이 자신을 어떻게 볼지를 생각하지 않을 수 없기 때문이기도 하다.

친구랑 나갈 때는, 출근할 때 못 입는 그런 거 있잖아요, 너무 짧아서 못 입겠다든지 아니면 너무 화려해서 못 입겠다든지, 그런 것도 입어요. 입고 싶으니까, 입을 데가 없으니까 왜냐면 남자친구가 없기 때문에…. (응답자 202, 20대 여성, 취업준비생)

직업은 같은 다 직장인이거든요. 근데 그러니까 회사 갈 때 입는 건 비슷한데, 이제 이렇게 뭐랄까 친구 모임 이런 것 할 때는 스타일이 좀 다르죠. (…) 아마 자기를 제일, 표현을 멋있게. 아무튼 자기한테 제일 잘 어울리고 자기 이미지랑도 잘 맞고 제일 매력적으로 보일 수 있는 그런 쪽으로 서로 다 코디하는 것 같아요. (응답다 106, 30대 남성, 직장인 관리직)

제 경우에는 친구를 만날 때 옷 아무렇게나 안 입어요. 그렇잖아요. 그 내가 입은 옷에 대해서 평가를 해주고, 예쁘다 해주는게 친구잖아. 그래도, 다른 친구들도 마찬가지야, 그래도 옷을 좀 잘 입으려고 노력을 해. 그런 게 있지. (…) 예쁘고 나한테 잘 어울리고. 예쁘다는 소리를 들을 수 있도록. 그러니까 메이크업이나 이런 것도 신경써서 하고. (…) 이미지잖아. 이미지. (…) 다른 사람들이 나를 어떻게 볼까 이거를 생각을 안 하고 살 수는 없어요. (응답자 217, 60대 이상 여성, 은퇴자)

만나는 상대의 패션 스타일 또한 그날 입을 옷을 결정하는 데 있어 고려하는 사항이었다. 친구들과 만날 때 특별히 옷차림을 신경 쓰지 않는다고 응답한 응답자들도 만약 만나는 상대가 평소에 화려한 옷차림을 하는 편이라면 그 사람에 맞춰 그날 스타일에 신경을 쓰는 편이라고 응답하였다. 반대로 개성있는 옷차림을 좋아하는 응답자는 "너무 편하게" 입고 오는 친구를 만날 때 "내가 멋내고 가면 민망하기" 때문에 편하게 입고 가기도 한다(응답자 212, 30대 여성, 전업주부).

대학교 친구들 중에 굉장히 외모에 관심이 많고, 명품에도 관심이 많은 친구들이 있어요. 그런 친구들과의 모임에는 나도 모르게 조금은 더 차려입게 되는 것 같고, 그냥 진짜 편한 동네 친구들은 그냥 정말 편하게 입고 만나고. (응답자 207, 30대 여성, 직장인 관리직)

정말 편하게 입고 만나는 친구들도 있긴 한데, 어떤 친구랑 만날 때는 그래도 좋은 옷을 입고 나가려고 노력하는 것 같아요. 그냥 편하게 점심 먹는 만남인데도 그 친구가 그런 거를 많이 신경 쓰는 타입이고 그렇다고 하면은.. 또 그거에 평가받고 싶지 않은 마음이 있는 것 같아요. 그래서 그중에 괜찮은 옷을 골라 입고 나가는 것 같아요. (응답자 210, 30대 여성, 전업주부)

예를 들면 너무 편하게 어디든 늘 입고 오는 친구가 있잖아. 근데 내가 멋내고 가면 민망하잖아. 그럴 때는 좀 편하게 입는 거지. (응답자 212, 30대 여성, 전업주부)

친구들과의 모임에 입고나갈 옷을 결정할 때 고려하는 두 번째 요인은 친구를 만나는 장소였다. 응답자들은 모임의 장소, 다시 말해 카페나 레스토랑과 같은 '공간'이나 강남, 홍대와 같은 '지역'에 따라 옷을 더 신경써서 차려입거나, 캐주얼한 스타일을 선택하는 모습을 보였다. 응답자들은 자신이 거주하는 지역 외의 다른 지역에 가거나, 좋은 카페나 레스토랑에 방문하게 되면 비싼 브랜드의 옷을 입거나, 후드티보다는 셔츠나 코트를 입고, 운동화보다는 구두를 신는 등 평소보다 신경 쓴 스타일의 옷을 입는다고 이야기하였다. 출근하는 것과 유사하게 입거나, 튀는 옷을 입거나 유행하는 아이템을 착용하기도 한다(응답자 202, 20대 여성, 취업준비생). 친한 친구들과의 모임에 옷을 신경 쓰지 않고 입는 편이라고 대답한 응답자들도 약속의 목적지가 '바(bar)', '호텔 레스토랑', '좋은 음식점이나 카페' 등 격식을 차리고 가야 할 것 같은 장소로 정해진 경우 평소보다 신경 쓴 옷차림으로 약속에 나선다.

(연구자: 다른 지역에 갈 때 옷이 달라지나요?) 아무래도 좀 제가 생각했을 때, 이 브랜드 좀 비싼거다. 그런거 좀 입고. 머리도 좀 만지고. 그런거죠. (응답자 102, 20대 남성, 대학생)

보는 눈이 많으니까. 내가 뭐 어디 걸어갈 수 있는 곳이면 괜찮은데 대중교통 타거나 이동을 해야하거나 그러면 신경을 좀 쓰는 것 같아. (응답자 103, 30대 남성, 직장인)

(친구)랑 만날 때는 그냥 근처 양재천 이런 데 가면, 그냥 안경 쓰고, 뭐 대충 아무거나 주워입고, 그냥 선크림만 바르고 나가거든요? 근데 뭔가 얘를 만나는데 오늘은 멀리 나갈 것 같아, 뭐 강남역 이런 데 갈 것 같아 이러면 렌즈 끼고, 컨실러라도 찍어 바르고, 옷도 좀 출근할 때 입는 그런 거 입고 나가고…. (…) 저는 보통 번화가를 간다고 하면 강남역을 많이 가거든요? 그럴 때는 아까 말했듯 출근할 때 입는? 그런 거 입고 그리고 완전 홍대 이런 데 갈 때도 그런 데랑 비슷하게 입기는 하는데 약간 좀 튀는 거 입기도 하고 그러기는 해요. 예를 들어 요새 유행하는 집게핀, 반묶음을 하고 나간다든지 그런거. (응답자 202, 20대 여성, 취업준비생)

그 친구랑 어디를 가는지를 신경 쓰는 것 같아요. 장소를 좋은 음식점이나 카페를 간다 그러면 조금 신경 써서 가고요. 동네 카페에서 만난다 그러면 그냥 긴 치마, 편하게 입고 나가는 것 같아요. (응답자 210, 30대 여성, 전업주부)

만약에 호텔에서 만난다 그러면 조금 더 신경 쓰고. (응답자 207, 30대 여성, 직장인 관리직)

'어디 되게 예쁜 카페가 있어 가볼래?' 할 때랑 다르지. 그냥 '밥 먹을래?' 이거랑 좀 다르니까 뭐가 되게 어디가 핫(hot)하고 거기로 가보자 이러면, 그래도 그럴 때는 나는 편하게 입고 싶지만 꾸미고 나가는 편인 거 같아. (응답자 212, 30대 여성, 전업주부)

친구랑 약속 장소가.. (옷차림에 영향을 줘요). (…) 올해 초에 친구랑 클럽에서 만나기로 했는데 그건 좀 너무 안 어울리니까.. 근데 그렇다고 본격적인 클럽 복장까지 갖춰서 갈 수는 없으니까.. 뭐 청바지에 그냥 되게 무난무난하게 좀 몸에 약간 붙는 스타일의 상의? 이 정도로 바꾸기도 하고. (…) 예를 들면 친구가 동네에서 자주 만나는 친구가 호텔 레스토랑에서 밥을 사주겠다고 했는데 그럴 때는 왠지 좀 꾸미고 가게 됐죠. (응답자 215, 30대 여성, 자영업)

장소뿐만 아니라 지역에 따라 착장이 달라지기도 하였다. 이들은 서울의 번화가, 또는 소위 핫 플레이스(hot place)로 알려져 있는 지역에 갈 경우 평소에 입는 편안한 옷을 입지 않는다. 응답자들은 강남, 압구정, 가로수길, 도산공원, 청담, 한남동, 성수, 합정 등 많은 사람이 방문하고 트렌디한 장소로 여겨지는 지역에 방문할 경우 좀 더 좋은 옷, 유행하는 옷과 높은 신발 등을 선택하였다. 자신의 거주지를 벗어나 다른 지역에 가는 것도 평소와는 다른 옷차림을 하는 이유로 제시되었다.

어디를 가느냐인 것 같다. (…) 친구 집에 간다던가 그러면 편한 옷을 입고. 하지만 뭐 예를 들어서 뭐 그냥 뭐 도산공원 같은데 가서 밥을 먹는다 그러면 또 조금 다르게 입고. (응답자 205, 30대 여성, 직장인 관리직)

사람도 사람이지만 어디서 보느냐가 중요한 것 같아. (…) 같은 친구더라도 동네 스타벅스에서 본다 이러면 그냥 퇴근하고 편한 레깅스랑 맨투맨으로 갈아입고 보는 거고 그 똑같은 친구더라도 내가 퇴근 후에 압구정이나 청담 맛집이나 레스토랑을 가기로 했다. 그러면은 이제 좀 차려입고 가겠지. (응답자 206, 30대 여성, 직장인)

(어떤 친구를 만나는지보다) 지역이랑 약속 장소가 더 중요한 것 같아요. 친구를 동네에서 만난다고 차려입지는 않을 것 같은데, 가는 동네가 조금 포멀한 레스토랑이라던지 조금 가로수길이나 한남동에 되게 핫(hot) 한데라든지 이러면 더 챙겨입고 가고 더 좋은 옷 입고 가고 그렇게 입는 것 같아요. (응답자 208, 30대 여성, 직장인 관리직)

친구보다는, 그냥 어디서 만날지는 조금 오히려 그게 더 달라지는 그 요인인 것 같아. 신촌을 뭐 벗어나야 한다면 조금 더 달라지는 부분은 있지. (웃음) 만약에 강남 간다 하면은 평소보다 높은 신발을 신지. (강남이 키가 대부분 큰 것 같은) 약간 그런 느낌이 있어서. 평소보다 높은 신발을 신고. 막... 그 일반적인 후드나 맨투맨은 잘 안 입고. 셔츠 니트, 뭐.... 코트? (응답자 101, 20대 남성, 대학생)

"데이트를 하는 상황"에서는 일상과는 조금 다른 스타일의 옷을 입는 경향성이 두드러진다. 결혼을 한 응답자들이나 결혼하지 않은 응답자들 모두 데이트를 할 때 일상생활에서 잘 입지 않는 스타일의 옷을 입었다. 실제로 212번 응답자는 데이트를 할 때 "내 맘대로, 평소에 못 입는" 옷을 입기도 한다고 응답하였고, 203번 응답자는 "평소에 입지 않는 것을 입어도 나쁘지 않겠다"고 생각한다는 점에서 이와 같은 경향성을 엿볼 수 있다.

내 맘대로 진짜. (…) (다른 사람의 시선) 그런 생각 안 하고. (…) (평소에) 못 입으니까 이럴 때 실컷 입는 거지. (응답자 212, 30대 여성, 전업주부)

그냥 되게 산뜻하게 꾸며보고 싶어서. 평소에는 되게 보이시하게 입는거 좋아하는데, (평소에 안 입는) 이런거 입어도 나쁘지 않겠다. (응답자 203, 20대 여성, 대학생)

데이트할 때 입을 옷을 결정함에 있어 응답자들 고려하는 점은 크게 두 가지로 나타난다. 첫 번째는 상대에게 호감을 줄 수 있는지, 두 번째는 데이트 시 어떤 활동을 하는 지였다. 특히 나이가 젊은 연령대의 응답자일수록 상대에게 매력적으로 보일 수 있도록 옷에 더 신경을 쓰는 모습을 보였다. 이들은 데이트 시 본인이 좋아하는 스타일의 옷을 입기도 하지만, 상대에게 보여지는 모습을 고려하여 상대에게 어필할 수 있는 의상을 기준으로 옷을 선택하기도 하였다. 이러한 맥락에서 응답자 101(20대 남성, 대학생)은 평소처럼 옷을 입고 가면 상대방이 서운해 하기 때문에 신경 써서 옷을 입고 데이트를 한다고 이야기하였고, 응답자 202(20대 여성, 취업준비생)는 여성스러움을 강조한 옷을 입는다고 하였다. 결혼한 부부의 경우 상대방의 옷을 골라주는 경우도 있었는데, 특히 남성 응답자 109(50대 남성, 전문직)의 경우 아내가 골라주는 옷을 입는다고 이야기하였다.

좀 더 여성스러움을 보이고... 나의 여리여리함을 보여주고 싶고 그런 거 있잖아요. '남자들은 이런 거 못 하지?' 그런 귀걸이라던가 아니면 여기가 이렇게 된 블라우스라던가 그런 걸 많이 입었어요. (응답자 202, 20대 여성, 취업준비생)

상대한테 어떻게 보일지도 되게 생각을 많이 좀 하는 것 같은데. (…) 우리가 자주 만나는 편은 아니라서. 친구들 볼 때처럼 막 편하게 나가면 좀 서운해 하는 것도 있고. (…) 일주일에 1~2번 정도. 그래서 너무 편하게 나가면 어 신경을 안 썼다고 서운해하고 이러고. 또 웬만하면 만나면은 신촌을 벗어나니까 그런 영향도 있고. (응답자 101, 20대 남성, 대학생)

골라주는 대로. 내 거는 집사람이 고르고, 집사람 건 집사람이 알아서 입고. (응답자 109, 50대 남성, 전문직)

이 외에 데이트의 코스도 데이트 시 입는 옷차림에 영향을 미친다. 응답자 207(30대 여성, 직장인 관리직)은 데이트 상대에게 어떻게 보일지, 그날의 데이트 코스가 무엇인지에 따라 의상을 고른다며 데이트 코스 또한 의상을 선택하는 데 중요한 영향을 미친다는 것을 이야기하였다. 이러한 맥락에서 산책을 하는 경우에는 운동성이 좋은 편안한 옷을 착용하며, 공연 전시에 참석하는 경우 그에 걸맞은 옷을 착용하기도 한다. 이 경우 앞서 작성한 공연 전시 TPO에 해당하는 옷차림이 교차적으로 나타날 것으로 짐작할 수 있다.

제일 중요한 건 상대한테 어떻게 보일지랑 그날의 데이트 코스. 산책을 많이 한다 이러면 당연히 편한 거여야 하고. 또 공연을 보러간다 그러면 차려입어야 하고. 그런 것들. 상대에게 어떻게 보이고 싶은지도 중요하고. 데이트 코스도 중요하고. (응답자 207, 30대 여성, 직장인 관리직)

커플 룩이나 커플 아이템과 같은 시밀러 룩을 착용하는 응답자들도 존재하였다(응답자 101, 20대 남성, 대학생; 응답자 213, 30대 여성, 전업주부; 응답자 110, 60대 이상 남성, 은퇴자; 응답자 217, 60대 이상, 여성). 응답자 213(30대 여성, 전업주부)은 남편의 스타일과 비슷하게 맞춰 입게 되는 부분이 있다고 이야기하였고, 또한 남편이 옷을 같이 입는 것을 좋아하여 "똑같이 맞춰 입자"(응답자 217, 60대 이상 여성, 은퇴자)고 먼저 제안하여 비슷한 스타일로 구입하여 입는 경우가 있다고 응답하였다. 또한, 자녀를 동반한 기혼 부부는 데이트 시 활동하기에 편안한 의복을 착용한다. 특히 어린 자녀가 있는 경우, 편안한 옷과 신발, 밝은 색상의 의류를 코디하는 경우가 많았다.

저희(부부)는 편하게 입구요. 남편 면바지에 그냥 뭐 브랜드 X 그런 칼라 있는 셔츠에 데님 자켓이나 가죽자켓 뭐 이런 거 좋아하구요. 저도 그냥 좀 비슷하게 맞춰서 입게 되나? 뭐 그런 것도 있고 그냥 저도 그냥 편하게 청바지에 셔츠나 선글라스 이렇게 하는 편이에요. (응답자 213, 30대 여성, 전업주부)

그게 저이가 같이 입는 걸 좋아해. 그래서 다 내가 사다 준다고 했잖아. 저기 등산복 얇은 거 살 적에 항상 내거랑 같이 산다고. 그런 게 몇 개가 있어요. 그럴 적에, 이런 동네 나갈 적에는 안 그러지만. 다른 사람이랑 같이 다닌다거나. 또 여행 간다고 하면. 같이 입자고 하더라고. 그럼 똑같이 맞춰 입자. (응답자 217, 60대 이상 여성, 은퇴자)

데이트 할 때는 커플이 굉장히 다정해 보인다? 라는 그런 걸 좀 보여주는 그런 옷을 선호하는 것 같아요. 거기에는 아무래도 딸이랑 데이트하는 상황이다 보니까 이제 제가 좀 입고 싶고 밝아 보이는 그런 옷을 입었던 것 같아요. 아무래도 애 엄마다 보니까. (응답자 216, 40대 여성, 전문직)

"운동"을 하는 경우, 운동의 종류에 적절한 스포츠 웨어를 입는 모습을 확인할 수 있다. 우선 사람들은 가벼운 산책부터 '홈트'로 일컫어지는 홈트레이닝, 헬스, 요가, 필라테스, 수영, 골프, 라인댄스 등 다양한 스포츠를 즐기는 것으로 나타났다. 특히 20대와 30대 응답자 중에서는 동영상 플랫폼이나 인공지능 스피커와 같은 현실과 상호작용하는 스마트 기기, 운동을 할 수 있는 게임 기기를 활용하여 집에서 운동하는 사례가 관찰되기도 한다. 이처럼 집에서 홈트레이닝을 하는 경우 특별히 운동복을 갖추어 입지 않고 움직이기 편한 옷을 입는 경우가 많았다. 응답자 204(30대 여성, 직장인)의 경우 따로 주기적인 운동을 하진 않지만, 가끔씩 영상을 보고 홈트레이닝을 하는데 이를 위해 따로 옷을 구입하지는 않았다. 운동으로 각각 벨리댄스와 라인댄스를 배운 216번 응답자와 217번 응답자는 다른 운동과는 달리 댄스에 적합한 의류를 구입해야 하였다고 설명하였다. 특히 응답자 217(60대 이상 여성, 은퇴자)은 옷을 입고 춤을 출 때의 "춤선이 예쁘게" 나올 수 있는 옷을 구매하였다.

(홈트) 제품 A 보고 홈트레이닝 켜달라고 하고… 주기적으로 하지는 않아. 일주일에 한번 정도. (따로 안사고) 그것도 그냥 편한거. 그냥 나는 편한거 지상제일주의야. (응답자 204, 30대 여성, 직장인)

뭐 제가 이전에 벨리댄스를 배웠는데 벨리댄스를 가면 그 벨리댄스에 필요한 옷을 갖다 구매를 하라고 하니까. 그럴 때는 이제 그 어떤 운동의 목적에 맞는 옷을 갖다 구매해서 입다 보니까. (응답자 216, 40대 여성, 전문직)

라인댄스 할 때도 사람들은 어떤 사람들은 그냥 추리닝 입고 하는 사람들도 있어요. 그런데 일단 선생님이 옷을 쫙 빼입고, 화려하게 하잖아요. 근데 춤 추는 그런거니까. 옷을 맞춰서 사야된다고 생각해서. 많지는 않지만 몇 개 있어가지고 바꿔 입고, 또 춤 선이 그래도 예쁘게 나오고. 그런거를, 생각해서 옷을 좀 몇 개 샀죠. (응답자 217, 60대 이상 여성, 은퇴자)

골프를 치는 응답자 206(30대 여성, 직장인)은 골프라는 운동의 특성상 어느 정도의 복장을 갖춰야 하는 룰이 있기 때문에 옷을 챙겨 입는다고 이야기하였다. 골프장 외에도, 운동의 종류, 운동하는 장소에 따른 의복 착용의 암묵적인 규칙들이 존재하며 대다수의 사람들은 이를 인식하고 그에 맞추어 옷을 입고 있었다. 206번 응답자는 이를 운동 장소의 "톤 앤 무드"라고 표현하며, 다른 "톤 앤 무드"가 존재하는 예시로 요가원과 헬스클럽을 들었다. 그에 따르면, 두 가지 장소에서 공유되는 의복 스타일은 상이하며 요가원의 "요가 무드"에 어울리는 "톤 다운된 파스텔 색상의 심플하고 여성스러운" 스포츠 웨어를 입고, 헬스클럽에서 입는 "짐 트레이닝 웨어"는 "절개가 딱 잡혀있고, 컬러가 되게 비비드"한 것이 장소와 상황에 어울린다고 응답하였다. 스포츠 웨어를 구매하거나 착용할 때 스포츠 웨어의 브랜드와 운동하는 곳의 분위기도 중요하게 여겨지고 있었다. 이와 관련하여 사람들이 특정 브랜드의 옷을 "세트"로 맞추어 한 벌을 입는 경향도 나타난다. 한 응답자는 운동하는 공간의 "수준이 있으니까, 거기 오는 사람들은 좀 세트로 맞춰 입고" "타이트한" 스포츠 웨어를 입고, 신발도 특정 브랜드의 특정한 모델을 착용하기도 한다고 이야기하였다(102, 20대 남성, 대학생). 또 다른 응답자는 "골프장 가면요. 패션쇼에 온 것 같아"(응답자 107, 40대 남성, 임원)라면서 사람들의 옷차림 과시가 일어나는 대표적인 장으로 골프장을 들었다. 사람들이 가지고 있는 "제일 좋은 옷을 골프장 가서 입는 거 같기도" 하다면서 그렇기 때문에 자신도 다른 사람들의 시선을 의식하게 되고, 그에 맞추어 특정 브랜드를 아래 위까지 다 맞춰 입고 골프를 친다고 응답하였다.

(필드에 나갈 때는 골프 웨어를) 챙겨입는 편. (…) 일단 기본적으로 골프는 특징이 어느 정도 복장의 암묵적인 룰이 있잖아. (…) 요가원으로 가. 아무래도 내가 가지고 있는 운동복 중에서도 내가 일반 짐 트레이닝을 할 때랑 다른 결로 입어. 컬러 톤도 좀 톤 다운 된 거라던지, 파스텔톤이라던지, 그리고 디자인도 좀 심플하고 여성스러운거 위주로 아무래도 입게 되는 것 같아. (…) 요가원의 요가 무드랑 너무 안 어울려서. 기존에 짐 트레이닝 웨어에서 입는 절개 딱 잡혀있고 컬러를 비비드하게 하는 건 톤앤 무드가 너무 안 어울려서. (응답자 206, 30대 여성, 직장인)

(다른 사람들은) 운동복 입고 오는 것 같거든요. 브랜드 K는 브랜드 K로 맞춰서 입고. 좀 세트로 입는 것 같거든요. (…) 그런데 거기(청담 피트니스 센터) 아무래도 수준이 있으니까. 거기 오는 사람들은 좀 세트로 맞춰 입고 오고. 레깅스에 반바지 입고, 위에 약간 타이트한 그런거. 쫄쫄이 입고. 신발 뭐 브랜드 F 브랜드 M 신고 오고. 좀 꾸미고 오는 것 같아요. (응답자 102, 20대 남성, 대학생)

유니폼을 위에만 입고 밑에는 항상 뭐 그래도 좀 남들의 시선을 끌 수 있는 메이커를 많이 입는 편이죠. 남들 시선을 좀 의식하게 되더라고요 옷을 입을 때. (…) 골프장 가면요. 패션쇼에 온 것 같아. (…) 그리고 골프장 갈 때 남자들이 의상 신경을 제일 많이 쓰는 거 같아. 제일 좋은 옷을 골프장 가서 입는 거 같기도 해 사람들이. 그리고 골프장에 가서 입는 옷은 아끼는 옷과 고가의 뭐 이런 것도 있습니다. (…) 나도 웬만하면 브랜드 E나 브랜드 U로 코디를 할라고 하고. 나갈 때 어떤 날은 브랜드(가)로 쫙 아래 위까지 다 맞춰 나가고 어떤 날은 브랜드 E로 다 맞춰 나가고 어떤 날은 브랜드 U로 딱 맞춰 나가고 이런것 같아. 거의 다 맞추더라고 사람들이. (응답자 107, 40대 남성, 임원)

대다수의 응답자가 운동을 할 때는 기능성을 갖추고 있는 스포츠 브랜드의 의류를 착용한다고 응답하였다. 스포츠 웨어는 통기성이나 신축성, 마찰력 등 운동에 따라 중요시되는 기능적 측면을 충족시키며, 운동 효과를 높일 수 있거나 비교적 쾌적하게 운동을 할 수 있도록 해준다고 응답하였다(응답자 215, 30대 여성, 자영업). 특히 주기적으로 운동을 할 때에는 전문적인 스포츠 웨어를 갖추어 입는 경우가 많았다. 예를 들어 101번 응답자는 기본적으로 각 스포츠 브랜드의 제품은 해당 운동에 필요한 기능성을 어느 정도 갖추고 있기 때문에, 마음에 드는 브랜드를 정한 뒤 그 안에서 본인의 취향에 맞는 컬러와 디자인을 선택해 스포츠 웨어를 구입한다고 하였다.

운동할 때? 신축성이 있고. 아 그리고 필라테스 기구를 사용하기 때문에 다리가 쓸리거나 반바지를 입으면 활동은 편하지만. 다리가 들리거나 동작이 제대로 안 되거나 마찰 때문에. 그렇기 때문에 레깅스를 입는 경우가 많고. 약간 헐렁한 트레이닝 바지 같은거 입으면은 잘 안 보이잖아요 동작이. 잘 되고 있나 운동의 효율? 효용? 운동의 효용을 위해서? 그 정도. (응답자 215, 30대 여성, 자영업)

기능적인 부분은. 약간, 먼저 아무래도 이제 그런 그쪽으로 브랜드다 보니까 (스포츠 브랜드). 이제 좀 많이 분류를 해놓고, 설명을 해놓잖아. 나는 막 운동을 운동복을 산다고 하면 그거는 딱 그 매장에 가는 순간 그건 좀 깔려 있다고 생각하기 때문에(기능적 부분). 거기서부터는 그냥 일반 옷 살 때처럼 좀 이쁜거를 사는 것 같아. (응답자 101, 20대 남성, 대학생)

한편 브랜드에 따라서 운동의 종류나 기능성의 차이가 있다고 생각하는 응답자 208(30대 여성, 직장인 관리직)는 여러 브랜드에서 다양한 스포츠 웨어를 구입해본 이후, 만족스러웠던 브랜드에서 마음에 드는 컬러와 디자인의 옷을 지속적으로 구매하는 모습을 보인다. 뿐만 아니라 "운동복이더라도 디자인이 예쁘게 나오는 게 중요해가지고", "운동복 욕심도 많아서 많이 샀어요."(응답자 208, 30대 여성, 직장인 관리직)라는 응답에서 사람들이 기능성뿐만 아니라 디자인을 중시하고 있음을 확인할 수 있다.

브랜드 같은 거요? 브랜드 H, 브랜드 Y, 그다음에 브랜드 P, 그다음에 브랜드 F, 브랜드 K. 저 운동을 필라테스 전에도 헬스를 조금 오래했어가지고 운동복 욕심도 많아서 많이 샀어요. (…) (스포츠 브랜드의 스포츠 웨어는) 신축성이라던가 부드러운 거라던가 그런 게 다 달라요. (…) 그다음에 조금 디자인이 그래도 운동복이더라도 디자인이 예쁘게 나오는 게 중요해서 그 면에서 브랜드 H가 요즘에 좋은 것 같아요. (응답자 208, 30대 여성, 직장인 관리직)

운동을 하는 상황뿐만 아니라 일상생활에서도 스포츠 브랜드의 기능성 스포츠 웨어를 편안하게 입고 있었다. 산책을 하는 경우, 일상복으로 입을 수 있는 스포츠 이지웨어나 간단한 등산복을 입는 경우가 많다. 또한 20대 남성들은 군대에서 입던 R.O.K.A (The Republic of Korea Army, 대한민국 육군) 프린트가 되어있는 옷을 운동할 때나 집에서 휴식할 때 그대로 입기도 한다.

저는 그냥 편하게. 이것도 그냥 군대에서 입던거. 이거 그냥 px에서 파는거거든요. 로카티 같은 거예요. 네파에서 나오는거. 등에 ROKA 애들 입고 다니는 거 그런거 같은 거거든요. (응답자 104, 20대 남성, 직장인)

특별히 운동을 갔다 하는 건 없고. 그냥 동네 산책을 한다든지, 그냥 편하게 걷거나, 그럴 때, 불편하지 않는. 안에 입는 티도 어떻게 보면 꼭 운동할 때만 입는 옷은 아니고 일상복으로 같이 겸해서 입을 수 있는 옷들인거죠. (응답자 216, 40대 여성, 전문직)

일상복처럼 활용되는 스포츠 웨어로 가장 많이 언급된 옷은 레깅스였다. 레깅스는 여성뿐만이 아니라 남성들도 착용하는 인기 있는 스포츠 웨어이지만, 동시에 가장 극단적인 의견 차이가 나타난다. 레깅스를 운동 상황이 아닌 일상에서 입는 것에 대해 물었을 때, 어떤 사람은 평소에도 입고 나간다는 반응을 보이기도 한다(응답자 202, 20대 여성, 취업준비생; 응답자 215, 30대 여성, 자영업; 응답자 214, 40대 여성, 전업주부). 그러나 대부분의 사람들은 일상에서의 레깅스 착용에 대해 부정적인 반응을 보인다. 일상에서 레깅스를 착용한다는 응답을 한 참여자들 중에서도 레깅스만 입는 것은 "흉"하기 때문에 이를 덮을 수 있는 긴 윗옷을 입는 것이 "민망"하지 않다는 반응이 나타나기도 하였다(응답자 214, 40대 여성, 전업주부).

운동할 때는…. 밖에 나갈 때는 레깅스 많이 신어요. (응답자 202, 20대 여성, 취업준비생)

조깅을 할 때 입고 산에 갈 때 (레깅스) 입고, 운동을 하느라 레깅스를 자주 입을 때는 동네에 돌아다닐 때도 있죠. (…) (상의는) 그냥 뭐 스포츠 브랜드나 캐주얼 브랜드의 그런 티셔츠(길지 않은 일반 길이). (응답자 215, 30대 여성, 자영업)

요가 바지가 레깅스야, 나한테는. (…) 그러니까 왜 허리 밑에 이렇게 많이 내려오는 긴 바람막이, 이런거 위에다 그것만 입으면 밖에 나갈때도 별로 흉하지 않거든. 스니커즈에다가. 그러니까 잠바를 그래서 항상 짧은 걸 안사. 긴 걸 사야지 레깅스 (상의를) 짧은거 입으면 너무 민망 하잖아. 그렇게 많이 다녔던 것 같아. (응답자 214, 40대 여성, 전업주부)

그냥 정말 필요에 의한 한두 벌만 있어요. (…) (평상시에는) 전혀요. (…) 편하지 않고요, 운동할 때 위해서 만들어진 옷인 것 같아요 (…) 근데 그것도 운동을 하는 옷 중에 그런 옷이지, 일상복은 좀 아닌 것 같다는 생각이 들어서. (응답자 210, 30대 여성, 전업주부)

레깅스가 일상복으로 적절하지 않다는 응답은 나이대가 올라감에 따라 극명하게 나타나며, 나이대가 높은 사람들의 경우 자신은 레깅스를 아예 착용하지 않는다는 응답이 대다수를 차지한다. 대부분의 30대 응답자들은 일상에서 레깅스를 입는 것에 대해 "신기하다" 혹은 "민망하다" 등의 반응을 보이며 일상복으로는 활발하게 이용하지 않는 것으로 나타났다. 이들이 레깅스를 피하거나 일상복으로 적합하다고 생각하지 않는 이유는 "민망하고"(응답자 103, 30대 남성, 직장인) 보기에 "흉하기"(응답자 207, 30대 여성, 직장인 관리직) 때문이다. 또한 운동 상황에서 레깅스를 착용한 남성들을 보았다는 응답은 있지만, 남성 응답자 중 본인이 레깅스 착용을 선호한다는 응답은 없었다는 점도 눈에 띈다. 이는 반수 이상의 여성들이 레깅스를 입는다고 대답한 것과는 상반되는 결과이다.

주변에는 (일상에서 레깅스를 입는 사람은) 없고요, 어디 가서 보이기는 해요. 그러면 뭐, 마음이 있어서 시선이 가는 거는 아닌데 한 번씩 쳐다보게 되더라고요. (…) 네, (입는 사람은) 20대인 것 같아요. (…) 네네. 그럴 때 조금 저는 그런거에 더 보수적인 사람이라서 그런가.. 최근에 양평에 두물머리를 갔는데 거기서 카페에서 그걸 입고 있는 사람을 봤는데 좀 신기했거든요. (응답자 210, 30대 여성, 전업주부)

(연구자: 젊은 친구들이 레깅스에 상의 짧게 입는 거 보면 어떠세요?) 나는 정말.. 걔네 엄마한테 가서 얘기해 주고 싶어. (…) 짧게 옷 입고 레깅스 차림 왜 이렇게 레깅스를 많이 입어, 애들? (응답자 214, 40대 여성, 전업주부)

만약에 레깅스를 입는다면 겉옷을 좀 길다란 옷으로. 좀 커버가 되는 그런 옷을 입을거 같아. (응답자 217, 60대 이상, 은퇴자)

(레깅스) 나는 안 입고 싶은데. 너무 민망할 것 같아. 나한테 어울리지 않는 것 같기도 하고. (응답자 103, 30대 남성, 직장인)

레깅스를 요? 음... (고민) 안 입어요. 거의 안 입어요. 왜냐하면 애기 낳고는 좀 입었는데 정말 편하기 때문에 평소에는 안 입는 것 같아요. 안 입는 이유는 보기 흉하니까? 엉덩이가... 원피스나 긴 상의를 입었을 때는 레깅스를 가끔 식은 매치를 하는데. 엉덩이가 좀 부담스럽고, 제가 그렇게 뛰어난 그런 게 아니기 때문에. 엉덩이가... (응답자 207, 30대 여성, 직장인 관리직)

응답자들은 "휴식"할 때의 옷차림은 주로 편안함을 중점적으로 고려하여 선택한다고 응답하였다. 응답자들 모두가 외출할 때 입는 옷과 집에서 입는 실내복을 구분하는 모습을 보였다. 집에서 입는 옷을 입고 집 밖으로 나가는 경우는 거의 없었다. 반대로 집이 더 이상 사적인 공간이 아닐 때, 예를 들어 집에 손님이 방문하는 경우에는 집에 있더라도 외출복으로 갈아입는 모습을 보였다. 특히 휴식 중 어떤 옷을 입는지는 응답자에 따라 다르게 나타났다. 특히 잠옷과 일상복을 구분하는지 여부에 따라 크게 잠옷과 실내복을 구분하여 입는 사람들과, 잠옷과 실내복을 구분하지 않고 입는 사람들로 나뉘었다. 두 집단 모두 외출복과 집에서 입는 실내복을 구분하여 입는 이유로 '위생'을 이야기하였다는 점이 흥미롭다. 이들은 모두 외출할 때 입었던 옷을 그대로 입은 채 집에 있지 않는다고 응답하였다. 응답자들은 외출한 후에는 옷에 "먼지 같은 것이 붙기 때문에"(응답자 108, 30대 남성, 자영업) 침대를 깨끗하게 유지할 수 없으며, 그렇기 때문에 외출복을 입고 생활하는 것은 이치에 맞지 않는다고 생각하였다. 하지만 세부적인 포인트에 있어서는 두 그룹 간 차이가 나타난다.

집에서 나가면 무조건 옷을 갈아입고. 집에 있으면 집에서 입는 옷만 입고. 그러다 보니까 집은 되게 깨끗하다는 생각이 있고 또 편하다는 생각이 있기 때문에 그 옷을 그냥 입고 생활하고 자고 하는 거지. (응답자 103, 30대 남성, 직장인)

잠옷은 따로 없구요. 반팔이랑 반바지가 잠옷이랑 휴식할 때. 대신 휴식 복장으로 밖에는 안 나가요. 똑같은 반바지, 반팔이더라도 집에서 입는 옷으로 한 번 나갔다, 그러면 다시 빨 때까지는 집에서 안 입어요. (…) 그냥 밖에 나갔다 왔으니까 먼지 같은 거 묻어서 그런 것 같아요. (…) 습관인 것 같아요. (응답자 108, 30대 남성, 자영업)

잠옷이 정해져 있는 거는 아니지만, 외부에서 입는 옷을 안에서 입고 그러지는 않고. 그리고 안(집)에서 입는 옷들은 거지같은 옷들이기 때문에 밖에서 못 입어. (응답자 206, 30대 여성, 직장인)

첫 번째 집단에 속하는 응답자들은 잠옷과 집안에서 입는 실내복을 명확히 구분하지 않는다. 이들은 따로 잠옷이나 실내복을 구입하지 않고, 가족이 입던 오래된 옷을 일상복으로 착용하기도 하며(응답자 204, 30대 여성, 직장인), 더 이상 밖에서 입을 수 없을 정도로 오래된 옷을 실내복으로 입기도 한다(응답자 213, 30대 여성, 전업주부). 또한 집에서만 입는 옷이기 때문에 낮에 입던 실내복을 그대로 입고 자더라도 위생적으로 문제가 없다고 생각하는 것으로 나타났다. 실내복을 계속 착용하는 것과 반대로 잠옷만 입고 집 안에서 생활하는 응답자도 있었다(응답자 202, 20대 여성, 취업준비생; 응답자 205, 30대 여성, 직장인 관리직).

평상복으로. 추리닝 같은 거 입고 자요. 그게 질감이 더 좋아. 어차피 집에 가면 그런 옷은 한 번 입고 빠는 옷이 아니니까 옷걸이 걸려 있으면 그냥 입는 거지. (응답자 107, 40대 남성, 임원)

면티. 안 사고 그냥 행사 티로 받는 거 있잖아. 그런 거로 하고. 어쩌다가 잠옷이 진짜로 필요할 때는 10년에 한 번 정도 구매하는 꼴? 그 분홍색 티도 언니가 옛날에 10대 때 입은 거야. 20년 된 옷이야. (웃음) 그렇게 잘 안 사. (응답자 204, 30대 여성, 직장인)

그냥 오래된 티셔츠랑, 옷을 잘 안 버리고 그냥 오래된 옷을 입어요. 잠옷도 또 신경써서 골라서 구매를 해야 되더라구요. 그냥 굳이 따로 잠옷을 사거나 그런 적은 없어요. (응답자 213, 30대 여성, 전업주부)

저는 원래 잠옷과 생활하는 옷을 구분하는 사람도 많은데. 저는 그냥 구분 안 하고 자주 갈아 입습니다. 뭐가 묻으면 갈아입고 그런식으로. 저는 구분을 안 합니다. 자고 일어나서 생활하고 나갈 때만 갈아 입죠. 아니면 집에 누가 오면은 갈아 입죠. (응답자 207, 30대 여성, 직장인 관리직)

잠옷 입어. 그냥 잠옷 같은 걸 (집에서 계속) 입고 있어. (응답자 205, 30대 여성, 직장인 관리직)

두 번째 집단에 속하는 응답자들은 앞선 응답자들과는 달리, 집에서 휴식할 때 잠옷과 실내복을 구분하여 착용한다. 이들의 경우 첫 번째 집단 응답자들과 달리 집에서 입는 실내복도 지저분해지기 때문에 잠옷과는 구분해야 한다고 생각한다. 잘 때 입는 옷은 "위생적인"(응답자 216, 40대 여성, 전문직) 면에서 몸 뿐만 아니라 마음도 "편하고"(응답자 210, 30대 여성, 전업주부), 수면에 "최적화된 옷"(응답자 217, 60대 이상 여성, 은퇴자)이기 때문이다.

저는 잠옷하고 생활복하고 반드시 나눠서 입는 편이에요. (…) 생활복은 아무래도 이제 제가 집안에서 아무리 있다고 해도 약간의 이제 옷이 좀 더러워질 수 있고, 그리고 이제 그 집에서 있는 생활복은 이제 바깥에 뭐 아이와 아파트 단지 내를 갈 수도 있고 나갔다 올 수도 있는 거잖아요. 그런것들 때문에 어떤 위생적인 것 때문에 저는 이제 그 집에 옷하고 잠옷하고 구분 하는것 같아요. (응답자 216, 40대 여성, 전문직)

잠옷 따로 있어요. 우선은 잘 때 입는 옷은 면 종류에 편한 옷. 그것이 거기에 최적화된 옷이라고 생각해요. (…) 그냥 갖춰 입고 자는게 나는 맞다고 생각해. 그리고 밖에서 입던 옷을 그대로 입고 잔다고 하면은 그 침대 안에가 깨끗하겠어요? 그러니까 구분해서, 입는 게 좋지. (응답자 217, 60대 이상 여성, 은퇴자)

나는 침대에 들어갈 때 아무 옷이나 입고 이렇게 벌렁 누워 있는건 싫은 것 같아. 그게 잠옷이라는 옷 자체의 특성이 우리가 땀이 난다던가 이럴 때는 흡수도 좋고, 또 피부에 트러블도 일어나지 않는 그런 복장이니까. 그게 제일 정확한거죠. 잠잘때 입는 옷이, 그 침대도 보존할 수 있고. 우리도 마음이 편하고. 그러니까 꼭 잠옷으로 갈아입지. (…) 위생적인 문제가 있지. (응답자 110, 60대 이상 남성, 은퇴자)

❸ 코로나바이러스감염증-19가 2020년 서울패션에 미친 영향

본 조사가 이루어진 2020년은 코로나로 인하여 평소와 다른 특수한 상황적 특성을 가지고 있음을 고려해야 한다. 대부분의 대학교는 원격 강의를 시행하여 대학생들은 학교 강의실에서 수업을 듣기보다는 집이나 카페에서 온라인 강의를 수강하였으며, 직장인들은 재택 근무를 하기도 하였다. 사회적 거리두기 기간이 길어지면서 친구와의 만남뿐 아니라 명절에도 가족 간 왕래가 지양될 정도로 사람들의 사회적 관계가 이전에 비하여 위축되었다. 뿐만 아니라 일정 인원 이상의 집합이 금지되면서 운동 시설, 영화관, 박물관과 미술관 같은 공연·전시가 이루어지는 장소에 방문하는 것뿐만 아니라 결혼식 참석에도 많은 제약이 따랐다. 이런 상황에서 학교나 직장 출퇴근과 같은 일상적인 생활뿐만 아니라, 사교 활동 등에도 많은 변화가 있었다. 따라서 코로나로 인하여 사람들의 의생활에 변화가 있었는지를 확인하기 위하여, 의복 일지의 한 상황으로 작성하게 하고, 이후 심층 면접에서 코로나로 인하여 의생활에 변화가 있었는지에 대해 질문하였다. 2020년에 10가지 상황 중 공연 및 전시, 결혼식 등 특정한 상황을 경험하지 못하였다는 사람들도 존재하였는데, 이런 경우에는 2019년의 사진으로 대체하거나 해당 상황에서 옷을 입는다고 가정하여 옷차림으로 사진을 찍어 일지를 작성하였다. 코로나는 사람들의 일상적인 옷차림 뿐만 아니라 본 연구의 수행에도 영향을 미쳤다. 심층 면접 진행시 대면 면접과 온라인 면접이 비슷한 비율로 진행되었다. 또한 마스크의 착용이 일상화되면서 마스크를 끼고 외출한 사진을 제출한 경우가 다

코로나 상황에서의 의복

수 있었으나, 시각화 과정에서는 마스크를 제외하였다.

우선 코로나 상황이었지만, 평소의 의생활과 크게 달라지지 않다는 응답이 나타났다. 이는 "바뀐 것이 없다"(응답자 213, 30대 여성, 전업주부)는 응답이나 "(코로나 상황은) 옷 입는 거랑 전혀 상관이 없다"(응답자 208, 30대 여성, 직장인 관리직)고 표현한 것에서 잘 드러난다. 코로나 상황으로 인한 의복 생활의 변화가 없다고 응답한 참여자들은 주로 재택 근무가 불가능한 직종에 종사하거나 보여지는 이미지가 중요한 직업에 종사하는 경우가 대부분이었다. 때문에 이들은 코로나 상황과 관계 없이 평소와 다름없는 의생활을 이어갔다. 한 응답자는 사회적 기업의 대표이기 때문에 다른 직원들은 재택근무를 하였지만 본인은 사무실에 계속 출근하였으며, 화상 강의나 회의가 많기 때문에 평소와 크게 다르지 않은 옷을 입었다(응답자 109, 50대 남성, 전문직). 재택 근무를 한 직장인 응답자 208(30대 여성, 직장인 관리직)은 일상복과 근무 복장을 구분하는 것이 "업무 효율성"을 높일 수 있다는 회사의 지침이 있기도 하였지만, 자녀를 아침에 등원시키기 때문에 출근을 하던 평소와 다름 없이 옷을 입기도 하였다.

그러나 이들도 온라인 재택 근무와 강의가 일상화되면서, 변화한 상황을 경험하기도 하였다. 일정 인원 수 이상의 집합이 금지되면서, 오프라인에서 하던 교육이 온라인으로 교체되면서 의생활의 변화를 느낀 응답자도 있다. 한 응답자는 다른 사람을 만나기 때문에 단정히 입고 참석하던 오프라인 교육을 받던 과거와 달리, 조금 더 편안한 옷을 입고 온라인 강의를 수강하였던 경험에 대하여 이야기하였다(응답자 109, 50대 남성, 전문직).

(저는 그대로 출근하지만) 직원(들은) 다 재택이에요. 잘 못 만나. (…) 저는 화상으로 많이 하고 수업을 하거나 미팅을 할 때. 재택 직원들끼리는 그렇게 안해도 되고요. (…) 일을 같이 할 때는 그래도 제가 귀티 나게 하는 거랑 신뢰 있게 하는 거, 성실하고 예의바르게 하는 게 너무 중요해서.(응답자 209, 40대 여성, 사회적 기업 대표)

(보수 교육은 원래) 항상 오프라인으로 하지. 코로나 이후에는 집합 금지라고 하고. 저번에 한번 오프라인에서 했더니 난리가 났어. 신문에서. 몰지각하다고 그래가지고 그다음에 다 온라인으로 다 돌렸는데. (…) (오프라인으로 했을 때는 다른 사람들을 보수 교육에서) 다 만나지 (그 때는) 그냥 단정히 (입는다). (응답자 109, 50대 남성, 전문직)

옷 입는 거에서요? 옷 입는 거랑은 전혀 상관이 없는 것 같아요.(…) 약간 저희 회사에서 '꼭 지켜라.'라는 아닌데, 재택근무를 할 때 마음가짐이 너무 집에서 이제 막 입는 옷처럼 입고하면 일과 휴식의 경계가 없으니까 최소한 옷이라도 갈아입고 그다음에 커피라도 한 잔 마시면서 재택근무를 하면 업무 효율성이 높아질 것이다라는 지침도 있었고. 그런 지침도 있었고…. 그래서 사실은 아침에 애기를 등원을 시키기 때문에 아예 그 잠옷을 입고 나가지 않고, 등원시키고 나서 그대로 일을 해요.(응답자 208, 30대 여성, 직장인 관리직)

옷차림에는 큰 변화가 없지만 전체적인 의복 소비가 줄거나 의복 소비 방식이 변하였다는 점도 주목할 만하다. 우선 사람들과의 공적, 사적인 모임이 줄어들어 이전보다 옷을 구매하는 빈도가 줄어들었다는(응답자 101, 20대 남성, 대학생; 응답자 214, 40대 여성, 전업주부) 응답이 존재하였으며, 구매 빈도뿐만 아니라 구매 방식의 변화가 관찰되기도 하였다. 코로나로 인해 외출을 꺼리게 되었고, 특히 사람들이 많은 장소에 방문하는 일을 줄이면서 오프라인 매장에 가서 옷을 구매하는 빈도가 줄어들었다. 대신 인터넷 쇼핑이나 홈쇼핑 등 비대면 구매로 소비 방식이 변화하였다.

옷을 좀 덜 사게 된 것. (…) 뭐 평소, 예년처럼 막 옷을 많이 사고 이런 거는 좀 없어진 것 같아.이런 저런 사람 볼 일도 없고, 맨날 보는 사람만 보고 이러니까.(응답자 101, 20대 남성, 대학생)

모임이 다 줄어서 옷을 잘 안사게 되긴 하지. 학교 선생님 상담도 다 전화로 했어. 엄마들이 옷 언제 사냐면, 학부모 총회, 선생님 상담. 전업주부는 그래. 그때만 옷사고, 머리 하고, 머리 염색하고, 파마하고 그러는거야. 그런데 그런 게 다 없어졌으니까 옷을 구입할 일이 없지. (응답자 214, 40대 여성, 전업주부)

저는 재택근무는 불가능한 직종이어서. (…) 외출을 확실히 적게 하다 보니까. 뭐 옷을 구매 한다든지 이런 것들이 조금 줄어들고. 아무래도 이제 그런 홈쇼핑 쪽으로 한 번 볼까? 인터넷으로 한 번 구매해볼까? 그런 쪽으로 생각을 많이 하게 되는 것 같아요.(응답자 216, 40대 여성, 전문직)

오프라인이나 그런 데서 거의 안 사. (…) 코로나 이후로는 오프라인에서 잘 활동을 안 하다 보니까 온라인으로 옷을 사서.(응답자 104, 20대 남성, 직장인)

저는 오프라인을 더 선호합니다. (…) 근래 들어서는 쇼핑을 많이 안했는데, (…) 원래는 제가 제일 선호하는 건 아울렛이기는 해요. 그런데 근래 들어서는 아울렛을 갈 환경이 아니다보니까 단독 매장 위주로 가요. (…) 이제 현재 코로나 때문에 아울렛은 사람들이 많이 모이다 보니까 안가게 되는 거고. (응답자 108, 30대 남성, 자영업)

한편 의생활에 변화가 있었다는 응답자들도 존재하였는데, 이들은 변화는 반대되는 두 가지 방향으로 나타났다. 어떤 사람들은 코로나 상황으로 인해 평소보다 더 꾸미지 않은 편안한 차림으로 하게 되었다고 응답한 반면, 다른 사람들은 평소보다 더 차려입은 옷차림을 하게 되었다고 응답하였다. 우선 재택근무를 하더라도 화상회의가 없는 경우에는 평소 출근 시 입던 옷보다 더 편안한 옷차림으로 변화하기도 하였다. 회사에서 재택근무 시 옷차림에 대한 지침을 따로 정해주는 경우도 있었는데, 원래는 그러면 안되지만, 이를 따르지 않고 집에서 입는 잠옷을 입는 경우도 있었다(응답자 205, 30대 여성, 직장인 관리직).

아직 웹캠을 그렇게 하지는 않아 우리는. 그냥 집에선 편하게 입는 편이고. 화상회의를 하진 않고. 그냥 재택근무 중일 때도 나는 그냥 집에서 있을 때랑 다를 게 없어. (응답자 203, 30대 여성, 직장인)

(재택 근무 할 때) 그냥 집에 있으니까. 집에 있는 옷을 입었지 하하하. (…) (화상회의) 안 했는데. 만약에 했다고 생각하면은 출근할 때랑 똑같이 입었을 것 같은데. 출근하듯이.(응답자 103, 30대 남성, 직장인)

재택 연수 때문에 (화상회의는) 한 번 했었어요. 다른 분들도 사실 상의 밖에 안 보이니깐, 상의는 제 스타일로 이렇게 입거나, 아니면 그때가 여름이었거든요. 그래서 라운드 티 입거나. 카페에서 하시는 분들만 차려입고 나가시더라고요. 재택근무 때 다들 그냥 집에서 입는 옷 입고 있을 것 같아요. (응답자 105, 30대 남성, 직장인 관리직)

그냥 잠옷. 근데 원래 그러면 안 되고. 뭐 그냥 평상시 입는대로 입어야 한다가 규정이었기 때문에 첫날 이튿날까지는 입고 그 다음부터는 그냥 잠옷을 입었지. 근데 그러면 원래는 그러면 안 되고. 왜냐하면 불시에 영상 통화할 수도 있고 그래가지고.. 원래는 그러면 안 돼. (응답자 205, 30대 여성, 직장인 관리직)

대부분 메일로 업무를 처리하기 때문에 "아무 옷이나 입고 나가죠, 솔직히"라고 이야기한 기업 대표인 응답자는 화상회의 때 "난닝구만 안입고 있으면 되지 뭐"라고 이야기하지만, 실제로 회의를 할 때는 상체만 좀 괜찮은 옷을 입었다(응답자 107, 40대 남성, 임원). 이처럼 사람들은 특히 화상 원격 강의 시 화면에 나타나는 모습을 고려하여 옷을 입는 모습을 보였다. 이때 상의는 "적어도 셔츠를 입는 것처럼 조금 더 차려입지만 하의는 편한 옷을 입는다"(응답자 108, 30대 남성, 자영업)는 점이 재미있는 특징으로 나타난다. 재택 근무나 온라인 강의 수강으로 화상회의를 하는 경우, 직접 대면하는 것 보다는 편하게 입지만, 집에서 있을 때 입는 옷보다는 조금 더 갖추어 입는다고 응답하였다. 하의는 편안하게 입고, 상의는 깔끔한 셔츠를 입는 등 조금 더 신경써서 입는다고 응답하였다. 이 같은 패션을 두고 대표적인 온라인 화상 미팅 서비스인 줌(zoom)을 통해 회의나 강의에 참여할 때 입는 패션을 의미하는 줌 드레싱(zoom dressing)이라는 표현이 새로 등장하기도 하였다.

미팅을 못하고 그러니까 상체만 좀 괜찮은 옷을 입고 달라지지. 화상회의나 아니면 대부분이 메일로 주고 받아요 메일로. 화상 이런 것도 안해 솔직히. 메일로 하니까 뭐 아무 옷이나 입고 나가죠 솔직히. (…) (다른 사람들 입은) 옷을 안 봐(웃음). 노트북에서 보잖아요. 화면에서 굳이 옷을 봐? 안보지 뭐. 난닝구만 안입고 있으면 되지 뭐. (응답자 107, 40대 남성, 임원)

(상의는 챙겨 입고 하의는 아무거나 입는데), 줌 이런거 하니까. 어차피 화면에 상의만 나오잖아요. 그냥 편한 반바지 입고. (응답자 102, 20대 남성, 대학생)

재택은 없었고, 한다면 화상 미팅, 줌미팅을 많이 했었어요. (…) 적어도 셔츠를 입는 이유는 상대방에 대한 예의라고 생각을 해서 그렇게 입는 것 같아요. (응답자 108, 30대 남성, 자영업)

하의는 그렇게 신경 안 쓰니까 하의는 그냥 편하게 입고. 왜냐면 바지도 정장바지나 약간 이렇게 앉아 있으면 불편하거든요. 그러니까 뭐 반바지나 그냥 집에서 추리닝 같이 입고 위에는 셔츠 입고. 저 같은 경우도 컨퍼런스콜 할 때 집에서 완전 편하게 있다가 전화 회의 잡히면 칼라(collar) 있는 옷으로 그래도 바꿔 입어요. (응답자 106, 30대 남성, 직장인 관리직)

어쨌든 나가는 빈도수가 적어져서 뭐.. 그래도 잠옷 같은 옷이 많아졌다? (…) 사실 줌으로 봤을때는 거의 막 여기(어깨선). 안 보이니까. (응답자 201, 20대 여성, 취업준비생)

학교 강의나 업무 등 공적인 모임 뿐 아니라 친구들을 만나거나, 과외를 할 때도 온라인을 활용하는 경우가 나타났다(응답자 204, 30대 여성, 직장인). 이런 상황에서 응답자는 밖에 외출할 때만큼은 차려입지 않지만, 집에서처럼 완전히 편안한 옷을 입을 수도 없는 것으로 나타났다. 아이들과 함께하는 전업 주부도 옷차림이 이전보다 더 덜 갖추어 입는 방향으로 변화하였다. 코로나 상황으로 거리두기 단계가 상향되면서 아이들이 아침에 유치원이나 기관에 등원할 때, 또는 집으로 돌아올 때 데리러 나가는 일이 없어지면서 "갖춰 입고" 외출하는 일이 없었다.

코로나 때문에 집에 있을 때 친구를 만나기가 좀 그래서 그러면 줌으로 화상으로 영통을 하는데 그때도 그냥 서로 편하게 잠옷 입고. 가끔 내가 과외를 할 때도 있고 받을 때도 있는데. 그때는 이제 잠옷을 너무 후줄근해 보인다던가 아니면 너무 더러워보인다 하면 새 잠옷으로 입어. (웃음) 새옷이나 블라우스는 입지는 않고 그냥 새거로 보이는 잠옷 중에 약간 좀 단정해보이는 잠옷 같은 게 있는데 그거로 갈아입고 수업을 하고 벗고 다시. (응답자 204, 30대 여성, 직장인)

거의 아이들이랑 거의 집에 있고 밖에서 그냥 한정된 몇몇 분들이랑만 좀 만나게 되구요. 매일 매일 예를 들어서 뭐 등원을 시켜야 돼서 옷을 갖춰 입고, 차를 태우러 나가던가 뭐 데리러 유치원이나 기관에 간다든가 이런 게 전혀 없었죠. 지금에서야 거리두기 1단계가 되어서, 오늘부터 이제 약간 정상화가 됐어요. (응답자 213, 30대 여성, 전업주부)

평소보다 더 차려입은 옷차림을 하게 되었다는 응답자는 주로 평소에도 집에서 일하였던 프리랜서 직군과 원격 강의에 참여하는 자녀를 둔 전업 주부의 경우로 나타났다. 이들은 온라인 강의나 회의가 많아지면서 오히려 더 옷을 신경써서 갖춰 입는 방향으로 변화하였다고 응답하였다. 전업주부의 경우, 아이가 온라인으로 수업을 들으면서 화면에 잡히는 경우가 있기 때문에 조금 더 깔끔한 옷을 신경써서 입기도 하였다. 또한 온라인 강의를 수강하는 아이들을 챙기느라 일이 더 늘어나기도 하였다는 응답이 나타나기도 한다.

예전에는 집에서 일을 하면 전혀 신경 쓸 필요가 없으니까, 내가 원한다면 잠옷을 입고 해도 되고 옷을 안 입어도 되지만. 요즘에는 그런 온라인으로 집에 있더라도 남에게 보여줘야 되는 상황들이 많으니까. 오히려 그런 면에서는 조금 달라졌죠. 신경을 써야 되는 상황들이 생겼죠. (응답자 215, 30대 여성, 자영업)

저는 사실 직장인이 아니라서 코로나에 맞춰서 크게 달라진 건 없는데 애기가 그 2~3주 (학교를) 가지 않았었어요 . 그때 가장 심했을 때 다 폐쇄해가지고 온라인 수업을 하더라고요. 정말 집에서 항상 입는 기모 잠옷을 입고 있을 수가 없더라고요, 봐줘야 하는데 뒤로 왔다갔다 할 때 제가 보이더라고요. 조금 신경이 쓰여서 티셔츠, 치마 이 정도는 입었었어요. (…) (다른 어머니들이 화면에 잡혔을 때도) 있었어요. 다른 엄마들도 잠옷 입고 있는 엄마는 없고요. (…) 집에서 할 때 잡히는 엄마들도 막 외출복까지는 아니지만, 어느 정도 깔끔하게 다 입으셨던 것 같아요. (응답자 210, 30대 여성, 전업주부)

마스크 착용이 일상화되면서 화장을 하는 경우도 줄어들고, 이와 더불어 패션도 조금은 더 "멋부리지 않는" 방향으로 변화하였다는 응답도 나타났다. 이 외에도 코로나의 영향으로 인해 온라인 화상 미팅, 재택근무가 늘어나고, 집에 머무르는 시간이 늘어나면서, 집에서도 신경 쓴 옷차림으로 있고 싶어서 따로 잠옷을 구입하게 되었다는 응답도 있었다(응답자 202, 20대 여성, 취업준비생). 은퇴자는 마스크를 착용하게 된 것을 제외하고 의복에 미친 영향은 크게 없지만, 사람들로 붐비지 않는 한적한 곳으로 여행을 갔다고 응답하였다. 이처럼 코로나바이러스감염증-19는 사람들의 일상 생활에 영향을 미쳤고, 이에 따라 다양한 의생활에서의 변화도 관찰되었다.

크게 달라진 건 없는데 전보다는 멋 부리지는 않는 것 같아. 코로나 전에는 약속 있으면 크롭티 입기도 했는데, 마스크 쓰고 이제 화장도 다들 안하니까 편하게 입는 편이야. (응답자 202, 20대 여성, 대학생)

집에 있는데 목 늘어난 반팔 티에 추리닝 바지 옛날에는 그렇게 입었었는데, 집에 있는 시간이 늘면서 뭔가 (잘 때가 아니더라도) 집에서도 예쁘게 입고 싶은, 나의 마음에 들게 입고 싶은, 그런 게 있어가지고 이거를(파자마를) 큰 맘 먹고 샀는데, 친구랑 같이 있을 때 샀거든요? 근데 아주 마음에 들어서 잘 입고 있어요. (응답자 201, 20대 여성, 대학원생)

4 서울패션의 연령별 특성

1. 20대 패션의 특성

20대 응답자들의 일반적 특성

ID	성별	혼인여부	거주지	직업
101	남	미혼	서대문구 거주	대학생
102	남	미혼	서초구 거주	대학생
104	남	미혼	강남구 거주	직장인(게임회사)
201	여	미혼	서대문구 거주	대학원생
202	여	미혼	서초구 거주	취업준비생(예비 교사)
203	여	미혼	서초구 거주	대학생

❶ 대표적인 패션 스타일

위의 그림은 본 조사에서 수집된 자료를 바탕으로 20대의 패션 스타일을 가장 잘 보여줄 수 있도록 시각화한 결과이다. 이들의 패션은 놈코어, 캐주얼, 젠더리스로 특징지어진다. 놈코어(Normcore)는 표준을 뜻하는 'norm'과 핵심을 뜻하는 'core'의 합성어로 평범함을 추구하는 캐주얼한 패션 스타일을 일컫는다. 연령이나 성별과 상관없이 누구에게나 하나씩 있을법한 편안한 핏의 기본적인 청바지, 티셔츠, 후드티 등으로 대표되는 중성적이고 평범한 옷차림이다. 20대의 패션 스타일에서는 이러한 놈코어 스타일이 기본적으로 관찰된다. 다시 말해 독특하고 트렌디한 옷을 입지 않는 것이 유행인 것이다. 또한 젠더리스(genderless) 트렌드에 따라 패션에서 성별의 구분이 흐릿해졌다. 이러한 젠더리스는 MZ세대인 젊은 층에서 유행하는 하나의 패션 트렌드이다. 기존 여성복에 주로 쓰이던 파스텔톤의 밝은 색상이 남성복에 사용되기도 한다. 여성스럽다거나 남성스럽다고 묘사되는 패션 스타일이 아닌 중성적인, 젠더 뉴트럴 스타일이라고도 한다. 이러한 트렌드에 따라 남녀가 함께 입을 수 있는 코트, 수트 재킷과 팬츠가 유행하고 있다. 20대들은 후드티, 맨투맨, 레깅스, 롱스커트, 와이드 팬츠, 니트 베스트, 백팩, 운동화 등을 대표적으로 착용한다. 특히 레깅스를 운동용으로만 착용하는 경우가 많은 다른 연령대의 응답자들과 달리 20대들은 레깅스를 일상복으로도 착용한다는 점이 특징이다.

20대 응답자 대표 일러스트

❷ 소비 방식 및 유행정보원

"오프라인은 거의 안사"(응답자 203, 20대 여성, 대학생), "오프라인이나 그런 데서 거의 안사"(응답자 104, 20대 남성, 직장인)라는 응답에서 대다수의 20대들의 소비가 오프라인보다는 온라인을 중심으로 이루어지고 있음을 확인할 수 있다. 특히 오프라인 매장에서 옷을 입어보더라도 실제 구입은 온라인 쇼핑몰을 이용하는 사람들이 많다. "오프라인으로 입어보고 온라인으로 많이 사요"(응답자 202, 20대 여성, 취업준비생), "오프라인에서는 입어보기는 하는데 사지는 않아"(응답자 203, 20대 여성, 대학생)라는 응답에서 20대의 패션 소비의 특징이 확연히 드러난다. 오프라인 매장에 방문하여 옷을 입어보고, 그 자리에서 가격을 검색해서 "인터넷이 더 싸면 인터넷에서 사고, 별 차이 없으면 거기서"(응답자 202, 20대 여성, 취업준비생) 사는 방식으로 가격 비교를 통해 구매처를 결정하는 경우도 관찰된다. 이처럼 온라인만으로 옷을 구매하기 보다는 오프라인 매장과의 연계를 통해 구매를 결정한다는 점이 20대 패션 소비의 특성으로 나타난다. 이는 온라인에서 제공되는 정보만으로 옷을 구매할 경우 옷의 실물을 직접 보지 못하고, 입었을 때의 사이즈나 핏이 잘 맞는지 확인할 수 없기 때문으로 보인다. 이들이 선호하는 브랜드들의 대다수가 오프라인 매장과 온라인 쇼핑몰으로 함께 운영되고 있는 상황도 사람들의 소비 특성을 잘 보여준다.

한편 "코로나 터지기 전에도"(응답자 203, 20대 여성, 대학생) 온라인에서 주로 구매하였지만 "요새는 다 온라인으로 사는 것 같아"라는 응답과 "코로나 이후로는 오프라인에서 잘 활동을 안하다 보니까 온라인으로 옷을 사"(응답자 104, 20대 남성, 직장인)라는 응답자들을 보면, 코로나 상황이 패션 소비 방식에 일정 부분 영향을 미쳤음을 확인할 수 있다. 이처럼 20대의 경우 다른 세대보다 온라인 쇼핑에 더 많은 시간을 투자하고 있는 것으로 나타난다. 물론 온라인으로 구입하는 경우 사이즈가 맞지 않아 "실패"(응답자 101, 20대 남성, 대학생) 할 수 있기 때문에 오프라인에서 구매하기도 한다.

둘 다이긴 한데. 대학원에 들어와서는 오프라인이 더 많았어. (…) 온라인으로 샀었던 것도 회사 다닐 때 샀던 그런 옷들이었단말야. 인터넷 쇼핑몰로 (응답자 201, 20대 여성, 대학원생)

온라인으로는 사지는 않아. 근데 많이 보기는 보고. 이제 오프라인으로는 돌아다닐 시간이 좀 줄여야겠다 생각에 온라인으로 미리 보는 건 있지. (…) (온라인으로 사고) 실패한 적이 몇 번 많아가지고. 사이즈에서. (응답자 101, 20대 남성, 대학생)

오프라인으로 입어보고 온라인으로 많이 사요. (…) 강남역 가요. 강남역에 브랜드 I, 브랜드 E, 브랜드 Z, 브랜드 T, 브랜드 R, 브랜드 V. 거기서 입어보고, 그리고 검색해서 인터넷이 더 싸면 인터넷에서 사고, 별 차이 없으면 거기서 사고. (응답자 202, 20대 여성, 취업준비생)

요새는 다 온라인으로 사는 것 같아. 오프라인은 거의 안사고, 그런데 코로나 터지기 전에도 온라인에서 많이 샀던 것 같아. (…) 오프라인에서는 입어보기는 하는데 사지는 않아. 사이즈만 대충 보고, 온라인에서 사고 싶은 것 대충 다 담아서 사는 것 같아. (…) 그 길가 돌아다니다 보면은 여러 옷, 브랜드들 모아 가지고 파는 데 있잖아. 그런데서 보고 집에 와서 온라인 쇼핑몰 C에서 주문을 하거나. (…) 편집숍 B, 편집숍 C 주로 그런데들. 구경 많이 가는 것 같아. 편집숍 C나 편집숍 B는 길가에 있으면 그냥 가볼까 하고 가는 것 같아. (응답자 203, 20대 여성, 대학생)

오프라인이나 그런 데서 거의 안 사. (…) 제가 브랜드 N에서 산 신발이 여름에 산 거여서, 그때 이후로는 오프라인에서 약간, 코로나 이후로는 오프라인에서 잘 활동을 안 하다 보니까 온라인으로 옷을 사서 (오프라인에서 산) 브랜드 N 같은 옷들은 거의 여름 옷이 많아요. (응답자 104, 20대 남성, 직장인)

이들은 SPA 브랜드, 스포츠 브랜드를 위주로 캐주얼, 스트릿 스타일의 의류를 주로 구매하며, 단독 브랜드 매장이나 다양한 브랜드를 모아둔 편집숍이 자주 이용하는 의류 구입 장소로 나타났다. 20대들은 "기본템"이라고 부르는 깔끔하고 무난한 옷을 주로 입는데, 특히 독특하고 트렌디한 옷부터 "기본템"까지 다양한 상품을 갖추고 있는 SPA 브랜드에서 기본 아이템을 구입한다. 유행하는 옷이나 "눈에 띄는 스타일이 아니라 정말 기본템"(응답자 102, 20대 남성, 대학생), "무난한 옷들을 찾으려면 오히려"(응답자 203, 20대 여성, 대학생) 스파 브랜드에서 더 쉽게 살 수 있다고 응답한다. 뿐만 아니라 한국에 진출하지 않아 수입되지 않는 패션 브랜드의 의류를 해외 직구를 통해 구매하기도 한다.

(친구들도) 브랜드 N에서는 기본적인 거 많이 사는 것 같아요. 눈에 띄는 스타일이 아니라, 정말 기본템? 바지라든지. 브랜드 S, 브랜드 N 이런데서 바지나 티 같은거 이런거 사요. (응답자 102, 20대 남성, 대학생)

일단 그렇게 유행하는 옷을 잘 안 찾다 보니까, 무난한 옷들을 찾으려면 오히려 그런데(스파 브랜드)가 더 낫기도 해서 자주 보러 가는 것 같아. 브랜드 N도 그렇고 브랜드 E, 브랜드 K. (응답자 203, 20대 여성, 대학생)

유행 그런 거보다는 그냥 기본적으로 깔끔한 스타일 종류를 많이 샀던 것 같아요. (응답자 104, 20대 남성, 직장인)

대부분의 20대 응답자들은 주로 온라인을 통해 유행을 파악하는 것으로 나타났다. 이처럼 온라인을 통해 유행을 파악하는 경우, 사람마다 각기 다른 온라인 매체를 다양한 방식으로 활용한다. 인스타그램과 유튜브 다양한 소셜 네트워크 서비스를 어플리케이션을 활용하기도 하고 웹포털 A의 블로그 포스트나 쇼핑몰 사이트를 참고하기도 한다. 물론 직접 발품을 팔아 오프라인 매장의 유행을 확인하는 사람들도 있으며, 지하철이나 길거리에서 유행을 파악하기도 한다. 그러나 20대는 다른 사람이 입은 옷을 통해 유행을 파악할 때, 오프라인뿐만 아니라 주로 온라인에서 이를 확인한다. 이러한 점에서 20대는 주로 길거리에서 사람들의 옷을 보고 유행을 파악한다고 응답한 다른 연령층과 차이가 있다고 볼 수 있다.

특히 20대는 온라인을 통해 패션 정보를 적극적으로 탐색하기도 하며, 수동적으로 노출되기도 한다. 패션 정보를 얻기 위해 적극적으로 블로그, 쇼핑몰 사이트, 어플리케이션 등을 활용하는 사람들이 있는가 하면, 패션 정보를 얻기 위한 목적을 가지지 않더라도, 일상적인 온라인 소셜 네트워크 활용 중에도 사람들이 SNS에 올린 일상 사진을 통해서 유행하는 패션에 대해 자연스럽게 알게 된다. 한편 사용자의 성별, 연령과 같은 개인 정보와 검색 기록을 기반으로 개인에 맞추어 제공되는 광고에 수동적으로 노출되기 때문에, 굳이 패션과 관련한 정보를 적극적으로 찾아보지 않더라도 자연스럽게 유행이 무엇인지에 대해 알게 되는 측면도 있다.

가끔 진짜 매치 못하겠다 싶으면 어플 D 이런걸로 보고. 아니면 인스타 검색해. (…) (스타일 쉐어는) 키워드 입력하면 그걸로 코디해서 입은 사람들이 사진을 볼 수 있는 앱 같은거. (그거는) 여기에 무엇을 매치를 해야 무난하게 입고 나갈 수 있는지 그걸 참고를 하려고 보는 거고. (응답자 203, 20대 여성, 대학생)

유튜브 좀 보긴 하거든요. 링크 되는거 좀 뜨는거 보는데, 뭐 인플루언서 C? 그런 남성 유튜버들. 이름을 잘 모르겠는데. 약간 뭐 그런거 있잖아요. 내가 돈 주고 사서 내가 입어봤다. 이런거 해가지고 유튜버들이 바지면 바지, 그냥 브랜드별로 쫙 해가지고 리뷰해주고 신발이면 신발 또 그런 거 좀 보면서 요즘은 뭐 이런 거 많이 나오는구나. 가격대는 이 정도 분포되어있구나. 만약에 좀 궁금하다 그러면 온라인 쇼핑몰 C 같은 데 가서 쳐보고. 뭐 예를 들어서 애들이 첼시부츠 이런거 남자애들도 신는다고 하더라구요. 전 잘 모르니까 무슨 온라인 쇼핑몰 C 같은 데 가서, 애들은 거기 순위, 인터넷 주문 많이 하는데잖아요. 온라인 쇼핑몰 C가서 좀 보고, 아니면 백화점 이런데 가서 좀 유명한 브랜드들은 또 어떤 제품 나오나 확인해보고 그러는 것 같아요. (응답자 102, 20대 남성, 대학생)

00이라고 포털 A 포스트 하시는 분이셨는데, 쇼핑몰도 여시고. '인플루언서 D'라고 또 뷰티 겸 패션 겸 다양한 걸 하시는 그 분 것도 많이 봐요. 재밌어서. 그 '인플루언서 A' 그분은 만화로 그리셔서 재밌어요. (…) 인스타 중간중간에 광고 같은 거 되게 많이 들어오잖아요. 그런 거 보고 '어 이거 괜찮은데?' 그러면 찾아보고 그런 것만 하고 누굴 따로 팔로우하고 그러지는 않아요. (…) 그냥 지나다니는 사람들 보면서 '어! 저거 예쁜데?' 그러면 좀 생각해놨다가, 대충 이렇게 보다가, '어 그거 비슷하네' 그러면 사고. 그리고 이런 거 있잖아요. 앱들. (…) 어플 E, 어플 C, 어플 B. (…) 아마…. 나이대에 맞게 추천해주는 것 같던데…. 아닌가? 어플 E 이런 데는 확실히 나이대에 맞게 추천을 해주거든요? 근데 얘도 아마 제가 찾아봤던 거 위주로 많이 나올 거예요. 그래서 그렇지 않을까요? 예를 들어 내가 니트 조끼를 검색해봤다, 그러면 여기 이런데에 니트 조끼가 뜨더라고요. 태그를 해가지고. (응답자 202, 20대 여성, 취업준비생)

유행하는 정도? 보통 그래도 인터넷? (…) 인스타 같은거. 그냥 대충 사람들이 이런식으로 입는구나 보이니까? (…) 검색이 아니라. 그...아무 피드나 막 무작위로 뜨는게 있잖아. 그냥 그런 거 보고? (응답자 201, 20대 여성, 대학원생)

요즘은 인스타에서 이제... 샵 그 해시태그로 뭐 무슨 '니트' 이런식으로 검색하면 뜨더라고. (응답자 101, 20대 남성, 대학생)

사이트, 어 일반 쇼핑몰 사이트랑 연동돼 있는 것도 좀 있고, 광고가. (응답자 103, 30대 남성, 직장인)

❸ 패션의 특성

일상이 된 패션:

온라인 매체를 통한 패션의 일상화

20대들은 유행을 따르는 것을 좋아하는지 여부와 관련없이 모두 유행에 대해 알고 있다. 유행을 따르는 것을 좋아하지 않거나, 유행에 관심이 없고, 유행에 대해 모른다고 말하는 사람도 요즘 유행하는 패션이 무엇인지에 대해 잘 알고 있는 편이다. 유행을 따르지 않거나 유행을 피하기 위해서는 무엇이 유행하고 있는지 알고 있음이 전제되기 때문이다. "오히려 유행하는 것은 거의 안 입는 것 같아"(응답자 203, 20대 여성, 대학생)라는 응답에서도 이러한 측면을 확인할 수 있다. 특히 20대들은 유행과 패션에 대한 정보를 온라인 매체를 통하여 공유하고 소비한다. 이러한 온라인을 기반으로 하는 활동들이 일상적이기 때문에, 누구든 지금 또래에서 유행하는 패션 트렌드에 대하여 잘 알고 있다. 이들은 온라인으로 패션에 대한 정보를 공유하며, 온라인으로 패션 제품을 구입한다. 20대들의 패션과 관련된 온라인 활동에서 몇가지 특징이 드러난다.

일상적으로 패션을 즐기는 20대 응답자

첫 번째로 이들은 패션과 관련된 콘텐츠를 일상적으로 즐긴다. 이들은 다른 연령보다 온라인에서 활동하는 시간이 길고 텍스트뿐만 아니라 이미지와 영상으로 이루어진 온라인 포스트, 사진, 영상, 웹툰 등 다양한 콘텐츠를 즐긴다. 다양한 경로와 형태의 콘텐츠를 통해 유행하는 패션에 대한 정보와 스타일링 팁에 대하여 알게 된다. 소비를 목적으로 온라인 서비스를 이용하지 않더라도 이들이 일상적으로 즐기는 SNS에서 친구들 뿐만 아니라 연예인들이 입고 있는 패션, 해외 패션에 대한 정보가 실시간으로 공유된다. 이러한 경로로 유행에 대한 정보를 알게 된다.

(인터넷 사이트에서 패션 콘텐츠를 보는 걸) 너무 좋아해요. 포털 A 패션뷰티(에 올라오는 콘텐츠). 맨날 새로운거 올라오면 출근하고 퇴근할 때 보고, 아무 생각없이. (…) '인플루언서 D' 님이라고 포털 A 포스트 하시는 분이셨는데, 쇼핑몰도 여시고. '인플루언서 A'라고 또 뷰티 겸 패션 겸 다양한거 하시는 그 분 것도 많이 봐요. 재밌어서. 그 '인플루언서 A' 그분은 만화로 그리셔서 재밌어요. (응답자 202, 20대 여성, 취업준비생)

두 번째, 이들은 유행에 따라가기 위하여 전략적으로 패션에 대한 정보를 탐색하고 소비한다. 20대는 온라인 활동을 통해 가장 인기 있는 패션 아이템에 대한 실시간 정보를 제공받을 뿐만 아니라, 다양한 수단을 활용하여 유행에 뒤처지지 않기 위해 전략적으로 유행에 대한 정보를 탐색하는 모습을 보인다. 온라인에서 옷을 구매하지 않더라도 "오프라인으로는 돌아다닐 시간이 좀 줄여야겠다 생각에 온라인으로 미리"(응답자 101, 20대 남성, 대학생) 옷에 대한 정보를 확인하기도 한다. 옷을 구매할 때, 옷을 알아보기 위해 "많은 시간을 투자해서 사는 게 아니라 (온라인 쇼핑몰) 후기 같은 거 다른 사람들 어떻게 입었는지 보고"(응답자 104, 20대 남성, 직장인) 사기도 한다. 이미 제품을 구매한 사람들의 실제 사용 후기뿐만 아니라 패션 전문 온라인 쇼핑몰에서 제공하는 판매량과 조회수 상위 제품에 대한 순위 정보를 적극적으로 활용하기도 한다. 성별, 연령대별로 지금 가장 인기 있는 패션 아이템에 대한 실시간 정보를 참고하여 쇼핑에 들어가는 시간과 노력을 절약한다. 또한 옷의 종류, 브랜드별로 패션 아이템을 정리하여 소개하는 유튜브 채널을 통해 패션에 대한 정보를 확인한다. 이처럼 20대는 패션 정보를 효율적으로 탐색하며, 유행이 무엇인지 알고 본인에게 어울리는 패션을 소비한다.

이제 오프라인으로는 (옷을 사기 위해) 돌아다닐 시간을 좀 줄여야겠다 생각에 온라인으로 미리 보는 건 있지. (응답자 101, 20대 남성, 대학생)

SNS A 좀 보긴 하거든요. 링크 되는거 좀 뜨는거 보는데, 뭐 인플루언서 C? 그런 남성 유튜버들. 이름을 잘 모르겠는데. 약간 뭐 그런거 있잖아요. 내가 돈 주고 사서 내가 입어봤다. 이런거 해가지고 유튜버들이 바지면 바지, 그냥 브랜드별로 쫙 해가지고 리뷰해주고 신발이면 신발 또 그런 거 좀 보면서 요즘은 뭐 이런 거 많이 나오는구나. 가격대는 이 정도 분포되어있구나. (…) 만약에 좀 궁금하다 그러면 온라인 쇼핑몰 C 같은 데 가서 쳐보고. 뭐 예를 들어서 애들이 첼시부츠 이런거 남자애들도 신는다고 하더라구요. 전 잘 모르니까 무슨 온라인 쇼핑몰 C 같은 데 가서, 애들은 거기 순위, 인터넷 주문 많이 하는 데잖아요. 온라인 쇼핑몰 C가서 좀 보고, 아니면 백화점 이런데 가서 좀 유명한 브랜드들은 또 어떤 제품 나오나 확인해보고 그러는 것 같아요. (응답자 102, 20대 남성, 대학생)

인터넷 보고 많이 참고하는 편인 것 같아. (…) 보통 옷 같은 거는 온라인 쇼핑몰 C에서 많이 사고, 거기서 다른 사람들 약간 후기 같은 거? 스타일? 후기? 그런 거 많이 보고 참고해서 사는 것 같아. (응답자 103, 30대 남성, 직장인)

사실 옷 같은 거 살 때나 그럴 때 많은 시간을 투자해서 사는 게 아니라, 온라인 쇼핑몰 C 들어가서 괜찮아 보이는 옷 선택해서, 후기 같은 거 다른 사람들 어떻게 입었는지 보고, 괜찮나 싶으면 사는 편이라서. (응답자 104, 20대 남성, 직장인)

세 번째, 이들은 온라인에서 패션에 대한 정보를 일방향적으로 수용하거나 광고에 노출되는 것이 아니라, 패션과 관련된 정보를 적극적으로 생산하고 공유한다. 한복을 입고 데이트를 하거나 여행하는 문화는 20대가 패션 정보와 유행의 생산과 소비에 참여하고 있음을 보여주는 대표적인 사례이다. 20대들은 실제 친구들이나 패션 관련 어플리케이션의 사용자들이 올린 사진에서 패션 정보를 얻기도 한다. 친구가 SNS에 올린 사진에서 친구가 입고 있는 옷을 참고하여 TPO에 맞는 옷을 입는다(응답자 203, 20대 여성, 대학생). 이들은 어플리케이션이나 SNS를 통해 패션 정보를 얻기도 하지만, 자신의 모습이 SNS에 공유되는 것을 고려하여 옷을 입는다. 본인이 사진을 찍어서 온라인에 업로드 하지 않더라도 친구들 중 "누군가는 사진을 찍어서 올리기"(응답자 102, 20대 남성, 대학생) 때문에, 친구를 만날 때는 옷과 헤어 스타일에 더 신경쓰기도 한다. 친구들과의 "단톡방"에 옷을 올려 "어떻게 생각하냐"(응답자 102, 20대 남성, 대학생) 고 옷을 구입하기 전에 옷에 대한 생각을 물어보기도 한다.

(결혼식에 갈 때, 이 사진처럼) 나도 채도 낮은 옷차림으로 차려입고 가지 않을까? 검은색 원피스라던지. (응답자 203, 20대 여성, 대학생)

여자친구가 입을래라고 한 적은 있지. 뭐 전주 갈 때나. 그런거 있잖아. 저 북촌 이런데 돌아다닐 때, 데이트 용도? 뭐 추억 남기고 사진 남기는 용도로 뭐 하자고는 가끔, 한 번 얘기했는데. 내가 싫다 해서. (응답자 101, 20대 남성, 대학생)

아무래도 좀 제가 생각했을 때, 이 브랜드 좀 비싼거다 그런거 좀 입고. 머리도 좀 만지고. 그런거죠. (…) 왜냐하면 저는 사진찍는거 안좋아하는데, 어차피 걔네랑 있으면 누군가는 사진을 찍어서 올리거든요. 좋든 싫든 제 얼굴이 나오는 거니까. 그런 상황에서 '아 나 사진 찍기 싫어' 할 수 없으니까. 그래도 같이 나오는 거죠. (…) 그런데 솔직히 그렇게 입는 사람들이 그 지역 사람들이란 생각은 안하거든요. 그러니까 그 지역 사람들이 오히려 그렇게 안입을거라고 생각하는데. 꾸미고 간 사람들이 오히려 좀 이상하다고 생각하거든요. 집 앞 나가서 밥먹고 오는건데 그렇게 꾸미고 나갈 필요가 없잖아요. 다 사진찍으러 가는거지, 다른 지역 사람들이. (…) (친구들한테) '나 이거 괜찮은 것 같은데 어떻게 생각하냐' 단톡방 같은 데 올리면 이제 애들이 좀 아닌 것 같다 (고 하기도 한다). (응답자 102, 20대 남성, 대학생)

관종과 평범 사이:

꾸안꾸15, 캐주얼, 놈코어 패션

20대 인터뷰 참여자들은 '관종(관심종자)'처럼 보이지 않도록 옷을 입는 것을 중요하게 여겼다. 이들은 유행에서 너무 벗어나는 것도 안되지만, 동시에 너무 개성적이어도 안 된다는 이중적인 기준을 가지고 있다. "심플하면서도 유행에 뒤처지지 않는 옷"(응답자 201, 20대 여성, 대학원생)을 입고자 한다는 응답에서 이러한 태도가 잘 드러난다. 일반적으로 사람들은 다른 사람들과 유사하게 입기 위하여 유행을 따르기도 하지만, 20대의 인터뷰 참여자들은 "관종"이 되지 않기 위해 튀지 않는 옷을 입고자 하는 모습을 보인다. 특히 유행이 지난 옷을 입으면 "왜 입냐, 지금 입기에 좀 그렇지 않냐"(응답자 102, 20대 남성, 대학생), "쟤 뭐 2년 전 걸 입고 있네?"(응답자 101, 20대 남성, 대학생)라는 주변의 부정적인 시선이 신경쓰이기 때문이다. "(유행이 지난 옷에) 손이 잘 안 가는 것 같아요"(응답자 102, 20대 남성, 대학생)라는 응답에서 유행이 지난 옷은 사람들의 눈에 띄는 옷임을 확인할 수 있다. 이처럼 유행에 동떨어져서 다른 사람과 너무 다른 옷을 입어 눈에 띄는 것을 피하기 위해, 다른 사람들이 입고 있는 스타일과 비슷한 옷을 입고자 한다. 주변 사람들, 또래가 봤을 때 이상하다고 생각하지 않을만한 또래가 많이 입는 옷을 선택하는 것이다. 이를 위해 가족, 친구들과의 단체 채팅방, 인터넷 커뮤니티, 패션 전문 쇼핑몰, 길거리에서 보이는 패션 등 다양한 경로를 활용하여 유행과 패션에 대해 파악하려 노력한다. "항상 약간 무난한 것을 찾으려고 항상. 그게 트렌드라도 약간 너무 내 기준에서 좀 튄다 이러면"(응답자 101, 20대 남성, 대학생) 구입하지 않기도 한다. 이를 위해서는 유행하는 옷, 주변 사람들이 입고 있는 옷에 대하여 항상 파악하고 있어야 한다. 따라서 20대는 패션 트렌드에 민감하게 반응한다.

심플하면서도.. 유행에 뒤처지지 않는 옷 (응답자 201, 20대 여성, 대학원생)

(유행이 지난 옷은) 손이 잘 안 가는 것 같아요. 옆에 누나가 있으니까. (누나가) '왜 입냐. 지금 입기에 좀 그렇지 않냐'(고 유행이 지났음을 알려준다). (응답자 102, 20대 남성, 대학생)

(유행 변화를) 내가 알아 보듯이 또 다른 사람들도. '어 쟤 뭐 뭐 2년 전 걸 입고 있네?' 약간 이런 생각을 조금 이제 할까 봐? (…) 차라리 그냥 아무 생각도 안 하면 그런 건 괜찮은데. 약간 그런 부정적인 시선을 좀 신경을 쓰는 것 같아.

튀지 않는 놈코어 패션을 즐기는 20대 응답자들

(…) 많이 보이니까 많이 보이면 이유가 있겠지 이런 생각으로 (사기도 함). (…) 되게 트렌드를 따라간다 하기보다는. 이젠 그냥 약간 뭐지? 항상 약간 무난한 것을 찾으려고 항상. 그게 트렌드라도 약간 너무 내 기준에서 좀 튄다 이러면, 안 하고. (…) (내가 입은) 카고 바지는 유행이라기보다는. 그냥 꾸준히 사람들이 입는? 만약에 이게 또 내가 길 가다가 몇 명 못 봤으면은 내가 안 입었을 것 같아. 이것도. 이게 주머니가 그렇다고 막 많으면은 나는 그런 건 또 못 입을 것 같고. (…) 그냥 남들 다 입는 스타일로 입는 거 좋아하고 그러니까. 어딜 가든 이런 건 있을 것이다 라는 생각에? (응답자 101, 20대 남성, 대학생)

유독 20대의 인터뷰 참여자들이 '관종'이 되지 않기 위해 튀지 않는 옷을 입어야 한다고 응답한 것을 미루어 보아,

15
신조어로 '꾸민 듯, 꾸미지 않은 듯'한 것을 의미함

이들이 다른 연령에 비해 패션에 민감하고 다른 사람의 시선을 예민하게 의식하고 있음을 알 수 있었다. "내 개성 드러내기보다는 무난하게 입고 다니는 게 제일 편해"라고 이야기한 응답자는 눈에 띄는 옷을 입고 다니면 "한번에 사람들이 알아보기 때문에 불편하다"(응답자 203, 20대 여성, 대학생)고 이야기한다. "괜히 시선 한번 더 끌고 싶지 않은 그런 마음"(응답자 101, 20대 남성, 대학생)이 있기 때문에 밝은 색의 옷을 선호하지 않기도 하며, "사람들한테 주목받는 그런 거를 꺼려하는 편"(응답자 104, 20대 남성, 직장인)이어서 튀지 않고 깔끔한 옷차림을 선호하는 모습도 관찰된다. 특히 사회 생활을 시작하면서 다른 연령대와 사회적 지위를 가진 사람들을 직장에서 마주할 때는 "뭔가 좀 내가 눈치 보이기 때문에"(응답자 202, 20대 여성, 취업준비생) 평소에 좋아하는 패션 액세서리도 착용하지 않음으로써 패션으로 튀는 상황을 피하고자 한다. 한복 착용과 관련하여서도 같은 맥락의 응답이 반복되었는데, 한 인터뷰 참여자는 한복을 입으면 "너무 관종"(응답자 101, 20대 남성, 대학생) 같아 보일 것 같다면서 거부감을 보였다.

내 개성 드러내기보다는 무난하게 입고 다니는 게 제일 편해. (…) 눈에 띄는 색. 눈에 확 띄는 색. (…) 내가 핫핑크 후드가 있었는데, 안그래도 여자가 적은 과에서 그거 입고 다니니까 한번에 사람들이 알아보더라고. 그래서 특정되는 게 싫어서 그 뒤로 안 입고 다녀. (…) 나는 그 사람을 모르는데 그 사람이 나를 아는 게 조금 불편해. (응답자 203, 20대 여성, 대학생)

색깔이 내가 좀 다양한 게 좀 밝은색이 좀 안 받고. 그런 것도 있고. 그리고 그냥 뭐 괜히 시선 한 번 더 끌고 싶지 않은? 그런 마음에서. (…) (한복을 입으면) 일단 너무 튀고. 그거 입고 이렇게 길거리 돌아다니면 너무 관종 같고 그래서. 불편할 것같기도 하고. (사람들의 반응이) '뭐지 관종인가?' 약간 이렇게. (응답자 101, 20대 남성, 대학생)

약간 성격상 조금 뭔가 사람들한테 주목받는 그런 거를 꺼려하는 편인 것 같아서 좀 제 생각에는 깔끔하고, 네, 깔끔한 걸 선호하다 보니까 그렇게 (튀지 않게 입으려고) 된 것 같아요. (응답자 104, 20대 남성, 직장인)

아니, 뭔가 좀 내가 눈치 보이잖아요. 다른 선생님들 눈치. 아무래도 교감 선생님이나 그런 분들한테 약간 좀 '굉장히 튀고 오는 걸 하셨군요' 아, 학교 선생님들이 귀걸이 안 하시더라고요. 그래서 좀 잘 안 하고 다녀요, 요새는. (응답자 202, 20대 여성, 취업준비생)

이처럼 20대들은 '관종'처럼 보이지 않도록 꾸민 듯 안꾸민 듯한 '꾸안꾸' 패션을 추구한다. 꾸안꾸는 '꾸민 듯 꾸미지 않은 듯'이라는 단어의 줄임말로 편안하지만 너무 후줄근하지는 않은 상태의 꾸밈 정도를 나타내는 신조어이다. 이는 몇 년간 이어지고 있는 하나의 패션 트렌드이기도 하다. 트렌디한 패션을 따르지 않는 것이 바로 트렌드라고 설명할 수도 있는데, 기본 아이템으로 이루어진 편안한 핏과 평범함을 추구하는 스타일이다. 다시 말해 20대에게 캐주얼하고 편안한 옷차림은 패션에 신경을 쓰지 않은 옷차림, 신경써서 차려입지 않은 옷차림이 아니다. 티셔츠나 슬랙스, 청바지와 같은 기본적인 아이템과 맨투맨, 후드티, 백팩, 스니커즈, 워커, 운동화 같은 대표적인 스트리트 패션 아이템을 취향에 따라 더함으로써, 꾸미지 않은 것처럼 보이지만 각자의 취향에 맞는 패션 아이템을 이용하여 고도로 신경써서 차려입은 트렌디한 패션인 것이다. 이와 관련해서 대학교 졸업 이후 서울로 돌아온 한 응답자는 "사람들이 특별하게 꾸미고 그런 사람 잘 못 본 것 같지만, 요새 트렌드가 바뀌어서 꾸안꾸로 바뀐 것 같다"고 이야기하기도 하였다(응답자 202, 20대 여성, 취업준비생). "되게 편안하게 입었구나 싶은데 그렇게 막 입었다는 느낌은 안 드는"(응답자 203, 20대 여성, 대학생) 느낌으로 옷을 입고자 한다는 응답에서도 최근의 트렌드를 읽어낼 수 있다.

(최근 몇 년 사이) 서울 오니까 사람들이 특별하게 꾸미고 그런 사람 잘 못 본 것 같아. 내가 만나는 사람들이 나이를 먹어서 그런가? 왜지? 요새 트렌드가 바뀌었나? 맞아! 요새 맨날 꾸안꾸라면서 그러잖아요. 그런 게 있지 않을까요? (응답자 202, 20대 여성, 취업준비생)

편하면서도 너무 풀어지지 않는. 막 추리닝 느낌은 아닌? 그런거를 선호하고. 선호하지 않는 거는 불편하면서 또 나한테 안 맞는 핏? (응답자 201, 20대 여성, 대학원생)

되게 편안하게 입었구나 싶은데 그렇게 막 입었다는 느낌은 안 드는? (응답자 203, 20대 여성, 대학생)

꾸안꾸 패션을 추구하는 20대는 편안하고 무난한 옷차림에 스트리트 패션 소품을 더하는 방식을 선택하는 모습을 보인다. 이러한 와중에도 패션에서 개인의 취향이 드러난다. 20대는 다른 연령에 비해 각자의 취향에 맞는 옷을 더 자유롭게 입는 편이다. 교복을 중심으로 하던 10대의 의생활에서 벗어나고, 직장에서의 규범적인 옷차림을 아직 요구받지 않는 나이이다. 따라서 개인이 추구하는 스타일과 유행에 따라 옷을 선택적으로 소비한다. 특히 여성의 경우 패션 스타일과 아이템의 선택지가 조금 더 다양하게 나타난다. 20대 여성들은 개성에 따라 "여성스럽다"(응답자 202, 20대 여성, 취업준비생)고 표현되는 옷도 입지만, 그렇지 않은 유니섹스, 젠더리스 스타일을 추구하기도 한다. 성별과 관계없이 여성 응답자도 남자들이 "많이 신는 편"인 워커 슈즈를 신어 코디하기도 한다(응답자 203, 20대 여성, 대학생).

여성스럽고 약간 좀 귀여운 맛이 있는 그런 거? 그런 거 있잖아요. 예를 들어 기본 셔츠가 있다면 저는 세일러 디테일이 있는 셔츠를 좋아한다던가 그런. (응답자 202, 20대 여성, 취업준비생)

브랜드 O 코디한 거 사진 보고 너무 예뻐서 사게 됐어. (…) (보통 워커는) 남자들 중에 좀 멋 부리는 사람이나, 아니면 진짜 막 종묘, 홍대 이런데 가면은 뭐 눈에 엄청 띄게 입는 사람들이 가끔 매치하는 느낌? (…) 응. 일단 워커를 (더) 많이 신는 편이니까, 남자들이. (응답자 203, 20대 여성, 대학생)

한 끗 차이: 디테일과 핏

특히 이러한 기본적인 아이템들로 이루어진 패션 스타일에서는 "입었을 때 편안한"(응답자 203, 20대 여성, 대학생) 착용감이 좋은 옷이 중시된다. 이들은 패션에서 편안함과 자연스러움을 추구하는데, 이러한 성향은 실제 옷을 입었을 때의 느낌, 촉감뿐만 아니라 전체적인 아웃핏을 중시하는 특성과도 연결된다. "크고, 품 넓은"(응답자 203, 20대 여성, 대학생) "오버핏"(응답자 101, 20대 남성, 대학생)을 좋아하기도 한다. "어깨선도 살짝 내려가" 있는 재킷을 선호하고, "셔츠를 입으면 목이 안답답해 보이는지"를 확인한다(응답자 101, 20대 남성, 대학생). 이들은 옷의 디테일과 핏을 통해 개성을 드러내는데, 본인의 체형과 어우러지도록 연출할 수 있는 옷을 선택한다. 입었을 때 전체적으로 편안하고, 동시에 칼라나 어깨 모양, 품 등이 본인의 체형에 잘 맞고 어울린다고 판단되는 옷을 선호한다.

자신의 체형에 잘 맞는 특정한 브랜드를 찾으면, 가격이 조금 비싸더라도 그 곳에서 고정적으로 옷을 구매하기도 한다. 더 나아가, 바짓단의 길이, 양말의 길이 등을 조정하여 키가 커 보이는 효과를 노리기도 하는데, 이러한 작은 디테일을 활용하여 키가 더 커보이도록, 다리가 더 길어보이도록 연출하는 경향은 젊은 층에서 두드러지는 현상이다. "발목이 좀 드러나면 더 키가 커" 보이기 때문에, "바지들 자체도 딱 복사뼈 바로 위까지 떨어지는" 것을 입고, "겨울이라도" 발목이 드러나는 양말을 신기도 한다(응답자 101, 20대 남성, 대학생). 특히 키가 큰 응답자는 본인뿐만 아니라 키가 큰 다른 친구도 "외국 브랜드여서" "바지 핏"(응답자 102, 20대 남성, 대학생)이 더 잘맞아서 특정 브랜드에서 주로 바지를 구입한다고 응답하기도 한다. 이처럼 20대는 패션을 적극적으로 활용하여 본인이 추구하는 이미지를 연출한다.

옷의 핏을 신경쓰는 20대 응답자들

입었을 때 편안한 게 제일 중요하고, 그 다음엔 차분해 보이는 거. (…) (후드티에) 유행이 있나? 되게 무난한 아이템이라고 생각해. 유행은 딱히 없고, 핏 생각하는 사람은 좀 있는 것 같아. 나는 크고, 품 넓은 거. (응답자 203, 20대 여성, 대학생)

(특정 브랜드의 후드는) 핏감도 되게 좋고. 음 길이도 그 어깨 쪽의 핏이 편한 거에 비해서 길이도 크게 안 길어서 (구매한다). (…) 조금 오버핏을 좋아하거든. 그러니까 조금 이제 어깨선도 살짝 내려가고. 이제 뭐 그런 것부터 시작해서 셔츠를 입으면 목이 안 답답해 보이는지. 아니면 바지를 이제, 청바지 같은거 입으면은. 그 딱 맞는 바지를 보면은 무릎 부분이 튀어나오는 그런 게 있잖아. 어 그런, 그런거 이제 안 어색해 보이는지 뭐 이런거? (…) 정장 브랜드에서 좀 돌아다니면서 산거 아니고 그런 재킷들은 너무 핏이 이게 일반 그 하나로 거의 돼 있는데, 그게 나랑 좀 안맞아. 약간 어깨가 조금 내려가 있어야 되고 나는. (…) 내가 겨울이라도 평소에도 긴 양말은 잘 안 신어서. 어떤 신발을 신든, 웬만하면 그 양말(베리쇼트삭스)을 신어. 정말 춥다거나, 그렇지 않으면. 이렇게 약간 발목이 뭐 좀 드러나면은 더 키가 커 보인다 이런 말을 들었나? 하여튼 그래서. (…) 나한테 있는 이제 바지들 자체도 딱 복사뼈 바로 위까지 떨어

지는 거거든. 그런 스타일이 많아서 뭔가 양말도 거기서 올라가면은 뭔가 어색한 부분도 있고 그래서. (…) 주변 사람들은 근데 나보다 더 신경 쓰는 애들이 있던데? (응답자 101, 20대 남성, 대학생)

기본적으로 불편한 옷은 아예 못입는 것 같아요. 입었을 때 착용감이 불편하다던가, 재질이 좀 거칠거칠하다 그러면 아예 아무리 그 옷이 이뻐보여도 안 사는 것 같아요. (…) 바지 같은건 브랜드 S 뭐 그런데서 사고. 뭐라해야하지, 저랑 키 비슷한 친구(180 이상) 이런 바지 핏이라고 해야하나 이런게 브랜드 S랑 잘 맞아서. 외국 브랜드여서 그런 것 같거든요. (응답자 102, 20대 남성, 대학생)

또한 20대 응답자들은 프린팅과 로고가 크게 새겨진 옷을 선호하지 않는 경향이 나타났다. 이들에게는 로고가 드러나는지 드러나지 않는지, 또는 옷에 프린팅된 문자나 그림이 있는지, 그 크기와 위치가 어떤지가 중요하다. 한 응답자는 엄마가 사주는 옷은 주로 티셔츠 중앙 한가운데 로고가 크게 위치하거나, 그림이 크게 그려져있는데, 이러한 옷들을 "촌스럽다고 생각"(응답자 203, 20대 여성, 대학생)한다. 이러한 성향은 다른 응답자들에게서도 공통적으로 발견된다. 프린팅이 "크게 뭔가 있고, 뒤에 막 있고 그런 것 보다는 오히려 작게 되어있고, 단색인", 옷의 "공간이 더 많이 보이는"(응답자 101, 20대 남성, 대학생) 옷이 예쁘다고 생각한다.

한가운데 로고 박힌 옷. 티셔츠인데 그림 크게 그려져있는 옷? 중앙에. 그거랑 이제 울록불록한 패딩(을 안좋아해). (…) 어 진짜 싫어서. 이런 말 하기는 미안하지만 엄마한테, (엄마가 사주는 옷이) 촌스럽다고 생각해. (응답자 203, 20대 여성, 대학생)

맨투맨이 이제 좀 그… 크게 프린팅 되어 있는 게 아니라. 되게 작게 프린팅 되어 있고. 그런 것도 좀 봐 가지고. (…) 나는 막 그림 있고 이런 걸 안 좋아해서. 크게 뭔가 있고 뒤에 막 있고. 그것보다는 오히려 어.. 작게 돼 있고. 좀 단색, 색깔이 더 많이. 그냥 그 공간이 더 많이 보이는 그런 게 더 예쁜 것 같아. (응답자 101, 20대 남성, 대학생)

디자인적인 이유도 있지만, 특히 로고는 옷의 브랜드와 가격 등을 유추할 수 있는 단서가 되기 때문에, 로고가 없는 옷을 선호하는 모습도 관찰된다. 한 응답자는 "로고 같은 게 최대한 뭔가 흔적이 없는 걸 좋아"한다고 응답하였다. 왜냐하면 "로고 같은 게 크게 드러나면" "쟤가 얼마짜리 옷을 입었고, 쟤는 얼마짜리 입었네? 그런 게 보이니까" 굳이 로고가 있는 옷을 입어 자신이 입는 옷이 무엇인지 드러내지 않고자 한다(응답자 102, 20대 남성, 대학생). 또한 로고가 드러나는 옷을 입었을 때 "보여주려고 입는다"는 주변의 부정적인 시선도 부담스럽다. 이처럼 불편한 상황을 피하기 위해 로고가 드러나지 않는 로고리스(logoless) 제품을 선호하기도 한다. 그렇게 로고가 없더라도 "패션에 관심이 있는 친구들은" "디자인적으로 뭔가 좀 다르다 생각을 하니까" 어떤 옷을 입었는지 서로 알 수 있기도 하다(응답자 102, 20대 남성, 대학생).

저는 로고가 없는거 있잖아요. 그런거 좀. 옷에서 좀 글씨 많이 써있는거 별로 안좋아하거든요. 근데 좀 잘 안 보인다고 해야하나, 로고같은게. 최대한 뭔가 흔적이 없는 걸 좋아해서. (…) 패션에 관심있는 친구들은. 그러니까 이제 이런 셔츠는 많지만 뭔가 디자인적으로 뭔가 좀 다르다 생각을 하니까. '어 이거 어디서 샀어?' 자기가 찾아봤을 때는 '나 이거 못 봤었는데'. 그러면 '아 나 이거 브랜드 G에서 샀어, 브랜드 A에서 샀어' 그러면 이제 '아 진짜? 아 이런 것도 있었구나' 이런 식으로. 그런데 확실히 관심 있는 사람은 알아보더라구요. 잘 모르면 그냥 뭐 그냥 입었구나 하는 거고. (…) 굳이 제가 어떤 옷을 입었다라는 걸 남들이.. 제가 제 옷 입는 거지만 그런거 원치 않는 것 같아요. 쟤가 얼마짜리 옷을 입었고, 쟤는 얼마짜리 입었네? 그런게 보이니까. 로고같은게 크게 드러나면. (…) 그리고 괜히 그런 거 입고 가면 또 지네 스스로도 약간 막 보여주려고 입는다. 저는 그러고 싶지 않아서. (응답자 102, 20대 남성, 대학생)

'가성비'를 생각한 구매: 주머니가 가벼운 학생

20대는 대학생의 비율이 높고, 취업을 준비하는 시기이며 경제활동을 하더라도 사회초년생이 많기 때문에 상대적으로 경제적 여유가 없다. 따라서 20대는 패션에 크게 신경 쓰지 않거나, '가성비 좋은' 패션 소비를 하는 경향이 나타난다. 대학원생인 응답자의 경우, 옷에 신경쓰다보면 계속 옷을 사야 되기 때문에, 아예 그런 걸 신경 안쓰고, 그냥 입는 옷 위주로 계속 입으면서 의식적으로 옷 구매하는 걸 더 줄이려는 모습도 관찰된다(응답자 201, 20대 여성, 대학원생). 옷을 구입하고 유행을 따라가는 데에도 시간과 돈이 쓰이기 때문이다. 패션에 관심이 많고 옷을 좋아하더라도 "돈을 그렇게 많이 투자할 수가 없어서"(응답자 202, 20대 여성, 취업준비생) 이미 가지고 있는 옷에 맞추어 입을 수 있도록 활용도가 높은지를 고려하여 "최대한 잘못된 구매를 하지 않도록" 구매하기도 한다(응답자 202, 20대 여성, 취업준비생). "가격 대비 가성비가 좋아서" 특정 브랜드의 옷을 구매하는 모습도 관찰된다(응답자 104, 20대 남성, 직장인).

이처럼 가격을 고려하여 소비하더라도 좋아하는 브랜드나 선호하는 핏의 옷이 나오는 브랜드의 경우, 내가 좋아하는 브랜드가 따로 있어가지고. 그거는 그것보다 가격을 주더라도 그냥 사기도 한다(응답자 101, 20대 남성, 대학생). 친구들끼리 브랜드에 따라 가치를 매기면서 "이 브랜드면, 이 정도면 합리적"(응답자 102, 20대 남성, 대학생) 가격이라는 의견을 나누기도 한다. 이와 관련하여 20대 남성 응답자는 "일반적으로 이십대 초중반 남자 애들이 그냥 자기가 가지고 있는 돈이 좀 한정돼 있잖아요. 그 돈 안에서 내가 정말 모아서 살 수 있는 옷 하나 딱 정말 사고, 나머지 기본으로 가자. 저렇게 생각하거든요."(응답자 102, 20대 남성, 대학생) 라고 이야기한다. 이와 같이 한정된 자원 안에서 의생활을 꾸려나가기 위해 이들은 다양한 방법을 사용한다. 또 다른 응답자는 사람들이 길을 들이다 포기하고 내놓는 가죽 신발은, 새 상품을 사는 가격에 비해 "가격이 확확 내려가서"(응답자 203, 20대 여성, 대학생) 중고 제품으로 구매하기도 한다.

평상시에 옷은 신경 쓰진 않는 편이야. (…) 그런 걸 신경쓰다 보면 계속 옷을 사야 되잖아. 그거 옷 사는 시간도 그렇고, 돈도 그렇고. 계속 신경을 쓰고 있을 시간 자체가 없으니까. 그냥 아예 그런걸 신경 안 쓰고. 그냥 입는 옷 위주로 계속. (…)그냥 귀찮은게 제일 큰 것 같구. 막… 막…이거를 볼 시간에 그냥 다른, 쉬거나 다른 딴짓을 하지. 막 옷을 본다거나 그런거는… 그런 일은 잘 안하지. 그리고 또, 그것도 있고. 어쨌든 내가 특히 대학원생이니깐. 경제적으로 아껴야 하는 부분은 아껴야 하니깐. 또 더 의식적으로 옷 구매하는걸 더 줄이려고는 생각하고 있어. (응답자 201, 20대 여성, 대학원생)

내가 지금 옷장에 있는 옷이랑 어떻게 맞춰서 입을 것인가. 예를 들어서 내가 치마가 무늬가 있는 게 많은데. 재킷도 체크 무늬 그런 걸 사면 사놓고 입을 수가 없잖아요. 원래 있는 거랑 생각해서 최대한 잘못된 구매를 하지 않도록 (…)필요에 의해서 사는 것 같아요 사실 막 돈을 그렇게 많이 투자할 수가 없어서…. (응답자 202, 20대 여성, 취업준비생)

요즘에는 옷을 온라인 쇼핑몰 C에서 많이 사는데, 온라인 쇼핑몰 C에서 만든 브랜드가 있거든, 브랜드 X라는 브렌드가 있는데 거기 옷이 좀 가격대비 가성비가 좋아서 거기 옷 많이 사는 편이야. (응답자 104, 20대 남성, 직장인)

(브랜드 O 신발)을 새거 사면 20만 원정도 해. 근데 이게 가죽이 너무 딱딱해가지고 신을때까지 조금 시간이 걸린단 말이야. 그래서 신는 걸 포기하고 중고로 내놓는 사람이 많아. 그래서 중고로 많이 구하는 것 같아. (…) (그렇게 중고로 구매하면) 엄청 저렴해. 가죽신이라서 몇 번 신으면 구겨지잖아. 그래서 그것 때문에 가격이 확확 내려가서, 제품 D같은 건 15만 원인가 그런데 7만 원, 6만 원 대에 샀던 것 같아. (응답자 203, 20대 여성, 대학생)

가격도 뭐 신경을 쓰지. 가격도. (…) 일단 신촌 주위에서 돌아다니는 것만 해도. 일단 그 가격대가 그렇게 높지 않다는 거기 때문에, 그래서 거기서 (구매를) 하는 것 같고. (…) 그리고 청바지 같은 경우는 내가 좋아하는 브랜드가 따로 있어가지고. 그거는 그것보다 가격을 주더라도 그냥 사거든? (브랜드 Y) (응답자 101, 20대 남성, 대학생)

(친구들한테)'나 이거 괜찮은 것 같은데 어떻게 생각하냐' 단톡방같은 데 올리면 이제 애들이 좀 아닌 것 같다. 가격은 얼마냐, 좀 의사결정 할 때 가격적인 걸 많이 보는 것 같아요. 이 브랜드면, 이 정도면 합리적인. 브랜드 J? 이런 거 사는거 면 브랜드 J면 그 정도 값. 브랜드 Q면 뭐. 한 이 브랜드에서 이 가격이면 좀 아닌 것 같다. 가격이 좀 첫 번째인 것 같거든요. (…) 그리고 브랜드도 좀 어느정도 보는 것 같고. (…) 저는 그냥 일반적으로 이십 대 초중반 남자 애들이 그냥 자기가 가지고 있는 돈이 좀 한정돼 있잖아요. 그 돈 안에서 내가 정말 모아서 살 수 있는 옷 하나 딱 정말 사고, 나머지 기본으로 가자. 저렇게 생각하거든요. 근데 그 선호하는 브랜드가 뭐냐 차이 같아요. (응답자 102, 20대 남성, 대학생)

사회생활로 변화되는 스타일: '취업'에 따른 변화

20대는 사회적으로 변화무쌍한 상태에 놓여있다. 따라서, 같은 연령대 안에서도 사회적인 위치와 상황에 따라 패션이 달라진다. 그 중 가장 큰 영향을 미치는 것은 취업 상태로, 사회 생활을 시작하면서 패션에서 나타나는 변화가 눈에 띈다. 이는 인터뷰에 응한 참여자들의 응답에서도 쉽게 찾아볼 수 있다. 취업을 준비하는 대학 졸업반 학생들은 사회생활에 필요한 옷들을 새로 구비하기도 하며, 사회로 나갈 준비를 하면서 이전에 입던 옷들을 캐주얼하며 직장이나 공식 석상에는 부적절한 옷들이라 인식하게 된다. 대학교를 졸업하고 초등학교에서 보조 교사로 일하면서 취업을 준비하고 있는 20대 여성(응답자 202, 20대 여성, 취업준비생)은 대학생때는 질이 좋다기보다는 그냥 떼어 온 옷 같은 것을 인터넷에서 구매해서 잘 입기도 하였으나, 나이도 좀 들고, 학교 나가고 하니까 어울리지 않아 못입겠다고 이야기하기도 한다. 특히 평소 일상에서는 후드티와 레깅스를 많이 착용하지만, "학교에 레깅스 신고 갈 수가 없잖아요"라고 옷차림의 변화에 대하여 설명하였다. 이 응답자는 출근을 위하여 단정하게 입을 수 있는 옷을 필요에 의해서 새로 구입하였다.

어떻게 다르냐면 왜 평소에는 후드티 같은 것도 많이 입고 왜 레깅스 이런 거 많이 신고하는데, 학교에 레깅스 신고 갈 수가 없잖아요. 좀 블라우스? 블라우스 아니더라도 청자켓 이런 거 안 입고, 후드티 안 입고, 레깅스 안 입고…. 나 뭐입지? 어…. 막 크게 다르지는 않은데 되게 좀 단정한 거? 단정하고….

사회적 지위에 따라 다른 스타일을 구사하는 20대 응답자

(…) (대학생때는) 보통 인터넷으로 많이 샀는데, 그러다 보니까 이게 옷이 좀 질이 좋다기보다는 그런 거 있잖아요, 왜, 그냥 떼어 온 같은 게 많아서 요새 그거를 입으려니까 좀 못 입겠더라고요. 나이도 좀 들었고, 학교 나가고 하니까. (…) 필요에 의해서 사는 것 같아요 사실 막 돈을 그렇게 많이 투자할 수가 없어서…. 얘는 큰맘 먹고 샀지만…. 학교 다닐 때 실습을 하니까 초등학교에 입고갈 수 있을 만한 옷들 많이 샀었거든요? 근데 제가 졸업하고 좀 쉬었어요. 쉬면서 이제 일을 안 나가니까, 그냥 평범한 캐주얼한 거? 그런 걸 많이 입었는데 이제 출근을 하려니까, 또 이런 게 없더라고요. 단정하게 입을 수 있는 거. 그래서 왕창 사고 '아, 이거 예뻐서 산다.' 이런 거는 많이 안 사요. 필요에 의해서 사요. 확실히. (응답자 202, 20대 여성, 취업준비생)

20대 남성 직장인에게서도 이와 비슷한 변화에 대한 이야기를 들을 수 있었다. 직장인이 되기 전, 20대 초반에는 옷을 조금 더 스트릿하게 입었던 것 같지만, 지금은 재킷이나 점퍼를 활용하여 깔끔하게 입으려 한다고 응답하였다. 직장인의 경우, 종사하는 업계에 따라 패션이 달라지기도 하는데, 응답자가 일하는 IT 업계의 경우 상대적으로 사내 분위기가 자유롭기 때문에 다른 업계 종사자에 비해 비교적 자유롭게 옷을 입고 있는 것으로 나타났다. 특히 이 응답자는 자전거를 타고 출퇴근하기 때문에 옷자락이 긴 옷을 입지 않는 편이었다. 따라서 일반적으로 생각하는 직장인의 포멀한 옷차림과는 조금 다른 패션을 보였다.

네. (취업 전과) 조금 달라진 것 같아요. 20대 초반 때는 그래도 조금 더 약간 스트릿하게 그렇게 입었던 것 같은데, 지금은 좀 더 깔끔하게 입으려고 하는 것 같아요. (응답자 104, 20대 남성, 직장인)

반대로 직장인에서 학생으로 취업 상태가 변화한 응답자 201(20대 여성, 대학원생)도 추구하는 패션이 바뀌었다고 응답하였다. 이전에는 직장에서 요구되고 직무에 어울리는 "포멀한" "비즈니스 정장"을 입었다면, 학생으로 돌아온 지금은 "본분이 학생"이기 때문에 현재의 정체성에 어울리는 옷을 입는다. 직장인일 때 입었던 옷은 학생이 되고서는 잘 입지 않는다. 응답자는 학생이기 때문에 "학업적인 면에서" 무엇인가를 드러내고 싶은 마음은 있더라도, 내 개성을 옷에서 드러낼 필요가 없다고 생각하며, 겉모습에서 뭔가를 표현하고 싶지 않다고 이야기한다.

특히 내가 다니던 직장(법률회사)이 좀 더 포멀한 옷차림을 중요시하는 곳이잖아. 그래서 그때 입을 때는 완전 비즈니스 정장 느낌? 정말 비즈니스 옷, 포멀한 옷차림이었는데. 지금은 그때 입었던 옷들을 진짜 안 입어. (…) 어쨌든 지금 내 본분이 학생이고 하다 보니까. 심지어 대학원생이니까. 옷에서 화려함을 굳이 내가, 옷에서 내 정체성을 드러낼 필요가 없잖아? 내 개성을 옷에서 드러낼 필요는 없으니까. 옷은 그냥 깔끔하게 입고. 다른 것에서 좀 더 드러낼 수 있다면은, 학업적인 면에서 드러내고 싶지. 굳이 내 겉모습에서 뭔가를 막 표현하고 싶지는 않아. (응답자 201, 20대 여성, 대학원생)

TPO를 배워가는 시기

이제 막 사회에 발을 내딛은 20대는 TPO에 대해 배워가는 시기를 거치고 있었다. 다른 연령층과 비교하였을 때 20대는 TPO에 대한 명확한 인식이 형성되지 않은 것처럼 보였으며, 다른 사람들의 패션을 보며 TPO에 맞는 복장을 배워나가고 있었다. 다른 세대에 비해 20대는 TPO에 대한 인식이 정형화되지 않아 공식적인 자리에도 비교적 자유로운 옷차림을 보이는 편이며, 같은 상황에서도 개인별로 입은 옷의 특징이 다양하게 나타난다. 이들도 자신이 TPO에 적합한 옷이 무엇인지 어렴풋하게는 알고 있지만 정확하게는 모르겠다고 생각하는 것으로 나타났으며, 타인이

입은 옷차림을 보고 TPO에 맞는 패션을 배우고 있는 것으로 보인다.

특히 많은 수의 20대 인터뷰 참여자들이 결혼식에 참석할 때 옷을 입기가 가장 곤란하였다고 응답하였다. 우선 결혼식에 참석해본 경험이 많지 않아 어떤 옷을 입어야 할지 모르는 경우가 많았으며, 알더라도 적당한 옷이 없어 새로 구매하거나 부모님의 옷을 빌려 입기도 하였다. 이들은 결혼식에 갔던 친구들이 올렸던 SNS의 사진을 보고 친구들이 입었던 옷을 참고하거나, 평소에 입던 옷 중에서 깔끔한 옷을 골라 입고 가기도 한다. 예를 들어 한 응답자는 20대 초반일 때 본인과 친구들은 그냥 자기들 입던 원피스에 재킷만 단정한 거 입는다든지, 아니면 신발만 구두를 신는 방식으로 입고 결혼식에 참석하였는데, 결혼식에 참석한 다른 연령대의 사람들은 확실히 정장 딱 입고 가방도 각 잡힌 것을 들고 오는 것을 보았다고 한다(응답자 202, 20대 여성, 취업준비생). 채도 낮은 옷차림으로 입고 가고자 하지만, 적당한 옷을 가지고 있지 않기 때문에 결혼식에 참석하게 되면 "어차피 하나쯤 있으면 좋으니까" 친구들처럼 검정색 원피스를 사서 입겠다고 응답하기도 하였다(응답자 203, 20대 여성, 대학생).

이처럼 결혼식에 참석할 때 입는 옷들은 20대들에게 "자주 입는 옷"이 아니며(응답자 102, 20대 남성, 대학생), 그렇기 때문에 결혼식이라는 상황과 장소에 맞도록 적절하게 옷을 입었는지 "친구에게 확인" 받기도 한다(응답자 101, 20대 남성, 대학생). 다시 말해 결혼식 하객 패션에 있어서 20대는 다른 어느 연령대보다 옷차림이 덜 정형화되었음을 의미한다. 하지만 이러한 특성은 같은 20대 안에서도 사회생활 경험 유무에 따라서도 조금씩 차이를 보였다. 직장에 다닌 경험이 있는 응답자들은 결혼식 당사자에 대한 예의를 차리기 위해, 그리고 결혼식이 경사니까 좀 더 좋고, 좀 더 예쁘고, 좀 더 고가인 옷을 입겠다고 응답하였다(응답자 201, 20대 여성, 대학원생).

(친구들은) 20대 초반 이랬을 때는 회사도 안 다니고 하니까 단정한 옷을 잘 안 사잖아요. 그래서 그냥 자기들 입던 원피스에 재킷만 단정한 거 입는다든지, 아니면 신발만 구두를 신는다든지, 그러고 많이 오는데 저희보다 나이가 있으신 분들은 확실히 정장 딱 입고 오시고, 엄청 단정한 그런 거 있잖아요. 원피스. 가방도 막 각 잡힌 그런 거 들고 오시고…. 제가 최근에 결혼식을 안 가서…. (응답자 202, 20대 여성, 취업준비생)

(결혼식 간지) 엄청 오래됐어. 기억이 잘 안나 그래서. (…) (연구참여자가 최근에 결혼식에 참석한 친구들의 사진을 보여줌). (나도 이렇게 입을지는) 잘 모르겠어. 나도 채도 낮은 옷차림으로 차려입고 가지 않을까? 검은색 원피스라던지. (…) (검은색 원피스는 없는데) 사서 가거나 아니면 어차피 하나쯤 있으면 좋으니까. 아니면 집에 안입는 검은색 마이 하나 있으니까. 그렇게 입지 않을까. (응답자 203, 20대 여성, 대학생)

결혼식을 두 번, 두 번 밖에 안 가봤는데. 어 일단 둘 다 정장. 최근 거는 이제 아예 풀 정장을 입고 갔어. 그거는 이제 요청을 해가지고. 앞에서 돈 받는 그거 해야 되니까. 어 그래서 이제 딱히 별 생각이 없었는데, 근데 한 번 넥타이나 이런거는 좀 그 와달라고 해준 친구한테 확인받았던 것 같아. (응답자 101, 20대 남성, 대학생)

있는 옷이 딱히 없어가지고 이렇게 (검은 계통으로) 입었거든요. 작성한 날 결혼식 다녀왔거든요. (…) 다 검은색 옷 입고.. 여자 분들도 다..? 아 군대 선임 결혼식이어가지고.. 다 같이 간 사람들도 남자들이어서.. 나이대가 다른 분들. 다른 분들 아줌마분들이나 할머니들.. 그분들은 화려한 옷 입고 오신 것 같아요. 밝은 거 입고 오신 분들도 있으시고. (…) 이건 좀 약간.. 색깔도 그렇고 색감도 그렇고 소화하기가 어려워서 잘 안 입게 되는 것 같아요. 아직까지 이런 거(비싼 옷) 사기에는 제가 나이가 안되고 돈도 없으니까.. 저한텐 비싼 옷이죠. 자주 입는 옷은 아니니까. 학원 갔을 때 이런 걸 입고 갈 순 없으니까.. 자리가 아니니까. (…) 네. 이 때 (적당한) 옷이 없었어가지고. (응답자 102, 20대 남성, 대학생)

따로 산 건 아니고, 그냥 평소에 입던 옷이야. (…) 사실 뭐 주위에 아직 20대 후반이다 보니까 주위에 결혼 한 사람이 그렇게 많지 않아서 결혼식을 자주 갈 일도 없는 것 같아. (응답자 104, 20대 남성, 직장인)

그냥 뭔가 결혼식은 그래도 또, 경사니까. 좀 더 좋고, 좀 더 예쁘고, 좀 더 고가인 그런 거를 입어 주는게 그 사람한테도 뭔가 내가 또...예의를 차리는게 아닐까? 하는 느낌? (…) 어쨌든 내가 가지고 있는 옷들 중에서는 좋은 거를 입는 것 같아. (응답자 201, 20대 여성, 대학원생)

공연이나 전시에 참석하는 상황, 문화생활에 있어서도 TPO에 맞는 옷차림이 무엇인지에 대하여 습득해가고 있었다. 이전에 순수 예술과 관련된 문화 생활을 한 경험이 없는 인터뷰 참여자의 경우(응답자 104, 20대 남성, 직장인), 오케스트라 연주회를 보거나 순수 예술 전시회를 관람할 때도 "(영화를 볼 때와) 다르게 안 입었을 것 같아"라고 응답하였다. 그렇지만 공연이나 전시를 관람하는 상황을 가정하였을 때, 평소에 입는 "후드티나 맨투맨"과 청바지, 운동화 차림의 "꾸미지 않은" 옷차림보다는, 평소와 다르게 머스터드색 셔츠 재킷, 블랙 누디 진, 더비슈즈를 신어 "좀 꾸몄다라는 느낌"을 주고자 하였다. 하지만, 이전에 문화 활동에 참석한 경험이 있는 응답자는, 동행한 사람의 반응이나 다른 사람들의 옷차림을 볼 수 있는 공연장(전시회)의 분위기를 통해 공연 문화에 어울리는, 다시 말해 TPO에 적절한 패션을 알게 되었다고 응답하였다. 이는 20대는 비교적 TPO에 대한 인식이 확고히 자리잡았다기 보다는, 다양한 경험을 통해 이를 배워가는 단계에 있다는 것을 보여준다.

(클래식 연주회나 순수 예술 전시회에 갈 때도) 아니. 다르게 안 입었을 것 같은데. 사실 그런 걸 본 적이 없어서. (…) 굳이 다르게 안 입었을 것 같아. 그냥 비슷하게? 똑같이 입었을 것 같아. (…) (공연 및 전시에 방문하는 상황에서, '약간 기분내고 조금 더 튀고 꾸민 듯 한 느낌의 의상'이라고 표현했는데) 평소에 되게 후드티나 맨투맨 이런 걸 많이 입는데, 그러다 보면 이제 신발도 운동화나 청바지 같은 거 많이 신고 그러는데, 그런 거는 약간 편하게 입는 옷이라고 생각해서 꾸미지 않았다고 생각하는데, 이제 뭐 그런 자켓이라던가 그런 걸 입고 신발도 좀 평소에 신는 운동화랑 다르게 더비슈즈? 그런 걸 신음으로써 (공연 및 전시를 보러 가는 상황에서) 좀 꾸몄다? 라는 느낌을 주는 것 같은데. (응답자 104, 20대 남성, 직장인)

내가 저번에 2018년에, 2019년인가? 그 친구 그 당시에 여자친구? 오케스트라를 간다고 했는데. 학교에서 하는. 근데 내가 그때 가디건 입고 있었거든? 청바지에 가디건 입고 있었는데. 걔가 미리 나를 보고, '아 이거 옷 갈아입어야 할 것 같은데' 막 이러는거야. (…) 그래 하고 이제 나도 그냥 검은색으로 이제 코트 입고 가니까. 어 뭐 별 말 안 하더라고. 그래서 아마 그냥 뭐 분위기가 이런 분위기구나 싶었어. 그냥 별 생각 없이. 그때부터 그냥. (…) 약간 구두 신고. 아니면은 어 완전 막 러닝 운동화는 아니고. 일반 스니커즈나? 뭐 로퍼나? 코트나? 뭐 이런 패션들? 옷들? (응답자 101, 20대 남성, 대학생)

2 30대 패션의 특성

30대 응답자들의 일반적 특성

ID	성별	혼인여부	거주지	직업
103	남	기혼	마포구 거주	직장인(금융권)
105	남	기혼	마포구 거주	직장인 관리직(금융권)
106	남	기혼	서초구 거주	직장인 관리직(외국계)
108	남	기혼	강남구 거주	자영업(개인사업)
204	여	미혼	성북구 거주	직장인(공기업)
205	여	기혼	강남구 거주	직장인 관리직(금융업)
206	여	미혼	송파구 거주	직장인(패션업계)
207	여	기혼	마포구 거주	직장인 관리직(금융권)
208	여	기혼	송파구 거주	직장인 관리직(금융권)
210	여	기혼	성동구 거주	전업주부, 파트타임 연주자(영유아 자녀)
211	여	기혼	영등포구 거주	전업주부, 예술가(영유아 자녀)
212	여	기혼	서초구 거주	전업주부(영유아 자녀)
213	여	기혼	성동구 거주	전업주부, 파트타임 번역가(초등학생 자녀)
215	여	미혼	마포구 거주	자영업(프리랜서 번역가)

❶ 대표적인 패션 스타일

의복 일지를 토대로 시각화된 일러스트를 살펴볼 때, 30대는 유행하는 패션에서부터 착용자의 개성이 살아있는 패션, 클래식하고 무난한 패션까지 가장 다양한 패션 스타일이 나타난다. 특히 공적인 자리에서 입는 패션과 사적인 자리에서의 패션에 차이가 있기 때문에 한 개인에게서 나타나는 패션 스타일의 폭이 넓다. 예를 들어 금융권에 재직하는 여성 응답자 205(30대 여성, 직장인 관리직)의 패션을 살펴보면, 직장 출근 시 포멀한 정장 느낌을 주는 비즈니스 캐주얼을 착용하지만, 결혼식에 참석할 때는 드레시한 원피스를 입고, 친구를 만날 때는 캐주얼한 느낌의 큰 브랜드 로고가 프린트된 분홍색 티셔츠와 디스트로이드 진을 입은 모습을 확인할 수 있다. 이처럼 한 사람이 입는 패션 스타일의 범주가 폭넓게 나타난다.

남성들은 대체로 깔끔한 옥스퍼드 셔츠를 착용하여 비즈니스 캐주얼 룩을 연출하며 타이를 매지 않은 수트 차림도 눈에 띈다. 30대 여성의 경우 직

30대 응답자 대표 일러스트

업이나 처한 상황에 따라 다양한 패션 스타일이 나타난다. 출근을 하는 경우 셔츠와 슬랙스, 원피스나 롱스커트를 단정하게 입는 경우가 많고, 자녀가 있는 30대 여성의 경우 활동하기 편한 옷을 선호하고 '딱 달라붙는 옷'을 기피한다. 특히 30대 여성들이 명품 브랜드의 핸드백, 벨트, 그리고 플랫 슈즈, 에코백, 밀짚 모자와 같은 다양한 액세서리를 활용한다는 점이 다른 연령대와 구별되는 독특한 특징이다.

❷ 소비방식과 유행정보원

30대는 온라인과 오프라인을 모두 활용하여 의류를 구매한다. 20대보다는 오프라인에서 옷을 구매한다는 응답자가 많았지만, 여전히 온라인을 통한 패션 소비가 많이 이루어지고 있었다. 20대와 마찬가지로 온라인과 오프라인을 연계해서 패션을 소비하기도 하지만, 20대와 달리 30대는 온라인과 오프라인을 구분해서 패션을 소비하는 경향도 뚜렷하게 나타난다. 편하게 입는 옷은 인터넷으로 바로 구매하고, 외출복같은 의류의 경우 "아울렛 몰이나 백화점 매장에서 착용해보고"(응답자 106, 30대 남성, 직장인 관리직) 가격을 비교한 뒤 구매한다. 즉 옷을 입는 상황을 고려하여 옷의 종류, 브랜드, 가격, 구매에 따른 혜택 등에 따라 전략적으로 오프라인과 온라인을 활용하는 것이다.

온라인으로 온라인 쇼핑몰 C에서 자주 사고, 아 온라인 쇼핑몰 B. 사이트에 들어가서 좋아하는 브랜드, 제가 별표를 눌러 놓은 브랜드를 보고 신상을 보죠. 뭐 그 중에서 마음에 드는 게 있을 때 사거나 아니면 구경하다가 비슷한 모양인데 더 저렴하거나 괜찮은 게 있으면 사고. (응답자 215, 30대 여성, 자영업)

매장에 가서 보통 보고, 아울렛 몰이나 백화점 매장에서 한 번 착용해보고 구매를 하는 편인 거 같아요 외출복 같은 경우에는. 근데 편하게 입는 옷들은 인터넷으로도 구매를 하는 편이고요. (…) 근데 신발이나 이런 거는 인터넷 많이 사는 것 같은데, 옷은 거의 산 적이 없는 거 같아요. 품이 맞는 거를 선호해서. (응답자 106, 30대 남성, 직장인 관리직)

나는 주로 오프라인에서 실물을 보고, 온오프 가격을 비교해서 더 혜택이 높은 쪽으로 사. (응답자 206, 30대 여성, 직장인)

인터넷으로도 사고. 이렇게 편한 거는 인터넷으로 많이 사고 백화점에서 사고 아울렛에서 사고 쇼핑몰 가서도 사고 그렇지. (…) 난 인터넷으로 많이 사고, 오프라인에서 괜찮다 싶은 거는 이제 온라인으로. 앱이 있는 브랜드들이 있잖아. 그런 거 가입을 해뒀다가 밖에 맨날 나가기가 힘드니까 그 안에 들어가서 많이 사는 거 같아. (응답자 212, 30대 여성, 전업주부)

거의 온라인. 반반인 것 같은데. 아울렛에서도 사고 온라인에서도 사고. (응답자 103, 30대 남성, 직장인)

온라인으로 대부분 사는데, 근데 브랜드 옷이면은 가서 보고 가서 직접 보고 만져 보고, 그다음에 사는건 온라인에서 많이 사는 것 같아요. (…) 가격대가 있는 거면 더더욱 가서 보고. (응답자 208, 30대 여성, 직장인 관리직)

백화점. 온라인은 안 사. 입어보고 사. 대충 입어도 되는 건 홈쇼핑. (응답자 204, 30대 여성, 직장인)

30대가 온라인을 통해 패션을 소비하는 이유는 크게 다섯 가지로 나타났다. 첫째, 세일이나 포인트 적립과 같이 온라인에서 제공되는 혜택을 적극 활용하기 위함이다. 둘째, 온라인을 통해 구매할 경우 무료배송과 반품 서비스가 제공되기 때문에 온라인 쇼핑을 활용한다. 셋째, 해외 상품을 브랜드 C를 통해 쉽게 구매할 수 있다. 국내에 진출하지 않은 해외 브랜드의 상품을 구매하거나, 국내에서 상대적으로 비싸게 파는 상품을 저렴한 가격으로 구매하기 위해 직구를 활용한다. 나아가 다양한 디자인이나 사이즈의 옷을 구매할 수 있다는 점이 직구의 매력으로 여겨진다. 또한 어린 자녀의 옷을 대량으로 직구하기도 하는데, 사이즈가 맞지 않거나 직구 과정이 복잡하여 불만족스러운 경험을 하기도 한다. 넷째, 어린 자녀가 있는 경우 외출이 어려워 인터넷을 통한 패션 소비가 이루어지고 있었다. 마지막으로 SNS 채널을 통해서만 구입할 수 있는 옷이 있기 때문이다. 사람들은 블로그나 인스타그램을 기반으로 판매되는 옷을 구매하기도 한다.

나는 무조건 A 페이 되는 거 있잖아 그걸로 사. 그게 계산하는 게 편하니까. 포인트도 올라가고. (응답자 212, 30대 여성, 전업주부)

근데 백화점에서는 잘 안 사는 것 같고, 그냥 온라인에서 사면 요즘 할인이 더 많이 되기 때문에 네, 온라인으로 사는 것 같아요. (응답자 208, 30대 여성, 직장인 관리직)

브랜드 N 같은 거사면 그냥 무료배송 와가지고 입어 볼 수 있잖아.. 그럼 그런 거 입어보고 환불하기 전에 이제 입어보고 뭐 이렇게 할 때.. 그리고 나서 진짜 아니다 라고 하면 이제 리턴 시키고. (응답자 205, 30대 여성, 직장인 관리직)

(브랜드 S나 브랜드 N) 온라인으로 많이 사요. 온라인으로 반품이 쉬워가지고 일단 다 산 다음에, 다 반품하는 편이에요. (…) 브랜드 N에서 살 때 거기 들어가서 어플로 사요. (응답자 210, 30대 여성, 전업주부)

직구 많이 해요. 브랜드 W나 브랜드 C 이런 거는 거의 우리나라에서 안 사죠. 직구하죠. (응답자 208, 30대 여성, 직장인 관리직)

나는 유럽 아울렛 직구 많이 해. 진짜 많이 해. (응답자 212, 30대 여성, 전업주부)

직구는.. 내 옷은 잘 안 하게 되는 것 같아. 원래 했다가 너무 실패를 많이 해가지고.. 사이즈나 뭐 이런 거.. 브랜드 B 직구 되게 많이 했었거든? 브랜드 B 옷 좋아해가지고.. 근데 브랜드 B 사이즈 실패를 너무 많이 했어. (응답자 205, 30대 여성, 직장인 관리직)

포털 A에서 보거나 아니면 이제 아이 옷을 직구를 할 때 제 것도 같이 주문해서 택배로 받아서 많이 했던 것 같아요. (…) (제 옷도) 아이 거 사면서 장바구니에 담아서 삽니다. (응답자 213, 30대 여성, 전업주부)

(직구는) 그런 데는 옷을 평상시에도 잘 입고 잘 알아야 살 수 있는 곳 같아요. 저는 그런 타입은 아니어서. 직구로 사는 경우도 있거든요, 애들 옷도 직구로 좀 많이 사는 편이고요. (응답자 210, 30대 여성, 전업주부)

반반인데요. 작년까지만 해도 이제 아울렛 직접 가서 좀 쇼핑을 했는데, 올해는 이제 애기가 어린데 외출이 좀 어렵다 보니까 코로나 상황도 있고 해서 주로 온라인으로. (응답자 213, 30대 여성, 전업주부)

캐주얼은 인스타에서 파는 사람한테 많이 사요. 온라인 쇼핑몰 D라고 있는데 거기도 인스타에서 약간, 인스타랑 블로그 위주로 하더라고요. (응답자 210, 30대 여성, 전업주부)

20대와 비교하였을 때 온라인보다 오프라인 매장을 선호하는 비율이 높게 나타났다. 단독매장, 백화점, 아울렛을 많이 이용한다고 공통적으로 응답하였다. 이들은 20대와 마찬가지로 옷을 직접 입어보고 핏을 확인해본 후 구매하기 위하여 오프라인 매장을 이용한다. 오프라인으로 옷을 구매하면 품질과 색상, 핏을 직접 보고 확인할 수 있다는 점을 강조하였다. 뿐만 아니라 어린 자녀의 옷을 남대문에서 저렴한 가격으로 다양하게 구매하기 위하여, 회사의 임직원 할인 혜택을 이용하기 위하여 오프라인 매장을 방문하기도 한다, 또 해외 출장 시 직접 아울렛에서 옷을 대량으로 구매하는 경우도 있다.

오프라인이요. (…) (매장에) 직접 가서 다 보고 사요. (…) 일단 온라인으로 하면 핏이 어떤지를 잘 몰라가지고, 예, 그게 가장 크고요. 제 사이즈가 이렇게 했는데 왔을 때 다를 수도 있잖아요. 그래가지고 주로 오프라인에서 사요. (응답자 105, 30대 남성, 직장인 관리직)

저는 오프라인을 더 선호합니다. (…) 근래 들어서는 쇼핑을 많이 안했는데, 가장 최근에 구매했을때는 쇼핑몰 E. 브랜드 단독 매장이구요. 원래는 제가 제일 선호하는건 아울렛이기는 해요. 그런데 근래 들어서는 아울렛을 좀 갈 환경이 아니다보니까 단독 매장 위주로 가요. (…) 이제 현재 코로나 때문에 아울렛은 사람들이 많이 모이다 보니까 안가게 되는 거고. (응답자 108, 30대 남성, 자영업)

저는 오프라인. (…) 웬만하면 스파 브랜드 가더라도 몇 군데 가잖아요? 뭐 예를 들면 쇼핑몰 B 같은 곳에 그런 비슷한 그런 가격대 매장들이 몰려 있고, 그런데 가거나 아니면 그런 몰 같은 데. 또 어디에 쇼핑몰 C. 고양이나 하남. (…) 서울역에 있는 쇼핑몰 A. 거기에 브랜드 N가 일단 있어서 브랜드 N 보고. 그 다음에 아울렛에 있는 코트 같은 것들은 거기서 사기도 했고. 뭐 그런 악세사리나. 지갑 구두 뭐 이런 거 가방 이런 것들은 아울렛에서 사는 경우도 많죠. (응답자 215, 30대 여성, 자영업)

(주로) 오프라인. (…) 온라인으로도 사는데. 아울렛을 많이 가는 것 같아. 아울렛이나 되게 마음에 드는 옷이 많은 보세가게를 되게 주기적으로 가는 것 같아. (응답자 207, 30대 여성, 직장인 관리직)

내가 인터넷 쇼핑몰을 잘 안하거든. 왜냐면 그 품질 때문에. (…) 나는 일반 다른 오픈마켓이라고 해야되나, 그런데선 잘 안 사. 약간 신뢰성의 문제가. 나는 그런거를 민감하게 생각해서 무조건 거의 공식 홈페이지에서 사는 편이야. (…) 특히나 나는 온라인으로 막 구매하는 사람이 아니라 꼭 오프라인에서 실물을 보고 입어보고 사는 사람이기 때문에 그래서 (소비가) 더 많이 좀 준 것 같은데. (응답자 206, 30대 여성, 직장인)

아울렛 위주로 가요. (…) 백화점 안 간지는 되게 오래 됐고요, 아울렛은 제일 근처에 아울렛 있어서 아울렛 가고, 계절에, 1년에 한번이나 두번 정도는 여주나 이런 멀리도 가는 것 같아요. (…) 남자 옷은 인터넷이 더 별로인 것 같아요. 핏도 너무 더 별로인 것 같고, 색깔도. (응답자 210, 30대 여성, 전업주부)

회사 복지 차원에서 상품권을 줘가지고요. 그게 아니더라도 사러 갈 때는 저는 주로 백화점을 가는 것 같아요. (…) (정장과 캐주얼 의류 구매시) 브랜드는 다르고요. 주로 뭐, 쿠폰이 있기 때문에, 주로 브랜드 V? 양복은 그 브랜드로 사고요. 뭐 다른 브랜드를 사도 그런 유사한 쪽으로 살 거예요. 브랜드 F라던가 뭐 이런 쪽으로 살 거고. 바지 같은 경우에는 청바지를 사면은 그 뭐지? 브랜드 G나 이런 쪽들이 있잖아요. 그런 매장에 가서 살 거고요. (응답자 105, 30대 남성, 직장인 관리직)

이건 특이 케이스이긴 한데.. 나는 지금 (백화점) 할인이 되거든? 그래서 (인터넷 쇼핑몰이랑 백화점) 임직원 할인가랑 비교했을 때 (백화점)이 더 높은 경우도 있어서, 그런식으로 임직원 혜택까지 고려한.. 최종 혜택이 높은 걸로 사지. (응답자 206, 30대 여성, 직장인)

예를 들어 외국에 출장 가면 거기도 아울렛 가게 되면 그때 거의 사재기 수준으로 한번에 확 쓸어서 채우는 편이기도 하고 (…) 저는 직구는 거의 안해요. 직구는 복잡하고 시간이 많이 걸려서. (…) 브랜드 X, 브랜드 Q, 그리고 브랜드 L. (응답자 106, 30대 남성, 직장인 관리직)

(아이들 옷은) 직구도 조금 하고 인터넷, 남대문도 많이 가고요. (…) 애들 옷이 한철 입고, 한 해 입고서 그 다음 해에 못 입거든요. 그래서 그냥 가서 사고, 저는 또 보고 사는 걸 좋아해서 가서 사오는 것 같아요. (…) 다 있어요. 단정한 옷, 귀여운 옷, 양말부터 겉옷까지다. 드레스 이런 것부터. 없는 게 없어요. 정장부터. (응답자 210, 30대 여성, 전업주부)

중고거래를 통해 유행하는 옷을 한철 입고 재판매하거나 (응답자 208, 30대 여성, 직장인 관리직), 사이즈가 작아진 아이들의 옷을 저렴한 가격으로 되팔거나 다른 사람에게 나누어 주기도 한다. 20대의 중고 거래가 저렴한 가격으로 브랜드 옷을 구매하는 데에 초점이 맞추어져 있다면, 30대의 중고

거래는 구매보다는 재판매와 나눔에 초점이 맞추어져 있다는 점에서 차이를 보인다.

요즘에 중고거래가 너무 잘 돼있다 보니까 약간 좀 튀고 유행 따라가는 옷들은 사서 한철 입고, 빨리 팔고 그러기도 했어요. (…) 브랜드 I 같은 경우도 사실 프릴 좀 과하고 이래서 사실 한번만 입어도 일주일 내내 입은 것 같은 그런 것들이 있거든요. 그런 것들은 한 계절 정도 입고, 그러니까 봄, 가을 정도 입고, 그다음에 이제 좀 질리면은 바로바로 팔고 이런 식으로. (응답자 208, 30대 여성, 직장인 관리직)

어플 A 너무 좋아요. (…) 네 많이 사용해요. (…) 네, 아이 옷도, 아이 옷 한 번 정도, 이게 사실 친구를 준다고 해도 그게 맞는 친구 찾기가 쉽지가 않아요. 그 연령과 날씨와, 지금은 없거든요. 사실? 지금은 물려줄 수 있는 애가 6개월 된 남자애기 하나거든요. 그래서 몇 개는 그 친구 거 빼놓고 나머지는 버리고 얼마 전에 중고거래 어플리케이션에도 뭉텅이로 한 번 정말 싸게, 교통비만 받고 하는 경우도 있고. 뭐 다른거 애들 책이나 이런 거 할 때 옷을 같이 넣어서 보낼 때도 많아요. (…) 네, 애기 엄마들 아마 다 할 거예요. (응답자 210, 30대 여성, 전업주부)

대부분 온라인 매체를 통해 유행을 파악하는 20대와는 달리, 30대는 다양한 경로를 통해 유행하는 패션에 대해 파악하고 있다. 이들은 백화점, 길거리, 회사에서 젊은 사람들이 입고 있는 옷을 참고하거나, 유행에 관심이 많은 주변 사람들의 패션을 통해 트렌드를 파악한다. 물론 30대도 20대와 마찬가지로 온라인을 통해서도 많은 정보를 얻고 있는 것으로 나타났다. TV나 드라마에 나오는 연예인의 패션, 쇼핑과 관련된 온라인 커뮤니티, SNS, 동영상 플랫폼 등을 통해 유행을 파악한다.

유행은 어떤 건지는 길 가면서 이제 젊은 층들을 보면서 이렇게. (…) 티비나 SNS A나 매체를 통해서 보는 편인 것 같아요. 어디 따로 무슨 패션지를 본다든지 이러진 않고. (응답자 106, 30대 남성, 직장인 관리직)

나 요새 SNS A 보는 거 같아. 브랜드 n에서 뭐 괜찮은 아이템 같은 골라가지고 보여주는 거 뭐 이런 거 보거나.. 아니면 뭐 후드티 뭐가 좋은가 뭐 이런 거 막 보여주는? 그런 거 좀 보게 된 것 같아. 최근에. (…) 인스타는 너무 광고가 많은 것 같아서.. SNS A도 마찬가지겠지만.. 조금 그래도 그나마 객관적인 것 같아서.. (…) 주변 사람들 중에서 옷 잘 입는 사람들이 뭐 이렇게 뭐 예를 들어서 뭐 좀 특이한 아이템 하고 나왔다 그러면 어 이거 유행이냐고 물어봐서 그래서 조금 알게 되고 약간 그런 것 같아. (응답자 205, 30대 여성, 직장인 관리직)

주변 사람들? 번화가에 다니는 사람들을 보거나, 유행에 민감한 친구들을 보거나 연예인. 되게 많은 부분은 연예인 연예인들이 어떤 옷을 입나. 연예인에 관심이 많으니까 요즘에 갑자기 어떤 특정한 스타일의 옷을 되게 인기 여자 아이돌들이 막 한꺼번에 입는다 그러면 그게 좀 유행하나? 하고 궁금해하죠. (응답자 215, 30대 여성, 자영업)

백화점에 가면 이제 유행은 보이잖아. 아 저게 뭐 저렇게 입는구나, 저렇게 입는 거구나 하는데 안 사. 룩만 봐. 가끔가다 드라마에 나오는 배우들이 입는 옷태? 이런건 참고만 인스타. 인스타 광고. (응답자 204, 30대 여성, 직장인)

30대 응답자들은 "요즘에는 잡지는 거의 안보는 편"(응답자 208, 30대 여성, 직장인 관리직), "어릴 때는 잡지 보는 것도 좋아했는데"(응답자 210, 30대 여성, 전업주부)라면서 패션지, 잡지를 통해서 정보를 구하였던 이전과 달라진 모습을 이야기하기도 한다. 특히 SNS에서 유행에 대한 정보를 많이 얻고, SNS를 통해 옷을 구입하기도 하는 것으로 나타난다. "인스타그램 팔로우를 해놨죠, 제가 관심 있는 브랜드들은"(응답자 208, 30대 여성, 직장인 관리직), "인플루언서들도 보고 인스타그램이나"(응답자 207, 30대 여성, 직장인 관리직), "(인스타그램) 사람들 중에 내 취향으로 옷을 많이 입는 사람들은 내가 그걸 참고하려고 팔로우를 몇 개 해놨거든"(응답자 206, 30대 여성, 직장인) 라는 응답에서 패션 브랜드가 운영하는 SNS(인스타그램)뿐만 아니라 인플루언서를 통해서도 유행과 패션에 대한 정보를 얻고 있음을 알 수 있다. 더 나아가 "제가 (옷을) 구입하는 사람은 (인스타그램) 팔로우를 하고 있고요."(응답자 210, 30대 여성, 전업주부)라는 응답에서 확인할 수 있듯, SNS를 통해 옷을 판매하는 사람들에게서 본인의 옷이나 어린 자녀의 옷을 구입하기도 한다.

포털 A 카페. 요즘에 직구를 많이 하잖아요, 직구 관련된 카페나 아니면 쇼핑 관련된 카페나 그런 거. (…) 요즘에는 잡지는 거의 안 보는 편이고, 그다음에 TV? 드라마? 그런 거? (…) 인스타는 내가 관심 있는 것들이 뜨잖아요. 그냥 그거를 쭉쭉 보는 거지, 굳이 뭐 태그를 해가지고 찾는다거나 이러지는 않는 것 같아요. (…) 인스타그램 팔로우를 해놨죠, 제가 관심 있는 브랜드들은. (응답자 208, 30대 여성, 직장인 관리직)

어릴때는 잡지 보는 것도 좋아했는데 그럴 시간도 없고, 백화점이나 이런 데, 큰 강남 이런 옷을 잘 입는 사람들이 많은 곳에 갈 일도 이제 더더욱 없어서 인스타인 것 같아요. 인스타 같은 데서 옷을 잘 입는 사람들 피드 같은 거 보면서 '아, 이게 유행이구나.' 그냥 그 정도인 것 같아요. (인스타그램 팔로잉은) 친구들이 대부분이고요, 그리고 애기 키우니까 애기 관련된 애기 옷 파는 사람들, 애기 물건 파는 사람들. (…) 제가 구입하는 사람은 팔로우를 하고 있고요, 그냥 이렇게 연관으로도 많이 뜨더라고요. 연관으로 뜨는 거 한 번씩 들어가서 보기도 해요. 근데 시간을 많이 할애하지 않아요, '그 유행에 뭐가 있나?' 이렇게. (…) SNS A는 거의 안 봐요. (응답자 210, 30대 여성, 전업주부)

제일 중요한 거는 사람들 입고 다니는 것. 지하철이나 회사 안에. 잡지나 텔레비전도 있겠지만 그냥 길이나. 길거리나, 대중교통이나 회사 안에서. 인플루언서들도 보고 인스타그램이나. (응답자 207, 30대 여성, 직장인 관리직)

주변 친구들보다는 인플루언서들이나 아니면 요즘 핫한 브랜드들이 있잖아, 그런 브랜드들 SNS(인스타) 채널, 계정을 팔로우하면서 그런 것들을 조금 보는 것 같아. (…) 드라마나 영화에서 여자 연예인들이 입고 나오는 룩킹에서 캡쳐해서 보는편인거 같아. (…) (인스타에) 사람들 중에 내 취향으로 옷을 많이 입는 사람들은 내가 그걸 참고하려고 나 옷 입을 때. 팔로우를 몇 개 해놨거든. (…) 그 사람의 전체적인 룩킹이나 아이템을 참고할 수 있잖아. 그런 룩킹이나 아이템을 참고해서 나는 그래도 조금 더 퀄리티있는 브랜드에서 옷을 유사 아이템을 산다든지 그렇게 하는 거지. (응답자 206, 30대 여성, 직장인)

❸ 패션의 특성

남들과 비슷한 패션

우선 30대는 자신의 패션을 남들과 '비슷하다'고 정의한다. 이는 성별에 관계없이 나타나는 응답이었다. "대개는 비슷한 상황에 있는 분들은 좀 비슷한 것 같아요"(응답자 213, 30대 여성, 전업주부)라는 응답에서 확인할 수 있듯, 같은 업계에 종사하거나, 전업주부인 경우처럼 비슷한 상황에 있는 비슷한 연령대의 사람들과 비슷한 스타일의 옷을 입는다고 응답하였다.

제 나이대 비슷한 직장인들은 비즈니스 캐주얼이 뭐랄까 브랜드나 아니면 가지고 있는 색상이나 이런 게 좀 차이가 있지, 그것도 하나의 콘셉트는 좀 비슷하다고 생각해요. (응답자 106, 30대 남성, 직장인 관리직)

공공기관에 다니는 애들이 나하고 비슷해. 고등학교 동창이든 대학교 동창이든 회사 친구들이든 다 공공기관에 다니는 애들은 (스타일이) 단정해. (…) (내가 입는 스타일은) 동네 친구하고도 달라. 근데 이제 동네 친구랑 다른 이유는 걔는 디자이너야. 직업 특성상 되게 갖춰 입고 되게 화장도 진하고. 머리도 엄청 세련되게 하는데 다른 동네 친구들은 이제 뭐 애 엄마의 옷도 다르더라고. 엄마가 된 친구의 옷도 달라. 약간 좀 후줄근하게 입고, 활동하기 편한 옷으로 입는편? 그리고 다른 기혼인 친구는 음 되게 쫙 달라붙는 옷으로 입어. (응답자 204, 30대 여성, 직장인)

이건 어떻게 설명드려야할지 모르겠는데, 직장다니는 친구들을 보면은 약간은 올드해보이는 경향이 조금 있어요. 뭐 때문에 올드하다고 표현하기는 힘들기는 해요. 그냥 딱 봤을 때 제가 받는 느낌은 그래요. (…) (저랑 비슷한 스타일의 사람들은) 일단은 저처럼 직업이 사업하는 사람이구요, 그리고 나잇대도 비슷하고, 그리고 그런 사람들 봤을 때, 나이들어보인다는 느낌은 안들고, 옷에 의해서 나이를 좀 더 젊게보인다고 해야하나. 젊어보인다기 보다도 아저씨 티는 안난다는 느낌이 좀 들어요. (응답자 108, 30대 남성, 자영업)

비슷한 것 같아요. 애기 엄마들 옷이 좀 비슷한 부분이 있는 것 같아요. 이렇게 딱 붙는다든가 이런 거는 거의 없거든요. 그걸 의식해서 같이 입는 거는 아니지만 비슷한 느낌이 있고요. 그리고 저희 이제 30대 초반으로 옷을 파는 곳들의 스타일도 비슷한 것 같아요. (…) 엄마들 사이에서는 그 모자가 엄청 유행인 것 같아요. (응답자 210, 30대 여성, 전업주부)

남들과 비슷하게 옷을 입는 30대 응답자들

(유치원 학부모들과) 비슷한 것 같아요. 비슷한데 이제 그분들도 이제 어디 외출을 맡기고 아이를 맡기고 외출하셔야 된다거나 뭐 이럴 때는 좀 이렇게 잘 입고 가시는 것 같고. 대개는 비슷한 상황에 있는 분들은 좀 비슷한 것 같아요. (응답자 213, 30대 여성, 전업주부)

패잘알과 패알못 사이: 패션을 즐기거나, 교복 같은 옷을 입거나

30대는 유행에 민감하고 패션을 잘 아는 "패잘알"과 패션에 관심이 없는 "패알못", 그리고 그 중간 즈음에서 소비하는 사람으로 구분된다. 특히 패션을 잘 아는 30대의 경우, 자신에게 어울리는 스타일과 색깔, 브랜드에 대해 알고 있고, 선호하는 소재까지도 명확하다. 이들은 옷을 통해 자신만의 개성과 스타일을 표현하고 있다. 30대는 전 연령대 중 가장 다양한 아이템을 활용하여 패션을 연출하는 세대이다. 뿐만 아니라, 맞춤 셔츠, 정장 등 비교적 고가의 의류나 액세서리를 구매할 수 있는 경제적 여유와 취향을 가지

패션을 즐기거나 교복 같은 옷을 입는 30대 응답자들

고 있는 나이이기도 하다. 특히 패션을 즐기는 30대들은 온라인과 오프라인을 넘나들며 유행에 대한 정보를 습득한다. 패션업계에 종사하는 응답자는 직업적 필요와 개인적인 관심이 중첩되면서 유행에 대해 관심을 가지고 소비하는 모습을 보인다(응답자 206, 30대 여성, 직장인).

내 스타일에 맞는? 개성이 강한. (…) 그냥 좀 무늬 없고 심플한 옷들 좋아해. 근데 약간 좀 그런거 있는거 같아. 커트가 조금 특이하다 라던가 그런 식으로 조금 되어있는거를 대게 사게 되는 것 같아. 그러니까 뭐 예를 들어서 심플한 블랙 스커트 인데 커트가 언밸런스 돼있어가지고. (응답자 205, 30대 여성, 직장인 관리직)

(맞춤 셔츠는) 보통 한 번 주문할 때 두 벌 내지 세 벌 정도 그렇게 해요. (…) (주변 사람들은) 그렇게까지 많이 입지는 않는 것 같아요. 사실 백화점에서 사도 소재라던가 그런 거는 괜찮은 것들이 많거든요. 그래서 그런 데 사서 입으시는 분들도 많고. 저 같은 경우에는 좀 길이라던가 이런 게 안 맞는 게 많아가지고 맞춤 셔츠를 이용합니다. (응답자 105, 30대 남성, 직장인 관리직)

저는 정장은 대부분 맞춰서 입는데, 근데 몇 개 없어요 정장은. 저는 회사가 외국계 회사여서 정장을 입을 필요가 없거든요. 그래서 저는 비즈니스 캐주얼 룩이 많아요. (응답자 106, 30대 남성, 직장인 관리직)

저는 일단 검은 옷을 안 입고요. 아이보리 색이랑 짙은 초록색. (…) 일단 저랑 별로 색깔이 안 어울린다고 생각하고. 입었을 때 검은 색이 어울리는 사람들이 되게 많은데 저는 그런 사람이 아닌 것 같아서 검은 색은 주로 잘 안 사요. 그러니까 어두운 색이 필요하면은 뭐 네이비를 사거나 차콜을 사거나. (응답자 215, 30대 여성, 자영업)

차분한 계열의 색, 그리고 파스텔 톤의 색. 진하거나 원색 계열을 피하거든요. 그냥 제 스타일이 그런 것 같아요. 그게 좀 더 맞는 것 같고요. 잘 어울린다고 생각하고, 제가 원색보다는 그런 색을 좀 더 선호하기도 하고요. (응답자 105, 30대 남성, 직장인 관리직)

그냥 제가 보고, 예쁘다, 실용적인데 나한테 좀 어울릴 것 같다 그러면 삽니다. (응답자 213, 30대 여성, 전업주부)

나는 아무래도 이쪽 업계에 있기도 하고 이래서, 나름 내가 붙여놓은 사진들을 보면서도 내 개인적인 생각일 수도 있는데 나름 트렌드를 생각하면서 내가 옷을 사고 신발도 사고 가방도 사고 이러는구나 싶더라고. 어느 정도라고 하면 어떻게 얘기해야 할지 모르겠지만 어쨌든 그 당시에 유행하는 아이템 정도 하나씩은 꼭 가지고 있는 것 같아. 예를 들어 이번에 브랜드 M 스니커즈도 그렇고, 제품 C 이게 핫한 거야 요즘. 그런 것도 그렇고 브랜드 I의 벨트백이나 뭐 그런 것들도 사실은 올해에 되게 유행하는 아이템? 스니커즈 같은 경우는 근 세달 핫했던 아이템. (응답자 206, 30대 여성, 직장인)

반면 옷에 큰 의미를 두지 않는 "패알못" 30대는 대학생 때 입었던 옷을 계속 입으며 유행을 타지 않는 "교복 같은" 옷을 주로 입는다. 이들은 대부분 유행을 타지 않는 심플하고 클래식한 아이템을 선호한다고 응답하였는데, 그 이유는 수시로 바뀌는 유행을 따라가기 위해서는 패션에 계속해서 신경 써야 하기 때문이다. 이들은 옷장에 걸려있는 순서대로 색깔만 다른 옷들을 돌려 입거나(응답자 103, 30대 남성, 직장인) 적당히 아내가 사준 옷을 입기도 한다. 또한 이들은 옷을 고르는 행위를 에너지 소모적이라고 여기며, "회사에 갈 때 옷을 고르는 것에 대해 에너지를 별로 쏟고 싶지 않기 때문에"(응답자 205, 30대 여성, 직장인 관리직) 단정하고 포멀한 옷을 반복적으로 착용하는 모습도 보인다. 특히 "매칭이 잘 될 수 있는"(응답자 204, 30대 여성, 직장인) 색상을 선호한다. 30대 인터뷰 참여자 중에는 유행이 너무 지난 옷은 입지 않는다고 응답한 사람도 있지만, 그렇다 하더라도 착용감이 편하고 잘 어울린다면 다른 사람의 시선을 신경 쓰지 않고 계속 입는다고 응답한 사람도 있었다. 이는 30대가 20대에 비해 상대적으로 다른 사람의 시선을 신경써서 옷을 입는 정도가 약한 것으로 나타났다.

패션을 따라간다면.. 패션이 수시로 바뀌잖아요? 옷에 투자해야하기 때문에 돈도 많이 들게 되고.. 패션이 바뀌면 그 옷을 처분해야하는데, 팔거나 해야 하는데.. 그 부분은 제가 못하는 부분이고, 너무 그런 쪽에 신경쓰다 보면 의외로 스트레스를 많이 받지 않을까 생각이 들어서 그랬습니다. (…) 다른 사람들이 봤을 때, 이건 너무 옛날 옷 아니냐 이렇게 말한다 하더라도, 제가 입었을 때 제 눈에 괜찮게 보이네, 라고 한다면 그냥 입는 편인 것 같아요. (…) 일단 저 자체가 옷 입는 스타일이 심플한 스타일이에요. 상의나, 하의가 전반적으로 심플한 스타일이다보니까 어쩌면 유행을 별로 안타는 옷이 많다보니까요, 실제로 제가 대학교때 구매했던 옷을 아직도 입는게 많이있거든요. (…) 저는 일단 옷을 구매할때는 무조건 세일하는 품목에서만 구매를 해요. 그다음에는 편안함. 결국에는 옷의 질과 편안함은 동일하다고 봐요. (응답자 108, 30대 남성, 자영업)

나는 스테디가 좋아. 그러니까 꾸준하게 세련되고 단정한 그런 모범생 복을 좋아해. 한마디로 교복을 좋아해. 나는. (응답자 204, 30대 여성, 직장인)

똑같은 종류에 색깔만 다른 게 많거든. 그것도 색깔별로 돌려서 입고. 빨래를 생각해서 이제 빨래를 할 때가 됐다 싶으면 그걸 입고 이제. 이런 식으로. (…) 관심 없는 부분인 것 같아. 옷 입는 거는. (…) 내가 사는 옷들은 다 비슷해. 신발도 지금 뭐지 브랜드 K 흰 운동화를 많이 신는데 그게 내가 대학교 때 신던 그 모델인데… 제품 B라던가. 그런 일반 무난한 스타일을 쭉 입는 것 같아. 그러다보니까. 사실 유행을 잘 모르는 거지. (…) 대학교 때까지는 옷이나 이런 것에 관심이 있었는데 그 이후로는 회사 다니면서는 거의 정장 입고 다니다 보니까. 관심이 없다보니까. 옷들 거의 다 (아내)가 다 사준 거야. 지금 입고 있는 것도. (응답자 103, 30대 남성, 직장인)

입는 스타일이 딱 이미 거의 픽스가 되어 있으니까 항상 고르는 순서는 안 입었던 옷. 그 전날 안 입었던 옷, 그래서 계속 바꿔 주는 거죠. (응답자 106, 30대 남성, 직장인 관리직)

(유행을) 크게 신경쓰지 않는 것 같아. 내 옷들 대부분이 유행을 타지 않는 스타일. 무난하고 좀 클래식한 스타일. (…) 유행이 지난 아이템? 지금 너무 나팔바지를 입고 다닌 다거나. 그러면 저 사람 왜 저럴까? 그냥 이정도로 생각하겠지. 그리고 나는 그런 건 잘 안 사니까. 만약에 뭐 옛날에 유행했던 것들 그런 게 너무 유행이 지났다. 그러면 안 입죠. (응답자 207, 30대 여성, 직장인 관리직)

나는 그렇게 옷.. 회사에 갈 때 뭔가 옷을 고르거나 하는 것에 대해서 이제 에너지를 별로 쏟고 싶지가 않기 때문에 그래서 그냥 되게 심플하고 그냥 포멀하게 아무거나 매치해도 그냥 뭐 정장이구나 싶은 그런 옷들을 그냥 사가지고 반복적으로 입고 그러는 편인데.. 뭐 어떤 사람은 뭐 다양한 스타일의 옷을 이렇게 입는 다던가 뭐 그런 식인 것 같아. (응답자 205, 30대 여성, 직장인 관리직)

옷 매칭이 잘 될 수 있는 색깔을 원해. (…) 파스텔톤 계열을 좋아하고. 그다음에 그거 아니면 아예 어두운 거. 갈색 아니면 검은색. (응답자 204, 30대 여성, 직장인)

'패잘알'과 '패알못' 중간 쯤에서 소비하는 30대도 있다. 이들은 최신 유행에 민감하게 반응하지 않지만, 그렇다고 교복 같은 옷만 소비하지는 않는다. 자신이 처한 상황에 따라 유행을 타는 옷과 유행을 타지 않는 옷을 적절히 소비하는 것이다. 이들은 스스로가 '유행을 신경 쓰지 않는다'고 하지만, 새로운 패션을 소비할 때 어느 정도는 트렌드를 고려한다는 점에서 '패잘알'과 '패알못'의 중간에 있다고 볼 수 있다. 유행을 적극적으로 따르지는 않더라도 기본적인 트렌드는 맞추어 너무 유행이 지난 옷은 피하려고 한다.

안 쓰는 건 아닌데, 안 쓰는 건 아니라는 건 유행에 너무 뒤떨어진 옷을 입거나 하기 싫은데 최신 유행이니까 입어야 된다 같은 건 없는. 적당히? 1부터 10까지 있으면 3.5에서 4 정도. (…) 내가 그런 어떤 특정한 유행을 하면 이 옷을 빨리 나도 사서 나의 패션에 도입하겠다 이런 게 유행에 빠른거잖아요. 근데 그건 아니고 그냥 요즘에 유행이 뭐 예를 들면은 최신 유행템이 어떤 특정 브랜드다, 그렇다고 해서 그 브랜드를 사진 않지만 요즘엔 스키니를 안입는다, 와이드 팬츠다 그런 것들은 반영하죠. (응답자 215, 30대 여성, 자영업)

아예 안 쓰지는 않지만 또 약간 본인의 체형이나 상황 이런 것들이 있기 때문에. 그냥 좀 과하게 신경을 쓰지는 않지만 너무 따라가기는 어려운 그런.. (응답자 213, 30대 여성, 전업주부)

트렌드나 유행을 거의 신경을 안 쓰는 편. 사는 옷의 20 퍼센트 정도는 유행한다는 옷을 조금 따라 사보기는 하되 약간 거의 대부분 80 퍼센트 정도의 옷은 그냥 기본 아이템을 주로 사는 것 같아. (응답자 205, 30대 여성, 직장인 관리직)

비즈니스 캐주얼의 일상화

"옷감이 거칠거칠하거나 타이트하다보면 하루가 굉장히 힘든 것 같다"는 108번 응답자는 20대 때는 어느 정도 피팅되는 슬림핏의 옷을 선호하였으나, 이제는 입었을 때 편안한 옷을 선호한다. 마찬가지로 금융권에 종사하는 105번 응답자도 같은 직장의 젊은 사람들은 타이트하게 입는

비즈니스 캐주얼 스타일을 선호하는 30대 응답자들

경향이 있으나, 본인은 슬림핏이 아닌 보통의 바지통처럼 적당한 핏의 옷을 선호한다고 응답하였다. 누구나 그렇지만 특히 30대들은 입었을 때 편안한 옷을 중시한다. 옷감의 소재, 타이트한 정도 등을 고려하여 편하게 입을 수 있는 옷을 선호하였는데, 30대 응답자의 특성상 앉아서 일을 하는 사무직 근로자가 많기 때문에 편하게 앉아서 일할 수 있는 옷을 소비하는 것으로 보였다. 이들은 그러면서도 너무 편안해보이지 않고, 단정하고 멋스러운 느낌의 옷을 추구한다. 다른 응답자들도 공통적으로 입었을 때 편안하면서도 멋스러운 "프렌치 시크"(응답자 213, 30대 여성, 전업주부) 느낌의 옷을 선호한다는 점을 이야기한다.

입어서 편안한 옷, 수수하고 단정한 옷은 가장 맞는거구요. (…) 예전에는 안 그랬는데, 나이가 들면 들수록 이런 옷을 하루 종일 입게 되잖아요. 그러니까 옷감이 거칠거칠하거나 타이트하다보면은 하루가 굉장히 힘든 것 같아요. 제가 옛날에는 슬림핏 옷을 많이 입었었는데, 그런 옷을 계속 입었는데 어느 하루는 이게 하루종일 숨이 되게 벅차다고 해야하나. 그렇더라구요. 그래서 그 다음부터 옷을 조금 더 편안함 위주의 옷을 좀 고르게 되는 것 같아요. 만약 옷감이 거칠거칠하다 그러면 하루종일 거기에 신경이 쓰이게 되고. (응답자 108, 30대 남성, 자영업)

요즘에는 아무래도 젊은 사람들은 타이트한 옷은, 예, 양복도 타이트하게 입는 경향이 있어요. (…) 그렇게 타이트하게 입으면은 멋은 좀 있는 것 같은데, 사실 불편하거든요. 앉아서 일할 때나 그럴 때 불편해가지고, 어느 정도, 보통 정도의 통 정도는 유지해요. (…) 제가 입는 옷이 한정되어 있다 보니깐, 주로 남방이라던가 브랜드 X 셔츠를 많이 입고요. 바지도 청바지 아님 면바지 그냥 적당한 핏의 옷을 입어요. (…) 입어서 일단 편하고 어느 정도 단정한 옷을 선호하는 편이고요. 청바지 같은 경우에도 좀 잘 늘어나는 재질, 그런 거를 선호하고. 위에 옷도 여름에는 브랜드 X 반팔 셔츠를, 브랜드 X 반팔 티를 많이 입고, 겨울에도 웬만하면은 단추 잠그는 거 아니고 위에 이렇게 입었다가 이렇게 벗을 수 있는 옷들 라운드로 돼 있는 것들, 그런 거를 많이 입어요. (응답자 105, 30대 남성, 직장인 관리직)

소재가 좋고 단정한 옷을 사고 싶어 하고요. 그리고 입었을 때 편안한, 편안하고 깔끔해 보이는 거 좋아해요. 딱 붙는 거는 잘 안 입는 편인 것 같아요. (응답자 210, 30대 여성, 전업주부)

편안하면서도 저의 취향에 맞고. 저랑 잘 어울린다고 생각하는 옷. 롱스커트요. 여성스러운 느낌이 나면서도 편안해 보이고. 그리고 입었을 때도 편하고? (응답자 215, 30대 여성, 자영업)

저는 입어서 좀 편안한데 멋스러운, 요즘 프렌치 시크 이런거 좋아합니다. 그냥 티셔츠에 바지에, 트렌치코트 이런 느낌. (응답자 213, 30대 여성, 전업주부)

특히 "비즈니스 캐주얼 룩"을 선호하는 모습이 관찰된다. 인터뷰 내용을 기반으로 살펴 보면 사람들이 이야기하는 비즈니스 캐주얼은 소위 칼정장이라고 부르는 정장 차림보다 조금 더 캐주얼한 차림으로, 타이 없는 수트 차림에서부터 단추가 있는 셔츠와 블라우스, 슬랙스까지를 의미한다. 대부분의 사람들이 직장 출근 시 보통 비즈니스 캐주얼을 입는다. 남성의 경우 직장에서 수트를 입지 않는 이상, 출근 시 대부분 비즈니스 캐주얼을 입는 경우가 일반적이다. 이러한 "비지니스 캐주얼 룩"은 직장 생활과 일상생활 모두를 만족시키는 패션 스타일이기도 하다. 왜냐하면 대부분 비즈니스 캐주얼 룩 입으면 자리에 어느 정도 맞는 옷이 되기 때문이다(응답자 106, 30대 남성, 직장인 관리직). 특히 브랜드가 있는 편하게 입을 수도 있고 깔끔하고 유행도 타지 않는 "비즈니스 캐주얼 룩"(응답자 106, 30대 남성, 직장인 관리직)을 선호한다.

깨끗한 옷이랑 그리고 브랜드 있는 옷을 내가 선호하는 것 같아. (…) 브랜드가 보이는 것도 중요한 것 같은데. (…) 로고가 안 보이더라도. 보이는 거랑 안 보이는 게 차이는 없는데… 위에 옷은 그래도 좀 좋은 걸 사야 한다고 생각하나봐. (응답자 103, 30대 남성, 직장인)

제가 조금 선호하는 그런 스타일이 정해져 있는 편인 것 같아요. (…)브랜드도 있고 스타일도 좀 있고. 근데 저는 사실 개인적으로 브랜드 X를 좀 좋아하는 편이어서, 그리고 브랜드 X가 전통적으로 약간 비지니스 캐주얼 룩, 편하게 입을 수도 있고 깔끔하고 유행도 타지 않고 해서 그래서 좀 선호하는 편이고. 그래서 브랜드 x와 그 비슷한 류의 또 다른 브랜드들이 있잖아요. 브랜드 Q나 그런 계열을 선호하고, 스타일은 좀 캐주얼한. (…) 저는 거의 신경 안 써요. 그냥 약간의 뭐랄까 비즈니스 캐주얼 룩이라고 보편적으로 알고 있는 면바지에 와이셔츠 같은 거에 같이 재킷이나 이렇게 입는? 그래서 조금 유행안 타는 스타일로 꾸준히 깔끔하게 입으려고 하는 편이에요. (…) 저는 정장은 대부분 맞춰서 입는데, 근데 몇 개 없어요 정장은. 저는 회사가 외국계 회사여서 정장을 입을 필요가 없거든요. 그래서 저는 비즈니스 캐주얼 룩이 많아요. (응답자 106, 30대 남성, 직장인 관리직)

제가 입는 옷이 한정되어 있다 보니깐, 주로 남방이라던가 브랜드 X 셔츠를 많이 입고요. 바지도 청바지 아님 면바지 그냥 적당한 핏의 옷을 입어요. (…) 입어서 일단 편하고 어느 정도 단정한 옷을 선호하는 편이고요. 청바지 같은 경우에도 좀 잘 늘어나는 재질, 그런 거를 선호하고. 위에 옷도 여름에는 브랜드 X 반팔 셔츠를, 브랜드 X 반팔 티를 많이 입고, 겨울에도 웬만하면은 단추 잠그는 거 아니고 위에 이렇게 입었다가 이렇게 벗을 수 있는 옷들 라운드로 돼 있는 것들, 그런 거를 많이 입어요. (응답자 105, 30대 남성, 직장인 관리직)

(회사에 갈 때는) 보통 비즈니스 캐주얼. (피하는 스타일은) 반바지랑 슬리퍼. (응답자 108, 30대 남성, 자영업)

선호하는 거는 심플하고 좀. 세련되어 보이는 거. 그러니까 스트라이프 줄무늬. 집에 정말 많아. 아니면 뭐 회사원 옷 같아 보이는 블라우스. 아니 회사원이라기보다 은행원 옷? 약간 왜 리본으로 이렇게 단정하게 있거나 아니면 뭐 스트라이프 이렇게 쭉쭉쭉 있다거나 약간 은행원 같은 옷을 좋아해. 엄마가 은행원이었어서 그런진 몰라도. (…) 엄마가 그러더라고 나보고 너한테 은행원같은 옷을 입히고 싶다고. 그래서 엄마가 사온 옷들은 다 리본이 있어. (웃음) (응답자 204, 30대 여성, 직장인)

내가 기본적으로 그냥 정장 스타일을 입기 때문에.. 뭐 딱히 막 챙겨서 입는다던가 그렇지는 않은데? 그래도 뭐 입는다면 조금 더 포멀하게 입는거 같아. (응답자 205, 30대 여성, 직장인 관리직)

완전 정장은 아닌데 그러니까 완전 포멀한 정장은 아니고 그냥 비즈니스 캐주얼? 왜냐하면 클라이언트를 만나는 게 아니라 내부 고객 회계사들을 상대하는 직업이기 때문에. 그렇지만 그래도 신입회계사 교육이나 이런 교육이 있을 때는 완전 제대로 된 정장을 입지만 평상시에는 캐주얼한 세미정장을 입는 것 같다. (응답자 207, 30대 여성, 직장인 관리직)

(평상시 옷도 유행을) 크게 신경은 안써요. 그래서 이제 보통 비즈니스 캐주얼 룩과 뭐랄까 일상 평상복이 겹치는 부분들이 좀 많은 것 같아요. 평상복과 회사에서 업무를 보거나 아니면 어떤 자리에 가거나 그때 대부분 비즈니스 캐주얼 룩 같은 좀 깔끔하고 유행 타지 않는 그런 스타일로 쭉 관리를 하는 편이에요. (…) 근데 이제 그 자리에 맞는 옷을 입어야지. 예를 들어 결혼식 이런 데 가는데 편하게 입고 이럴 수는 없는 거 같은데. 그래서 가는 목적지에 맞는 스타일. 다만 대부분 이제 비즈니스 캐주얼 룩 입으면 대부분 만족하니까. (응답자 106, 30대 남성, 직장인 관리직)

저는 주로 밖에 나갈 때도 어느 정도 청바지나 이런 걸 입거든요. 근데 동네 돌아다니시는 분들은 편하게 추리닝 같은 것도 많이 입고, 그런 편인 것 같아요. (응답자 105, 30대 남성, 직장인 관리직)

나는 칼라티 좋아하고 그냥 칼라티 아니면 남방이랑. 그냥 딱 맞는 바지? (응답자 103, 30대 남성, 직장인)

포멀한 수트를 입고 출근하는 금융권 종사자인 105번 응답자의 회사처럼, 캐주얼한 의상을 입고 출근하는 '캐주얼 데이'가 있는 경우도 있다. 이는 오늘날 직장인의 패션뿐 아니라 직장 문화의 특성을 보여준다.

(캐주얼 데이는) 매주 금요일이에요. 훨씬 편하죠. 아무래도 청바지에다가 대충 셔츠나 라운드 같은 거 입으니까 아무래도 훨씬 편해요. (…) 따로 뭐 업무 분위기가 달라지거나 이런 거를 느낀 적은 없어요. (…) 2014년인가 5년인가에 그때부터였던 것 같아요. 그냥 한다고 그래서 하는 거지, 제가 왜 그러는지는 잘 모르겠는데 뭐 최근에 이사장님은 전에 계시던 회사에서도 매주 그랬다. 그러니까 너네도 계속해라. 이런 취지로만 얘기했던 것 같아요 (…) 그냥 양복 입고 오는 사람도 있습니다. 평상시대로. (왜 그러는지는) 저도 잘 모르겠는데 보통의 남자들이라면 옷을 그렇게 맞추기가 귀찮거나, 어쨌든 캐주얼 따로 준비해야 하는 거잖아요. 그러다 보니까 그냥 양복 입고 오는 사람도 있고. 직책이 있는 분들 같은 경우에는 아무래도 팀장, 부장 이런 사람들은 (윗사람에게) 보고하거나 이런 일도 많으니깐 그냥 아예 양복을 입고 오는 것 같아요. (응답자 105, 30대 남성, 직장인 관리직)

프로페셔널한 이미지를 위한 패션

30대에서는 응답자들의 사회적 지위, 직업 및 직군에 따른 의복의 차이가 뚜렷하게 관찰된다. 직장의 암묵적인 의복 규정이나 분위기에 따라 포멀한 정장을 입으며 특히 중요한 발표나 회의를 앞두고 있을 때에는 더욱 갖춰 입기도 한다. 프리랜서의 경우에도 직업적 전문성을 나타내기 위해 포멀한 정장을 착용하는 경우가 있다. 특히 정장을 입음으로써 프로페셔널한, 신뢰감을 줄 수 있는, 세련되고 잘 나가는 이미지를 표현하고자 한다.

나는 일단은 소위 말하는 잘나간다는 이미지를 주긴 해야 하거든. (…) 프로페셔널한 이미지, 잘 나가고, 신뢰감을 줄 수 있고 일류의 이미지를 주려고 하지. (응답자 103, 30대 남성, 직장인)

전문적인 이미지를 주고 싶어. (…) (힐을 신어야 격식있는 옷차림이라고 생각해?) 어, 그렇다고 생각해. 나는. 왜냐면 내가 키가 작은 편이어서 키를 좀 더 커보이게 하려고. 힐을 한 5cm 정도, (손으로 구두 힐을 가늠해봄) 5cm 정도로 해 그 이상으로 가면 발목이 아파서. 조금. (응답자 204, 30대 여성, 직장인)

진지한 이미지 (응답자 205, 30대 여성, 직장인 관리직)

프로페셔널한 이미지 구축을 위해 오피스 룩을 입는 30대 응답자들

첫 번째로 조직의 문화나 분위기에 따라 차이가 나타난다. 예를 들어, 보수적인 분위기의 업계에서 일하는 응답자들은 직장에서 포멀한 정장을 입는 반면 비교적 자유로운 직군의 응답자, 또는 전업주부는 일상과 크게 대조되지 않는 캐주얼한 스타일의 옷을 착용한다. 나아가 남성의 경우 금융권, 외국계, 개인사업 대표 등 착장이 구분되며, 여성의 경우 금융권, 공기업, 패션회사 재직자, 프리랜서 등으로 착장이 구분되는 모습이 관찰된다. 보통 수트를 입는 금융권의 경우에도 30대 남성들은 넥타이를 중요한 행사 시에만 착용한다. 특히 여성의 경우 재킷, 블라우스, 슬랙스, 원피스, 투피스 등 다양한 형태의 정장을 입으며, 클래식한 스타일의 정장에서부터 비즈니스 캐주얼, 캐주얼까지 다양한 패션이 나타난다. 대부분 직장에서 TPO에 맞지 않는 패션, 예를 들어 슬리퍼, 반바지 혹은 민소매와 같은 패션으로 인해 눈에 띄거나 구설수에 오르고 싶어하지 않는다.

〈금융권〉

일단 저희 회사는 넥타이를 거의 안 매요. 그게 **정책적으로 그냥 노타이**로 하기 때문에 넥타이를 안 매고요. 이거는 회사마다 좀 다른 것 같아요. 증권사나 이런 손님 많이 만나는 쪽은 항상 넥타이를 하고 다니더라고요. 저희한테 올 때도 항상 넥타이를 하고 오고. 그리고 그렇지 않은 곳은 예, 타이를, 타이가 사실 불편하니까, 목을 조이니까 많이 안 하는 것 같고요. (…) 여름되면 저희 직장에서는 셔츠 거의 다 반팔로 입습니다. 그 **양복 상의는 다 안 입고, 반팔 셔츠만 입고요**. (…) 사실 **여의도에만 주로 있는데, 여의도에서는 그런 걸**(트렌디한 유행을) **보기가 힘들어요, 거의 양복을 입고 돌아다니는 사람이 많아서요.** (…) 뭐, 여의도 분위기 자체가 자유분방한 편은 아니기 때문에, 항상 정장을 많이 입고 여성들도. 근데 요즘에는 더러 청바지 입고 가끔씩 오시는 분들도 있고 그래요. (여성 정장으로) 저는 스커트를 많이 본 것 같아요. 원피스나 스커트. (응답자 105, 30대 남성, 직장인 관리직)

코드가 딱 있지는 않은데.. 아무래도 금융회사이다 보니까 보수적인 분위기는 있지. 그래서 예를 들어 화려한 꽃무늬 옷을 입고 가거나 그러지는 못하지. (…) **단화, 운동화는 신으면 안 되고** 로퍼나 아니면 구두. (…) (운동화를 안신는건) 룰인거 같아. 룰. 비즈니스 정장 스타일이어서. 그러니까 넥타이는 안매도 되지만 그렇다고 해서 뭐 뭐 재킷을 안 입는다던가 그러면 안 되는? **비즈니스 캐주얼. 노타이정도만 허용되는 그 정도** (응답자 205, 30대 여성, 직장인 관리직)

(다른 회사들이) 요즘에는... 예전에는 다 정장을 입었었는데. 요즘에는 회사마다 사복 입는 그런데가 많거든. 아니면 노타이를 하거나? 우리는 이제 뭐 외근을 많이 하다보니까 **외부 회사랑 같이 일을 해야 하는 입장이다 보니까 그 회사에서 입는 옷 스타일을 입는 편인 것 같아**. (응답자 103, 30대 남성, 직장인)

뒤에가 달리지 않은 슬리퍼 형태? 아니면 완전 짧은 치마는 못 입지. (응답자 207, 30대 여성, 직장인 관리직)

저희 회사가 딱히 안 되는 건 없는데, 그래도 입었을 때 눈총을 받는 거는 있거든요? 명시로는 없는데, 찢어진 청바지랑 반바지. 그다음에 슬리퍼. 뒤에 막는 게 없는 신발이라고 해야하나 뮬은 뒤에 막는 게 없잖아요. 뮬이나 (…) 사실 신는 사람들도 있고 그 사람들이 대놓고 욕하지는 않는데 '저건 좀 아니지 않나.' 이런 식으로 뒤에서 조금... (…) 그런 시선 때문에.... 나시 티 이런 거. (…) 회사 갈 때는 오늘 행사가 있는지, 회의가 있는지, 뭐…. 다른 사람을 만날 일이 있는지 이런 거를 보고, 그런 게 있으면은 조금 더 신경 써서 가는 편이고, 그런게 없으면은 사실 되게 편하게 가요. 저희 캐주얼 회사라서 청바지에 티 입고, 니트 입고 이런 식으로. (응답자 208, 30대 여성, 직장인 관리직)

〈공기업〉

아무래도 회사가 공단이다보니까 눈에 띄면 좀 윗사람이 싫어하니까. 되게 그래도 얌전하게 입는데. (응답자 204, 30대 여성, 직장인)

〈패션업계〉

그게 내가 의도한 거는 아닌데, 일단 첫째는 당연히 **조직문화나 조직 분위기에 따라서 확실히 옷 입는 게 달라지고**. 단적으로 비교하면 내가 (스포츠 브랜드)에 있을 때는 맨투맨에 조거팬츠에 스니커즈 이렇게도 많이 입고 다녔거든? 거기는 워낙 스포츠 브랜드기도 하고 자유롭게 입는 편이어서. 좀 스트릿 웨어로 사람들이 많이 입었어. 나도 그런 식으로 많이 입었었고. 여기는 반대로 완전 명품 쪽이고 해외사업부다보니까 나도 완전 포멀은 아니지만 세미포멀하게 입는다던지, 티셔츠, 일반 맨투맨 티셔츠 대신에 셔츠를 입는다든지, 아무래도 그렇게 되더라고. 그거는 약간 내가 속한 조직의 분위기에 의복문화에 따라 많이 달라지고.. (…) **아무래도 조직의 영향이 제일 큰 것 같아. 회사. 매일 출근하는 곳이고 내 시간의 대부분을 할애하는 곳이니까.** (응답자 206, 30대 여성, 직장인)

〈개인사업 및 자영업, 프리랜서〉

(회사에 갈 때는) 보통 비즈니스 캐주얼. (피하는 스타일은) 반바지랑 슬리퍼. (응답자 108, 30대 남성, 자영업)

오늘 옷을 입을 때, 일단 사람을 만날 일이 있는가 없는가 그러니까 내가 어떤 사람한테 특정한 인상을 줘야 하는가 아닌가. (…) 회사생활을 하는 사람보다는 좀 어리게 입는 것 같고.. 근데 뭔가 나이가 어려 보이고 싶지 않은 상황에서는 내 나름대로.. 뭐 나의 연령대라면 요 정도는 입어야 될 거 같다 라는 생각은 하죠. (…) 직업 상황에서는 나이에 맞게 입고 싶죠. (…) 편집자분들은 저보다 더 편하게 입는 분들도 있고, 더 격식 있게 있는 분도 있고. 그냥 제가 느끼기에는 우리가 말하는 일반 직장보다 굉장히 느슨한 자유복이고, 저랑 만나는 사람들도 다 자유복이고 저는 더 자유롭고. (…) (튀게 입는 사람들도) 저랑 이제 비슷한 사람들은 디자이너 작가 이런 사람들이 많기 때문에, 많죠. (…) (이상하게 보기도 하나요?) 그럴 이유가 없죠. 왜냐하면 오히려 그런게 개성을 표현하니까? 작가나 디자이너 작가는 디자이너는 오히려 굉장히 보수적으로 입고 나왔을 때 의외다 같은 느낌을 주겠죠? (응답자 215, 30대 여성, 자영업)

그 업계와 업종분들은 캐주얼하게 입으세요. 전혀 정장 안입고 평소에 뭐라 그러죠 세미정장도 아니고 개발자분들처럼 청바지와 티셔츠 입는것처럼 편하게 입으시거든요. 발표하거나 외부에 중요한 회의, 미팅 아니고선 일상복을 입어요. 아주 무겁고 포멀한 분위기는 전혀 아니에요. 만날 일이 잘 없고.. 화상회의가 훨씬 더 많아요. (…) (코로나 전에도) 그 전에도 화상으로 많이 했어요. 왜냐면 이제 해외 오피스하고도 컨퍼런스콜 같은거 해야될 때가 있거든요. 주로 대개는 이메일로 커뮤니케이션 다 하구요. 회의할 때는 마이크로소프트 미팅 뭐 이런 걸로 피씨로 하는 때가 있고, 급한 경우에는 전화로도 많이 합니다. (응답자 213, 30대 여성, 전업주부)

오르간이 앉아서 다리를 써야하는 게 있어서 긴 치마를 입고, 딱붙는 거를 하면 다리를 움직일 수 없어서 폭이 이렇게 넓거나 그런 거 위주로 입어요. (…) 네, (드레스 코드) 그런 거는 전혀 없고요. (…) 교회는 대부분 위에 하나 더 입거든요, 성가대 복 같은 거 입기 때문에 신경 써서 입지는 않지만 그래도 교회라는 곳이 되게 보수적이다 보니까 슬리퍼를 신고 오거나 구멍 난 티를 입고 오거나 그런 일은 전혀 없고요, 다들 단정하게 입고 오는 것 같아요. (응답자 210, 30대 여성, 전업주부)

업계 별로 패션에 차이가 나타나기도 하지만, 같은 업계에 속해있더라도 직군 별 패션의 차이가 뚜렷하게 나타나기도 한다. 예를 들어, 패션 회사 종사자의 인터뷰 내용에서 드러나듯, 같은 회사에서도 디자이너, MD, 생산 파트 직원, 일반 지원 부서(경영관리, 회계, 재무, 총무 등)에 속한 사람들의 패션이 다르다.

디자이너는 되게 트렌디하지. 마케팅까지는 모르겠는데, 전 직장도 그렇고 여기도 그렇고 디자이너랑 생산 파트는 유독 티가 나. 디자이너는 진짜 트렌디하게 입고 명품 입고 다니고, 생산 파트는 진짜 신경 안 쓰고 다녀. 되게 편안하게 다니셔서. (…) 비즈니스 캐주얼인데, 사실 비즈니스보다는 캐주얼에 더 가까운데, 그것도 조직별로 경영관리, 회계, 재무 이런 쪽들은 남자분들도 수트입고 다니고. 우리 같은 브랜드 사람들은 좀 패션 신경 써서 다니고 일반 지원부서, 총무, 인사 이런 데는 진짜 그냥 막 입고다니고, 생산 파트도 편안히 입고 다니시고. 그게 조금 사업부별로 브랜드별로 달라. (응답자 206, 30대 여성, 직장인)

중요한 상황에서 입는 격식있는 오피스 룩

중요한 자리에서 격식 있는 옷을 입는 30대 응답자들

더욱이 TPO에 대한 정형화된 인식이 없었던 20대를 지나 30대는 TPO에 대한 기본적인 틀을 갖추고 자신의 역할에 맞추어 패션을 전략적으로 연출할 수 있는 단계에 이르는 모습도 관찰할 수 있다. 특히 오피스 룩에서도 만나는 사람,

일정에 따라 더 격식을 갖춘 옷차림을 할 때도 있다. 외부 미팅이 있거나, 상사를 만나거나, 전 직원 대상 교육을 하는 경우에는 재킷을 포함하는 정장을 입고, 넥타이, 시계와 구두(힐) 등 액세서리를 이용하여 격식을 갖춘다. 직무에 따라 포멀한 수트는 촌스러워 보일 수 있기 때문에 입지 않기도 한다(응답자 206, 30대 여성, 직장인). 고가 브랜드나 맞춤 정장을 입기도 하며, 특정한 색상으로 포인트를 주기도 한다.

주요 클라이언트나 주요 발표 같은 게 있으면 조금 더 신경 써서 입는데. 내가 생각하는 정장의 기준에서는 또 브랜드가 중요하다고 생각하거든. 영업을 해야 하는 입장이고, 사실은 메시지도 중요한데 메신저도 되게 중요하다고 생각하거든. 왜냐하면 계속 나와 봐왔던 사람이면 상관없는데 우리는 사실 잠깐 잠깐 스쳐지나가는 경우가 진짜 많고. 그 사람에게 인상을 좀 남겨야 되고 짧은 시간 안에 신뢰감을 줘야 하다보니까 그런 것에 신경을 많이 쓰게 되는 것 같아. 일부러 좀 비싼 옷을 입고. (…) 응. 가장 고가의 정장. 브랜드 F. (응답자 103, 30대 남성, 직장인)

오히려 그냥 너무 포멀한 수트를 입으면 촌스러워 보이니깐. 뭐, 깔끔한 셔츠, 깔끔한 원피스 이런 거를 입지. (응답자 206, 30대 여성, 직장인)

상황이 강연이었고 어떤 전문 지식을 가지고 있는 것처럼 보여야 하는 상황이었고, 그리고 특별히 어떤 관객이 몇 명이나 있을지 모르는 상황이니까 최대한 전문적으로 보이고 어려 보이거나 너무 캐주얼해 보이지 않기 위해서 굳이 이렇게 챙겨 입은 건데, 만약에 제가 여기서 그냥 뭐 레깅스를 입고 나와도 사람들이 이상하다고 생각하지는 않았을거예요. (응답자 215, 30대 여성, 자영업)

그날 입을 옷을 고를 때요? 아무래도 외출 장소인 것 같아요. 미팅 장소, 약속 장소. 내가 누구를 만나느냐에 따라서 신경을 쓰는 것 같아요. 장소보다도 어떤 사람을 만나느냐에 더 포커스를 맞추는 것 같아요. 가장 캐주얼하게 입을 때는 그날 미팅이 없을 때 가장 캐주얼하게 입구요. 예를 들어서 고객사 미팅을 할 때 한번, 팀장급까지는 비즈니스 캐주얼을 입구요, 그 이상 임원분이나 더 높으신 분을 만날때는 정장을 입어요. (응답자 108, 30대 남성, 자영업)

일정 중에 출장이라던가 본부에서 뭐 감사실 사람이라던가 높은 사람 이사장님이 온다던가, 그러면 이제 원피스나 귀중품 이런 걸 갖춰 입고. 뭐 그런 정도가 없을 때에는 그냥 입어. (응답자 204, 30대 여성, 직장인)

아무래도 이제 청중에게 보이는 이미지가 메시지의 전달력에 영향을 주니까. 조금 더 포멀(formal)하게 하려면 넥타이를 매죠. 근데 그렇지 않으면 대부분 사실 요즘은 넥타이 없이도 많이 하죠. (…) 신발도 조금은 뭐랄까 좀 편하고 실용적이고 그런 스타일로 많이 하죠 이제 제품 E가 나오고 나서, 제품 E를 쓰면서 편한 것 때문에. 비즈니스적으로 많이 도움이 되거든요. 그러다 보니까 계속 이제 요즘에는 제품 E만 착용을 하고 있죠. 세련되지만 좀 깔끔한? 단정한? (응답자 106, 30대 남성, 직장인 관리직)

특별한 행사, 저희가 회사를 상장시키면 회사 내에서 상장식이라는 행사를 하거든요. 처음에 그러니까 최초로 거래되는 날이에요, 저희 거래소에서. 그날 내는 뭐, 그런 거를(부가 상승을) 기원하는 의미에서 빨간색 넥타이를 하고요. 평소에는 넥타이를 안 매다가, 이거 이외에 특별한 일로 넥타이를 매야 된다 싶을 때는 주로 빨간색을 굳이 고집하지는 않습니다. 다른 색들도 많고. (…) (다른 사람들도) 그 행사에서는 거의 다 붉은색 계열로 넥타이를 매고 오고요. (응답자 105, 30대 남성, 직장인 관리직)

프로페셔널한 이미지? 단정한 이미지. 단정하고... 조금은 아주 과하지 않게 포인트가 있어야 해. 빨간 구두 같은 것? 올 블랙 정장에 빨간 구두를 신는 다거나. 아니면 귀걸이가 될 수도 있고. (응답자 207, 30대 여성, 직장인 관리직)

시계는 (개인적으로) 전혀 관심이 없고, 결혼하면서 하나 산 거고. 근데 회사를 다니다 보면 강의를 하고, 교육을 나가고, 어디 외부 회의 참석할 때는 약간 이런 게 중요하더라고요. 선배들이 '이런 거 해야 한다.', '시계나 배지는 꼭 차고 나가야 한다.' 해서 꼭 하고 다니고 (…) (좋은 브랜드 시계를 하라는) 그런 거는 아니에요. 그냥 의미가 중요한 거라서. (응답자 208, 30대 여성, 직장인 관리직)

(힐을 신어야 격식있는 옷차림이라고 생각해?) 어, 그렇다고 생각해. 나는. 왜냐면 내가 키가 작은 편이어서 키를 좀 더 커보이게 하려고. 힐을 한 5cm 정도, (손으로 구두 힐을 가늠해봄) 5cm 정도로 해. 그 이상으로 가면 발목이 아파서. 조금. (응답자 204, 30대 여성, 직장인)

며느리 룩과 패밀리 룩

일상 패션에서 결혼 여부에 따른 패션 차이는 크게 나타나지 않는 것으로 보이지만, 가족 모임 시에는 옷차림이 다르게 나타나기도 한다. 특히 기혼 여성의 경우 시댁에 방문할 때 입는 옷과 친정에 방문할 때 입는 옷이 다르냐고 질문하였을 때, "완전 다르죠"(응답자 208, 30대 여성, 직장인 관리직)라고 응답한다. "시댁은 단정하게. 친정은 내 맘대로."라는 응답에서 그 차이점을 단적으로 확인할 수 있다(응답자 205, 30대 여성, 직장인 관리직). 응답자들은 시댁과 관련된 행사가 있는 상황에서 "며느리 룩"이라는 단정한 "시댁 행사"용 패션을 하거나(응답자 212, 30대 여성, 전업주부), 요리나 청소와 같은 일을 해야 하는 상황에 대비해 단정하지만 편안한 옷을 입기도 한다(응답자 208, 30대 여성, 직장인 관리직; 응답자 210, 30대 여성, 전업주부; 응답자 212, 30대 여성, 전업주부). 특히 사치스러워 보이지 않도록 신경 쓰며(응답자 207, 30대 여성, 직장인 관리직), "단정하게" 입고 화려함을 "자제"하기도 한다(응답자 208, 30대 여성, 직장인 관리직). 반대로 친정에 방문할 때에는 좀 더 편하게 "내 맘대로" 입기도 하지만(응답자 205, 30대 여성, 직장인 관리직; 응답자 207, 30대 여성, 직장인 관리직; 응답자 210, 30대 여성, 전업주부), 잘 지내고 있음을 간접적으로 나타내기 위해 더 신경 써서 옷을 잘 차려입고 가기도 한다(응답자 213, 30대 여성, 전업주부).

활동성을 위해 편안한 옷차림을 한 30대 응답자들(자녀 有)

시댁은 단정하게. 친정은 내 맘대로. (응답자 205, 30대 여성, 직장인 관리직)

며느리 룩이야. (…) 시댁 행사여서. 시댁 행사니까 좀 많이 가리고 이렇게 입지. 이렇게 원피스 같은 게 살짝 파진, 이래도 내가 예쁘다고 생각하면 결혼식에도 그렇게 입는 거 같아. (…) (시댁갈 때) 오히려 더 편하게 입는 거 같아. (…) (행사 때는) 그럴 때는 비슷하지. 그게 다 가족행사들이니까. (응답자 212, 30대 여성, 전업주부)

시댁에 갈 때 조금 더 신경을 안 쓰는 것 같아. 왜냐하면 남편은 후줄근한데 내가 너무 블링블링하게 하고 다니면 아 우리 며느리가 사치스럽구나. 하는 인상을 줄 수 있기 때문에 오히려 더 막 입는 것 같아. (…) 친정 갈 때는 그냥. 친정 갈 때도 편한데 친정 갈 때는 아무 상관이 없지. 꾸미고 가도 상관이 없고. 안 꾸미고 가도 상관이 없고. (응답자 207, 30대 여성, 직장인 관리직)

완전 다르죠. (…) 시댁에 갈 때는 정말 긴바지에 편한, 그러니까 긴바지를 입고 가고, 조금 신경 써서 입고 가고요. 친정 갈 때는 그냥 아무 바운더리가 없다고 해야 하나? 그냥 제가 입고 싶은 대로 입고 가요. 치마를 입든, 뭐…. 반팔 티를 입든, 나시를 입든. 친정 가서는 제가 일을 하는 것도 아니고. (…) (시댁 갈 때는) 단정하게 입어요. (…) (화려함을) 자제 하는 것 같아요. (응답자 208, 30대 여성, 직장인 관리직)

가족들 만날 때 완전 편하게 입어요. 완전 단정하게 입지만 그것도 친정 식구랑 시가 쪽이랑 다르거든요. 느낌이. 이 옷 입었을 때는 사실 일을 하고 바로 갔을 때여서 차려입은 느낌이고요, 친정집 갈 때는 그런 이런 옷 입고가기도 하고 정말 편하게 입고 가고. 시댁 갈 때도 편하게 입지만 그래도 조금 더 단정한 옷을 입는 것 같아요. 친정 갈 때는 거의 잠옷만 아닐 뿐이지 정말 편하게 입고 가요. (…) 친정 갈 때는 오히려 좋은 옷이나 오히려 그런 옷을 피하는 것 같고, 정말 편하게 입고 가는 것 같아요. (…) 내 집에서도 좋은 옷을 안 입고 있는 것처럼 그냥 그런 느낌인 것 같아요. (…) 짧은 옷을 입지 않고요. 그냥 하얀 옷 잘 안입는 것 같구요. 그리고 제가 보수적이라 그런가 딱 붙는 옷 원래도 안 입지만 더 안 입는 것 같아요. 그리고 거기서 애기를 봐야 하고 그 집이 또 강아지가 있어서 강아지 발톱에 찔릴 것 같은 옷은 안 입어요. (응답자 210, 30대 여성, 전업주부)

사실 가족들을 만날 때 신경이 많이 쓰여요. 왜냐면 이제 오랜만에 만났는데 얼굴이 피곤해 보인다, 안좋아 보이네 뭐 이런 얘기도 좀 듣기가 싫어서.. 이렇게 잘 꾸미고 다닐 때도 있다 그런 것도 좀 보여주고 싶은 마음도 있는 것 같고. (…) 너무 막 집에서.. 너무 학생 같아 보이는거나, 너무 집에서 육아하다가 나온 것처럼.. 그런 것은 좀 피하고 싶고. (…) 왜 친정 엄마는 딸이 너무 후줄근한, 너무 힘들게 사는 모습을 보면서 마음 아플 수도 있고, 예쁘게 입고 친구들도 만나고, 문화 생활도 하고 쇼핑도 하고 좀 이런 모습 좀 보여 주는게 좀 서로 좋은 것 같아요. (…) 예를 들어서 뭐 시댁 만날 때 저는 모피 이런 거는 뭐 사실 생각을 못하고요. 약간 좀 간섭이 좀 있으세요. 예를 들면, 애기 키울 때는 청바지에 티셔츠만 입어도 애들이 있기 때문에 빛난다 뭐 이런 발언은 평소 서슴치 않으시고. 너무 제가 옷을 많이 사는 것처럼 보이면, 이제 그런 거에 대해서 약간 좀 과소비를 한다 그렇게 생각하시는 경향이 있더라구요. (…) 친정 경우에는 딸이 쇼핑도 하고, 또 뭐 좀 예쁘게 좀 입을 줄도 알고.. 전에 그런 농담도 들어본 적 있어요 뭐 친정 갈 때는 뭐 무슨 좋은 가방 들고 예쁘게 하고 뭐 갈 때 검지를 검은 봉다리 들고 간다. 그런 농담도 있더라구요. 그래서 뭐 좀 전반적으로 그런 분위기가 있나보다 이런 생각도 들구요. (응답자 213, 30대 여성, 전업주부)

반면 기혼 남성의 경우, 본가와 처가에 방문할 때의 패션에 신경을 쓰는 모습이나 옷차림에서의 차이가 발견되지 않았다. 이들은 날씨나 이동 거리 등을 고려하여 옷을 입는다. 또한 기혼 남성의 경우, 패션에 관심이 있어 본인이 옷을 구매하고 입는 경우도 있지만, 시간적 여유가 없고 패션에 관심이 없는 경우에는 부인이 몇 가지 옷을 골라주면 그 안에서 본인이 다시 선택해서 옷을 구매하는 경우도 있다.

그냥 평상시에 입는 옷을 입는 것 같아 특별히 차려입거나 그러지 않고. (…) (처가와 친정에 갈 때) 나는 똑같아. 그냥 부산(친정)에 갈 때는 짐을 좀 더 생각해서 가지. 가서 옷을 갈아 입어야 하니까 짐을 좀 최소화 하기 위한 그런 것들 생각하고, 날씨나 이런 것 생각하고. 짐을 최소화하는 것에 제일 중점을 두지. 그런 것 말고는 옷이 다르거나 그런 건 없는 것 같아. (응답자 103, 30대 남성, 직장인)

저는 저희 집에 갈 때 더 편하게 입어요. 집도 그런데 차로 이동해서 가거든요 보통 고향갈 때. 차로 이동해서 가는데 차로 이동 장거리를 하려니 조금 편하게 입고 가고, 게다가 차로 이동 하니까 아무 주위에 뭐 신경 쓸 것도 없으니까. 그래서 편안하게 입고 가고. (아내)도 아마 그래서 편안하게 입고 가는 거 같기도 하고. 물론 이제 우리 부모님 별로 신경도 별로 이렇게 개의치 않는 스타일이어서. (응답자 106, 30대 남성, 직장인 관리직)

(남편은) 알아서 입습니다. (…) (패션에) 관심이 있구요. 되게 깔끔하게 옷 관리도 잘하고, 잘 이렇게. 잘 입어요 스스로. (응답자 213, 30대 여성, 전업주부)

사실 거의 (아내)가 사줘서. (…) 내가 입는 스타일을 고려해서 사주는 것 같아. 나한테 물어보고 여러 가지 후보군을 주고서. 뭘 사줄까 물어보고 그럼 내가

그 중에서 맘에 드는 것을 고르지. 나 이 거 사줘 이런 식으로 (응답자 103, 30대 남성, 직장인)

(남편도 옷에) 관심은 많아요. 옷 사는 거 좋아하고 그래요. 근데 주말 밖에 시간이 없는데, 애들 데리고 쇼핑 가는 거는 거의 못 사거든요. 그러니까 둘만 나가려고 그러는 것들이 어려우니까 보통은 제가 사 와요. 사 오거나 정말 날 잡고 다 같이 가서 사더라도 제가 이미 봐놓은 옷이어서 '이거 살래' 정도고. (응답자 210, 30대 여성, 전업주부)

또한 자녀가 있는 30대 응답자들은 아이를 돌보기 위한 '편안한 옷차림'과 아이들의 유치원이나 학교에 방문하기 위한 '단정한 옷차림'의 두 축으로 패션이 나뉘었다. 특히 전자의 경우, 세탁이 쉬운 저가의 의류나 움직이기 편한 옷을 입는다. 뿐만 아니라 짐이 많아 큰 가방을 챙기거나, 두 손이 자유로운 크로스백을 사용하기도 하며, 아이와 함께 외출하는 경우 옷이 쉽게 더러워지기 때문에 고가의 의류는 잘 입지 않으며(응답자 108, 30대 남성, 자영업; 응답자 210, 30대 여성, 전업주부), 뛰어다니는 아이들을 케어해야 하기 때문에 움직이기 편안한 옷을 주로 입는다.

애들이 (옷에) 막 묻히기도 하고 그러거든요. 그래서 그냥 하루에 두 번도 갈아입을 때도 있었고요, 그런 편이에요. (…) 지금은 몸이 일단 편한 거, 애들 보기 편한 거, 그냥 그때 그때 환경에 맞추는 정도인 것 같아요. (…) (베이지나 아이보리 같은) 밝은 색을 입고 싶어 하는데, 옷장을 보면 다 어두워요. 정작 사는 거는 조금 그레이나 네이비나 블랙이나 좀 이런 것 같고, 밝은 색을 사면 막상 잘 안 입고 있더라고요. (…) 얼굴 톤이랑 안 어울리는 것 같고. 그리고 애들이랑 나갈 때 밝은색 옷을 입기가 더 어렵기도 했던 것 같고요. 애기 키운 지 5년 됐는데 5년 동안 그렇게 밝은 옷을 자주 입기는 좀 어렵거든요. (응답자 210, 30대 여성, 전업주부)

(피하는 옷은) 치마요. 애기랑 같이 가기 때문에 바닥에 앉고 이런 일이 많아서 치마는 되도록 안 입고, 반바지도 안 입고요. (응답자 208, 30대 여성, 직장인 관리직)

(또래와 주부의 옷차림에 차이가 나타나는 건) 환경의 차이가 같아. 결혼을 하고 나는 애 둘을 이동을 할 때 계속 얘네를 케어해야 되잖아. 그런데 막 블라우스나 이런 거는 활동하기 너무 불편해. 구김도 많이가고 당장 뛰어 다녀야 되는데, 그래가지고 나는 결국은 편한 옷으로 많이 가는 것 같고. (…) 엄마들의 공통점은 무조건 에코백이야(웃음). (응답자 212, 30대 여성, 전업주부)

일단은 좀 (옷이) 편해야 됩니다. 19개월 애기가 많이 엉겨 붙어요. 그래가지고 들었다 안았다 내려놨다 뭐 이런 것도 많이 해야 되고, 버스도 타야 되고.. 갑자기 막 어디 좀 걸어서 가야 될 때도 있고, 그냥 보통 핸드폰이랑 뭐 그렇게 뭐 지갑 정도만 생각해서 빠르게 이동해야 할 때가 좀 많아요. 그래서 그냥 좀 편해야 됩니다. (응답자 213, 30대 여성, 전업주부)

한편 자녀의 학교에 방문하거나 학부모 모임에 참석하는 경우, 자녀의 이미지를 고려하여 옷을 입는다. 깔끔하고 단정한 옷을 입거나, 유행에 맞추어 옷을 입는 모습이 나타난다. 평소 개성 있는 패션을 좋아하더라도 튀지 않고 무난한 옷을 입어, 자녀의 관계 형성에 문제가 되지 않도록 주의를 기울인다. 이와 관련하여 "트렌드나 유행에 거의 신경을 안 쓰는 편"인 응답자 205(30대 여성, 직장인 관리직)도 아이의 학부모 모임에서는 "저도 좀 맞춰서 그냥 그 집단에 녹아 있기 위해서" "유행을 어느 정도는 따라가야" 한다고 말한다.

아무래도 딸이랑 관련된 뭐를 할 때 제일 포멀하게 입는 편이었던 거 같아요. 학교 갈 때, 딸 국제학교 갈 때, 이럴 때. (…) 아무래도 아내도 얘기했지만 아이에게 어떤 이미지가 씌여질지가 중요하니까 부모가 그래도 깔끔하게 입고 해야 선생님이 봤을 때도 '아 저쪽은 이런 이미지구나' 이렇게 생기니까 좀 신경을 쓰죠. (응답자 106, 30대 남성, 직장인 관리직)

(아이가 다니는 유치원이) 영어 유치원이에요. 옮기게 되었는데, 금액이 되게 비싸거든요. 근데 동네 어린이집은 정말 편하게 입고 다녔거든요. 근데 하원을 갈 때마다 느껴지기는 하는 건데 되게 소위 비싸 보이는 거 입으시는 분들도 많은 것 같고요, 정말 편한 추리닝 입고 하원 오시는 분은 없는 것 같아요. 어디 가시는 길일 수도 있지만, 브랜드 D 가방을 들고 다니시는 분이라던가, 잘은 모르지만, 저거는 명품인 것 같다라는 옷들이 많아요. (응답자 210, 30대 여성, 전업주부)

(학부모들을) 만나면 (유행을) 파악을 할 수 있는데 엄마들이 많이 선호하는 패딩 브랜드라든가 뭐 그런 게 많이 있어. 그러면 이제 그런 데서 눈여겨 봐서 나도 사고 그렇게 되는 것 같아. 저는 주부에다가 맨날 등원하고 하원하고 애들 엄마들 맨날 만나기 때문에 내가 원하는 것보다는 엄마들 입는 그런 거를 좀 맞춰서, 엄마들의 유행하는 옷들을 맞춰서 입게 되더라고. (…) 너무 눈에 안 띌라고 맞춰 입는 거 같아. (…) 내가 외국에서 입던 옷들이라 너무 모르니까 여기서 엄마들은 되게 니트 많이 입고, 얌전하게 입고, 튀지 않는 색만 입고 약간. 근데 나는 좀 패턴도 있는 걸 좋아하고, 강한 색도 좋아하고 나는 그런데 이제 그러면 너무 눈에 띄는 거야. 그러니까 (한국에) 와가지고 나도 맞춰서 하게 되더라고. (…) 튀면 애 생각이 많이 나는 거야. 나만 있으면 상관없는데, 이 아이에 대한 어떤 평가를 해야 되는데 엄마가 좀 튀어버리면 색안경을 낄 수도 있고 그렇잖아. 그래서 훨씬 더 엄마들도 그런 거 같아. (…) 어떤 경우에는 저 엄마는 애가 너무 괜찮은데 엄마 때문에 좀 애까지 욕먹는 거 같다 이런 경우도 있었고... (응답자 212, 30대 여성, 전업주부)

사실 되게 좀 물론 옷을 좀 내가 원하는 스타일로 입고, 다른 사람들에게 나에 대한 표현 이런 측면도 있는데.. 아 약간 요즘에는 이제 좀 아이 엄마들도 좀 사회관계 그런 측면도 있다 보니까, 그냥 좀 보여지는 것에도 좀 신경을 쓰게 되고. (응답자 213, 30대 여성, 전업주부)

유행을 어느 정도는 따라 가야지 요새는 조금 뭐라해야하지? 그냥..어.. 외출했을 때 그래도 좀 너무 아니지 않은.. 뭐 그런 것 같아. 요새는 조금 신경을 써 줘야지 되더라고. (…) 조금 친하지 않은 아는 사람들인데 조금 그 사람들 자체가 조금 트렌디한 옷을 챙겨 입는 거란 걸 제가 그걸 알고 있으니까, 저도 좀 맞춰서 그냥 그 집단에 녹아 있기 위해서 그래서였던 것 같아요. (…)대부분 전업 엄마들이셔서. (응답자 205, 30대 여성, 직장인 관리직)

자녀가 있는 30대에게 나타난 패션의 특징 중 또 다른 하나는 패밀리 룩의 일종인 맘 앤 키즈 룩이 관찰된다는 점이다. 부모와 자녀가 비슷한 스타일로 맞추어 입는 시밀러 룩, 똑같은 옷을 입는 미니미 룩 등의 형태가 다양하게 나타난다. 그렇게 자녀와 함께 맞추어 입는 옷을 즐거운 경험으로 여기는 모습이 나타난다.

응. 그런 거 좋아해. 예를 들어 수영복은 똑같은 거를 산다든지 아니면 직구할 때. 애꺼를 직구하는데 아동복도 12~14세는 입을 수 있거든. 그러면 이제 같은 것을 산다든지 이런 식으로 딸이랑은 많이 입는 거 같아. (…) 응. 12~14 하면 맞는 게 있어. 그러니까 원피스 이런 거 말고 치마라든가 이런 거는 맞는 게 있어. 그런 거는 그냥 재미있게 사. (응답자 212, 30대 여성, 전업주부)

네. 브랜드 A가 근데 엄마 옷이 같이 나와요. 모든 라인이 다 있는 거는 아닌데, 뭐 세트로 입을 수 있게 티 같은 거는 엄마랑 아기랑 세트로 나오더라고요. 그래서 애기랑 커플티 하려고 샀었는데 (응답자 208, 30대 여성, 직장인 관리직)

3 40~50대 패션의 특성

40~50대 응답자들의 일반적 특성

ID	성별	혼인여부	거주지	직업
107	남	기혼	송파구 거주	임원
109	남	기혼	서초구 거주	전문직(치과 의사)
209	여	미혼	은평구 거주	사회적 기업 임원
214	여	기혼	서초구 거주	전업주부(중학생, 대학생 자녀)
216	여	기혼	은평구 거주	전문직(약사)

❶ 대표적인 패션 스타일

40~50대 응답자들은 다른 연령대의 응답자들과 비교하여 옷을 선택하는 데 있어 보다 화려하고 밝은 색상과 패턴을 선호하였고 단순한 라인의 스타일을 입는 경우가 많았다. 먼저 40~50대 남성의 경우 다른 연령대 응답자들보다 주로 '니트, 퀼팅 패딩, 스포츠 기능성 소재' 등 다양한 소재의 아우터를 입고 있었고, 칼라가 있는 폴로 셔츠 스타일을 선호하였다. 이들은 이와 같은 스타일에 깔끔한 스니커즈를 매치하여 편안하면서도 어느 정도 격식 있어 보이는 스타일로 옷을 입고 있었다. 40~50대 남성 응답자들에게선 편안한 운동복(등산복) 스타일이나 대조적으로 비즈니스 캐주얼 스타일이 주로 나타났다. 특히 나이가 들어감에 따라 체형의 변화가 두드러졌고, 다양한 소재와 컬러의 재킷을 보유하는 경우가 많았다.

여성의 경우 젊은 20~30대 응답자들과 비교하여 더 화려한 색상과 패턴의 의상을 선호하는 모습을 보였다. 이들은 가방 보단 클러치를 드는 경우가 많았고, 스카프나 큰 목걸이와 같이 볼드한 액세서리를 착용하며, 화려한 '모피'를 입는 모습도 관찰되었다. 또한 이들은 남성 응답자들과 마찬가지로 웨지힐이나 플리츠 소재의 의상을 선호하는 등 편한 스타일의 옷을 입었다. 특히 여성 응답자들의 경우 혼인 상태나 자녀가 있느냐 없느냐에 따라 스타일이 달라졌는데, 직업이 있는 여성들의 경우 가정주부 여성들에 비해 자신의 커리어를 고려하여

40~50대 응답자 대표 일러스트

의상을 선택하였고 따라서 편하면서도 격식있는 스타일을 선택하는 경우가 많았다.

❷ 소비 방식과 유행정보원

40~50대 응답자들은 생애주기상 다른 연령대에 비해 사회적으로 안정적인 지위에 있고, 그로 인해 옷을 선택함에 있어 특별히 가격이 큰 문제가 되진 않았다. 이들은 낮은 가격대의 옷부터 높은 가격대의 옷까지 다양하게 옷을 구입하고 있었다. 뿐만 아니라 이들은 활발하게 사회생활을 하고 있고, 비교적 온라인 매체에 익숙한 세대이기 때문에 옷을 구매함에 있어 오프라인 매장만을 고집하진 않았다. 이들은 젊은 세대와 마찬가지로 직구나 온라인 쇼핑몰을 이용하였고, 홈쇼핑을 통해 의복을 구매하기도 하였다. 하지만 20~30대 응답자들과 달리 온라인을 무조건적으로 선호하지는 않았는데, 이들은 실제로 옷을 보지 않으면 '실패'할 가능성이 있기 때문에 오프라인을 선호하였다. 실제로 온라인 쇼핑에 대해 부정적인 경험을 한 응답자도 있었는데, 응답자 107(40대 남성, 임원)의 경우 온라인에서 옷을 구매하였을 때 사기를 당한 적이 있어 온라인 쇼핑은 거의 하지 않는다고 응답하기도 하였다. 또한 온라인을 통해 옷을 구매하는 경우 교환과 반품이 번거로워 옷이 마음에 들지 않거나 사이즈가 다를 경우 아예 입지 않고 방치하거나(응답자 107, 40대 남성, 임원; 응답자 214, 40대 여성, 전업주부), 남에게 주는 모습을 보이기도 하였다(응답자 209, 40대 여성, 사회적 기업 임원).

온라인으로도 하는데 대부분이 내 체형에 딱 맞는 게 없어. 그리고 온라인으로 하면 사기를 몇 번 맞아봤어. 정품을 시켰는데 정품이 아닌 경우, 이런 경우가 있어서 온라인 거의 안 해. (…) 온라인은 내가 질을 볼 수도 없고, 또, 택배가 와서 안 맞으면 또 택배 보내야 되고 이런 번거로움이 여자들이랑 남자들이랑 이건 좀 틀려요. 여자들은 계속 뭐 이렇게 반품 보내고 그러잖아요. 남자들은 안 그래. 나는 마음에 안 들어도 그냥 보내는 게 귀찮아서 쌓아두고 안 입는 옷도 있어요 (응답자 107, 40대 남성, 임원)

또 즉흥적으로 인터넷으로 사기도 하는데 저는 반품을 안 하고 누굴 주는 스타일이다? (응답자 209, 40대 여성, 사회적 기업 임원)

직구는 사이즈가 다른 게 와도 바꿀 수가 없어. 내가 바꾸려면 배송료를 내가 내고 또 보내야 되는데 (응답자 214, 40대 여성, 전업주부)

20~30대 응답자들에 비해 홈쇼핑을 통해 옷을 사는 경우도 많았다. 응답자 214(40대 여성, 전업주부)는 코로나 시대 이후로 홈쇼핑을 통한 구매가 더 늘어났으며, 요즘은 홈쇼핑에서 파는 패션 제품들도 입을 만한 것이 많다고 응답하였다. 그러나 온라인 구매와 마찬가지로 홈쇼핑을 통한 구매 역시 실패할 가능성이 있기 때문에 이를 조금 꺼리는 응답자

도 있었다. 한편 응답자 216(40대 여성, 전문직)의 경우 화면으로 나타나는 것과 실제 입었을 때 차이가 있음을 지적하며 온라인 구매와 마찬가지로 홈쇼핑을 통한 구매를 꺼리는 모습을 보였다.

난 요즘 주로 다 홈쇼핑이야. 왜냐하면 이게 코로나 시대 이후로 (…) 일단은 백화점에 가서 뭘 안 산지가 되게 오래됐어. 몇 년 된 것 같아. 한 7~8년도 넘은 것 같아 (응답자 214, 40대 여성, 전업주부)

홈쇼핑은 많이 구매를 해보고 보는 눈을 키워야만 나의 스타일대로 내가 원하는 아이템을 고르는데. 화면에서 실제 보는 것과 실제 또 가서 보는 건 되게 다르고, 입어봤을 때 확실히 다르더라구요 (응답자 216, 40대 여성, 전문직)

40~50대 응답자들은 의복의 기능에 따라 구매처를 구분하기도 하였다. 응답자들은 주로 편하게 입을 수 있는 옷을 저렴하게 구매하고자 할 때 온라인을 활용하였고, 품질이 좋은 옷을 구매해야 할 때는 백화점이나 아울렛을 방문하였다(응답자 107, 40대 남성, 임원; 응답자 109, 50대 남성, 전문직). 특히 40~50대 응답자들은 직접 옷을 확인할 수 있다는 측면에서 주로 오프라인 매장을 통해 옷을 샀다. 오프라인 매장에서 의복을 구매하는 경우 매장의 종류에 따라 선택하는 옷이 조금씩 달라졌다. 이들은 SPA 브랜드 매장이나 아울렛에서는 편하게 입을 수 있는 단순한 옷, 혹은 반대로 과감한 디자인의 의상을 구입하였고, 백화점이나 브랜드 매장에서는 소재와 품질이 좋은 옷을 샀다. 특히 이들은 아울렛 매장에서 옷을 대량으로 구매하기도 하였는데, 이는 주로 아울렛 매장에서 그들 체형에 맞는 옷을 저렴하게 판매하기 때문이었다.

오프라인이 맞아. 온라인은 가끔. 티셔츠나 편한 옷들을. (…) 근데 겉옷은 백화점에서 많이 사는 것 같아. 세일할 때(응답자 109, 50대 남성, 전문직)

여주나 프리미엄 아울렛 같은 데 가서 좀 싸게도 사오고 그러는데, 나도 한두 번 가봤는데 우리 몸에 맞는 옷을 세일하더라고(웃음). 근데 그쪽 아울렛 말고 파주나 이런 데 가면 좀 있고, 문정동도 자주 가고. 건대랑 (응답자 107, 40대 남성, 임원)

제가 이렇게 좀 날씬한 타입이 아니라서 옷을 가서 입어보죠. 저 30분만에 한 50만 원씩 쫙 긁고 끝나요 (응답자 209, 40대 여성, 사회적 기업 임원)

가까운데 아울렛이 있다 보니까, 아울렛을 제일 많이 가는 것 같아요. 유행이 많이 지나지 않은 옷은 아울렛에 가면 약간 좀 더 저렴하기도. 한 30~40% 정도 저렴하게 살 수 있으니까. 주로 아울렛에서 많이 구매하는 것 같아요. (응답자 216, 40대 여성, 전문직)

이들은 소재가 좋고 고급스러워 보이는 의복을 선호하는 경향이 있었고, 브랜드 매장 제품이 대체로 품질이 좋을 확률이 높아 해당 매장에서 옷을 구매하는 경우가 많았다. 나아가 몇몇의 응답자들은 브랜드를 선택하는 이유로 수선 및 교환이 용이하다는 것을 들었고, 단순히 브랜드 제품이기 때문에 옷을 구매하는 경우는 없었다.

아무래도 브랜드는 좀 보게 되는 것 같아. 특히 겉옷은 이따가 또 수선을 해야 될 수 도 있고 교환을 해야 될 수도 있고. 그리고 입다 보면 품질같은 것도 드러나니까, 그런 것들이 어느 정도 안정적인 것들을 아무래도 많이 사게 되는 것 같아 (응답자 109, 50대 남성, 전문직)

(같은 지역 연령대) 대체로 그냥 다들 수수하게 그냥 가보면 다 까만색 브라운 그레이 그게 다야. 뭐 그렇게 크게 잘 입고 다니는 사람은 없어. 나이 들수록 소재의 싸움이야. 소재가 좋아야 괜찮아보여 (응답자 214, 40대 여성, 전업주부)

하지만 동시에, 이들은 항상 '좋은 옷'만을 구입하지는 않았다. 이들은 좋은 옷을 입을 필요가 있을 때는 고급스럽고 가격대가 높은 브랜드의 옷을 구입하기도 하지만, 그런 옷만을 입을 필요가 없다고 생각한다. 응답자 209(40대 여성, 사회적 기업 임원)은 좋은 옷을 새로 구입하기 위해 탐색하는 것도 "일"이고 "힘들기 때문"이라 밝혔다. 따라서 자신들의 체형에 맞고 편안한 옷이면 가격이 저렴하거나 상대적으로 품질이 좋지 않더라도 편안하고 빠르게 구입해서 착용하고 있었다. 이러한 합리적인 성향은 이들의 구매 성향 전반에 걸쳐 드러나는데, 특정 브랜드를 골라 그 곳에서만 쇼핑을 하거나 해외 방문 등을 통해서 좀 더 저렴한 가격으로 옷을 구매하거나 옷을 구매할 때 가격을 고려하는 것 등이 그것이다.

아주 기본 베이직은 거기서 좀 사고 버리고 사고 브랜드 K 스타일 아시잖아요. 패턴없이 색깔만 있는 거. 그런 식으로 저는 그러니까 브랜드 N 아니면 브랜드 K 정했고, 옷 사러 다니는 것도 일이더라고요. (…) 제 코스가 어디냐면요 명동에 브랜드 N 있거든요. 그 옆에 브랜드 C가 있어요. 거기를 딱 한 시간만 돌아야 돼요. 더 길게 하면 너무 힘들어요. (…) 근데 사실은 하나 브랜드 맞으면 그것만 사서 제가 브랜드 N 아니면 브랜드 K인 거예요. 사러가는 것도 어느 나이가 지나면 귀찮아져요 맨날 사야 되니까. 말하기 좀 민망한데 진짜 좋은 옷들 사고 싶어도 사서 뭐해 입을 데가 없는데 (응답자 209, 40대 여성, 사회적 기업 임원)

나는 원칙이.. 백화점에서 거기 나온 가격대로 사온 명품이나, 우리가 아는 거 브랜드 R 브랜드 X 뭐 이런 걸 제 값 주고는 못사. 그건 우리나라는 옷이 너무 비싸기 때문에 (응답자 214, 40대 여성, 전업주부)

가격, 가격적인 면을 좀 제일 많이 보는 것 같고, 그다음에 그 옷이 어떤 쓰임에 따라서 내가 이걸 왜 고르는지에 따라서 많이 결정되는 것 같아요. (…) 그래서 이제 코트라던지, 정장이나 이런 것들은 아무래도 한 30만 원 전후? 가격까지도 일단 한 번 생각, 고려를 해보는 것 같긴 하고. 요즘 옷이 너무 비싸다 보니까(웃음) (응답자 216, 40대 여성, 전문직)

40~50대 응답자들은 온·오프라인 매체 모두에서 유행에 대한 정보를 얻고 있었다. 이들은 이메일을 통한 브랜드와 쇼핑몰의 뉴스레터(응답자 209, 40대 여성, 사회적 기업 임원), SNS A(응답자 214, 40대 여성, 전업주부)와 같은 온라인 매체뿐만 아니라 백화점 및 홈쇼핑 채널이나 드라마에 나오는 연예인들, 그리고 주변 사람들을 통해 유행하는 스타일에 대한 정보를 얻었다. 특히 응답자 214(40대 여성, 전업주부)의 경우 평소 SNS A를 시청하면서 유행에 대해 알 뿐만 아니라 유튜버가 알려주는 컬러 매치 방법 등을 참고하여 옷을 입기도 하였다. 잡지나 텔레비전을 통해 직접적으로 인기 있는 패션 아이템에 대해 알게 되는 경우는 거의 없었고(응답자 216, 40대 여성, 전문직), 주변 사람들이 자주 입는 옷들은 이들 친구들 사이에서도 유행하기도 한다고 응답하였다(응답자 107, 40대 남성, 임원).

인터넷으로 다 나오죠. 인터넷에서 요즘 많이들 사니까 뉴스레터 가입해 놓으면 오죠. (…) 한국에도 편집숍 A이나 멀티샵이 있는 거 있잖아요. 그런 것도 하는 외국 사이트들이 있어요. 한 달에 1~2번 씩 주니까 그 정도는 저는 돼요. 그리고 저는 브랜드 N 사이트를 자주 가는 편이고. 브랜드 C도 있어요 (응답자 209, 40대 여성, 사회적 기업 임원)

(유행이 바뀌는걸) 인지는 하지. 요즘 유행이 뭔지는. 텔레비전 다 나오잖아, 요새는 미디어가 다 있으니까. (…) 텔레비전 잘 안보고, SNS A 같은거. 내가 좋아하는 유튜버가 인플루언서 B거든. (…) 텔레비전을 볼 시간이 어디있어. 뉴스 볼 시간도 없는데. 빨래 할 때나 텔레비전 보지. 바빠 죽겠는데. 요즘 잡지 안 보잖아. 젊은 애들 신문도 안 보고, 잡지도 안 보고. 그냥 종이로 된 paper 매체는 이미 안 보인 지가 되게 오래 되지 않나. 사람들? 나도 그렇고. 난 신문 구독한 사람 본 적이 없어. 잡지 구독도 이제 없는 것 같아. (…) 솔직히 말해서 나는 SNS A가 재밌더라고 그거 솔직히.. 느리다고 그래야 하나? 옛날처럼 이제 매체가 단일화가 안 되어있으니까, 오히려 잡지보다도 다른 매체에서 내보내는 콘텐츠가 더 재미있고, 그리고 더 이렇게 편하게 다가오지. (…) 근데 이제 나이가 들었는데 너무 경박스러운 컬러를 쓸 수는 없고, 이제 하나씩만 써야 되는 거잖아. (…) 그래서 좀 컬러 매치를 좀 그걸 가르쳐 주는 데가 있으면 참 좋겠다 했는데 요즘 많이 있더라구. 그래서 내가 2~3년 전부터 (SNS A를) 좀 봤던 것 같애 (응답자 214, 40대 여성, 전업주부)

티비도 그렇고, 친구들 만났을 때 예쁜 옷을 입고 오는 놈이 항상 있어 보면. 그러면 그거에 맞춰서 어디서 샀냐 물어보고. 뭐 그래서 거기 같이 가고 그렇죠. (…) 딱 봐서 저 사람이(옷) 예쁘다고 하면 언제든지 가서 하나씩 사는 것 같아 다(웃음). 그 비슷한 거를. 그러면 한 1~2주 있다 보면 똑같은 옷을 입고 나온 사람들이 있더라고요. 그러니까 남들이 입는 거를 유심히 보는 것도 많은 거 같아 (응답자 107, 40대 남성, 임원)

❸ 패션의 특성

바쁜 일상 속 유행에 대한 무심함

앞서 언급하였던 것과 마찬가지로 40~50대 응답자들은 어떤 아이템과 스타일이 유행하는지에 대해서 잘 인식하고 있었고, 사회생활을 함에 있어 타인에게 좋은 인상을 주기 위해서 유행하는 색상의 옷을 입는 모습을 보였다. 뿐만 아니라 그렇게 트렌드를 따라감으로써 주변에서 긍정적인 평가를 받았을 때 만족감을 느끼기도 하였다.

사회생활 하니까 또 약간 첫인상이 중요하더라고요 대부분. 그런 식으로 맞춰 주는 느낌 정도로 (유행을) 보는 거예요. (…) 올해의 컬러, 그런 거를 조금 반영해 주기는 하죠. (…) 트렌디한 거 남들처럼 입어줘야 된다는 게 있어서 그 정도 선으로 하는 거지 뭐 저가 좋아하는 것은 큰 패턴, 꽃무늬, 컬러도 정해져 있고 해서 조금 넣어주는 느낌이지 (응답자 209, 40대 여성, 사회적 기업 임원)

당연히 트렌드에 따라서 옷을 구입을 하죠. (…) 자기만족이지. 트렌트를 따라가지고 의상을 구입해서 입고 가는 게 그냥 자기만족 같아. (…) 남들이 봐가지고 '저거 괜찮다'고 했을 때 기분도 좋아지잖아요 (응답자 107, 40대 남성, 임원)

하지만 이와 동시에 이들은 유행에 크게 개의치 않는 모습을 보이기도 하였다. 이들은 유행에 대해 잘 인지하고 있는 것과 달리 유행에 민감하지는 않았는데, 응답자 대부분이 유행을 타지 않는 기본적인 스타일의 옷을 선호하였고, 유행에 지난 옷이더라도 크게 개의치 않고 입었다. 이러한 경

유행에 대해 무심한 태도를 갖는 40~50대 응답자들

향은 응답자들의 생애주기와도 관련되어 있다. 이들은 결혼하여 아이들을 양육하면서 패션에 신경을 쓸 여력이 없어지기도 하고(응답자 214, 40대 여성, 전업주부; 응답자 216, 40대 여성, 전문직), 이전 대중교통을 타고 다니던 것과 달리 운전을 하게 되면서 패션 트렌드에 둔감해지기도 하였다(응답자 214, 40대 여성, 전업주부).

아니, 전혀 나는 (유행에 신경써서 입고) 안 그런 것 같아. 내 나이가 한 마흔 다섯 전까지는 좀, 올해 유행하는 색이다 그러면은 그냥 티셔츠 같은건 하나씩 사잖아, 근데 그 이후로는 전혀 생각안하고 입었던 것 같아. 일단 **그 시기가.. 첫째가 대입을 갔던 때 같아.** 마흔 다섯이. 그러니까 내가 그런거에 신경 쓸 시간이 없지. (…) 특히 아줌마들은 그렇게 유행 타는 뭐 그렇게 입는 아줌마들은 아주 극소수야(응답자 214, 40대 여성, 전업주부)

늘 차로 이동을 하니까, 옛날에는 지하철 타고 그러면은 자연스럽게 보이잖아. 옷 입는 거 뭐 이런거.. 그 시간 동안 관찰을 할 시간이 있는데. **지금은 운전을 하고 하니까 그런 건 없는 것 같아** (응답자 214, 40대 여성, 전업주부)

(트렌드에) 크게 관심이 아마 없으니까 조금 더 그런 것도 있고 그리고 이제 뭐 지 20, 30대 때는 아무래도 조금 날씬하고 약간 좀 **살도 좀 많이 찌지 않았고**, 그런 것들이 있는데. 아마 지금은 이제 **아이도 좀 낳은 것도 있고**, **나한테 어떤 조금 더 관심을 갖기보다 다른 것들에 신경을 좀 많이 쓰다 보니까.** 그래서 그런 것들을 좀 약간 둔해졌다고 볼 수 있겠죠 (응답자 216, 40대 여성, 전문직)

동시에 이들은 패션업계의 트렌드 자체가 크게 변화하지 않는다는 점을 지적하였고, 이에 주목하여 유행을 따르지 않더라도 별다른 불편함을 느끼지 않는다고 응답하기도 하였다. 실제로 응답자 216(40대 여성, 전문직)은 3~4년 정도에 한 번씩 트렌드가 바뀌고 상황에 따라 유행에 지난 옷도 입어도 무방하기 때문에 입고 나가는 경우가 있다고 하였고, 응답자 209(40대 여성, 사회적 기업 임원)와 같은 경우 의류업에 종사하였던 경험에 비추어 패션은 따라갈 수 없는 것이라고 느끼기도 한다고 이야기하였다.

유행이라는 게 뭐 매년마다 이렇게 있는 것도 아니고, 한 3~4년에 한 번씩 약간 트렌드가 바뀌는 경향이 있는 것 같더라구요. 아무래도 5년 정도 지나고, 그러면은 약간 그런 옷을 못 입게 되는 경우도 있고. 현재 또 그때 그때 어떤 상황에 따라서는 유행이 지났다고 해도 입어도 무방하고 괜찮다, 라고 하면 또 입고 나가는 경우도 있구요. (응답자 216, 40대 여성, 전문직)

제일 첫 직장이 의류 수출 MD였어요. ***이라고 해외 디자이너 오더받아서 하는 데 있어서 그쪽에 있으면서 **의류업에 대해서 약간 뭐랄까 허상이나 거품 같은 거를 다 깬 거죠**. 패션을 따라갈 순 없겠구나라든가 부가가치는 이것과 저것은 또 다를 수가 있겠구나 (응답자 209, 40대 여성, 사회적 기업 임원)

위아래 세대와의 구별짓기:
너무 영(young)하지도 지나치게 올드(old)하지도 않은

40~50대 응답자들은 특징적으로 스스로를 다른 연령대 사람들과 구별하여 인식하고 있었다. 먼저 이들은 자신이 이전 나이 든 세대와 다르다고 주장하였는데, 실제로 이들은 이전 세대가 40~50대였을때와 달리 주도적으로 자신의 패션 스타일을 결정하는 모습을 보이고 있다. 이들은 패션에 대해 더 신경을 쓰거나 젊은 층이 주로 이용하는 브랜드나 구매처를 통해 옷을 입기도 하였는데, 특히 남성 응답자들의 경우 과거 대부분 아내가 골라주는 대로 입었던 이전 세대와 달리 스스로 원하는 스타일의 옷을 직접 사는 모습을 보인다.

그리고 옛날 **우리 아버님 세대의 40대랑 지금 40대랑은 정말 생각하는 거랑 겉모습이 틀리거든.** (…) 어렸을 때는 40대라 하면 되게 아저씨처럼 보이는 거 있잖아요, 그렇죠? 어렸을 때 모르지만, 근데 내가 그 나이 되고 나니까 **옛날 그 사람보다 나는 젊게 보인다는 생각이 있고, 또, 마음만은 나이만 조금 든거지 아직은 막 젊게 살려고 노력을 많이 하는 거 뭐 그런 거** (응답자 107, 40대 남성, 임원)

브랜드 N같은 브랜드 할머니 브랜드라고 생각하지만, 요즘 가보면 나 같은 40대 후반에서 50대 아줌마가 입을 옷은 충분히 있어. 디자인이 많이 젊어졌기 때문에. **요즘 할머니들 그렇게 다 할머니 옷 입은 사람 없잖아** (응답자 214, 40대 여성, 전업주부)

그리고 **친구들이랑 집사람이 사오는 옷을 입진 않아 이제 우리는. 우리는 직접. 직접 가서 내 마음에 드는 걸 사지**. 옛날에는 아버님 세대들은 엄마가 옷

너무 어리지도, 나이들어 보이지도 않게 옷을 입는 40~50대 응답자들

을 사오면 입잖아요. 근데 그런 게 없어. 내가 원하는 옷을 내가 가서 사는 거예요. (…) 사줘도 옷을 계속 안 입고 다니면 그럼 마음에 안 드는 거니까 헛돈 쓴 거라고 생각을 하지. 그러니까 각자 원하는 옷은 각자. (응답자 107, 40대 남성, 임원)

이에 더해 다른 연령대의 옷차림에 대해 '개인적인' 평가를 내리기도 하였는데, 이는 특히 젊은 사람들의 의복과 관련되어 있었다. 응답자들은 젊은 사람들의 옷차림에 대해 '너무 짧다'거나 'TPO에 맞지 않는 옷차림'이라고 평가하였고, 이러한 점에서 젊은 세대와 세대 차이를 느끼기도 하였다. 특히 직장에서 만나는 젊은 직원들의 옷차림에 대해 그러한 옷차림이 커리어적으로 도움이 되지 않는다는 점을 지적하기도 하였다.

강남이겠지. 강남역 이런 데 가보면 별의 별 놈 다 있더라. 여자들 치마가 하도 짧아서 속옷이 보여. 막 그런 거 보면 천하게 보인다고 하나 (응답자 107, 40대 남성, 임원)

요즘 젊은 엄마들 보면 쪼리 신고 오는 아줌마들 있어. 쪼리. 그건 좀 아니라는 생각이 들어. 나는 좀 구식 이어서 그런지 몰라도 나는 선생님한테는 그렇게 하면 안된다고 생각하거든. (…) 그러니까 나는 어떤 엄마는 쪼리 신고 오는 젊은 엄마 있고, 청바지를 입고 오는 분도 있고 그래. 사실. 근데 나는 그렇게는 안되더라구. 그런데 그렇게 입고 오는 사람 있어. 꽤 많아. 쪼리는 너무 심하지 않니. 아 그건 좀 아닌 것 같아. (…) 근데 점점 입고 오는 사람이 많은 걸 보니까, 음 많은 사람들이 청바지 입고 가도 된다고 생각하는 것 같아. 나만 해도 좀 나이 많은 엄마야. 물론 내 친구들은 일단 학교에 선생님하고 상담하러 간다 그러면 청바지를 입고 가는 애는 없어. 근데 젊은 엄마들은 입더라고. (응답자 214, 40대 여성, 전업주부)

보통 대학생들이나 출퇴근하는 사람들 스타일을 좀 보면 나 때랑 좀 다르네. 온라인 쇼핑몰 C 스타일 옷 같은 경우는 저는 되게 선호하지 않는 스타일이거든요 (…) (직원들 옷차림은) 천한 건 상관없고 빈티나게 입는 거 되게 싫어해요. 왜냐면 젊어요. 20대 초반이기 때문에 그냥 그 온라인 쇼핑몰 C처럼 옷을 입는단 말이야. 나쁘진 않은데 그게 잘못 입으면 칼라(collar) 짝 입고 앉아 있는 상황에서 모자 쓰고 앉아 있으면 얼마나 없어 보이겠어. '우리 교육 서비스하고, 서비스하는 업인데 신뢰가 몸에서 나와야 한다.' 그런데 애들 라운드티 입고, 모자 쓰고 오면... 안 되지. 어떻게 그래! (응답자 209, 40대 여성, 사회적 기업 임원)

이러한 경향은 특히 '운동'과 관련한 부분에서 두드러졌다. 앞서 살펴본 바와 같이 20~30대 응답자들은 운동복으로 '레깅스'를 선호하였지만, 40~50대 응답자들은 이러한 레깅스에 대해서 부정적인 인식을 가지고 있었다. 레깅스를 착용하였을 때 몸이 편하고 움직이기 좋다는 점에는 동의하였지만 20~30대 응답자들처럼 일상생활에서 레깅스를 자주 입지는 않았다. 레깅스를 일상에서 입는 경우에도 젊은 응답자들이 짧은 상의와 레깅스를 매칭하여 몸매를 드러내는 것과 달리 상의나 아우터를 길게 내려 입었다. 응답자 214(40대 여성, 전업주부)와 같은 경우 아래와 같이 레깅스에 대해서 부정적인 인식을 드러내기도 하였다.

(연구자: 레깅스를 외출복으로, 평상시에도 입으시는 거네요?) 어. 아우터를 길게 입어야지. 절대로 젊은 애들처럼 그렇게 막 무슨 몸매가 좋다고 그걸.. 내가 레깅스를 입는건 몸매를 드러내기 위함이 아니라 그냥 옷 입고 나갔다가, 집에 들어오면 다시 안갈아 입어도 되니까 입는거야 (응답자 214, 40대 여성, 전업주부)

(연구자: 젊은 친구들이 레깅스에 상의 짧게 입는 거 보면 어떠세요?) 나는 정말.. 걔네 엄마한테 가서 얘기해 주고 싶어. 아니 몸매가, 아무리 몸매가 좋아도 해서는 안 돼. 절대 입으면 안 돼. (…) 레깅스는 내가 고루해서 그런건 아닌 것 같아. 그건 안해야 돼. 애들도 레깅스 입고 웬만하면 그래도 가리고 다니는 애들도 많더라. (응답자 214, 40대 여성, 전업주부)

때와 장소를 가리는 패션:
반드시 챙겨야 하는 '격식'

40~50대 응답자들은 패션을 적극적으로 활용하여 자신의 이미지를 관리하고 있었는데, 이들은 원하는 이미지나 필요한 이미지에 맞추어 패션을 연출하였다. 이는 젊은 20~30대 응답자들과 다른 점이었는데 20~30대 응답자들이 옷을 통해 개성과 취향을 표현하는 경우가 많았다면, 40~50대 응답자들은 만나는 사람에 대한 예의와 본인의 사회적 위치를 나타내는 데 패션을 활용하였다. 특히 40~50대는 어느 정도 사회적으로 높은 지위에 올라있기 때문에 이를 더 중요시하였다.

개인차가 있겠지만 대부분의 40대 남자들이 의상에 신경을 많이 쓰는 편이에요. 의외로. 왜 의상에 많이 신경을 쓰냐면 우리는 사업을 하든, 우리 나이 때는 회사를 다니면 부장급 이상 직책을 갖게 되는 나이고, 사업을 하면 사장 명함을 파고 다니니까 사람을 만나야 되잖아요. 그리고 직장 생활하는 사람들은 밑에 사람들을 이끌어야 되고. 한마디로 의상에 신경 아예 안 쓰고 막 그런 사람들을 더 따르겠어요? 옷도 깨끗하게 입고 성격도 깨끗하고 유하고 뭐 이런 사람을 따르겠어요? (응답자 107, 40대 남성, 임원)

특히 이들은 업무상 중요한 미팅이나 회의가 있는 상황에서 어떤 사람을 만나는지에 따라 패션을 다르게 연출하였다. 이때 이들은 만나는 사람의 연령대나 직업적인 특성을 고려하여 옷을 선택하는데, 연령대가 높거나 보수적인 공무원을 만날 때는 비슷하게 보수적인 옷차림을 하는 경우가 많다고 하였다. 또한 응답자들은 평소 정장을 입지 않는 직종에 종사하고 있더라도 중요한 발표를 하거나 면접을 볼 때에는 정장을 입는다고 응답하였다.

미팅 때는 너무 젊게 입고 나가면 좀… 나보다 나이가 많은 사람들을 만났을 때는, 대부분이 지금 사업을 하고 어느 정도 산다고 하는 사람들은 50대가 주류예요. 40대는 아직은 아니야. 50대 사람들이 주류인데 그런 사람들이랑 미팅하는 자리가 많아요. 그런데 뭐 진짜 청바지 쫙 달라붙고 V자티, 이렇게 입고 갈 수는 없잖아요, 그렇죠? 그러니까 그 미팅하는 연령에 따라서 조금씩 틀려지는거죠. 그런데 미팅이 없다, 그러면 조금 화려하게도 나가고 그런 편이죠. (…) 만약에 내가 국회의원이 나한테 되게 중요하다고 생각하는 사람이라면 양복에 넥타이를 매고 가겠죠. 그러니까 상황에 따라 좀 틀린 거지, 상황에 따라서. (…) 근데 우리 나이쯤 되면 그렇게 중요한 자리는 없어요. 나는 외국에 나가서 장관들도 자주 만나거든요 그 나라의. 그래도 그냥 캐주얼 자켓 하나 입고 가는 정도? 면자켓 있잖아요. 그 정도 입고 가요(응답자 107, 40대 남성, 임원)

근데 제가 하는 업이 청소년 교육, 만나는 사람들이 구청, 시청 공무원들 이런 사람을 만나다 보니까 너무 과하더라고. 내 스타일이 있지만 창피해서 못 입는… 40대 중반이고 업종 드레스 코드가 있는 거예요. 뭐 크레이지 걸처럼 입으면 매출이 오르겠어요? 해외 유학이나 영어나 진로 직업이나 이런 쪽으로 하다 보니까 옷이 보수적으로 된 거예요. (…) 그냥 아줌마처럼 가면 당연히 안 되지. 프로답게 해야 되는 게 있어요. 말도 해야 되지만 딱 봤을 때, 되게 웃긴 게 시계 차고 미팅하는 거랑 안하는 거랑 달라요. 보통 핸드폰에 있으니까 안하잖아. 다 시계 차고 다녀야 되요. 예를 들자면, 그런 게 되는 프로토콜들이 있어요 (응답자 209, 40대 여성, 사회적 기업 임원)

TPO에 따라 패션을 전략적으로 활용하는 40~50대 응답자들

이처럼 40~50대 응답자들은 상황에 맞추어 옷을 잘 입어야 할 필요성에 대해 인지하고 있었다. 이러한 맥락에서 그들은 옷을 적절하게 차려 입음으로써 기분 전환이 되기도 하고 사회적으로도 도움이 되기도 하지만 동시에 옷을 잘 입어야 한다는 생각 때문에 이를 부담스럽게 느낀다고 이야기하였다. 응답자들은 직업적인 필요에 따라 패션을 통해 '나'를 드러내야 할 필요가 있다면 그렇게 하는 것이 맞다고 생각하면서도 패션 때문에 '눈에 띄고' 싶진 않아하며, 다른 사람들의 시선이 집중되지 않을 '평범한 옷차림'을 선호하였다. 그렇기 때문에 응답자 109(50대 남성, 전문직)의 경우 남들과 크게 다르지 않은 옷을 입음으로써 타인의 시선으로부터 자유로울 수 있기를 바라기도 하였다.

나는 남들하고 봤을 때 도드라지게 나오는 그런 복장은 피하고 있어요. 남들하고 비슷하게 최대한. (…) (튀면) 그렇게 되면은 시선이 나한테 머물잖아. 그럼 불편하잖아. 시선이 그냥 나한테 고정되지 않고 흘러야 편한데, 그렇게 되면 누군가는 시선이 나한테 고정이 될 수가 있으니까.. 그런게 불편해서 그냥 평범하게 평범하게 가려고 하지. (…) 최대한 안 튀게 입으려고 노력을 하지. 시선이 집중되면 불편하니까. 어쨌든 그냥 비슷비슷하게 가야지 편해요. (…) 나는 편안함, 내가 느끼는 편안함, 남의 시선에서 자유로움, 그 안에서 움직일 수 있는 공간을 만들었으면 좋겠다는 생각을 해 (응답자 109, 50대 남성, 전문직)

지위표식으로써의 패션: 직업과 직위에 대한 은근한 어필

40~50대의 패션에는 이들의 직업적, 사회적 지위가 반영되고 있었다. 이들의 패션 스타일은 이들이 전문직인지, 회사에 다니는지, 프리랜서인지, 또는 전업주부인지에 따라서 조금씩 차이를 보였다. 이들은 모두 만나는 사람이나 만남의 목적에 따라 결정되는, 본인들이 수행하게 되는 사회적인 역할에 따라 패션을 연출하였다. 먼저, 직업이 있는 응답자들은 그렇지 않은 응답자들에 비해 좀더 '프로페셔널'하게 보일 수 있도록 옷을 입는 경향이 있었다. 이들은 사적인 패션과 공적인 패션을 보다 명확하게 구분하였는데, 특히 응답자 209(40대 여성, 사회적 기업 임원)의 경우 개인적으로는 강렬한 패턴의 옷을 좋아하지만, 일을 할 때는 3가지의 컬러로 유니폼과 같이 스타일을 구성해두었다고 응답하였다.

패션을 통해 직업과 직위를 어필하는 40~50대 응답자들

색깔도 한국에 없는 패턴들이 좀 많아요. (…) 옷이 욕구와 기능으로 철저히 분리된 사람이에요. 저의 욕구는 굉장히 강한 패턴들 옷을 정말 좋아하고 잘 입어요. 해외에 나가서 많이 사오고. 꽃무늬, 격자무늬, 칼라, 저는 올-레드도 잘 입어요. (…) (일을 할 때는) 드레스 코드가 칼라로 3개로 나뉘어요. 네이비, 화이트, 그다음에 블랙. (…) 조금 더 프로페셔널하게 입어야 되니까. 재킷을 입죠. collar가 저는 좋아요. (…) 유니폼 같이 세팅해 놓은 게 있는 거예요 제가. color, 그다음에 바지, 원단 뭐 이런 식으로. 조끼 (응답자 209, 40대 여성, 사회적 기업 임원)

직업이 있는 응답자들도 직종에 따라 패션 스타일에서 조금씩 차이를 보였다. 40~50대 응답자들은 20~30대 응답자들에 비해 상대적으로 높은 직위에 있을 확률이 높고, 이에 따라 의상 선택에서 어느 정도 이를 고려하는 모습을 보였다. 반면 전문 직종에 종사하거나 개인 사업을 하는 응답자들의 경우 직장에 다니는 응답자들과 달리 전형적인 오피스 룩을 착용하지 않았고, 특별한 일이 없는 한 출근 시 일반 직장인들보다 자유로운 복장을 하기도 하였다. 하지만 이런 경우에도 다른 직원들의 시선이 있기 때문에 '너무 캐주얼한' 스타일의 옷은 입지 않았고, 깔끔한 스타일의 옷을 선호하였다.

직업상 나는 가운을 입으니까 어 그렇게 큰 옷차림에 신경을 안 써. 편하게 입고 다니거든. (…) 반바지는 안 입어야지. 반바지는. 그런 거 빼놓고는 정해진 건 없어요. 어차피 가면은 탈의를 하니까. (응답자 109, 50대 남성, 전문직)

일단 가운이 바깥은 하얀 색이다 보니까. 이제 지금 일하는 데는 어떤 환자를 대면하거나 그런 건 별로 없어요. 그러니까 이제 안에 편하게 입는데. (…) 다른 분들이 뭐 저를 봤을 때는, 어우 그냥 되게 옷을 편하게 입고 다니는 구나. 그렇게 보시는 것 같긴 해요. (응답자 216, 40대 여성, 전문직)

스케줄에 따라서. 미팅하는 거에 따라서 옷이 변할 수도 있고. 만약 아무 미팅 없고 편하게 나가도 된다 그러면 어떨 땐 추리닝 입고 나갈 때도 있어요. (…) 우리가 제일 남들이 좀 봐서 '저 사람 괜찮다'하는 스타일이 옛날에 우리 때 브랜드 X 스타일이라고 있어. 브랜드 X 남방이나 브랜드 X 티에 면바지. (…) 깔끔한 거지. 사람이 깔끔하게 보이잖아요? 그러면 첫 인상에서 그 사람 이미지가 되게 좋아 보여. (응답자 107, 40대 남성, 임원)

가족 모임이나 결혼식에 참석하였을 때, 그리고 친한 친구들과의 만남에서 나타나는 이들의 패션 스타일은 이들이 자신이 수행하는 사회적 역할에 따라 조금씩 다르게 옷을 입고 있음을 보다 명확하게 보여준다. 먼저 응답자들은 가족 모임의 경우 외식과 같은 일상적인 가족 모임과 돌잔치나 결혼식과 같은 중요한 친지 모임에 따라 조금씩 다른 옷을 입었는데, 일상적인 가족모임이 아니라 중요한 친지 모임에 참석하게 될 경우에는 예의를 갖추는 것을 특히 더 중시하였다. 특히 사돈이나 집안의 어른을 만날 경우 더 신경써서 옷을 입기도 하였다.

장모님 장인어른 뵈러 갈 때는 좀 깔끔하게 입고 가려고 노력을 한다. (…) (중요한 모임은) 양복을 입는 편이죠. 상대편 사돈이 올 수도 있고 그렇잖아. (…) (본인 부모님) 시골에는 친구들 만나는 경우가 있으니까 옷을 더 신경 쓰고 간다 제천 내려갈 때. 부모님 뵐 때 마음은 뭐 아무렇게 입고 가도 상관없고 (응답자 107, 40대 남성, 임원)

가족하고 만날 때 피하는 스타일? 아무래도 어른들이다 보니까. 이제 뭐 많이 파인 옷을 입는다든지, 짧은 반바지를 입는다든지. 그런 것들을 많이 피하는 편이죠. 어느 정도는 이제 좀 얌전하게, 그렇게 막 튀는 옷은 안 입고 가는 것 같아요. (응답자 216, 40대 여성, 전문직)

돌잔치 할 때도 얼마나 내가 욕먹을 까봐.. 얼마나 과하게 하고 갔는지 몰라. (남편)도 잘 입혀 가지고 가고. 그 집은 그게 되게 중요한 집이거든. 그 집 사돈 집도 되게 괜찮은 집인데, 막 내가 거지 같이 하고 가면 내 동생이 너무 그렇잖아 (응답자 214, 40대 여성, 전업주부)

결혼식에 참석할 때도 이들은 편한 결혼식과 격식을 갖춰야 하는 결혼식을 구분하여 옷의 스타일을 결정하였다. 이에 따라 신부를 돋보이게 하기 위해 밝은 계통의 옷을 자제한다거나 깔끔한 재킷이나 양복을 입어야 한다는 것 등과 같이 결혼식에서 일반적으로 통용되는 예의를 지켜 옷을 입는 경우가 많았지만, 동시에 혼주들과의 관계에 따라서 조금씩 더 캐주얼한 스타일을 입거나 더 격식을 차렸다.

제일 중요한 건 혼주지 우리야. 혼주한테 얼굴 도장 찍으려고 가는거니까. 혼주가 친한 형님 딸이 결혼한다, 형수님도 다 안다 그러면 편하게 입고 가는 거고. 거래처 사장님이라 그러면 웬만하면 자켓에 넥타이를 하고 가려고 하고 뭐 그런 거죠. (응답자 107, 40대 남성, 임원)

결혼식에는 밝은색 계통은 신부를 돋보이지 않게 하니까. 그런 것들 때문에 약간에 아주 밝은 색깔의 옷을 입는다든지 그런 거는 좀 피하는 편이구요. 그때 계절에 맞춰서 이제 신부, 어쨌든 좀 약간 그런 예의에 어긋나지 않는 정도 옷을 입죠. (…) 되게 특이한, 그런 사람도 봤는데. 그게 조금 예의는 아닌것 같아요. 왜냐면 결혼식이라고 하는 건, 내가 모르는 집안에 사람들을 만날 수 있기 때문에 사회 통념이라는 걸 갖다가 별로 고려하지 않고, 너무 자유분방하게 사시는 거잖아요. 그런 분들은. 그래서 어떤 이제 뭐 그냥 쿨하게, 아니 뭐 저건 저 사람 스타일이다 라고 생각할 수도 있지만. 근데 이제 주요 어른 분들이 보기에는 그런 것들이 되게 (강조) 안 좋게. 예를 갖추지 못하는 사람이라고 보여질 수 있기 때문에. 그거는 조금 예의를 갖춰주는 게 좋은 것 같아요. 어떤 사람의, 어떤 그런 어른들을 만날지 모르기 때문에. 사회통념에 맞는 격식 있는 옷을 차려 입는 게 맞을 것 같아요. (응답자 216, 40대 여성, 전문직)

반면 친구들과의 만남에서는 특별히 옷차림에 크게 신경을 쓰진 않았다. 이들은 오래된 친구 사이일수록 옷차림을 바탕으로 서로를 평가하진 않기 때문에 패션에 크게 신경을 쓰지 않고 편안하게 만나지만, 동시에 친구에게도 내가 잘 살고 있다는 것을 보여줄 필요가 있기도 하고 친구들에게 본인만의 스타일을 보여주기 위해 패션을 활용하기도 한다. 나아가 이들은 모임의 목적에 따라서 조금씩 다르게 옷을 입기도 하는데, 함께 간단하게 식사를 한다거나 결혼식에 간다거나 외국 유명 와인 평론가가 오는 모임과 같은 공적 모임에 참여한다는 것 등에 따라 조금씩 다른 스타일을 구현하였다.

추리닝도 입고 나오고. 우리가 격식이 없지만 친구가 그래서 좋은 거죠. (…) 근데 이제 아주 뭐 신경을 안 쓰지 않고, 쓰긴 쓰지만 깔끔하게 입고 나가려고 이미지가. 친구들 간에도 이미지가 있거든요. 그래서 어느 정도 신경 쓰죠. 말은 거기다(일지) 편하게 썼지만 어떤 날은, 옷 산 날은 그 옷 입고 나갈 때도 있고, 일단 신경 안 쓰는 건 아닌 것 같아. 신경 쓰긴 쓰는 것 같아 (응답자 107, 40대 남성, 임원)

드레스 코드가 있을 때가 있어. 초대장을 받고 외국의 유명한 와인 평론가들이 오는 모임이라든가 뭐 이런 때는 드레스 코드가 있어요. 그럼 맞춰야지 뭐 할 수 없어. 뭐 정장 아니면 세미 정장? 뭐 이렇게 뭐 있을 때가 있어. 근데 그건 극히 드물어요. 너무 편하게만 안 입고 가면 돼요. 그냥 마이같은거, 그 정도 (응답자 109, 50대 남성, 전문직)

친구라도 또 이 친구가 어렸을 때부터 만난 친구인지, 아니면 이제 직장 동료에서부터 같이 친구로 된 사람인지. 그런 것들에 따라서도 조금은 달라진 것 같아요. (…) 고등학교 때 친구들은 어렸을 때 약간 좀 편한 모습도 많이 봤었고, 그런 것들이 있다 보니까. 이제 지금 만나도 이제 본인들의 어떤 상황이나, 이런 것들을 많이 이해해주고. 그런 편이다 보니까 되게 편안하게 캐주얼한 스타일대로 옷을 입어서 만나는 편이에요. (…) 직장에서 같이 일했던 친구들? 그런 친구들을 만났을 때는, 아까 조금 약간 최신의 브랜드의 내가 조금 모든 걸 좀 신경써서, 지금 내가 관리를 잘하면서 살고 있다는 것을 조금 보여주는? 신경을 안쓸 수는 없는 것 같아요 (응답자 216, 40대 여성, 전문직)

가족의 체면을 살려주는 패션

대부분의 경우 자녀가 있는 응답자들은 자녀와 관련한 상황에서의 옷차림을 중시하였다. 특히 응답자들은 학교에서 학부모 상담을 하는 경우 또는 학부모 모임에 참석하는 경우 적절한 옷을 입는 것이 중요하다고 지적하였다(응답자 214, 40대 여성, 전업주부; 응답자 216, 40대 여성, 전문직). 응답자 가운데 214번 응답자는 '학부모 모임'이 있을 때 좀 더 의상에 신경 쓰는 모습을 보였다. 자녀의 교육과 관련한 일련의 '정치[16]'에서 옷차림이 중요하다는 점을 강조하기도 한다. 부모의 옷차림은 곧 아이들의 사회적 체면과도 연결되기 때문에 학부모 모임에 나갈 때 조금 더 신경써서 옷을 입는다. 특히 학부모 모임에 참석할 때에는 아이를 위해서 참석하는 것이기 때문에 개성을 크게 드러내지 않았다. 학부모 상담 및 모임에서 만나는 사람들은 가족이나 친구와 같은 편안한 관계의 사람들이 아니기 때문이다.

그리고 학부모 모임이나 이런데 모임은 친구를 만나러 가는게 아니잖아, 내가 내 아이를 위해서 가는 거기 때문에 내 개성을 드러낼 이유가 전혀 없어. 굳이 굳이. 저 사람 눈에 그냥 잘 안 거슬리고 그냥 나의 어떤 저 사람의 이익과 나의 이익이 잘 조절되는 선에서 그런 이미지를 나타내는거지. 굳이 옛날에 내가 학교 다닐 때 친구들 처럼 모든 걸 다 보여주고 이럴 필요는 없는 것 같아. 그러니까 그렇게 해서도 안되고. 그게 다 옷차림에 드러나는 거지, 뭐. (응답자 214, 40대 여성, 전업주부)

근데 이제 팀 짜려고 애쓰는 엄마들 보면은 되게 정치를 하려고 노력을 하지. 그런 정치에 옷이 되게 중요하지, 중요하기야. 동네는 내 체면 때문에 그런 게 아니야 애들 얼굴이 있잖아. 걔네 엄마 어떻게 하고 다녀, 그런 거 있잖아. 창피하고 그럴 수가 있기 때문에, 그때는 내가 브랜드 H 백도 들고 간 적이 있지. 이 지역에서 학부모 모임이나 이런데 갈 땐 좀 그런 거에 대한 신경을 쓰고. 뭐 당연한 거라 생각해. (응답자 214, 40대 여성, 전업주부)

16
응답자 214(40대 여성, 전업주부)에 따르면 자녀들의 과외를 위한 팀을 구성하는 도중 발생하는 일련의 '정치' 과정이 있다고 한다.

어떤 엄마가 그러더라구. 오히려 동네에서 더 잘 입어야 된다고. 근데 그 말 맞지 않니? 사실 뭐 내가 뭐 어디 남모르는 동네 가면 내가 누군지 어떻게 알아. 근데 동네는 내가 누군지 알잖아, 누구 엄마인지 알잖아, 친하지 않아도. 그러니까 조금 어쨌든 간에 뭐 패셔너블하게 하고 다닌다 이런 게 아니라 깨끗하게 하고 다니려고 애를 썼던 것 같아. (응답자 214, 40대 여성, 전업주부)

배우자의 옷차림이 곧 본인의 체면과도 관련 있다고 생각하면서 자신의 옷차림 뿐만 아니라 배우자의 옷차림에도 신경 쓰는 모습도 관찰되었다. 이처럼 젊은 세대가 부모님의 얼굴을 생각하여 옷을 입는 것처럼, 40~50대 응답자들도 자녀와 배우자의 체면을 위하여 패션에 신경을 쓰는 모습을 확인하였다.

(남편이 옷을 입는 것에 내가) 매우 관여하지. 근데 내가 관여할 때는 무슨 공식 모임이 있을 때, 동창회를 간다든지 이게 누군가 우리 남편을 보일 때, 그게 내 얼굴이잖아. 그러니까 그럴 때는 신경을 쓰지만⋯. 출퇴근할 때는 사실 별로 그렇게 크게 많이 신경을 안 써, 왜냐하면 직업 자체가 옷을 벗고 가운을 입고 일을 하잖아. (⋯) 그때 좀 신경 쓰이지. 왜냐면 그게 내 얼굴이니까. 특히 남자들이 자기 자체가 옷 잘 입는 사람들이 얼마나 돼. 요즘 젊은 사람들은 그런 사람 많을지 모르지만 (남편) 연배에는 다 아줌마들이 다 입으라는 대로 입잖아. 그러니까 밖에 나가서 되게 추레하게 하고 그러면 저 집 여자 뭐 하나, 그러잖니. 그러니까 그럴 때만 딱 신경 쓰는 거지 (응답자 214, 40대 여성, 전업주부)

4 60대 이상 패션의 특성

〈표 37〉 60대 이상 응답자들의 일반적 특성

ID	성별	혼인여부	거주지	직업
110	남	기혼	마포구 거주	은퇴자(전직 교수)
217	여	기혼	마포구 거주	은퇴자(전직 교사)

❶ 대표적인 패션 스타일

60대 응답자들을 대표하는 패션 아이템으로는 '기능성에 초점을 두는 아웃도어 룩, 다양한 등산복 관련 아이템(벨트, 가방, 신발, 팔토시 등)'이 눈에 띄었다. 뿐만 아니라 이들은 성별과 상관없이 클래식한 '정장류'의 옷을 많이 입었는데, 다른 연령대의 응답자들이 캐주얼하게 정장을 입던 것과 달리 이들은 투피스나 쓰리피스 정장 또는 여성정장을 착용한다는 점이 특징적이었다.

남성 응답자의 경우 40~50대 남성 응답자와 비슷한 스타일의 옷을 많이 입었지만, 특히 정장을 입을 때 반드시 넥타이를 맨다는 점에서 차이가 있었다. 이들은 주로 포인트 컬러가 있는 등산복을 많이 입었고, 이를 '편안한 옷'이라고 지칭하였다. 여성 응답자의 경

60대 이상 응답자의 대표 일러스트

우도 남성 응답자와 마찬가지로 등산복을 편안한 옷으로 인지하고 있었는데, 이러한 지점이 확연하게 40~50대 여성 응답자들과 다른 점이었다. 여성 응답자의 등산복 패션은 좀 더 다양한 색상과 화려한 패턴을 보였다. 60대 응답자들은 40~50대 응답자들과 마찬가지로 '편안한 옷'을 선호하였다. 이들은 익숙하고 몸에 잘 맞는 옷을 좋아하였고, 나이와 체형에 잘 어울리는 옷차림이 몸에 편할 뿐만 아니라 보기에도 편하다고 느끼고 있었다.

❷ 소비방식과 유행정보원

40~50대 응답자들이 온라인 매체나 홈쇼핑을 통해 옷을 사는 것 보다 오프라인 매장에서 방문하는 것을 선호하는 것과 마찬가지로, 60대 이상의 응답자들은 직접 매장에 방문하여 필요한 옷을 구매하고 있었다. 응답자들은 온라인을 통해 주로 옷을 구매하고 있지 않지만 주변에서 온라인 쇼핑이 괜찮다는 이야기를 듣기도 하고 실제로 매장보다 더 저렴한 가격에 옷을 판매하고 있기도 하여 인터넷에서 옷을 구매한 적이 있다고 하였다. 하지만 온라인을 통해 옷을 구매하였을 때 그 옷에 대한 만족도가 높진 않았다. 응답자 217(60대 이상 여성, 은퇴자)의 경우 온라인에서 쇼핑을 할 경우 사이트에서 본 옷과 실제 옷이 차이가 난다고 보았는데, 실제로 옷이 왔을 때 사이즈나 뭔가가 딱 맞아 떨어지지 않았다고 응답하였다. 또한 본인은 홈쇼핑에서 옷을 구매해보지 않았지만, 홈쇼핑에서는 주로 같은 디자인의 색만 다른 옷들을 판매하기 때문에 비슷한 옷이 중복되고 입지 않는 옷이 생기는 것이 합리적이지 않다고 생각한다고 하였다.

내가 온라인으로 옷을 좀 사봤는데 온라인으로 몇 번 샀는데. 괜찮다 싸다, 그래 가지고 샀는데. 사고 나서 만족도가 떨어져. (…) 본 것보다 옷이 왔을 때 사이즈나 또는 좌우지간 뭔가가 딱 안 맞아. 젊은 사람들은 그렇게 사던데. 몇 번 사봤어요. 싸다고 해서 샀지. 싸서. 그랬더니 싼게 비지떡이야. (응답자 217, 60대 이상 여성, 은퇴자)

홈쇼핑에서 산, 나는 홈쇼핑에서는 옷을 안 사봤는데. 내 동생이 사면은 홈쇼핑에서는 말을 사서 티셔츠를 사면은 한꺼번에 다섯 개 여섯 개가 세트로 오잖아. 그러면은 그 옷 중에서 한두 개 밖에 안 입는데. 그러니까 나머지는 다 버리게 된다는 거야. 그러니까 결국 그렇게 되면 결국 싼 것도 아니다. 그런 생각이 드는 거지 (응답자 217, 60대 이상 여성, 은퇴자)

이들은 어느 정도 수준의 품질을 보장하는 브랜드를 선호하고 있었고, 대부분 항상 구매해왔던 브랜드에서 옷을 구매하였다. 보다 구체적으로 60대 이상의 응답자들은 특정 매장을 자주 방문하여 옷을 사며, 자신과 안면이 있는 매장 매니저의 추천을 받아 구매할 옷을 결정하였다. 이러한 매니저들은 단골 고객인 이들의 취향과 체형에 대해 잘 알고 있고, 이를 바탕으로 옷을 추천해주기 때문에 매장 매니저들이 추천해준 옷에 대한 이들의 만족도는 상당히 높은 편이었다.

백화점에 가고 싶고, 또 가기도 하지만. 우리 같은 평범한 소시민들은 이렇게 서 있는 옷을 못 산다니까. 누워있는 옷을, 그러니까 세일 할 때, 이월 상품. 뭐 이런거를 주로 사지. (…) 현대백화점 브랜드 U 매장을 가끔 가요. 그래서 현직에 있을 적에는 의례 딴 데 가면은 잘 못 고르는데. 그 매니저가 내 이름까지도 외워가지고 내 이름을 불러요. 그러면 들어가면은, 그 사람이 해주면은 괜찮아가지고 사고. 그 사람도 나를 딱 파악해서 너무 비싼 옷은 또 아니고. 체형도 이런걸 좋아한다는 걸 그 사람 다 파악했어. 그래가지고 그 사람은, 내가 그 사람한테 옷을 많이 산거지 (응답자 217, 60대 이상 여성, 은퇴자)

또한 이들은 옷을 선택함에 있어 매장 직원들의 안목과 실력을 믿고 있었고, 이는 다른 연령대와 다른 지점이었다. 20~30대 응답자들이나 40~50대 응답자들이 본인의 취향에 따라 스스로 구매할 옷을 골랐던 것과 달리 60대 이상의 응답자들은 매장 직원이나 매니저에게 옷이 자신에게 어울리는지를 물어보고 그들의 의견을 반영하여 이를 사는 모습을 보였다. 응답자 110(60대 이상 남성, 은퇴자)의 경우, 양복을 구매할 때 자신이 자주 방문하는 매장의 직원들이 추천하는 상품을 따르는 경우가 많다고 응답하였는데, 그는 그들이 옷에 대해 전문가이기 때문에 스스로 옷을 고르는 것보다 많은 사람들에게 호감을 얻을 수 있는 옷을 선택할 수 있도록 한다고 믿고 있었다. 이러한 매장 직원들은 유행에 대한 정보를 얻을 수 있는 창구로서 기능하기도 하였는데, 이들은 매장 직원들의 추천과 마네킹에 디스플레이된 옷을 보며 유행을 파악하고 있었다.

나는 일단 양복을 고르라고 하면, 브랜드 F에서 꼭 골라요. 브랜드 F에 가다 보면 그 나름대로 그 사람들이 추천해주는게 있잖아. 응? 전문가들이 추천해주는거. 그런거 추천해주는거를 많이 따르죠. 왜냐하면 나는 당신이 전문가니까, 나는 당신에게 맡긴다 이런 느낌이야. (…) 집사람도 내가, 나한테 물어보는데. 나한테 딱 물어보면, 내가 추천해주는 사람한테, 전문가니까 한 번 이야기해주십시오 하는 정도로. 결과적으로 내가 보는 것보다는 전문가 입장에서 잘 어울린다. 그것이 많은 사람들이, 그 많은 사람들한테 호감이 가는거야. 내가 이렇게 보는 것보다는. 내 주관적인 것보다는. 그러니까 내가 항상 그 사람들한테 어떠냐고. 추천해주라고 이야기를 해요 (응답자 110, 60대 이상 남성, 은퇴자)

친구들을 만났을 때, 걔네들이 입는 옷을 먼저 봐요. 듣기도 하고. (···) 백화점 매장 매니저. (···) 그냥 마네킹이 입은 옷 중에서 괜찮다고 생각한 걸 또 보는데. (···) 연예인들이 TV에서 입어보면 저 옷 괜찮아, 이런게 나오잖아. (응답자 217, 60대 이상 여성, 은퇴자)

또한 60대 이상의 응답자들은 '은퇴' 이후 옷을 소비하는 방식에서 일부 변화를 보이기도 하였다. 이들은 은퇴 후 시간적 여유가 생기면서 친구들과 함께 시장에 방문하여 쇼핑을 즐기기도 하고 손자, 손녀들의 옷을 많이 구매하기도 하였다. 특히 성인이 된 자녀들이 독립하고 결혼하여 자신만의 가정을 꾸리게 되면서 다시 온전히 나에게만 투자할 수 있는 시기가 되었고, 이로 인해 필요한 경우 은퇴 전에 비해 더 과감하게 의류 비용을 지출하기도 하였다. 응답자 217(60대 이상 여성, 은퇴자)의 경우 은퇴 전에는 갈 시간이 없어 남대문시장에서 어떤 옷을 파는지도 몰랐지만 최근에는 은퇴 이후 시간이 많아졌기 때문에 친구들과 남대문시장에 자주 방문한다고 응답하였다. 은퇴 이후 직장에서 월급을 받아 생활하였던 때보다 생활이 윤택해지면서 백화점에 방문하여 할인하지 않는 거금의 옷을 구매하기도 하고, 손주들이 입을 옷을 사는 경우가 많다고 이야기하였다.

그러니까 거기 갈 시간이 없었어. 남대문시장이 뭘 파는지, 또 그래서 갈 수가 없었는데. 이제 시간이 많아지니까, 어떤데는 2시 이전에 문 닫거든? 그럴 때 가서 보는거는 친구들이 안내해 가서 갔어요. 가서, 그 전에는 남대문시장 몰랐어. 퇴직하고 주로. (···) 근데 남대문시장에서 우리가 못가는 이유가. 현직에 있을 적에는 거기는 5시에 문 닫아요. 우리는 퇴근하면 거기는 문 닫아. 그러니까 갈 수 없는 구조야. 나는 토요일, 일요일이 맨날 바빴어요. (···) 그 당시에는 시장 갈 시간도 없고, 옛날에는. 그래서 남대문시장을 안 갔어요. 거의 백화점에서 샀는데. 요새는 남대문을 잘가. 왜냐면 남대문 가보니까 기가 막히게 싸. 백화점하고 비교해서 기가 막히게 싸서. 와아, 왜 사람들이 남대문에 가는지 알겠다. (응답자 217, 60대 이상 여성, 은퇴자)

우리는 노년으로 가니까. 연금도 나오고. 이제는 더 편한데. 사실 젊은 날에는, 그저 그냥 직장 다니면서 힘들게 살았다는 생각이 들어. (···) (백화점) 그런거 가게 된 것 두요. 젊어서는 못 갔어요. 젊어서는 못 갔는데, 언제 가기 시작했냐면, 애들이 결혼할 즈음? 막 그럼 막 상견례도 해야되고. 뭐 이런.. 그 행사가 있고. 또 학교를 계속 다니면서, 나이를 먹으면서, 옷은 체형이 바뀌고 그러니까. 뭐 여러 옷이, 여러개가 필요하지만, 막 입는 옷도 있지만, 꼭 결혼식이라던가 아니면 중요한 자리에 입어야 할 옷들이 있어요. 정장스타일. 그런거를 살 때, 그 집(백화점 브랜드 매장)을 많이 가지. 그래서, 세일하는 것도 사고. 또 뭐 세일 안 하는 것도, 거금 들여서 한번 사보기도 하고 (응답자 217, 60대 이상 여성, 은퇴자)

그리고 요새는 우리들 옷 사는 것보다, 애기들, 손주들 옷 사는게 더 많아. 맨날 시장가서도, 백화점가서도 애들 옷사고. 이런 것 들이. 애기들 옷을 많이 사게 되지. (응답자 217, 60대 이상 여성, 은퇴자)

지금까지 살펴본 바와 같이 60대 이상의 응답자들은 다른 연령대의 응답자들에 비해 실제로 옷을 보고 구매하는 것을 선호하였고, 스스로의 취향이나 개인적 판단보다는 매장 직원들의 의견을 기준으로 옷을 선택하는 모습을 보였다. 이는 이들이 다른 응답자들에 비해 보수적인 기준을 바탕으로 의복생활을 하고 있다는 것을 보여주는데, 실제로 일정 수준 이상의 품질을 보장하는 브랜드를 선호하고, 자신의 생각보단 매장 직원의 객관적인 의견을 바탕으로 스타일을 결정하는 모습은 옷을 통해 자신의 개성을 드러내고자 하는 20~30대 응답자들과 대비되는 것이었다. 이들은 옷을 통해 스스로의 개성과 취향을 표출하기 보다는 의복의 편안함이나 기능성, 나아가 사회적인 기능을 중시하였고, 이러한 경향은 40~50대 응답자들보다 좀 더 강화된 형태로 나타났다.

뿐만 아니라 이들의 생애주기적 변화가 의복생활에 영향을 미치고 있는 것을 확인할 수 있었다. 은퇴 연령대인 60대 이상 응답자들은 은퇴 후 여가 시간이 늘어나고, 일을 하며 돈을 벌던 시기보다 경제적으로 풍족해짐에 따라 이전과 다른 구매행태를 보였다. 여가 시간이 늘어났기 때문에 이들은 친구들과 만나 직장에 다닐 때 시간이 없어 방문해보지 못한 시장에서 옷을 사기도 하였고, 자녀들이 결혼함에 따라 중요한 자리에 입고 나갈 옷들이 필요하게 되어 백화점 브랜드 매장을 방문하여 상관없이 옷을 구매하는 경우가 있었다. 나아가 결혼한 자녀들이 아이를 출산함에 따라 손자녀들이 생겨났고, 이에 자신의 옷 이외에 손자녀들의 옷을 더 많이 사게 된다고 하였다.

❸ 패션의 특성

나만의 스타일 고수

다른 연령대의 응답자들과 마찬가지로 현재 유행하고 있는 패션 스타일에 대해서 잘 인지하고 있었다. 40~50대 응답자들이 그러했던 것처럼, 주변 친구들이 입는 옷이나 TV 드라마 속 연예인들의 착장을 보고 유행을 가늠하였고, 백화점 매장의 직원들을 통해서 또는 매장 내 디스플레이 되어 있는 마네킹들의 옷을 보고 최신 스타일을 파악하기도 하였다. 뿐만 아니라 이들은 너무 유행과 동떨어진 옷차림은 꺼리는 모습을 보였다.

친구들을 만났을 때, 걔네들이 입는 옷을 먼저 봐요. 듣기도 하고. (…) 백화점 매장 매니저. (…) 그냥 마네킹이 입은 옷 중에서 괜찮다고 생각한 걸 또 보는데. (…) 연예인들이 TV에서 입어보면 저 옷 괜찮아, 이런게 나오잖아. 그런 거가 드라마나 이런 거에서 나오는거 보면. 이렇게 꽂히는 디자인이 있어요. (…) (연구자: 너무 유행에 뒤처지게 입으시는 분들을 보면?) 아니다 싶지. (응답자 217, 60대 이상 여성, 은퇴자)

이들은 유행을 무조건적으로 따르지는 않았다. 남성 응답자 110(60대 이상 남성, 은퇴자)은 자신이 유행에 크게 관심이 없다고 이야기하였는데, 특히 '정장류'의 옷은 매번 새로 해 입기도 어렵고 스타일이 정해져있기 때문에 유행을 따르는 것이 큰 의미가 없다고 이야기하였다. 여성 응답자인 응답자 217(60대 이상 여성, 은퇴자)의 경우 남성 응답자에 비해 패션 스타일의 섬세한 변화를 잘 알고 있었지만, 유행이 체형과 체형의 변화로 인해 유행을 따를 수 없다는 점을 지적하였다.

(유행) 그런거는 관심 없어요. 칼라가 넓어지고, 좁아지고 그런건 관심 안 쓰고. 있는 옷 입는 건데, 그럼 맨날 정장을 해 입을수도 없고. 그렇죠. 정장을 입고 나가다 보니깐, 그거 유행을 따르는데 별로 의미가 없어요. 왜냐면 정장, 정해진 정장이 있는데. 그 정장을 갔다가 새로운 걸로 늘 바꾸면 괜찮지만, 우리 한 번 정장 만들면 꽤 오래가잖아요. 거의 닳아야 한다거나 (응답자 110, 60대 이상 남성, 은퇴자)

지금은 사람들이 배바지 입고 다니는 사람들이 별로 없었거든. 근데 요새 또 유행하니까, 다시 또 그게 되더라고. 근데 이제 그런데 체형하고도 관계가 있어요. 젊은 사람들은 배바지를 입던, 배꼽바지를 입던 상관이 없는데. 이제 나이가 들고 배들이 나오고 그러면, 배바지를 왜 안 입나 해보니까. 배가 도드라져 보인다든가, 불편한 거예요 (응답자 217, 60대 이상 여성, 은퇴자)

편안하면서도 화사한 옷: 등산복에 대한 선호

40~50대 응답자들과 마찬가지로, 60대 이상의 응답자들은 본인에게 잘 맞는, 편안한 옷을 선호한다. 이들은 나이와 체형에 잘 어울리는 옷차림이 몸에 편할 뿐만 아니라 보기에도 편하다고 느끼는데, 몸에 불편하다면 유행하는 아이템이라도 보기에 좋지 않다고 느끼고 있었다. 이들이 옷을 선택함에 있어 착용감을 우선시하는 것은 나이의 영향이 컸는데, 나이가 듦에 따라 몸의 움직임이 젊었을 때와 크게 달라졌기 때문에 높은 신발보다는 편안한 운동화, 달라붙는 바지보다는 통이 넓은 바지를 선호하였다. 응답자 217(60대 이상 여성, 은퇴자)은 최근 통이 좁은 바지가 유행하고 있지만 그런 옷들은 본인에게 어울리지 않는데, 몸이 불편할뿐더러 눈에도 편하지 않다고 여겼다.

나이 드니까 높은 신발도 부담스러. 있는 신발도 안 신는데 뭐 구두를 사겠어? 맨날 편한 운동화 이런거 신고 가지. (…) 달라붙는 바지도 싫고, 그것도 우리한테는 안 어울려요. 우리한테 어울리는 건, 그냥 일자바지, 보통 넓이의 통이. 그런것이 지금은 눈에 가장 익숙하고 그게 편하고, 입어보면 그게 편하고. 눈도 편해 (응답자 217, 60대 이상 여성, 은퇴자)

이에 따라 착용감과 기능성에 초점을 둔 아웃도어 룩이나 다양한 등산복과 그와 관련된 아이템들을 일상에서 착용하는 모습을 보이기도 하였다. 이러한 옷들을 일상생활에

편안하면서도 화사한 옷을 선호하는 60대 이상 응답자들

서 활용하는 것은 이들과 다른 연령대 응답자들의 가장 큰 차이점이었다. 다른 연령대의 응답자들이 주로 등산을 하거나 활동적인 운동을 할 때 등산복이나 아웃도어 룩을 착용하는 것과 달리, 이들은 가벼운 산책이나 캐주얼한 가족 모임, 여행지에서도 이와 같은 의복을 선택하였다. 특히 밝고 눈에 띄는 색의 옷을 선호하였고, 일상생활 또는 가벼운 산책과 같은 등산을 할 때 입을 옷을 선택하면서도 '기능성'을 중시하며 옷을 고르는 모습을 보였다.

기능성이 이제 중요하다고 생각하고. 우리는 그렇게 크게 등산하는 사람이 아니에요. 뭐야, 좀 산책 같은 그런 가벼운.. 등산이기 때문에. 전문 그런거보다는. 이제 조금 메이커 있는 옷들. 둘이 같이 간다. 그러면 옷을 똑같이 입고 가기고 하고. 그래서 입고, 이제 위에 잠바 얇은거. 조금 기능성 있는 것들을 사려고 그러죠. 이게 이제 방수가 되면서도 습도도 배출하고 이런게 있잖아. 그런거를 이제 등산복보다는 아웃도어식으로.. 입잖아. 브랜드 T. 그런거를 샀죠, 그냥. (…) 내가 수박색을 샀는데, 내가 입은 옷하고도 색깔이 조금 맞고. 그런 색깔이 조금 튀지 않으면서, 너무 튀어도 촌스럽다고 생각하니깐, 좀 그렇게 해서 입으면은 어울리는 걸로 (응답자 217, 60대 이상 여성, 은퇴자)

은퇴 후 여가 시간이 늘어남에 따라 문화센터에서 개설한 강좌를 수강하는 경우가 있었는데, 이러한 일정은 이들로 하여금 편안한 옷을 입도록 영향을 미쳤다. 응답자 110(60대 이상 남성, 은퇴자)과 응답자 217(60대 이상 여성, 은퇴자)은 문화센터에서 '서예' 강좌를 수강하는데 이때 오랫동안 서서 작업을 하기 때문에 편안한 신발과 옷이 필수적이라고 이야기하였다.

아니 우선 편한 거. 이제 먹물이 묻어도 표시 안 나는 거. 그런 편의성이지 (응답자 110, 60대 이상 남성, 은퇴자)

나는 이제 앞치마를 입고 서예를 쓰거든요. 그러니까 이제 나는 그거는 덜 신경쓰는데, 우리가 이제 거의 두 시간 동안 서서 해요. 한자는 서서 해야 돼. 그렇게 서서하면 너무 힘들어. 그러니까, 우선 신발도 편하고 맞는걸로 신어야 되고. 그리고 옷이 좀 편한 거. 그리고 너무 더워도 안 되요. 그러니까 여름에는 에어컨 나오고, 겨울에는 그러니까. 추우면은 껴입어도 되는데 그런 것도 생각해야돼. 속에 반팔을 입는다던가. 얇은 옷을 입는다던가 (응답자 217, 60대 이상 여성, 은퇴자)

또한 실질적으로 몸에 잘 맞는 아웃도어 룩 이외에도 계속 입어왔던 스타일의 옷인 '정장' 스타일의 옷도 '편안한' 옷이라고 인식하고 있었다. 특히 정장 스타일의 옷은 예전부터 지속적으로 입던 브랜드의 것을 익숙하게 여기고 해당 브랜드에서 주로 옷을 구매하는데, 타 브랜드의 옷에 대해서는 본인들 스스로가 잘 모르는데다가 낯설고, 젊은 사람들이 입는 옷이라고 생각하기 때문에 사지 않는다고 응답하였다.

옛날 사람들은 브랜드 o가 제일 좋은 줄 알아. 다른 브랜드들은 다 낯설어서 몰라. 나부터도 잘 몰라. 처음 보는 브랜드가 많은데. 되게 비싸요. 그런 옷들은 젊은 사람들이 입는 옷 같아. 우리같이 나이들고 그런 사람은 브랜드 o가 (웃음). 또 가보니까 괜찮은거야. 그러니까 다른 것들을 보려고 하지를 않아 (응답자 217, 60대 이상 여성, 은퇴자)

60대 이상의 응답자들은 옷을 구매하는 데 있어 옷의 소재와 바느질 상태, 색상, 전체적인 디자인을 고려하는 모습을 보였다. 응답자 217(60대 이상 여성, 은퇴자)은 먼저 옷의 천이 좋지 않으면 옷 자체가 질이 좋지 않아 보인다고 하였고, 옷에 세련되어 보이는 데에는 색이나 바느질 상태 등이 영향을 미칠 수 있다고 주장하였다. 이처럼 60대 이상의 응답자들은 옷을 볼 때 전체적인 스타일에 더해 옷의 '질'과 관련된 요소들을 상세하게 살폈다.

세련된. 우선은 천이 좋아야 되요. 천이 허접하면은 티나요. (…) 겉옷 같은 거는 라인이 예쁘게 빠져야지만 예쁜데. 근데 겉옷일 경우에는, 그런 색깔들이 좋아야 돼. 색깔도 멋지게 빠지고, 바느질도 틀리고. 뭐 그리고 뭔가가 깔끔하면서도 어디 포인트가 있고? 그런 것들이 세련되어 보이잖아 (응답자 217, 60대 이상 여성, 은퇴자)

특히 60대 이상의 응답자들은 앞서 잠시 언급하였듯 옷의 '색상'을 고르는 점에서 다른 연령대와 차이를 보였다. 이들의 의상은 주로 등산복과 아웃도어 룩이기 때문에, 다른 연령대 응답자들과 비교하였을 때 화려한 편이었다. 체형 커버를 위해 짙은 색의 의상을 입기도 하며, 젊어보이기 위해서 또는 얼굴색을 환하게 하기 위해서 등 다양한 이유로 여러 가지의 색을 활용하는 모습을 보였다. 옷뿐만 아니라 가방이나 모자와 같은 액세서리에 포인트 색상을 사용하기도 하였는데, 특히 응답자 110(60대 이상 남성, 은퇴자)의 경우 간혹 빨간색의 아이템을 매칭하기도 한다고 이야기하였다. 보다 화려하고 다채로운 패턴의 옷을 선택하기도 하였는데, 색이나 패턴을 활용하여 나이들어보이지 않고 경쾌한 느낌을 줄 수 있도록 한다는 점이 특징적이었다.

난 짙은 색상. 우선 그 밝은 걸 입어버리면 내가 커보여. 덩치가. 내가 어깨가 넓다보니깐. 그냥 덩치가, 커보여. 그런데 짙은 색을 입으면 검은색이라든가, 곤색, 밤색 이런걸 입으면은. 커버가 되지. (…) 그렇지 흰색이라던가, 아니면 와이셔츠를 입더라도 꼭 흰색 와이셔츠를 입던가. 옅은 쥐색이라던가? 그다음에 좀 빨간색도 가끔 좋아해. 젊어보인다고 생각해서. 내가 열정적이거든. 내가 열정적이라(웃음) (응답자 110, 60대 이상 남성, 은퇴자)

나이가 들면 늙으면은, 저렇게 환한 게 좋아요. 환해야지 얼굴이 밝지, 얼굴부터가, 여기서부터가 시커머면, 아예 세련되게 입으려면 쫙 까맣게 입고 어디에 포인트를 딱 줘서 속에 하얀거라던가 이렇게 입으면 돋보이는데. 나 시커멓게 입으면 우중충해 보이면은 별로예요 (응답자 217, 60대 이상 여성, 은퇴자)

자기관리 도구로서의 패션: 나이가 들어도 지켜야 하는 것

60대 이상 응답자들은 다른 연령대의 응답자들과 같이 패션에서의 자기만족을 중시하였다. 하지만 이들은 마음에 드는, 나에게 잘 어울리는 옷을 입었을 때 스스로에 대해 만족하는 것뿐만 아니라, 타인의 평가로부터 만족감을 얻기도 하였다. 실제로 이들은 상황에 어울리는 착장을 하여 다른 사람들에게 좋은 평가를 받는 것을 중요하다고 생각하였다.

이제 우선은 그렇게 입는 것은 나도 그거를 나 자신의 경쟁력이고, 나 자신의 정체성이. 그게 나라는 사람은 이런 사람이라고 보여줄 때, 아무거나 머리 하나 스타일도 나한테 안 어울리는 머리를 하고 다니면은 아무리 그게 편하다고 그래도. 옷을 입을 때는 나 자신의 만족감도 중요하지만, 상대방이 이 사람이 나를 어떻게 볼까, 그것도 중요하잖아요 (응답자 217, 60대 이상 여성, 은퇴자)

이들은 입을 옷을 결정하는 데 있어 타인의 시선을 고려하였는데, 옷이 그 사람의 이미지를 보여준다고 생각하기 때문에 옷을 잘 입은 것 자체를 '자기관리'의 일종이라고 인식하기도 하였다. 나아가 한 사람의 패션 감각이 하나의 경쟁력이자 능력이 될 수 있다고 응답하기도 하였는데, 이러한 맥락에서 응답자 217(60대 이상 여성, 은퇴자)은 은퇴 전 학생들에게 옷을 잘 입는 것 자체가 하나의 경쟁력이라고 가르쳤고, 그것을 직접 보여주기 위해 신경 써서 옷을 입었다고 하였다.

근데 나에 대한 평가가, 저렇게 센스없이 옷을 입는다, 이런 소리는 듣기 싫은 거지. 젊으나, 늙으나. 자기 관리하는 건데, 그것도. 자기관리라고 생각해. (…) 이미지잖아. 이미지. (…) 다른 사람들이 나를 어떻게 볼까 이거를 생각을 안 하고 살 수는 없어요 (응답자 217, 60대 이상 여성, 은퇴자)

또 우리는 아이들을 가르치는 직업이었기 때문에 나의 패션 감각도 아이들이 보고 배우는 거예요. 그걸 보는데, 아이들한테 그걸 가르쳐야 돼. 나의 경쟁력, 또 뭐 이런거 이야기 할 때. 옷, 나한테 맞춰서 입는거. 분위기 살려서 입는거 이것도 자기의 능력이다. 그래서 나는 이런 이야기를 많이 하고 (응답자 217, 60대 이상 여성, 은퇴자)

60대 이상 응답자들은 장소나 상황에 맞추어 적절히 옷을 입는 것이 중요하다고 하면서 그 이유로 타인의 시선을 들었다. "남의 이목이 있으니까" "아무렇게나" 입고 다니지 않는다고 이야기하면서, 이들은 그렇게 입지 않으면 "평가 절하가 되기 때문"이라고 이야기하였다. 이러한 모습은 20~30대 응답자들과 대조되는 지점이었는데, 20~30대 응답자들의 경우 어지간하지 않으면 타인의 패션 스타일에 대해서 지적하지 않고, 개개인의 패션 스타일을 존중하며 너무 눈에 띄어 보이거나 '관종'처럼 보이지 않기 위해 타인의 시선을 신경 쓰는 반면, 이들은 사회적인 규칙을 지키지 않아 이미지가 저하되는 것을 우려하였고, 적절한 옷차림을 하지 않은 행위자들에 대해 '지적'하며 '부정적인 인식'을 가지고 있었다.

대개 이제 그런 자리에 가면, 누구나 다 정장 아니면 예의를 차리잖아요. 그게 벗어날때는 나름대로 거기에 자신이 있다면 모르겠는데, 그렇지 않으면 평가 절하가 되기 때문에. (…) (다른 사람들도) 다 정장이지. 그런데 내가 거기에 티셔츠만 입고 갔다고 생각하면.. 그 앞에서는 이야기는 안 하지만. 반대로 생각하더라도 "야 너 예배보는데 티셔츠를 입고와서 그러냐." 이런 생각을 한단 말이예요? 그러니까 나도 딴 사람이 생각했을 때 그런거에 딴 사람이 신경 안 썼으면 좋겠단 말이지. 똑같이 정장을 하고 나가는 것이 그 사람들 한테는 신경을 안 쓰게 하는거지 (응답자 110, 60대 이상 남성, 은퇴자)

혼자 하는 게 아니라 다른 여러 사람이 같이 그러니까. 남의 이목이 있으니까. 이렇게 아무렇게나 가지는 않아요 (응답자 217, 60대 이상 여성, 은퇴자)

정형화된 패션 코드

다른 모든 연령대의 응답자를 통틀어 60대 이상 응답자들은 패션에 대해 가장 확고한 인식을 보유하고 있었다. 이들은 '나이에 맞는 옷'을 입어야 한다고 생각하였고, 계절감에 맞는 패션을 중시하였다. 40~50대 응답자들과 마찬가지로 이들은 20~30대 응답자들의 옷차림에 대해 특이하다며 이해하기 어렵다는 반응을 보였다. 예를 들어, 이들은 젊은 사람들이 여름에 부츠를 신는 것은 여름 옷과의 계절감이 맞지 않기 때문에 '이상한 조합'이라고 느낀다. 최근 청년들 사이에 인기가 있는 '디스트로이드 진'이라고 불리

정형화된 패션코드를 준수하는 60대 이상 응답자들

는 찢어진 청바지를 보면 "없어서 아무거나 입은 것 같은 느낌을 받을 정도로 이상하게 입고 다니는" 것 같다고 인식하고 있었다.

신발도 이상하고 막. 여름에 부츠 같은 걸 신고. 요즘에는 여름에도 부츠를 신나? 그런게 또 트렌드라고 하대. 여기(위에는) 여름 옷을 입고 (무릎까지 오는) 부츠를 신고. 이상한 조합이야. 그런거 (응답자 217, 60대 이상 여성, 은퇴자)

홍대쪽에서 본 애들은 그냥 없어서 아무렇게나 입은... 거지패션, 무슨 그런 거 있잖아. 여기서도 그 뭐라 그러지 걸멋만, 엔티크도 아니고 빈티지..빈티지 패션. 난 그게 안 예쁘거든. 안 예쁜데 그렇게 입고다니면. 나는 이 바지, 청바지 구멍 난거. 찢어진 청바지. 그것도 쪼금 찢어진 게 아니라, 이렇게 막 (바지쪽을 크게 좌우로 횡단가시면서) 이렇게 파고다니는 거. 이해가 안 돼. 옷 없어서 아니라는 건 알지만. 그래도 저게 멋있을까. 거지패션 같은. 지금도 그렇게 입은 사람들 많잖아요. 그런데 아줌마들까지. 아줌마들까지 그렇게 입더라구 (응답자 217, 60대 이상 여성, 은퇴자)

더 나아가 이들에게 있어 특정 상황에서 입어야 하는 스타일에 옷은 결정되어 있고, 그러한 스타일을 벗어난 것은 '잘못된' 스타일의 옷이었다. 이들은 상황에 따라 옷을 결정하는 경우가 많았는데, 특히 'TPO에 맞는' 옷차림을 매우 중시하였다. 이에 따라 이들은 상황과 장소, 목적, 분위기, 만나는 사람 등을 고려하여 그에 알맞은 옷을 착용해야 한다고 보았다.

어디를 가냐가 중요하지. 결혼식장을 가냐, 장례식장을 가냐, 교회를 가냐, 친구 만나냐. (옷차림이) 다 다르지. (…) 앞에서 만나는데, 이 앞에서 음식점에서 만나는 그렇게 챙기지 않지만. 좋은 레스토랑에 간다 호텔의 숍에 간다 이러면은 그래도 갖춰 입어야지 (응답자 217, 60대 이상 여성, 은퇴자)

이와 같은 맥락에서 이들은 일상적으로 옷을 구매하는 경우에는 옷에 큰 비용을 들이지 않거나 할인 행사 기간을 이용하고, 세일하는 품목만 구매하지만, 반드시 필요하다고 생각되는 옷을 구매할 때에는 가격에 연연하지 않고 투자의 개념으로 큰돈을 들이기도 하였다. 응답자 217(60대 이상 여성, 은퇴자)의 경우 '의전 쪽'의 옷은 투자를 해야 한다고 응답하였는데, 이는 그가 TPO나 의복이 필요한 상황을 중시하고 있음을 보여준다.

내가 꼭 마음에 들면은 돈 들어도 사요. 디자인, 스타일 그런게 중요하지. 그래서 나한테, 내가 뭐에 필요한건가. 막 옷이냐, 아니면 꼭 필요할 때는 이런 의전 쪽의 옷이다. 투자를 해야지 (응답자 217, 60대 이상 여성, 은퇴자)

이러한 60대 이상의 인식은 특히 TPO에 따른 패션에 대한 이들의 의복일지를 통해 보다 명확히 드러난다. 이들은 다른 모든 연령대의 응답자들과 비교하였을 때 공적인 상황에서 클래식한 스타일의 의상을 선택하는 경향이 높았다. 공식적인 행사나 중요한 자리에서 유일하게 전통적인 '정장'을 갖추어 입는 모습을 보였다. 특히 교회에 가거나 결혼식에 참석할 경우 '예의를 갖추기 위해' 정장을 입는다고 응답하였다.

우리가 만남에 나갈 때는, 행사가 있을 때는 정장을 꼭 해요, 저는. (…) 그냥 사복 안 입고 가고 항상. 교회를 간다던가, 우린 장로회를 간다던가. 항상 정장 스타일을 하는데. 정장 스타일이라는건 항상 한 번 정해진 것은, 항상 그 철만 맞으면 그거 입고 나가는거죠. (…) 정장은 완전히 이제 양복. 모든 게 이제 갖춰져 있는거지. 양식을 딱 맞춰서 입지 (응답자 110, 60대 이상 남성, 은퇴자)

교회 갈 때나, 강의 할 때나 이럴 때는 한 번도 정장을 안 한 적이 없어요. (교회 갈 때는) 이 사람은 장로고, 나는 권사고. 우리는 성가대도 서야하고 그러니까. 그럴 적에는 아무 옷이나 입을 수 없죠. (…) 단정하고, 깔끔하고, 또 세련되고. 그런 거를 다 우리가 추구하는. 그러니까 결혼식장은 결혼식장에 맞게. 장례식장은 장례식장에 맞게. 예배 볼 때는 예배에 맞게 그렇게 그러지 (응답자 217, 60대 이상 여성, 은퇴자)

공연에 참석하거나 전시회를 관람할 경우에도 일상생활에서 입는 옷과 달리 '세미 정장' 스타일로 옷을 갖춰 입고, 본인들이 참석하거나 관람하는 공연과 전시에 수준에 맞춰 옷을 입어야 그에 맞는 품격을 갖추는 것이라고 말하기도 하였다.

음악회를 옷을 좀 갖춰 입기는 하는데. 정장인 경우도 있고, 아니면 가볍게 그래도 뭐 등산 갈 때 옷을 입고 그러지는 않지. 가벼운 정장이나, 가벼운 세미 정장? 이런 식으로. (…) 발레 공연을 간다던가, 클래식 음악회를 간다던가 비교적 사람들의 성향이 그렇잖아요. 그러면 거기에 맞춰서 이 음악회하고 나하고 어울린다. 내가 그 정도의 품격은 갖춘 사람이라고 생각해야지. 그런 거는 하나도 생각하지 않고 내 멋대로는 나는 아니라고 생각해요 (응답자 217, 60대 이상 여성, 은퇴자)

정장 외에도 이들은 유일하게 중요한 행사에서 '한복'을 챙겨 입는 사람들이기도 하였다. 자녀의 결혼식이나 가까운 가족의 결혼식, 또는 종교적 행사에 참여할 때 꼭 한복을 입었고, 이는 다른 연령대의 응답자들에게서 찾아보기 어려웠다. 이들은 한복에 대해서 화려한 잔치의 이미지, 예복의 이미지를 가지고 있다고 생각하고 있었고, 이에 따라 행사 때 한복을 갖춰 입는 것이 분위기를 살리는 역할을 한다고 이야기하였다. 나아가 손주들의 교육적인 측면과 고유의 문화를 유지한다는 점에서 의미가 있다고 생각하기도 하였다. 그렇기 때문에 이들은 분명히 관리와 착용이 어려움에도 불구하고 상황에 따라 한복을 챙겨 입는 모습을 보였다.

화려하고 파티같은 그런거. 예의를 갖춘다. 뭐 화려하다. 그런 이미지가 있죠. 결혼식 때, 결혼식 때 이제 엄마 쪽의 형제들을 보면 한복을 많이 입잖아요. 귀찮기는 하지만 그걸 입어주면 분위기가 살고, 뭐 자기가 있는 양장 입고 오고 그러면은 좀 약간 매너가, 대우를 안한다 이런 거지. 그때는 한복 입어줬으면 하는 바람이 있어요 (응답자 217, 60대 이상 여성, 은퇴자)

그래도 분위기가 있으니까 맨 처음에 좋아했거든. 근데 음식 먹다 보면은 또 떨어트리고. 관리하기 힘들잖아. 또 불편하잖아. (…) 한 번 입으면은 또 드라이클리닝 해야 해. 번거롭고. 비싼 돈 들여서 한복 해놓고, 결혼식 때 한 번 (입고) 쳐박아 놓잖아 (응답자 217, 60대 이상 여성, 은퇴자)

아니 우리가 설날이라던가, 애들한테도 하나의 교육적인 문제가 있다. 가족이라는 거. 그다음에 고유 명절이라는 거. 애들한테는 어렸을 때는 할아버지, 할머니가 그런 한복을 입고, 자기의 세배를 받았다. 세뱃돈도 그냥 (바지 주머니)여기서 그냥 주는게 아니라, 저기 뭐 주머니에서 꺼내주고 그러면은 (웃음) 다르지 (응답자 110, 60대 이상 남성, 은퇴자)

패션에 대한 관성:

은퇴 후에도 동일하게 지속되는 패션 스타일

다른 연령대 응답자들에 비해 수가 적어 일반화하긴 어렵지만, 60대 이상 응답자들의 경우 연령대가 높아 성별에 따른 차이가 나타났다. 남성 응답자의 경우 다른 연령대의 남성 응답자들과 달리 스스로 옷을 구매하는 경우가 거의 없었다. 패션이나 옷에 관심이 없어 혼자 옷을 구매하러 가지 않는다고 응답하였고, 일상적인 옷은 주로 아내가 사온 것을 입으며 정장류의 옷만 유일하게 함께 가서 고르고 구매를 한다고 이야기하였다. 이는 40~50대 응답자들 가운데 기혼인 여성 응답자들 중 일부가 남편의 옷차림에 신경을 쓴다고 응답하였던 것과 연결되는데, 나이가 있는 남성 응답자들은 본인이 옷을 사는 경우도 있지만 종종 스스로 패션에 관심이 없는 경우 아내가 사주는 옷을 입는 경우가 있었다.

그러니까 남방은 내가 산게 없어. 다 집사람이 사온거야(웃음). 티셔츠, 뭐 남방 이런거는 다 내가 (산게 없어). 정장만 사러 갈 때 같이 가지, 나머지는 다 (집사람이 사온거야) (응답자 110, 60대 이상 남성, 은퇴자)

(남편은) 아무것도, 그런 거에 관심이 없어. 자기 옷 하나도 안 사요. 다녀서, 백화점이고 시장이고 자기 옷 사러 간 적이 없어. 나 양복 사야 돼, 그러면은 나랑 같이 가서 내가 골라주고 그래야지. 혼자서는 아무것도 못해 (응답자 217, 60대 이상 여성, 은퇴자)

이어 60대 이상 응답자들은 옷차림을 결정하는 데 있어 은퇴 전 직업의 영향을 받고 있었다. 응답자 110(60대 이상 남성, 은퇴자)과 응답자 217(60대 이상 여성, 은퇴자)은 은퇴 전 교수와 선생님이라는 직업을 가지고 있었는데, 이와 같은 직업은 중요한 자리에서의 의상이나 공연 및 전시를 보러가는 상황에서 은연중에 영향을 미쳤다. 이들은 일상생활에서 등산복이나 아웃도어용 옷을 입기도 하지만, 동시에 어느 정도 수준의 옷을 갖추어 입어야 한다는 의식을 가지고 있었는데, 특히 응답자 217(60대 이상 여성, 은퇴자)의 의복일지를 살펴보면 중요한 자리에서 세트로 된 투피스로 된 여성 정장을 입는 등, 입는 옷들의 스타일에서 이전 직업이 연상되기도 하는데, 그는 다른 사람의 눈살을 찌푸리는 옷이나 복장을 하면 안 된다고 생각하고 있기도 하였다.

그거는 내가 그, 그 분위기, 음악회라던가 그것이 하나의 내 예의. 내 예의라고 생각하고. 뭐, 품격이 있는 그런 식당에서는 청바지, 아니 반바지 입고는 못 들어오게 하고 그러잖아요. 그런 것처럼 그 사람의 눈살을 찌푸리는 옷을, 복장을 해서는 안 된다고 생각을 하고. 또 음악회라던가 이런거에서는 냉방이 잘 된 데는 너무 얇게 입으면 춥기도 하고 뭐 이런 것도 있잖아요. 그런 것도 생각해서, 그냥 전시회를 보는 것도 전시회 갔을 적에도 옷을 갖춰 입고 갔어요. 친구랑 가는데도 (응답자 217, 60대 이상 여성, 은퇴자)

성별과 연령은 의생활을 구분하는 큰 축이었다.

연령에 따라 다른 생애주기를 경험하게 되었고,

자연스럽게 사회적 역할, 지위, 직업이 변화하면서 옷차림이 다르게 나타난다.

V

결론

주요 연구 결과 # 연구의 기여도 및 향후 조사 발전 방향

주요 연구 결과

본 연구는 2020년 서울사람들의 패션을 바탕으로 서울의 문화지형도를 그리고자 하였다. 서울의 패션을 중심으로 근현대사의 주요 변화, 서울사람들의 일상 생활과 의식을 분석하기 위해 연구의 시간적 범위와 공간적 범위를 '광복 이후부터 현재까지의 서울'로 한정하고 2020년 6월 25일부터 2020년 12월 15일까지 약 6개월 동안 총 3단계에 걸쳐 연구를 진행하였다. 먼저 연구의 첫 번째 단계에선 서적과 학술논문, 신문기사 등을 통한 광범위한 문헌고찰을 바탕으로 서울의 패션 형성과정과 그에 영향을 미쳤던 다양한 사회적, 역사적, 문화적 조건들을 확인하고, 분석과 연구 대상자 표집의 기준이 되는 중요 변수를 도출하였다. 이어 두 번째 단계에서 사람들의 일상적인 의생활에 대한 조사를 위한 조사 도구로 '의복일지'를 구성하고, 사회학적 방법론에 기반하여 표집 기준에 따라 선정된 27명의 연구 대상자를 대상으로 '의복일지' 조사와 '심층면접'을 진행하여 의생활에 대한 자료를 수집하였다. 마지막 세 번째 단계에서는 2020년 서울사람들의 패션을 시각화하고 서울사람들의 의생활을 종합적으로 분석하였다.

이 보고서에서는 한국 근현대사와 서울, 패션 사이에서 찾아낸 교차점, 그리고 2020년 서울사람들의 패션을 통해 구축한 서울의 문화지형도를 차례로 제시하였다. 첫 번째로 본 연구는 오늘날 서울패션의 특성을 분석하기에 앞서, 근현대 서울의 문화사적 경험에서 찾아낸 패션과의 교차점을 보여주고자 하였다. 이를 위해 패션을 중심으로 광복 이후부터 현재에 이르기까지 서울이라는 도시에서의 역사적 변화를 살펴보고, 이를 성별과 계급을 축으로 재구성하여 시기순으로 제시하였다. 이를 통해 서울패션이 형성되어온 과정에서 성별과 계급에 따라 차별적으로 진행된 의생활이 서구화되었고, 패션을 주도하는 청년층이 부상하였으며, 이들을 중심으로 서울패션의 지역적 특성이 형성되었음을 밝혔다. 광복 직후에도 양복은 엘리트의 복식이었으며, 한복이 많은 사람들의 일상적인 옷차림이었다. 그러나 일상적인 복식이 서구화되는 양장화 과정이 성별과 계급에 따라 차별적으로 진행되면서 1960년대에 이르면 양장이 누구에게나 보편적인 일상복으로 자리잡았다. 생활 수준이 향상되고 해외와의 교류가 늘어나면서 생활 방식이 급격히 변화하고, 대중 매체가 발달하면서 패션과 유행에 대한 인식도 새로워졌다. 1970년대를 전후하여 패션을 통해 자신을 표현하는 청년 세대들을 중심으로 서구의 패션 트렌드가 유행하고, 이들이 서울의 패션을 주도하기 시작하였다. 본 연구에서는 청년 세대들의 공간을 중심으로 패션과 유행의 중심지들이 형성되고 이동하는 양상을 검토하였다. 또한 2000년대 이후는 세계적인 패션의 도시가 된 서울의 패션에 대해 다루었다.

두 번째로 '오늘날 서울, 서울사람들의 일상과 패션', '서울사람들이 패션에 부여하는 의미', '서울패션의 일반적인 특성', '서울패션의 연령별 특성'에서 서울사람들의 의생활 전반에 대해 수집한 질적 자료를 종합적으로 분석하여 2020년 서울패션의 문화지형도를 규명하고자 하였다. '오늘날 서울, 서울사람들의 일상 생활에서 패션'에서는 공간, 유행 정보원, 한복을 중심으로 서울사람들의 오늘날 의생활에 대한 인식과 행위를 역사적 흐름의 맥락에 맞추어 분석하였다. 서울에서 유행하는 패션이 가장 잘 나타나는 중심지는 계속해서 변화해왔다. 이에 오늘날 서울사람들이 서울에서 가장 패셔너블한 공간이 어디라고 생각하는지, 그리고 그곳에서 나타나는 패션의 특징이 무엇이라고 생각하는지를 중심으로 서울의 공간과 패션을 강남과 강북으로 나누어 살펴보았다. 다음으로 사람들이 유행에 대한 정보를 얻는 경로와 그 변화 양상을 확인하였다. 신문, 잡지, 영화에서 패션과 유행에 대한 정보를 얻었던 과거와 달리, 오늘날 서울사람들이 유행에 대한 정보를 얻는 방식은 온라인을 통해 실시간으로 이루어지고 생성되는 현대적인 일상임을 읽어낼 수 있었다. 마지막으로 오늘날 서울사람들이 가지고 있는 한복에 대한 전반적인 인식에 대하여 파악하였다. 한복을 입는 상황과 한복에 대한 이미지를 중심으로 오늘날 서울사람들에게 한복이 다양한 의미와 역할을 가지고 있음을 살펴보았다. 이처럼 서울사람들의 패션은 과거에서부터 현재까지 이어져오며 지속적으로 변화하고 있음을 종합적으로 고찰하였다.

'서울사람들이 패션에 부여하는 의미'에서는 2020년을 살아가는 서울사람들이 패션과 유행, 옷을 입는 행위에 대해 가지고 있는 생각에 대해 조사하였다. 사람들은 자기의 정체성과 개성을 표현하고자 패션을 활용하기도 하였으나, 한 사람의 패션이 그 사람을 평가하는 기준이 된다는 점을 분명하게 인식하고 있었다. 따라서 원활한 사회 관계를 위해 성별, 연령, 직업, 장소와 상황, 수행하는 역할에 따라 다양한 스타일로 옷을 입는 모습을 관찰할 수 있었다. 이 같은 사회적인 시선에 대한 고려는 유행에 대한 태도와도 연결되어 있음을 확인하여 사람들이 유행에 대해 어떤 태도를 가지고 있는지에 따라 어떤 패션 특성이 나타나는지 분석하였다. 사람들은 자신들의 취향을 기초로 개성있는 패션을 추구하기도 하지만, 자기에 대한 이해를 바탕으로 '나에게 잘 어울리는 옷'을 탐색하면서 본인의 스타일을 형성하고 있었다.

'서울패션의 일반적인 특성'에서는 2020년 사람들의 패션, 어떤 옷을 어떻게 입고 있는지, 그리고 왜 그렇게 입고 있는지에 대하여 고찰하였다. 특히 TPO에 맞는 옷차림에 대한 사람들의 태도와 행위에서 패션이 가지는 중요성과 의미가 더 구체적으로 드러났다. 조사한 10가지 상황의 패션을 사회적 상황에서의 패션과 일상의 사적 패션으로 구분하여 각각의 상황에서 응답자들의 패션이 어떠한 특성을 보이는지 자세히 살펴보았다. 마지막으로 2020년 서울사람들의 패션을 살펴봄에 있어 **코로나바이러스감염증-19로 인하여 사람들의 일상이 크게 변화하였다는 점에 주목**하여 패션에서 나타난 변화를 짚어 보았다. 재택근무가 확산되면서 온라인 원격회의와 수업이 일상적으로 이루어지면서 **줌 드레싱(zoom dressing), 키보드 드레**

싱(keyboard dressing), 웨이스트업 스타일(waist-up style) 등 새로운 옷차림을 칭하는 신조어도 다양하게 나타났다. 많은 사람이 몰리는 공간의 방문을 피하고, 사회적 거리두기가 시행되면서 외출 횟수가 줄어들기도 하는 등 사람들의 사회적 관계가 주로 비대면 소통으로 변한 상황에서 사람들의 의생활에 어떠한 변화가 나타났는지 기록하였다.

2020년 서울사람들의 패션을 종합적으로 살펴보았을 때, 성별과 연령이 사람들의 의생활을 구분하는 가장 큰 축이었다. 연령에 따라 사람들은 다른 생애주기를 경험하게 되고 자연스럽게 사회적 역할과 지위, 직업이 달라지면서 옷차림이 다르게 나타났다. 이에, '서울 패션의 연령별 특성'에서는 연령에 따라 나타나는 패션 스타일과 소비 방식, 유행에 대한 정보를 얻는 경로, 패션에 대한 인식과 행위의 특성을 분석하고 제시하였다.

연구의 기여도 및 향후 조사 발전 방향

패션은 일상적이기 때문에 쉽고 흥미로운 대상이기도 하지만 일반화하여 해석하기에는 매우 까다로운 대상이기도 하다. 패션은 성별과 세대, 지역에 따라 공통적으로 발현되는 특징이 분명히 존재하지만 동시에 개개인마다 특이성을 갖고 있기 때문이다. 이 조사에서는 무엇보다도 누구나 쉽게 접할 수 있고, 접할 수밖에 없는 패션을 통해 개인적이면서도 사회적인 특성을 모두 포함하는 일상의 생활양식을 그려낼 수 있는 기초 자료를 수집하고자 하였다. **사회과학적 방법을 이용하여 현재 서울의 패션에 대한 객관적이고 풍부한 연구 자료를 구축하고, 향후 연구의 토대를 마련하였다는 점에 본 연구의 가장 큰 의미를 부여할 수 있을 것이다.**

본 연구는 향후 양적 조사가 시행될 수 있도록 보다 객관적인 연구 자료를 제공하기 위하여 조사 대상을 선정하는 과정에서 여러 사회경제학적 변수를 고려하였다. 의복일지의 경우 응답자의 실제 패션을 사진으로 수집하였을 뿐만 아니라, 응답자의 특성이 드러나는 의생활에 대한 구체적인 정보를 수집할 수 있는 체계적인 조사의 틀을 제시하였다. 이는 향후 패션과 의생활에 대한 연구에 활용되어 이 분야의 사회과학적인 연구 기반을 구축하는데 있어 역할을 담당할 것이다.

또한 심층 면접을 통해 의복 착용 및 구입 방식(구매 장소 및 경로, 구입 브랜드, 고려 사항 등), 유행(유행에 대한 관심과 태도, 유행 정보원 등),

한복(한복을 가지고 있는지, 언제 마지막으로 한복을 입었는지, 어떤 경우에 한복을 입는지, 한복에 대한 인식 등)을 포함하는 의생활 전반에 대한 풍성한 자료를 수집·축적하였다. 이에 더하여 기본적으로 평소 옷을 입고 구매하는 방식이 어떠한지, 다양한 상황에서 어느 장소에 갈 때 어떤 옷을 입으며 왜 그 옷을 선택하여 입었는지에 대한 질문을 통해 서울사람들의 의생활과 그들이 부여하는 의미 역시 확인할 수 있었다.

특히 성별과 연령이라는 두 개의 큰 축으로 나누어 분석할 수 있는 경험적이고 구체적인 자료를 구축하였다는 것이 본 연구 결과가 가지는 가장 큰 강점이라 할 수 있다. 또한 연구 참여자들의 실제 옷차림과 언어를 그대로 담은 생생한 자료를 수집하였다는 점 역시 큰 의의를 갖는다. 연구 참여자들이 본인의 의생활에 대해 사진을 포함한 의복일지를 자기기입식으로 작성하게 함으로써 연구자가 일방적으로 해석하는 패션이 아닌, 그 옷을 입고 현 시대를 살아가는 사람들의 인식, 가치와 라이프 스타일이 반영된 패션을 총체적으로 보여줄 수 있는 연구 결과를 도출할 수 있었다.

뿐만 아니라 2020년, 코로나바이러스감염증-19이라는 특수한 상황에서 본 조사가 진행됨으로써, 이러한 사회적 상황이 사람들의 의생활에 어떤 영향을 미쳤는지에 대해 파악할 수 있었다. 코로나 상황으로 인해 조사에 있어 어려움이 많았던 것도 사실이지만 특수한 상황을 기록을 남길 수 있다는 예측하지 못하였던 특장점을 갖게 된 것도 사실이다. 코로나 상황의 복식에 대한 조사 자료가 훗날 중요한 기초 자료로 활용될 수 있기 때문에 2020년의 상황에 대한 설명을 더하였다. 또한 이 상황에 따라 사람들의 의생활에 어떠한 변화가 있었는지를 확인할 수 있도록 의복 일지와 심층 면접 분석 결과를 토대로 자료를 분석하고 정리하여 시각 자료와 함께 분석을 제시하였다.

서울이라는 연구의 공간적 범위와 광복 이후부터 현재까지라는 연구의 시간적 범위를 고려하여 오늘날의 서울의 패션을 담아내는 것은 방대한 작업이다. 본 연구에서 도출된 연구 결과를 기반으로 시대별 복식의 변화와 그 특징에 대해 이론적 근거와 틀을 토대로 하는 구체적이고 상세한 연구의 필요성을 제안한다. 이러한 연구가 누적되었을 때 서울만의 패션 특징을 명확하게 구체화 할 수 있을 것이다. 이런 과정을 통해 서울의 문화 지형도를 그리는 작업의 완성도를 높이고 풍성함을 더할 수 있을 것으로 기대한다.

참고문헌

국내문헌

- 강인효. 2018. "KT-서울시, 빅데이터 기반 '생활인구 통계 지표' 개발…"서울 생활인구 평균 1151만명."" [조선비즈] (03/04) (검색일: 2020/09/19). https://biz.chosun.com/site/data/html_dir/2018/03/04/2018030400667.html
- 경향신문. 1948. "생활개선의 급속실시 - 어떠한 각오와 방법으로 할 것인가." [경향신문] (11.28).
- 경향신문. 1953. "復歸(복귀) 서울消息(소식) (9) 明洞(명동)거리." [경향신문] (04/19).
- 경향신문. 1961. "반드시 국산 면제품 쓰도록." [경향신문] (06/20).
- 경향신문. 1967. "衣(의) 곱으로는 纖維(섬유)소비" [경향신문] (03/27)
- 경향신문. 1981. "올림픽 시장울을 노린다" [경향신문] (11/13)
- 고재석. 2019. "[도시몽타주] 서울 합정, 2030의 로망스 혹은 임시 거처." [동아일보] (03/31). (검색일: 2021/06/07). https://www.donga.com/news/Society/article/all/20190331/94814617/1
- 국가기록원. 1961a. "공무원 신생활복 착용." (검색일: 2020/11/30). https://theme.archives.go.kr//next/tabooAutonomy/archivesDetail.do?flag=2&evntId=0049286831&page=1
- 국가기록원. 1961b. "공무원 신생활복 착용 공문의 자료." (검색일: 2020/11/30). http://theme.archives.go.kr/viewer/common/archWebViewer.do?singleData=Y&archiveEventId=0049285120
- 국가기록원. 1961c. "재건운동본부 주최 신생활간소복 패션쇼 연설." (검색일: 2020/11/30). http://theme.archives.go.kr/viewer/common/archWebViewer.do?singleData=Y&archiveEventId=0049285139#1
- 국사편찬위원회. 2006. 『옷차림과 치장의 변천』. 서울: 두산동아.
- 김미진. 2012. 『명동 아가씨: 근현대 여성 공간의 탄생』. 마음산책.
- 김민자. 2013. 『복식미학』. 교문사.
- 김서연·박길순. 1994. "1980년대 한국 여성 복식의 현상 연구: 1980년대부터 1992년을 중심으로." 『복식문화연구』 2(2): 233-243.
- 김순영. 2017. "한국 근대 양복점의 판매 물품과 생산 및 판매 주체." 『복식』 67(5): 89-107.
- 김정현. 2020. "검은 봉다리 든 멋쟁이들, 동묘는 힙스터 성지." [한국일보] (06/18). (검색일: 2021/06/07). https://www.hankookilbo.com/News/Read/202006161117047491
- 동아일보. 1957. "서울의 축소판, 명동의 하루." [동아일보] (11/25).
- 동아일보. 1967. "主婦(주부)는 既成服(기성복)을 좋아한다." [동아일보] (03/11).
- 동아일보. 1970. "강남투기, 돈의 전후" 동아일보. (02/07)
- 동아일보. 1973. "초 미니 아가씨 울상 새 경범법 단속첫날 10~19일까지는 각서받고 훈방키로" [동아일보] (03/10)
- 동아일보. 1986. "女大(여대)앞 「디스코텍式(식)옷가게」盛業(성업)" [동아일보] (12/04)
- 동아일보. 1986. "새벽 4時(시)면"홍청" 南大門(남대문)시장" [동아일보] (10/24)
- 동아일보. 1990. "어린이 과소비도 심각 각종 외제학용품 불티" [동아일보] (08/12).
- 동아일보. 1991. "흥청망청 이제 그만" [동아일보] (08/19).
- 동아일보. 1997. "과소비 망국 … 해도 너무한다." [동아일보] (03/19).
- 동아일보. 1997. "패션1번지 로데오거리 성수대교 타고 유행이 춤춘다." [동아일보] (07/05).
- 동아일보. 1998. "'패션 본고장'에 넘치는 '이브'들 웃음소리" [동아일보] (12/17)
- 동아일보. 1998. "거리 사람 문화 (8) 서울 서교동 홍익대앞 〈하〉." [동아일보] (10/30).
- 동아일보. 1998. "백화점 매장 「고가수입품」-「시장제품」 양극화" [동아일보] (6/30)
- 동아일보. 1998. "거리 사람 문화 (14) 서울 명동" [동아일보] (12/18)
- 동아일보. 1999. "중고생교복 '개성따라 동네따라' 고쳐입기 유행… 강남 '힙합' 강북 '복고' 우위" [동아일보] (05/27)
- 동아일보. 2009. "줄리엣 비노쉬, 한글 매력에 흠뻑" [동아일보] (03/24) (검색일: 2021/05/24). https://www.donga.com/news/article/all/20090324/8711595/1
- 동아일보. 2013. "4050세대 "아웃도어 의류 입으면 젊고 활동적으로 보여"" [동아일보] (03/29)
- 매일경제. 1967. "미니·스커트바람" [매일경제] (07/19)
- 매일신문. 1995. "의생활-미 구제품서 첨단 스포츠웨어로." [매일신문] (01/13) (검색일: 2020/11/30). http://mnews.imaeil.com/Society/1995011300341345299
- 매일신문. 1995. "의생활-미 구제품서 첨단 스포츠웨어로." [매일신문] (01/13) (검색일: 2020/11/30). http://mnews.imaeil.com/Society/1995011300341345299
- 밀러 우드워드(Miller, Daniel and Sophie Woodward). 2017. 『청바지 인류학』. 오창현 이하얀 박다정 역. 눌민.
- 박국희. 2009. "[Why] 한글을 입는다 우아하게, 또는 웃기게." [조선일보] (06/20) (검색일: 2020/11/30). https://www.chosun.com/site/data/html_dir/2009/06/19/2009061901030.html
- 박미주. 2018. "[르포]짝퉁 천국 명동…길거리에 널려 있는 美 패션 브랜드 '슈프림.'" [아시아경제] (06/27) (검색일:2021/06/07). https://www.asiae.co.kr/article/2018061914320116796
- 박용규. 2014. "AFKN-TV의 특성과 문화적 영향(1957~1966)." 『언론과학연구』 14(3): 101-134.
- 박은영. 2020. "도심 속 보물상자 '동묘 구제시장'…레트로 감성 물씬." [내 손안에 서울] (06/05). (검색일: 2021/06/07). https://mediahub.seoul.go.kr/archives/1284376
- 서울시정개발연구원. 2001. 『서울20세기 생활·문화변천사-서울의 의생활변천』.
- 서울역사박물관. 2008. 『강남 이야기로 보다』.
- 서울역사박물관. 2010. 『이태원: 공간과 삶』.
- 서울역사박물관. 2014. 『장인, 천번의 두들김: 성수동』.
- 서울역사박물관. 2017. 『서울의 문화발전소: 홍대 앞』.
- 서울역사박물관. 2018. 『2017 서울생활문화자료조사 서울의 문화발전소 홍대앞』.
- 서울역사편찬원, 2016a. 『근현대 서울의 복식』.
- 서울역사편찬원, 2016b. 『서울2천년사 40. 현대 서울의 시민생활』.
- 서울특별시사 편집위원회. 1983. 『서울 600년사 제 5권』. 서울: 서울특별시.
- 송주연. 2004. "대만 '대장금 한복' 열풍." [중앙일보] (07/22) (검색일: 2020/11/30). https://news.joins.com/article/2010226
- 스벤젠, 라르스(Svendsen, Lars). 2013. 『패션: 철학』. 도승연 역. 서울: MID.
- 신한은행. 2019. "보통사람 금융생활 보고서." (검색일: 2020/09/19). https://www.shinhan.com/hpe/index.jsp#902301000000
- 신혜순. 2008. 『한국 패션 100년』. 미술문화.
- 어효선. 1990. 『내가자란서울』. 서울: 대원사.

· 염혜정. 1991.『한국 신세대의 복식양식』. 이화여자대학교 의류직물학과 석사논문.

· 유수경. 1989.『한국여성양장의 변천에 관한 연구』. 이화여자대학교 대학원 의류직물학과 박사논문.

· 이경자. 1982.『해방 36년의 복식 변천. 한국의 복식』. 한국문화재보호협회

· 이재정·박신미. 2011.『패션, 문화를 말하다』. 서울: 예경.

· 이호정. 1996.『패션마케팅 & 패션트랜드 분석』. 서울: 교학연구사.

· 이화섭. 2014. "[한글을 생각하다] 디자인으로 다시 태어나는 한글." [매일신문] (10/04) (검색일: 2020/11/30). http://news.imaeil.com/Life/2014100407544150813

· 임은혁. 2003. "21세기 전환기 하이패션에 나타난 하위문화 스타일."『복식』53(2): 71-85.

· 정순구. 2018. "[영상]강남은 어떻게 '강남'이 됐을까? "50년 역사를 한눈에."" [서울경제] (03/28). (검색일: 2021/06/07). https://www.sedaily.com/NewsVIew/1RX5MOTV9B

· 조선비즈. 2017. "봄날 맞은 한복업계 '고루한 명절옷' 에서 '우아한 일상복으로' 탈바꿈" [조선비즈] (3/29) (검색일: 2021/05/24). https://biz.chosun.com/site/data/html_dir/2017/03/29/2017032901688.html

· 조선일보. 1951. "여름철엔 60% 겨울철엔 40% 부쩍 늘은 양장" [조선일보] (01/11)

· 조선일보. 1952. "당신의 차림은 戰時生活(전시생활)에 알맞습니까." [조선일보] (06/20).

· 조선일보. 1952. "무분별한 군복 단속 상황." [조선일보] (12/05).

· 조선일보. 1982. "값싸고 발랄하게 幕오른 [주니어 패션] 시대" [조선일보] (03/13)

· 조선일보. 1988. "해외 유명패션 국내시장 넘본다 백화점마다 수입 의류 코너 증설" [조선일보] (10/13)

· 조선일보. 1992. "비난도 많은 한국의 신세대" [조선일보] (02/02)

· 조우현·박민재. 2020. "1950년대 동아일보 기사를 통해 본 한복 양상 연구."『한국의상디자인학회지』22(1): 45-59.

· 조희진·이대화·주영하·양미경. 2017.『한국인 어떤 옷을 입고 살았나』. 한국학중앙연구원 출판부.

· 천관율·최예린. 2018. "오늘 오후 2시, 어디에 계셨습니까?" [시사IN] (03/15) (검색일: 2020.09.19.). https://www.sisainlive.com/?mod=news&act=articleView&idxno=31381

· 최샛별·진기남. 2007. "문화사회학적 시각에서 본 패션의 전략적 사용."『한국의류학회』31(9,10): 1342-1351.

· 최종렬·김성경·김귀옥·김은정. 2018.『문화사회학의 관점으로 본 질적연구방법론』. 한국문화사회학회 기획. 휴머니스트.

· 현대패션100년편찬위원회. 2002.『현대패션 100년』. 서울: 교문사.

국외문헌

· Aspers, Patrik and Frédéric Godart. 2013. "Sociology of Fashion: Order and Change." The Annual Review of Sociology 39: 171-192.

· Bourdieu, Pierre. 1984. Distinction: A Social Critique of the Judgement of Taste. Cambridge, MA: Harvard University Press.

· Craik, Jennifer, 2005. Uniforms Exposed: From Conformity to Transgression. Oxford: Berg.

· Crane, Diana and Laura Bovone. 2006. "Approaches to material culture: The sociology of fashion and clothing." Poetics 34(6): 319-333.

· Davis, Fred. 1992. Fashion, Culture, and Identity. Chicago: University of Chicago Press.

· Erner, Guillaume. 2006. Victimes de la mode?: Comment on la crée, pourquoi on la suit. Paris: La Decouverté.

· Farnie Douglas A. and David Jeremy. 2004. The Fibre That Changed the World. NY: Oxford University Press

· McVeigh, Brian J. 2000. Wearing Ideology: State, Schooling and Self-Presentation in Japan. Oxford: Berg.

· Rocamora, Agnès. 2001. "High Fashion and Pop Fashion: The Symbolic Production of Fashion in Le Monde and The Guardian." Fashion Theory 5(2): 123-142.

인터넷 자료

· 서울열린데이터광장. 2019. "서울시 사설학원 및 독서실 통계." (검색일: 2020/09/19). https://data.seoul.go.kr/dataList/195/S/2/datasetView.do#none

· 서울특별시 제공 공공데이터. 2021. https://data.seoul.go.kr/dataVisual/seoul/seoulLivingPopulation.do

· 한국패션산업협회. 2020. "한국패션협회 30년사." (검색일: 2020/06/06) http://www.koreafashion.org/thirtyyears/thirtyyears01.asp

· 한복진흥센터. 2020. "사업소개." (검색일: 2020/11/30) http://www.hanbokcenter.kr/home/homeIndex.do

· 한복놀이단. 2020. "한복놀이단 단체소개." (검색일: 2020/11/30) http://hannol.rubi.co.kr/sub_kor/sub_01_01.php

· Visit Seoul. https://korean.visitseoul.net/indexv

부록

'패션으로 보는 서울의 문화지형도' 의복일지

연구 목적

안녕하십니까? 이화여대 사회학과 최샛별 교수 연구팀입니다.
저희는 현재 서울생활사박물관의 〈서울생활사조사연구〉를 수행 중에 있습니다.

본 연구는 2020년 서울사람들의 일상적인 의생활을 파악하여
'패션으로 보는 서울의 문화지형도'를 그리는 것을 목적으로 '서울에 거주하고 있는
성인 남녀의 의복일지'를 받고 있습니다.

본 연구를 통해 수집된 자료는 학술 기초자료로 사용될 예정으로,
수집된 사진은 외부로 공개되지 않으며, 사진에 찍힌 의복은 일러스트 작업을 통해
시각화 자료로 가공되어 사용됩니다.

귀하께서 응답해 주신 모든 내용은 오직 학술적 목적의 연구를 위해서만 사용되며,
귀하의 개인정보는 법에 의해 보호됨을 약속드립니다.

바쁘시더라도 본 연구에 협조하여 주시면 대단히 감사하겠습니다.

※ 문의 사항이 있으시면 다음으로 연락주십시오.
(연구원 조현아, hyunasee@ewhain.net)

참여자 기본 정보

이름	작성해 주세요
성별	작성해 주세요
출생 연도	1999년
거주지	ㅇㅇ구 ㅇㅇ동

의복일지 참여방법 및 작성안내

1. 참여방법

참여 방법은 다음의 두 가지 방법 중 하나를 선택하실 수 있습니다.
"편하신 방법을 선택하시어, 조사원에게 말씀해주시면 감사드리겠습니다."

1) 구글 프레젠테이션 문서 작성 – 구글 드라이브 저장 활용

- 조사원이 실시간으로 연구 참여자의 일지 작성 상황을 파악할 수 있는 방법입니다.
- 작성 시 어려운 부분에 대해 더 정확한 도움을 드릴 수 있습니다.

2) 한글 문서 파일 저장 활용

- 구글 프레젠테이션 문서 작성이 어려우신 경우 한글 파일로 작성해주십시오.

2. 의복일지 작성 안내

2020년 한 해 동안 다음의 상황에서 착용했던 "가장 최근의" 옷차림 사진을 첨부하여 일지를 작성해주십시오.

다음의 10가지 상황에 따라, 이전에 찍었던 사진을 찾아 첨부하거나, 해당 상황에 맞는 옷을 입고 사진 촬영 후 해당 이미지를 정해진 일지 서식에 첨부해주십시오.

① 직장/학교에 갈 때	⑥ 친구와의 모임
② 중요한 공식적 발표나 회의, 모임	⑦ 공연 및 전시 관람
③ 휴식(집에 있을 때)	⑧ 가족 모임
④ 운동	⑨ 결혼식
⑤ 코로나 상황(재택근무, 온라인 강의 수강 등)	⑩ 데이트

※ 각 상황에 대한 보다 상세한 기입 방식은 아래의 "10가지 상황에 대한 FAQ"를 참고해주세요.
※ 관련하여 추가적인 문의사항이 있으시면, 조사원에게 연락해주시면 감사드리겠습니다.

3. 10가지 상황에 대한 FAQ

■ **정기적으로 직장/학교에 가지 않아요.**

프리랜서	거래처 방문, 업무 관련 미팅 상황의 옷차림에 대해 응답해주세요.
전업주부	어린이집, 유치원 등 등하원 시의 옷차림에 대해 응답해주세요.
은퇴자	정기적인 일정(문화센터, 평생학습센터 등) 시 입는 옷차림에 대해 응답해주세요.

■ **중요한 공식적 발표나 회의, 모임이 없어요.**

학생, 취업준비생	발표 및 면접 상황의 옷차림에 대해 응답해주세요.
전업주부	공식적인 학부모 모임의 옷차림에 대해 응답해주세요.
자영업자	업무 상 미팅 상황의 옷차림에 대해 응답해주세요.
은퇴자	공식적인 자리에서 입는 옷차림에 대해 응답해주세요.

■ **운동을 안 해요.**

□ 집에서 운동할 때(홈트레이닝) 혹은 가볍게 산책할 때 입는 옷차림에 대해 응답해주세요.

■ **'코로나 상황(재택근무, 온라인 수강 등)'에 대한 일지는 어떻게 작성해야 하나요?**

□ 과거에 비해 상대적으로 집에 머무는 시간이 늘어난 상황에서 무엇을 주로 하시는지 쓰고(취미활동 등), 그 상황에서 입는 옷차림에 대해 일지를 작성해주세요.

□ 온라인 강의, 재택 근무, 온라인 회의 시 옷차림에 대해 응답해주세요.

■ **친구를 만나지 않았어요.**

□ 2020년에 친구를 만난 적이 없다면, 먼저 "목적지 및 장소"를 기입하는 곳에 '만난 적이 없음'이라고 기입해주세요.

□ ① 만나는 상황을 가정하여 옷을 입고 촬영 또는
② 2019년의 해당 상황 옷차림으로 일지를 작성해주세요.

■ **공연 및 전시 관람을 하지 않았어요.**

□ 2020년에 공연 및 전시 관람을 한 적이 없다면, 먼저 "목적지 및 장소"를 기입하는 곳에 '관람한 적 없음'이라고 기입해주세요.

□ ① 공연 및 전시를 관람하는 상황을 가정하여 옷을 입고 촬영 또는
② 2019년의 해당 상황 옷차림으로 일지를 작성해주세요.

■ **'가족 모임 상황'에 대한 일지는 어떤 내용을 작성해야 하나요?**

□ 다음의 2가지 상황(공식적인 가족 모임, 일상적 만남) 모두에 대해 각각 일지를 작성해주세요.

공식적인 가족 모임	환갑, 돌잔치 등
일상적 만남	친척집 방문, 캐주얼한 가족 식사 등

■ **결혼식에 참석하지 않았어요.**

□ 2020년에 결혼식에 참석한 적이 없다면, 먼저 "목적지 및 장소"를 기입하는 곳에 '참석한 적 없음'이라고 기입해주세요.

□ ① 결혼식에 참석하는 상황을 가정하여 옷을 입고 촬영 또는
② 2019년의 해당 상황 옷차림으로 일지를 작성해주세요.

■ **데이트를 하지 않았어요.**

□ 2020년에 데이트를 한 적이 없다면, 먼저 "목적지 및 장소"를 기입하는 곳에 '한 적이 없음'이라고 기입해주세요.

□ ① 데이트를 하는 상황을 가정하여 옷을 입고 촬영 또는
② 2019년의 해당 상황 옷차림으로 일지를 작성해주세요.

3. 의복일지 작성 상세 요령

■ **의복일지 작성의 상세 요령은 아래를 참고해주세요.**

6	친구와의 모임
목적지 및 장소	○○시 ○○구 ○○동 또는 구체적으로 기입(가로수길 카페) 친구집(서울시 마포구 성산동)
외출 목적(누구를 왜 만나는지 포함)	어디에서 누구를 만나 무엇을 하는지 위주로 자세히 기입 친구 집에서, 친구들과 독서 모임
날씨	기억나는대로 작성 비가 조금 오고 눅눅한 날씨
의상 선택 이유	목적지, 외출목적, 날씨를 고려하여 자유롭고 상세하게 작성 덥고 습한 날씨에 대중교통을 이용했기 때문에, 편안하면서도 몸에 붙지 않는 옷을 입음. 한동안 계속 비가 와서 우중충했기 때문에 색이 있는 옷을 입음. 책을 넣을 수 있는 가벼운 에코백을 들었고, 여름에 잘 신는 샌들을 신음.
착용한 의복을 묘사한다면?	자유롭게 작성 예) 옷에 대한 설명: 소재, 색상, 품목, 브랜드 등 예) 옷에 대한 형용사 표현: 단정한, 편안한, 포멀한, 스포티한 등 **옷에 대한 설명:** 대조적인 색상과 소재(자연적 소재, 기계적 주름), 유니클로 마 소재 블라우스와 인터넷 쇼핑몰에서 구매한 파란색 플리츠 스커트 **옷에 대한 형용사 표현:** 편안하고 쾌적한 착용감, 화려한, 눈에 띄는 패턴과 색상의 상의

사진 촬영 요령

1) 거울을 깨끗이 닦고 전신 거울 앞에서 코 끝부터 발끝까지, 전체 의복이 잘 나오도록 촬영(얼굴은 나와도, 안나와도 무방)
   다른 사람이 찍어줄 경우에도 마찬가지
2) 의복의 일부가 찍힌 사진의 경우, 여러 장의 사진을 추가로 첨부
3) 악세서리, 신발, 가방 등 포함 되도록

■ **아래의 예시는 실제 작성된 의복일지입니다. 작성에 참고해주시면 감사드리겠습니다.**

2	중요한 공식적 발표나 회의, 모임
목적지 및 장소	서울시 서초구 서초동
외출 목적(누구를 왜 만나는지 포함)	나보다 연배가 있으신 교수님들과 미팅
날씨	선선함
의상 선택 이유	너무 캐주얼하게 입을 수 없으나, 장시간 앉아있어야 해서 내가 가진 옷 중에서 차분하면서도 스판이 들어 있는 편안한 복장으로 선택함
착용한 의복을 묘사한다면?	너무 나이 들어 보이지 않는 세미정장, 그에 잘 어울리고 튀지 않는 스킨톤 힐을 신음. 천 소재로 가볍지만 포멀하게 보이는 서류용 가방 착용(롱샴). 평소 좋아하는 액세서리 샵에서 구매한 가는 팔찌와 반지 여러 개를 착용함.

6	친구와의 모임
목적지 및 장소	서울 용산구 한남동
외출 목적(누구를 왜 만나는지 포함)	친구들을 만나 식사, 전시회 관람
날씨	더움
의상 선택 이유	편안하면서도 친구들과 사진 찍을 일이 있으면 예쁘게 나오는 옷을 선택함. 조금 과감하더라도 입고 싶은 옷을 입음.
착용한 의복을 묘사한다면?	**옷에 대한 설명:** 대조적인 색상과 소재(자연적 소재, 기계적 주름), 유니클로 마 소재 블라우스와 인터넷 쇼핑몰에서 구매한 파란색 플리츠 스커트 **옷에 대한 형용사 표현:** 편안하고 쾌적한 착용감, 화려한, 눈에 띄는 패턴과 색상의 상의

의복일지 작성

1	직장이나 학교에 갈 때	
목적지 및 장소	작성해 주세요	사진을 추가해 주세요
외출 목적(누구를 왜 만나는지 포함)	작성해 주세요	
날씨	작성해 주세요	
의상 선택 이유	작성해 주세요	
착용한 의복을 묘사한다면?	작성해 주세요	

2	중요한 공식적 발표나 회의, 모임	
목적지 및 장소	작성해 주세요	사진을 추가해 주세요
외출 목적(누구를 왜 만나는지 포함)	작성해 주세요	
날씨	작성해 주세요	
의상 선택 이유	작성해 주세요	
착용한 의복을 묘사한다면?	작성해 주세요	

3	휴식(집에 있을 때)	
목적지 및 장소	작성해 주세요	사진을 추가해 주세요
외출 목적(누구를 왜 만나는지 포함)	작성해 주세요	
날씨	작성해 주세요	
의상 선택 이유	작성해 주세요	
착용한 의복을 묘사한다면?	작성해 주세요	

4	운동	
목적지 및 장소	작성해 주세요	사진을 추가해 주세요
외출 목적(누구를 왜 만나는지 포함)	작성해 주세요	
날씨	작성해 주세요	
의상 선택 이유	작성해 주세요	
착용한 의복을 묘사한다면?	작성해 주세요	

5	코로나 상황(재택 근무, 온라인 강의 수강 등)
목적지 및 장소	작성해 주세요
외출 목적(누구를 왜 만나는지 포함)	작성해 주세요
날씨	작성해 주세요
의상 선택 이유	작성해 주세요
착용한 의복을 묘사한다면?	작성해 주세요

사진을 추가해 주세요

6	친구와의 모임
목적지 및 장소	작성해 주세요
외출 목적(누구를 왜 만나는지 포함)	작성해 주세요
날씨	작성해 주세요
의상 선택 이유	작성해 주세요
착용한 의복을 묘사한다면?	작성해 주세요

사진을 추가해 주세요

7	공연 및 전시 관람	
목적지 및 장소	작성해 주세요	사진을 추가해 주세요
외출 목적(누구를 왜 만나는지 포함)	작성해 주세요	
날씨	작성해 주세요	
의상 선택 이유	작성해 주세요	
착용한 의복을 묘사한다면?	작성해 주세요	

8-1	가족 모임 (공식적인 가족 모임)	
목적지 및 장소	작성해 주세요	사진을 추가해 주세요
외출 목적(누구를 왜 만나는지 포함)	작성해 주세요	
날씨	작성해 주세요	
의상 선택 이유	작성해 주세요	
착용한 의복을 묘사한다면?	작성해 주세요	

8-2	가족 모임 (일상적인 만남)	
목적지 및 장소	작성해 주세요	사진을 추가해 주세요
외출 목적(누구를 왜 만나는지 포함)	작성해 주세요	
날씨	작성해 주세요	
의상 선택 이유	작성해 주세요	
착용한 의복을 묘사한다면?	작성해 주세요	

9	결혼식	
목적지 및 장소	작성해 주세요	사진을 추가해 주세요
외출 목적(누구를 왜 만나는지 포함)	작성해 주세요	
날씨	작성해 주세요	
의상 선택 이유	작성해 주세요	
착용한 의복을 묘사한다면?	작성해 주세요	

10	데이트	
목적지 및 장소	작성해 주세요	사진을 추가해 주세요
외출 목적(누구를 왜 만나는지 포함)	작성해 주세요	
날씨	작성해 주세요	
의상 선택 이유	작성해 주세요	
착용한 의복을 묘사한다면?	작성해 주세요	

성실히 응답해주셔서 감사드립니다.

2020 서울생활사조사연구

패션으로 보는

서울의 문화지형도

발행일 2021년 8월
발행처 서울생활사박물관
서울특별시 노원구 동일로 174길 27
T. 02.3399.2900
제작, 디자인 (주)사월오일, 우민정
발간물등록번호 51-6110569-000309-01
ISBN 979-11-90480-42-0
979-11-90480-41-3(세트)